Diseño de Cubierta y Editorial José Luna
Composición del Texto José Luna

ISBN 0-9672629-7-6

Si desea hacer pedidos, escriba a la dirección mencionada en esta página o escriba a la dirección electrónica que es suministrada.

Al hacer su pedido, incluya un cheque o giro de correo (money order). El costo es de US$14.99 dólares más envío y manejo. Oferta válida únicamente en los Estados Unidos. Para cualquier otro país, favor de enviar correo electrónico inquiriendo.

Si usted desea que el Ptr. Luna visite su iglesia, póngase en contacto escribiendo a:

José Luna
P.O. Box 182
Nashua, NH
03060.-
(603) 554-6888
parousiar@yahoo.com

1ra, 2da y 3ra impresión por "L. Brown & Sons Printing, Inc.". 4ta impresión por "Lulu Press"; 5ta impresión por "CreateSpace".

A mi esposa Donna e hijos: Lindsey, José e Isabel.
Gracias a ellos por tener paciencia con "Papi".
Y espero que esta obra pueda proveer respuestas
acertadas y balanceadas a quienes la estudien,
especialmente en este mundo de relativismo
religioso en el cual nos ha tocado vivir.

TABLA DE CONTENIDO

AGRADECIMIENTOS

Agradezco a Dios por darme las fuerzas, el ánimo y la sabiduría para culminar esta obra. Sin él, todo este proyecto fuera la más abyecta imposibilidad.

Aunque este comentario me tomó cuatro (4) años escribirlo, quiero aclarar que la pasión por este libro fue insuflada en mí por el Dr. Richard Choi de Andrews University, quien en su clase de Romanos siempre enfatizaba que debíamos volver al texto sagrado. El no lo sabe, pero su énfasis ejerció una poderosa influencia en mí, que pienso me seguirá toda la vida. Sumado a esto la triste realidad del poco material exegético en Español que reflejara una posición más cercana al texto, fue un gran motivador para que emprendiera la tarea de escribir este comentario.

Agradezco también a la biblioteca del seminario teológico de Harvard University, por toda la ayuda prestada mientras hacía mi investigación.

Gracias también a todos aquellos que colaboraron de una forma u otra en la formación de esta obra, sea con sus valiosos consejos y sugerencias editoriales y también con el texto griego. Ellos saben que sin su ayuda no hubiera sido posible ofrecer explicaciones objetivas y balanceadas. GRACIAS MIL.

Gracias también para Rebeca Jiménez, quien trabajó arduamente en la elaboración del índice temático.

Explicaciones Pertinentes

La versión bíblica usada para esta obra es la Reina-Valera de 1960, a menos que se indique lo contrario.

El texto Griego es la morfología Nestlé (BNM), el Textus Receptus, y el software Bible Works 5.0

A diferencia de muchos otros comentarios sobre Romanos, este tratado no pretende ser una obra puramente para eruditos o exégetas. El estilo editorial es una combinación de exégesis y homilética para que la didáctica sea más simple, especialmente para aquellos que no son diestros en esta disciplina de hacer exégesis.

Todo el texto Griego ha sido transliterado por este servidor para que el lector se familiarice con el texto y recuerde la explicación.

Al principio de cada capítulo, en lugar de ofrecer una introducción, lo que he hecho, es colocar el texto en Español y luego, la introducción, seguida inmediatamente por la explicación exegética del texto y concluyendo cada nota haciendo aplicaciones prácticas.

Como tratado exegético-homilético, las historias han sido reducidas a nada. La intención es dejar que el texto hable por sí solo. En algunos casos, el autor recomienda cómo debiera ser traducido el texto o sugiere una reconstrucción del mismo basado en el análisis exegético.

Y como en todo libro o comentario, la intención del autor es siempre proveer algunas perspectivas nuevas o frescas sobre el texto, que a veces se pasan por alto por los paradigmas que los eruditos se forman. Es obvio que la intención del autor es dejar que el texto hable por sí sólo.

Prólogo del Autor

Esta carta ha sido debatida grandemente por los teólogos de todas las épocas. El estudio de este libro ha traido reforma y reavivamiento en todos los lugares donde el evangelio puro de Jesucristo ha sido predicado.

La intención de este libro no es hacer un tratado teológico del mismo, pues mucho se ha escrito sobre Romanos ya, sino más bien, encontrar aplicaciones prácticas para la vida diaria y para la salvación como están delineadas en el libro mismo.

Por otro lado uno de los problemas de aquéllos que leen el libro de Romanos es que no hacen ningún esfuerzo por tratar de entender cuál es el mensaje del Antiguo Testamento. Tener cierto conocimiento básico del Antiguo Testamento ayuda en gran manera a asimilar algunos de los conceptos de Pablo que son "difíciles de entender" de acuerdo con Pedro (2 Pedro 3:16). Sin embargo, eso no significa que una persona no pueda ser capaz de comprender qué es el evangelio, sino más bien, que descifrar lo que Pablo quiere decir tendrá más significado para nuestras vidas diarias.

Espero que la lectura sea amena y no tanto pesada o aburrida. He estado dando estos seminarios por años, y son incontables la cantidad de personas que se han acercado a mí para agradecerme por haber explicado algunos textos paulinos que los habían turbado por años. Si en algún momento no estás de acuerdo con lo expuesto aquí, es un claro indicador de que hay algo que a lo mejor uno de los dos deba corregir.

En Cristo, Nuestra Esperanza de Gloria,

José Luna

ESTRUCTURA LINEAL

Título

Los teólogos creen que cuando Pablo escribió esta carta no le puso el título con el cual se le conoce hoy: "La Epístola de San Pablo a Los Romanos", y se cree que el presente título le fue dado por algún traductor masoreta.[1] No importa mucho si Pablo le puso un título o no a su carta. De hecho, usualmente cuando escribimos cartas, las mismas no tienen títulos, y eso no afectaría en lo absoluto la autenticidad del libro y/o del autor.

Por otro lado, creo firmemente que el libro debería llamarse REVELACION en lugar de Romanos. La razón que expongo es simple, el libro REVELA varias cosas sobre el carácter de Dios; por ejemplo:

- ✓ Revela la justicia de Dios (v. 17).
- ✓ Revela la íra de Dios (v. 18).
- ✓ Revela las cosas invisibles de Dios (v. 20).
    - Eterno poder.
    - Deidad.
- ✓ Revela el justo juicio de Dios (2: 5).
- ✓ Revela el misterio acerca de Jesucristo (16:25).

El libro de Romanos es un libro de revelaciones de lo que Dios ha hecho, hace y continuará haciendo para salvar a la raza humana de la maldición del pecado.

Autoría

El apóstol Pablo fue quien escribió la carta. No obstante, hay algunos teólogos que creen que el capítulo 16 fue añadido por alguna otra persona y que el capítulo 16 en realidad era parte de una carta dirigida a la iglesia en Efeso. El argumento de los críticos es que Pablo nunca había estado en Roma, a esto diría que él menciona a unas 27 personas por nombre, sin contar a sus allegados y familiares que son nombrados explícitamente.

[1] King James Bible; p. 273

El problema con este argumento de que el capítulo 16 no es parte de la carta, es que pasa por alto algunos detalles. Por ejemplo, esta carta fue escrita desde Corinto y enviada con la hermana **Febe**, quien era de la Iglesia de Cencreas (Rom. 16:1-2). **Priscila y Aquila**, quienes llegaron a ser de la Iglesia de Corinto a causa de la orden de Claudio el emperador (51-52 d.C.) de que todos los cristianos salieran de Roma (Hechos 18:2) Pablo los llama "coadjutores" (Rom. 16:3), es decir, colaboradores. Y hasta tenían una iglesia en su propia casa en Roma (Rom. 16:5). **Epeneto**, era de la iglesia de Acaya, y fue de los primeros conversos en esa ciudad por la predicación de Pablo, pero estaba en Roma (Rom. 16:5). **Andrónico y Junia** eran familiares de Pablo (Rom. 16:7), y es más, se convirtieron al cristianismo mucho antes que Pablo (v. 7); **Herodión** también era un pariente de Pablo (v. 11).

Por ejemplo, encontramos que la escuela teólogica Holandesa de W.C. Van Manen de principios del siglo veinte negaba la autoridad no solamente del libro de romanos, sino de todos los escritos y documentos apostólicos.[2] Y esto en lo absoluto no debiera minar nuestra confianza en la evidencia interna y arqueológica que hoy disponemos para enfatizar con claridad diáfana que Pablo es el autor indiscutible de la carta.

Hay otras consideraciones que debemos tomar en cuenta con respecto a todas las personas que Pablo conoce que estaban en la iglesia de Roma. Primero, la carta a los romanos fue escrita entre el año 57-59 (d.C.). Y en los años 51-53 (d.C.) hubo una gran persecución en Efeso y las zonas aledañas, y muchos de los conversos fueron a refugiarse a Roma, puesto que varios de ellos eran comerciantes ambulantes como Priscila y Aquila (Hechos 18:3). Pablo fue el fundador de la iglesia en Efeso, esto significa que muchos de los miembros de la iglesia en Roma ya eran conocidos por Pablo personalmente, y parece ser que él se siente en la confianza de escribirle una carta a una iglesia en la cual él nunca había estado, simplemente porque muchos de estos miembros eran "hijos" espirituales de Pablo.

[2] Tenney, M.C. (1975). *The Zondervan Pictorial Encylopedia of the Bible.* (The Zondervan Corporation: Grand Rapids); p. 148.

Por lo tanto, los argumentos de los críticos son sin fundamento, pues en el primer versículo, él se identifica asimismo como el autor de la carta, aunque fue escrita a través de un amanuense (secretario) llamado Tercio (16:22).

Estructura

Haldane cree que la carta a los romanos está dividida en dos partes generales: a) la primera parte que contiene las doctrinas, y se extiende hasta el comienzo del capítulo 12; b) la segunda parte que va desde allí hasta el final de la epístola. Según él, la primera parte es para instruir el espíritu, mientras que la segunda está dirigida al corazón; lo que debemos creer, y lo que debemos practicar respectivamente.[3]

Por otro lado, Choi cree que el libro está escrito en forma quiástica y que el capítulo ocho (8) es el climax de toda la carta.[4] Godbey en cambio, ve la estructura del libro de la siguiente manera: a) el primer capítulo está dirigido a los paganos; b) Cap. 2 está dirigido a los judíos y termina su argumento en el v. 18; c) desde el 2:19 hasta el final del capítulo 5 hay una elaborada exégesis; d) el capítulo 6 es una exposición teológica del tema de la 'santificación'; e) mientras que el capítulo 7 Pablo menciona su maravillosa experiencia de cómo encontró a Cristo después de haber sido un fariseo con la Ley; f) el capítulo 8 es la gran y maravillosa experiencia santificada que nos lleva hasta la glorificación.[5] No sé si estoy de acuerdo con Godbey en varias de sus aseveraciones con respecto a la estructura misma del libro, pero es interesante notar cómo otros lo perciben.

Hodge piensa que la epístola consiste de tres (3) partes: a) doctrina de la justificación y sus consecuencias -caps. 1-8; b) el rechazo de los judíos, el llamamiento de los gentiles y la conversión futura de los judíos –caps. 9-11; c) consejos prácticos y

---

[3] Haldane, R. (1997). *Exposition of the Epistle to the Romans*. (The Ages Digital Library Commentary: Albany); p. 14.

[4] Choi, R. (2000). *Apuntes de Clase sobre Romanos*. Enero, 2000; Lecture No. 2.

[5] Godbey, W.B. (1997). *Commentary On the New Testament, Vol. 5 Acts-Romans*. (The Ages digital Library Commentaries: Albany); p. 197.

saludos a los Cristianos en Roma –caps. 12-16.[6] Esta es una forma muy particular de ver la estructura del libro, en mi opinión.

Por otro lado, el Comentario Bíblico Adventista presenta el libro en cuatro (4) partes: a) Introducción –capítulo 1:1-15; b) Exposición Doctrinal –caps. 1:16 al 11:36; c) Aplicaciones prácticas de la doctrina –caps. 12:1 al 15:13; d) Conclusión –caps. 15:14 al 16:27.

Sin embargo, podemos mencionar muchas otras posibles estructuras que se han desarrollado a medida que se estudia más el libro. No obstante, me identifico más con la idea de Choi[7] de que el libro está escrito en forma quiástica, pues el uso de preposiciones, conjunciones y verbos, e incluso los temas son paralelos entre los capítulos 1-7 y el 9-15, al mismo tiempo que vemos que el capítulo ocho no tiene comparación con nigún otro capítulo en toda la epístola. Esto parece indicar que el capítulo ocho es el corolario, el climax de toda la argumentación paulina.

Teología

Pablo es un consumado teólogo, no solamente era aventajado más que sus congéneres de su tiempo, sino que también se puede ver que de por sí había sido dotado de una capacidad de razonamiento que muy pocos teólogos de hoy quizás podrían tener. Ramsay, hablando de Pablo dice: "...Ningún hombre ejerció tanto poder y tanta influencia en el moldeamiento del futuro del imperio..."[8] como lo fue el caso de Pablo.

Su teología es más bien **re-interpretativa**. El apóstol quiere explicar los fundamentos básicos del cristianismo a la luz de las Escrituras que ellos tenían en ese tiempo que era el Antiguo Testamento. En la mente del apóstol las profecías mesiánicas habían tenido su cumplimiento únicamente en Cristo, fuera de él, las mismas no tenían ningún significado, porque era Cristo quien encajaba perfectamente con las Escrituras del Antiguo Testamento.

---

[6] Hodge, C. (1997). *Commentary on the Epistle of the Romans.* (The Ages Digital Library Commentary: Albany); p. 16.

[7] Apuntes de la clase de Romanos impartida por el Dr. Richard Choi en Enero del 2000 en el programa de la Maestría en Ministerio Pastoral, Atlantic Union College, South Lancaster.

[8] Citado en Smith, W.M. (1945). *Therefore Stand.* (Baker Book House: Grand Rapids); pp. 246-247.

Por otro lado, en lo que concierne a este comentario, la teología paulina no solo es re-interpretativa, sino también **sistemática**. El usa mucho el sistema de debate argumentativo de su tiempo, donde se presenta la idea contraria primeramente y luego se analizan los puntos y argumentos sin fundamentos del contrincante, y sistemáticamente va derrumbando los razonamientos que son sin fundamento bíblico.

La teología paulina está centrada alrededor de Cristo, es decir, es **cristocéntrica**. Pablo no está preocupado con asuntos sin importancia que muchas veces ocupaban las mentes de los teólogos de su tiempo, como por ejemplo: 'con quién se casaría una mujer que había sido esposa de siete hermanos después de la resurrección' (Mat. 22:28); 'cuántos pasos debían dar en el día de Sábado'(Hech. 1:12). No, Pablo se convierte en un cirujano espiritual que con su bisturí abre el entendimiento humano a una puerta de revelaciones sobre Jesucristo que no tendrían mucho sentido, a menos que el apóstol las hubiera explicado en su totalidad. Cristo y la salvación del ser humano son los tópicos que más preocupan al apóstol (1Cor. 1:23). Su interés es dejarnos saber con la mayor certeza y seguridad posible, que Cristo es el Salvador no solamente de los Judios, sino también de toda la raza humana (2 Cor. 13:4).

Su teología es también **realista**, pues presenta con vividez y realidad la situación deforme y lúgubre del corazón humano en contraste con la infinita misericordia de Dios (Rom 1-2). A Pablo no le importa mucho congraciarse con los teólogos de su tiempo, lo único que le interesa es presentar la realidad histórica actual del ser humano que ha caído destituído de la gloria de Dios (Rom. 3:23).

Esto indica que su teología es **objetiva** y que no intenta minimizar los efectos del pecado sobre el corazón humano. Al hablar de objetividad lo que queremos decir es que los sentimientos personales no se interponen ni influyen en la pureza del mensaje que Dios le ha conferido. Si bien es cierto que en muchas ocasiones vemos pinceladas de las emociones paulinas que se traslucen a flor de piel, no es menos cierto que no podemos cargar a Pablo con algún tipo de subjetividad en lo que se refiere a presentar el mensaje con claridad meridiana aún a costo de su propia vida como lo atestigua el doctor Lucas (Hech. 14:19), y aún el mismo Pablo (2 Cor. 11:25).

La teología paulina es también **escatológica** en el sentido no de la utopía que muchos pretenden, sino en lo que él entendía es el ideal de Dios para nosotros. Por eso encontramos que todo el evangelio predicado por Pablo apunta a la restauración de todas las cosas en Cristo (Rom. 8). El mismo apunta a las buenas relaciones con los demás (Rom. 12: 18); apunta a la esperanza bendita de la resurrección que se recibe juntamente con Cristo (1 Cor. 15: 51-56). En palabras de Banks sería: "...Una exposición del evangelio de esperanza y al mismo tiempo, la defensa de Pablo para su sacerdocio en ese evangelio".[9] Y de no ser así, la esperanza de la cual él habla en términos históricos y absolutos en su libro, sería vana y sin sentido; o como dice Sampley: "Sin escatología, -esto es, sin un segundo horizonte-, el evangelio de Pablo pierde su poder".[10] Quizás por esto Halteman dice que la carta de Pablo es una carta reconciliatoria de buena voluntad para todas las facciones que componían la iglesia de Roma, la cual está brillantemente construida.[11]

Finalmente, me identifico con la idea de Lightfoot quien dijo: "La epístola a los Gálatas fue una respuesta urgente a una situación crítica. La epístola a los romanos es más desapasionada y es una mejor organizada explicación del mismo tema tratado en Gálatas. Gálatas sería la maqueta; romanos, la estatua finalizada".[12]

Tema del libro

Muchos comentaristas hablan de que el tema principal de todo el libro es la naturaleza pecaminosa del hombre frente a la gracia misericordiosa y perdonadora de Dios... El Comentario Bíblico Adventista, por ejemplo, presenta el tema del libro como "la pecaminosidad universal del hombre y la gracia universal de Dios en proveer un camino en el cual los pecadores puedan no

[9] Banks, R. (1974). Seminario titulado: Reconciliation and Hope: New Testament Essays on Atonement and Eschathology. *The Priesthood of Paul in the Gospel of Hope*; p. 232.

[10] Sampley, J.P. (1991). *Walking Between the Times: Paul's Moral Reasoning.* (Fortress Press: Minneapolis); p. 108.

[11] Halteman, F.R. (1993). *A Simulation: Paul and the Roman House Churches.* (Herald Press: Philadelphia); p. 192.

[12] Lightfoot, J.B. (1890). *St. Paul's Epistle to the Galatians* (NA); p. 49.

solamente ser perdonados, sino también restaurados a la perfección y a la santidad"[13]

Lockyer lo presenta de una manera muy interesante, él dice que el libro se compone de tres temas esenciales:

1. Todos necesitan salvación.
2. A todos se les provee la salvación.
3. La salvación es gratuita para todos.[14]

Particularmente, no tengo ningún problema con ninguno de los enfoques presentados por otros comentadores. Sin embargo, el tema de un documento se determina por el contenido conceptual expresado en la parte introductoria, ampliado a lo largo de la misma y re-enfatizado al final del documento. Además, el tema de un documento expresa el objetivo por el cual dicho documento fue escrito.

Y este fenómeno lo observamos claramente en el versículo 5 donde Pablo expresa claramente el propósito de la carta cuando dice: "Por el cual recibimos la gracia y el apostolado, para la obediencia de la fe en todas las naciones en su Nombre". En otras palabras, el propósito de escribir esta carta es sencillamente traer a la OBEDIENCIA de la fe a todas la naciones a través del poder de Jesucristo.

Sí, es cierto que el libro habla de la gracia, del perdón, de la justificación, pero todo eso es con el único objetivo de que el hombre llegue a ser OBEDIENTE a la fe. Por lo tanto, todo lo que Pablo va a decir, tiene que ver con el proceso sobre cómo se adquiere obediencia ya que por naturaleza somos desobedientes.

Además, al final de la carta, este mismo concepto aparece de nuevo cuando dice: "*Y al que puede confirmaros según mi evangelio...mas revelado ahora, y por las Escrituras de los profetas, según el mandamiento del Dios eterno, declarado a todas las naciones para que obedezcan a la fe*" (16:25-26). La carta puede que tenga otros propósitos también, pero el principal es que nosotros los seres humanos aprendamos a ser obedientes. Todo lo

---

[13] Seventh-day Adventist Bible Commentary, Vol. 6. (1957). *Romans*. (Review and Herald: Washington); p. 468.

[14] Lockyer, H. (1966). *All the Books and Chapters of the Bible*: *Combination of Bible Study and Daily Meditation Plan*. (Zondervan Publishing House: Grand Rapids); p. 252.

otro es importante, mas en mi opinión, es subsecuente al tema de la obediencia.

La realidad es que yo difiero en este aspecto en particular con la gran mayoría de lo eruditos y entendidos. Me parece a mí que lo que estoy proponiendo aquí acerca de la obediencia es tan obvio que nadie se ha atrevido a mirarlo como el tema mismo de la carta. Pues los temas definen los objetivos y delinean las prioridades.

La gracia, por ejemplo, el Espíritu Santo, la justicia de Dios, el perdón, y otras cosas que Dios nos ha provisto, ¿para qué son dados al ser humano? ¿Son dados únicamente para mostrar la soberanía y bondad de Dios y la pecaminosidad del hombre? No lo creo, pienso que todos estos atributos inherentemente divinos son dados al hombre para que éste pueda ser obediente. De hecho, el objetivo final y último del tema de un libro, es descubrir las verdades y mensajes inscritos en el libro y a lo largo de toda la Biblia.[15] Y todo este proceso de cómo se logra ser obediente de nuevo es lo que Pablo expresa, amplía analiza y nos coloca en una situación a veces desesperante para demostrarnos que nosotros mismos no podemos ser obedientes y necesitamos que estos atributos divinos sean transferidos al corazón del ser humano para que éste pueda ser restaurado nueva vez a una relación de obediencia con Dios.

Aunque la idea de obedecer los Diez Mandamientos puede parecer obsoleta para muchos comentaristas modernos, particularmente me identifico seriamente con esto, pues en contraste con muchos que piensan que las enseñanzas del libro eran relevantes para la iglesia de Roma en su tiempo, pero no para nuestros días, pienso que todo el libro trasciende el aspecto cultural de su época y hay principios del evangelio que son absolutos y universales. Además, pensando quizás en la misma manera que Bornkamm que dijo: "Este gran documento… Esta carta a los romanos es la última voluntad y testamento del apóstol Pablo",[16] la

[15] Hasel, G. F. (1985). *Biblical Interpretation Today*. (College View Printers: Lincoln); p. 109.

[16] Bornkamm, G. (1963). Australian Biblical Review 11. *The Letter to the Romans as Paul's Last Will and Testament;*pp. 2-14.

carta incluye la mejor y más completa explicación del evangelio en su forma teológica.

La obediencia a Dios y a sus requerimientos es la base de todo pacto. El pacto que Dios hizo con los seres humanos fue firmado y ratificado con sangre en el Calvario. No había necesidad de que Cristo muriera si los hombres hubiesen tenido el poder para obedecer. La muerte de Cristo es la garantía de que podemos obedecer al Dios que hizo ese pacto de amor y lo cumplió aunque eso le costó la muerte de su Hijo. Y si bien es cierto que "el pecado no muere dentro del creyente, sino que es el creyente quien muere al pecado",[17] no es menos cierto que esto no exime la responsabilidad nuestra de cooperar con Dios en lo que se refiere al ejercicio de nuestra voluntad para abandonar el pecado.

Por lo tanto, la carta fue escrita para enseñarnos a nosotros que el sufrimiento y la humillación del Hijo de Dios no tuvo otro objetivo más que traernos de vuelta a Dios. Sí, es cierto, Dios nos ama como somos. No obstante, no nos deja como estamos. Su sangre es capaz no solamente de atraernos, sino también de transformarnos a su imagen y semejanza, es decir, a estar de nuevo en sujección a él y no al pecado.

Problemas de Interpretación

Hay dos capítulos en la carta a los romanos que han sido grandemente debatidos, ellos son el capítulo 7 y el capítulo 16. En el capítulo 7, por ejemplo, el problema no es con la autoría sino con la condición del apóstol. La pregunta de los teólogos ha sido, ¿era la condición que Pablo describe en el capítulo 7 la situación histórica de apóstol al momento de escribir la carta? Muchos han llegado a la conclusión de que sí, por el uso de los verbos en primera persona, y porque la descripción es muy vívida de por sí para ser pasada por alto. Sin embargo, la implicación de esta interpretación en particular es que nos presenta con la terrible enseñanza de que es imposible obedecer a Dios y a sus requerimientos, puesto que "hacemos lo que no queremos". Y la realidad es que si es imposible obededecer, ¿para qué murió Cristo? ¿No tiene la sangre de Cristo poder para ayudarnos a ser

---

[17] Lockyer, H. (1966). *All the Doctrines of the Bible*. (Zondervan Publishing House: Grand Rapids); p. 218.

obedientes? Además, ¿para qué entonces el derroche de gracia? ¿Para que la manifestación del Espíritu Santo en la vida del creyente?. O como dice Lockyer: "La victoria puede estar asegurada únicamente si el Espíritu controla la nueva naturaleza, manteniendo la vieja naturaleza muerta cada día".[18]

El otro capítulo es el 16, en este el asunto tiene que ver con la genuinidad del mismo, en relación a si era parte de la carta original o no. Muchos piensan que el capítulo 16 no era parte original de la carta que Pablo escribió, y que fue añadido posteriormente. No obstante, debemos recordar que esto no es relevante para el entendimiento de la epístola y que sin embargo no hay ninguna duda de que Pablo conocía personalmente a todas las personas que mencionó por nombre. Esto de por sí habla sólo. Las preguntas que deberíamos hacernos son: 'Si el capítulo 16 no es parte de la epístola, ¿de cuál otro documento salió?' ¿Por qué una lista de nombres conocidos para el apóstol estaría fuera de una carta que estaba dirigida específicamente a ellos? Y por último, ¿es el lenguaje del capítulo 16 diferente en lo que tiene que ver con el uso de preposiciones, conjunciones, claúsulas adversativas y otros, diferente al resto de la carta? No lo creo en lo absoluto.

Canonicidad

Varios padres de la iglesia están de acuerdo en que el libro es genuino, pues la carta a los romanos es citada por Barnabás, Clemente, Ignacio, Polycarpo y otros.[19] No existe un teólogo serio hoy en día que dude de la genuinidad de la carta. Todos los teólogos conservadores y ortodoxos están de acuerdo en que Pablo fue el escritor de la carta, y que por lo tanto, es parte del Cánon bíblico. No existen dudas al respecto en lo que concierne a este asunto.

---

[18] Lockyer, H. (1966). *All the Books and Chapters of the Bible: Combination of Bible Study and Daily Meditation Plan.* (Zondervan Publishing House: Grand Rapids); p. 254.

[19] Clarke, A. (1997). *Clarke's Commentary The New Testament, Vol. 7, Romans Through Colossians.* (The Ages Digital Library Commentary: Albany); p. 10.

El Texto Griego

Todos los manuscritos antiguos excluyen la nota que sigue al último versículo del capítulo 16, la misma dice: "*Escrita a los Romanos de Corinto, y enviada a través de Febe sierva de la iglesia de Cencreas*". Sin embargo, un gran número de manuscritos antiguos contienen la frase: *"A los Romanos"*, pero no el resto de la nota.

Personalmente no tengo problemas con esto, pues el hecho de que los manuscritos más antiguos contengan la frase "A los romanos", justamente después del capítulo 16, es un símbolo inequívoco de que el capítulo 16 es parte original de la carta y de que no fue añadido por algún amanuense.

Por otro lado, el Código Sinaítico traído por Tischendorf del convento de Santa Catalina, ahora en San Petersburgo, contiene la epístola completa. Sin embargo, otros como el Código Alejandrino, no contienen la totalidad de la carta.[20]

La Ciudad de Roma

Roma era la capital del imperio romano. La historia nos deja saber que los límites del imperio llegaban hasta el Atlántico yendo hacia el Oeste; hasta el río Eufrates al Este; Los desiertos de Africa, las cataratas del Nilo y los desiertos de Arabia en el Sur; El canal británico, el río Danubio y el mar negro al norte. Más tarde, el emperador Claudio añadió Gran Bretaña al imperio. Se calcula que la población de todo el imperio era de 120 millones de habitantes con un ejército de 25 legiones y una guardia imperial de unos 180,000 mil soldados controlaban a la población, esto es sin añadir los miles de enlistados.[21] Cuando César Augusto remodeló la ciudad, se jactaba de que había encontrado una ciudad hecha de ladrillos y la había dejado hecha de mármol.[22]

[20] Sanday, W. (1896). *Critical and Exegetical Commentary on the Epistle to the Romans*. (Charles Scribner's Sons: New York); p. ixiii. Este mismo autor indica que el Código Ephraemi, el Claromontanus, Sangermanense, Mosquense, Porfiriano y Patriensis, solo contienen partes de la epístola. En cambio, el Rescriptus Saec. V, contiene todo, excepto los siguientes textos: 2:5; 3:2; 9:6; 10:15 y 11:3.

[21] Tacitus, Ann. 4:5.

[22] Suetonio, Aug, 28.

La condición política en el tiempo de Pablo variaba de una provincia a otra. Las ciudades libres eran gobernadas por sus propios magistrados. El imperio se mantenía gracias a los impuestos directos sobre las ciudades que debían dar de un 5-7 por ciento de todas las cosechas, aparte de los impuestos indirectos que eran muy pesados para la población, pues había que mantener a un vasto ejército.

Durante el tiempo del Nuevo Testamento, el imperio se jactaba de gozar de paz, unidad y prosperidad. No obstante, la decadencia moral era alarmante. No existían hospitales para los enfermos; no había interés de parte del imperio de aliviar la pobreza y la miseria circundante; los pobres no tenían derecho a la educación y el látigo de la esclavitud hacía que la brecha entre la clase rica y la pobre fuera más amplia.

Por otro lado, existía un relativismo religioso imperante, especialmente entre los filósofos que consideraban a todas la religiones por igual; a todos los hombres como útiles para alguna cosa (aún para ser esclavos), y a todos los magistrados como necesarios para evitar tumultos citadinos.

De modo que el Cristianismo vino a ser como un aliciente social en medio de la corrupción imperante del momento, con las radicales enseñanzas acerca del hogar, la santidad del matrimonio; la adoración a un solo Dios; la necesidad de abstenerse de vicios y mantener limpio el cuerpo (templo del Espíritu Santo); la santidad de la vida humana y la igualdad de todos los hombres ante los ojos de Dios.

COMENTARIO DEL CAPITULO UNO

*1 Pablo, siervo de Jesucristo, llamado a ser apóstol, apartado
para el evangelio de Dios,
2 que él había prometido antes por sus profetas en las Santas
Escrituras,
3 acerca de su Hijo, nuestro Señor Jesucristo, que era del linaje
de David según la carne,
4 que fue declarado Hijo de Dios con poder, según el Espíritu de
santidad, por la resurrección de entre los muertos,
5 y por quien recibimos la gracia y el apostolado, para la
obediencia a la fe en todas las naciones por amor de su nombre;
6 entre las cuales estáis también vosotros, llamados a ser de
Jesucristo;
7 a todos los que estáis en Roma, amados de Dios, llamados a ser
santos: gracia y paz a vosotros, de Dios nuestro Padre y del Señor
Jesucristo.
8 Primeramente doy gracias a mi Dios mediante Jesucristo con
respecto a todos vosotros, de que vuestra fe se divulga por todo el
mundo.
9 Porque testigo me es Dios, a quien sirvo en mi espíritu en el
evangelio de su Hijo, de que sin cesar hago mención de vosotros
siempre en mis oraciones,
10 rogando que de alguna manera tenga al fin, por la voluntad de
Dios, un próspero viaje para ir a vosotros.
11 Porque deseo veros, para comunicaros algún don espiritual, a
fin de que seáis confirmados;
12 esto es, para ser mutuamente confortados por la fe que nos es
común a vosotros y a mí.
13 Pero no quiero, hermanos, que ignoréis que muchas veces me
he propuesto ir a vosotros (pero hasta ahora he sido estorbado),
para tener también entre vosotros algún fruto, como entre los
demás gentiles.
14 A griegos y a no griegos, a sabios y a no sabios soy deudor.
15 Así que, en cuanto a mí, pronto estoy a anunciaros el evangelio
también a vosotros que estáis en Roma.*

16 Porque no me avergüenzo del evangelio, porque es poder de Dios para salvación a todo aquel que cree; al judío primeramente, y también al griego.
17 Porque en el evangelio la justicia de Dios se revela por fe y para fe, como está escrito: Mas el justo por la fe vivirá.
18 Porque la ira de Dios se revela desde el cielo contra toda impiedad e injusticia de los hombres que detienen con injusticia la verdad;
19 porque lo que de Dios se conoce les es manifiesto, pues Dios se lo manifestó.
20 Porque las cosas invisibles de él, su eterno poder y deidad, se hacen claramente visibles desde la creación del mundo, siendo entendidas por medio de las cosas hechas, de modo que no tienen excusa.
21 Pues habiendo conocido a Dios, no le glorificaron como a Dios, ni le dieron gracias, sino que se envanecieron en sus razonamientos, y su necio corazón fue entenebrecido.
22 Profesando ser sabios, se hicieron necios,
23 y cambiaron la gloria del Dios incorruptible en semejanza de imagen de hombre corruptible, de aves, de cuadrúpedos y de reptiles.
24 Por lo cual también Dios los entregó a la inmundicia, en las concupiscencias de sus corazones, de modo que deshonraron entre sí sus propios cuerpos,
25 ya que cambiaron la verdad de Dios por la mentira, honrando y dando culto a las criaturas antes que al Creador, el cual es bendito por los siglos. Amén.
26 Por esto Dios los entregó a pasiones vergonzosas; pues aun sus mujeres cambiaron el uso natural por el que es contra naturaleza,
27 y de igual modo también los hombres, dejando el uso natural de la mujer, se encendieron en su lascivia unos con otros, cometiendo hechos vergonzosos hombres con hombres, y recibiendo en sí mismos la retribución debida a su extravío.
28 Y como ellos no aprobaron tener en cuenta a Dios, Dios los entregó a una mente reprobada, para hacer cosas que no convienen;

29 estando atestados de toda injusticia, fornicación, perversidad, avaricia, maldad; llenos de envidia, homicidios, contiendas, engaños y malignidades;
30 murmuradores, detractores, aborrecedores de Dios, injuriosos, soberbios, altivos, inventores de males, desobedientes a los padres,
31 necios, desleales, sin afecto natural, implacables, sin misericordia;
32 quienes habiendo entendido el juicio de Dios, que los que practican tales cosas son dignos de muerte, no sólo las hacen, sino que también se complacen con los que las practican.

Introducción

La idea principal del apóstol en esta primera fase, es presentar y delinear el TEMA principal de toda la epístola. No es su propósito elaborar de inmediato los argumentos, sino que él está recurriendo a la forma judía de escritura, donde la tésis o tema principal se coloca al principio de la alocución, y después se ofrecen los detalles de cómo se llegó a esa conclusión.

Por otro lado, veremos que hay uso de frases con verbos en participio, como lo es la frase "declarado Hijo de Dios". Frases como éstas se convierten en el eje central de la argumentación. La idea del apóstol es inquietar las mentes de sus oyentes y lectores a hurgar e inquirir el porqué Pablo se introduce de esta manera.

La epístola a los Romanos es un "tratado teológico" que explica cuidadosamente la justicia que Dios demanda y la justicia que él ofrece a los seres humanos con la finalidad de que éstos sean obedientes

Además, vemos que en ninguna de sus alocuciones él omite el hecho de ser apóstol. Pablo siente que estas aclaraciones sobre su legítimo llamamiento no están basadas en contacto personal con Cristo por tres años y medio, sino que en el libro de Romanos, están basadas en el llamado de Dios. El enfatiza en este libro que el apostolado que él tiene está explícitamente enmarcado dentro del contexto del llamado y la ordenación (apartado) para el evangelio.

Por otro lado, Sanday ve cinco (5) aspectos que deben considerarse en los primeros versículos de esta carta, ellos son: a) Una colección completa de ideas de la comisión y autoridad de un apóstol; b) Una colección completa de ideas en cuanto al *status quo* de la comunidad cristiana en los ojos de Dios; c) Una clara aprensión de la relación que existe entre el nuevo orden de cosas y el viejo; d) Una clara aseveración de lo que debería llamarse 'la divinidad de Cristo', la cual Pablo trató a la luz de su relación y expectativas de sus coetáneos, así como también en su realidad trascendental como fue inferida y expresada por Cristo mismo; e) Un nivel avanzado de distinción entre las personas que componen la divinidad.[1]

Luego miramos en el corazón del apóstol y su ferviente anhelo y deseo de poder visitar a los hermanos personalmente en Roma y cómo había sido estorbado hasta el momento (vv. 8-15). El les deja saber a los hermanos que por estorbo fue la razón por la que no había hecho un viaje a Roma, luego entonces él introduce sus sentimientos personales con respecto al evangelio y el poder del mismo (vv. 16-17).

> A ningún predicador del calibre de Pablo le gustaría ser llamado "mendigo", aunque sea por el significado etimológico del nombre.

Inmediatamente después de esta alocución, Pablo comienza a dirigir sus misiles hacia un mundo que ha rechazado la revelación de Dios en todas sus formas, lo cual coloca a todos los seres humanos bajo la inminente espada de la culpabilidad (vv. 18-32). Y es aquí donde empezamos a ver que más que cualquier otra carta o escrito novo-

[1] Sanday, W; Headlam, A.C. (1896). *Critical and Exegetical Commentary on The Epistle to the Romans*. (Charles Scribner's Sons: New York); pp. 17-18.

testamentario, la epístola a los Romanos es un "tratado teológico"[2] que explica cuidadosamente la justicia que Dios demanda y la justicia que él ofrece a los seres humanos con la finalidad de que éstos sean obedientes.

1.1 Pablo

El nombre "Pablo" no fue el nombre dado por sus padres. Sus padres le llamaron y lo declararon oficialmente como Saulo, y al ser de Tarso, él llegó a ser conocido como "Saulo de Tarso". Posteriormente después de su conversión a Jesucristo, Saulo cambió su nombre por Pablo. Este cambio de nombre aparece por primera vez mientras estaba en Chipre, durante uno de sus viajes (Hech. 13:4, 9). De hecho, él mismo nunca usa el nombre "Saulo".[3] Además, Dunn piensa que el nombre "Pablo" íba más acorde con la naturaleza de su trabajo entre los gentiles.[4] Algunos creen que este cambio significativo de nombre ocurrió por razones de semántica y de significado. Por ejemplo, Saulo significa en lengua Hebrea: "quien pide insistentemente"; "el mendigo."[5] Y por supuesto, ningún predicador del calibre de Pablo le gustaría ser llamado "mendigo", aunque sea por el significado etimológico del nombre. No obstante, el nombre Pablo significa: "pequeño" ó "corto"[6] en lengua griega.

> Muchos esclavos del emperador usaban el epíteto de "esclavo de César" para referirse a su posición como embajadores o representantes en cortes extranjeras.

---

[2] Richards, L.O. (1987). *The Teacher's Commentary*. (Victor Books: USA); p. 800.

[3] Dunn, J. (1988). *Word Biblical Commentary, vol 38a, Romans1-8*. (Word Books Publisher: Texas); p. 7.

[4] Ibid., p. 8.

[5] International Standard Bible Enciclopedia, V. 9; p. 614.

[6] Roswell H. An Interpreting Dictionary of Proper Names; p. 85.

1.1 Siervo de Jesucristo

La expresión "siervo de Jesucristo" (DOULOS CHRISTOU IEZOU) es una expresión para indicar sencillamente su presente condición ante el verdadero Señor y Soberano del universo. Pareciera como si Pablo estuviera queriendo decir que él no solamente era "pequeño" después de haber conocido a Jesucristo, sino también un "siervo". La palabra usada para siervo quiere decir literalmente "esclavo".

Lenski decía que en realidad Pablo escribió para los esclavos creyentes de la iglesia cristiana en Roma; no obstante, muchos de ellos eran más educados y más inteligentes que sus propios amos... Aunque ciertamente todas las cartas de Pablo están muy por encima de la cabeza de sus recipientes.[7] Y aunque no estoy completamente de acuerdo con Lenski en todos los aspectos de esta declaración, hay una gran verdad que no podemos soslayar, y es el hecho de que el intelecto solo no es suficiente para captar las grandes verdades que el apóstol Pablo presenta en su carta y en otros escritos de su autoría. Se necesita la presencia y la guía del Espíritu Santo para poder analizar y vivir a plenitud lo que el apóstol enseña aquí.

Por otro lado, un esclavo es aquél que obedece, quien hace las cosas que el amo le pide que haga. Su función es OBEDECER. Y ese concepto Pablo lo amplía más adelante, específicamente en el capítulo seis. Pablo antes era un esclavo de su propia justicia (pecado), ahora tiene un nuevo Amo, Jesucristo, y es por eso que él se define como "siervo [esclavo] de Jesucristo". Aunque muchos esclavos del emperador usaban el epíteto de "esclavo de César" para referirse a su posición como embajadores o representantes en cortes extranjeras,[8] no es menos cierto que "sea que Pablo se está representando asimismo como un embajador o está usando una estructura retórica en su discurso, él se está comparando asimismo con los esclavos del emperador que le eran fieles".[9] Dunn añade que la idea de de ser un esclavo de una divinidad era un asunto

---

[7] Lenski, R.C.H. (1945). *The Interpretation of St. Paul's Epistle to the Romans*. (Wartburg Press: Ohio); p. 25.

[8] Jewett, R. (1987). *Romans*. (Graded Press: Nashville); p. 14.

[9] Halteman, F.R. (1993). *A Simulation: Paul and the Roman House Churches*. (Herald Press: Pennsylvania); p. 79.

común en el oriente y en occidente, a través de la proliferación de los cultos de misterio.[10]

1.1 Llamado a ser apóstol

El apostolado es por "llamado" (KLETOS). Los dones de Dios, cualesquiera que sean, son producto de un llamado. Dios no coloca dones en las manos de los hombres sin brindarles un llamado. El concepto de "llamado" es muy amplio y podríamos escribir un libro solamente sobre ese concepto y cómo es usado en la Biblia. Sin embargo, en lo que concierne a Pablo, su apostolado fue el resultado de un llamado directamente de Dios (Hechos 9:1-19).

"Debemos tener en cuenta que para Pablo, la idea de un llamado incluye la noción de respuesta. Los "llamados" son aquellos que no solamente han escuchado, sino que han obedecido el llamado divino".[11]

El apostolado de Pablo significaba sencillamente que él había sido ENVIADO con un mensaje definido por quien le llamó. Los apóstoles del Antiguo Testamento tenían que hacer las funciones de embajadores para que su apostolado fuera efectivo. Y usualmente, los embajadores siempre íban con el interés y/o finalidad de lograr la paz entre dos reinos, pues llevaban un mensaje de aliento, esperanza y amistad.[12]

Los "llamados" son aquellos que no solamente han escuchado, sino que han obedecido el llamado divino.

Y aunque él no había visto en la carne a Cristo, Pablo le vio en su glorificación (1 Cor. 9:1). Pablo no fue uno de los doce (12),

---

[10] Dunn, p. 8.

[11] Morris, L. (1988). *The Epistle to the Romans*. (William B. Eerdmans Publishing Company: Grand Rapids); p. 38.

[12] Para un estudio más detallado del concepto del apostolado, favor ver el libro: *Jesús: Nombres Títulos y Atributos,* Vol. 1); pp. 60-69 por el mismo autor de este libro.

pero tenía el imprimátur del Cielo (2 Cor. 2:12). Esto se deja traslucir también a través de las 19 ocasiones en que Pablo se llama asimismo "apóstol" en el Nuevo Testamento.

"...Pablo estaba pre-eminentemente diseñado y apropiado por nacimiento, educación y experiencia previa para llenar un lugar particular en el establecimiento, extensión y edificación de la iglesia; no podemos más que asignarle el más prestigioso lugar en la 'compañía gloriosa de los apóstoles'".[13]

1.1 Apartado para el evangelio de Dios

Pablo no solamente fue llamado a ser apóstol, sino que fue también "apartado" (AFORIZMENOS).[14] El vocablo aquí tiene la connotación de haber sido ORDENADO o CONSAGRADO con un propósito en particular. De hecho, él usa este mismo verbo cuando habla de la su ordenación "desde el vientre" de su madre (Gal. 1:15). La ordenación que Dios otorga es consecuencia directa del llamado y es atestiguada por los hombres en la persona de sus representantes locales de la iglesia (Hec. 13:2). No conozco ningún caso bíblico en donde Dios haya "ordenado" a alguien para alguna tarea en particular sin antes haber hecho un LLAMADO. Estos dos verbos son consecuentes uno con el otro e interdependientes. La ORDENACION es un resultado mediato o inmediato del LLAMADO. No es posible que ocurra de otra manera.

> La ordenación que Dios otorga es consecuencia directa del llamado y es atestiguada por los hombres en la persona de sus representantes locales de la iglesia (Hec. 13:2).

Por otro lado, es interesante lo que menciona Morris, que este verbo es el mismo de donde deriva la palabra "fariseo" que

[13] Lockyer, H. (1966). *All the Apostles of the Bible*. (Zondervan Publishing House: Grand Rapids); p. 218.

[14] El verbo "*aforizo*" no sabemos a ciencia cierta si esto significa 'separados de la inmundicia'; o 'separación de los Macabeos (hecha por la secta Hasídica); o una 'separación de los intérpretes sacerdotales de la Ley'.

significa "los separados".[15] Personalmente no creo que tenga nada que ver una cosa con la otra, y si acaso existe alguna conexión, lo que en realidad el apóstol está haciendo es sencillamente dándole el significado correcto a la palabra fariseo y poniéndolo bajo la perspectiva adecuada.

1.1 El evangelio de Dios

La palabra "evangelio" aparece en cada carta paulina excepto en el libro de Tito. Aquí se le llama "el evangelio de Dios", pero también se le conoce como "el evangelio de Jesucristo" (Marcos 1:1); "el evangelio de su Hijo" (Rom. 1:9); y como "el evangelio eterno" (Apoc. 14:6)). Además, cuando se le pregunta a los individuos qué es el evangelio, la típica respuesta es: "Buenas Nuevas". Otra respuesta muy común es: "Poder de Dios". Particularmente no tengo ninguna dificultad con estas respuestas... El asunto reside en que la Biblia ha descrito ya qué es el evangelio de Dios y en qué consiste.

En esta carta a los Romanos, Pablo lo que está haciendo es ampliando y desarrollando ciertos conceptos que ya él había predicado y expuesto en otras iglesias y en otras cartas, como lo es el caso de la iglesia de Corinto. En la epístola dirigida a estos hermanos de Corinto, Pablo expone en pocas palabras lo que a él le fue revelado que era el evangelio. En 1 Cor. 15:1-4, Pablo dice:

> *"Además os declaro hermanos, el evangelio que os he predicado, el cual también recibisteis, en el cual también perseveráis. Por el cual así mismo, si retenéis la palabra que os he predicado, sois salvos, si no creistéis en vano. Porque primeramente os he enseñado lo que así mismo recibí: Que Cristo fue muerto por nuestros pecados, conforme a las Escrituras; y que fue sepultado, y que resucitó al tercer día conforme a las Escrituras".*

[15] Morris, p. 39.

De acuerdo con este texto, **el evangelio** fue PREDICADO por Pablo. Los hermanos a su vez lo RECIBIERON y PERSEVERAN en él. Por otro lado, el acto mismo de RETENER la palabra predicada por Pablo, los creyentes podían ser salvos si no habían creído en vano. Esto quiere decir, que hay algo especial en las palabras/predicación del apóstol que nos pueden hacer salvos si CREEMOS y PERSEVERAMOS.

La pregunta que uno se hace es, ¿qué fue lo que Pablo predicó que puede traer salvación a los seres humanos? El mismo texto explica que lo predicado es un concepto que fue RECIBIDO por el apóstol (v. 2). El evangelio predicado por Pablo consistía en un mismo evento en tres fases: a) "Cristo fue muerto por nuestros pecados, conforme a las Escrituras" (v. 3); b) "Cristo fue sepultado; c) y resucitó al tercer día conforme a las Escrituras" (v. 4). Para el apóstol, el evangelio de Dios era simplemente la MUERTE, SEPULTURA y RESURRECCION de Cristo de entre los muertos. De hecho, todos los sermones encontrados en el Nuevo Testamento, tienen estas tres fases como su núcleo central.

Por lo tanto, cuando Pablo dice en Romanos que él fue APARTADO u ORDENADO para el "evangelio de Dios" (EUANELION THEOU) significa simplemente que el apóstol fue APARTADO/ORDENADO para predicar la MUERTE, SEPULTURA y RESURRECCION de Cristo.Y de hecho, es muy posible que el apóstol estuviera pensando en Levíticos 20:26 cuando mencionó estas palabras, pues allí dice: "*Habéis, pues, de serme santos, porque yo Jehová soy santo, y os he apartado de los pueblos para que seáis míos*". Es por esta razón que le encontramos diciendo que se había propuesto no predicar otra cosa que no fuera a Jesucristo y éste crucificado (1 Cor. 1:17-18, 23).

Las implicaciones directas del evangelio predicado por Pablo, es que el cristiano debe morir, ser sepultado y resucitar a una nueva vida en Cristo Jesús. Todos los sermones del Nuevo Testamento y las enseñanzas vertidas en el mismo tienen que ver con estos conceptos en cualquiera de sus formas. La agonía de la muerte, la inconsciencia de la tumba y la realidad de la resurrección es un proceso que debe efectuarse místicamente en cada profeso cristiano o creyente en Jesucristo.

1.2 Que él había antes prometido por sus profetas

El verbo "prometido" (PROEPEMEILATO) tiene que ver con algo que se ha dicho desde el principio o hace mucho tiempo. En otras palabras, el apóstol alude a que Dios en su presciencia había previsto todos los elementos necesarios para que el evangelio fuera una realidad a través de sus siervos los "profetas" (PROFETON). Es interesante notar que la fuerza de la voz media en la construcción gramatical enfatiza el sujeto de la promesa,[16] que en en este caso es Dios y fue traducido como "él".

Por otro lado, alguno podrá argumentar de que no hay una profecía explícita en el Antiguo Testamento que indique la muerte, sepultura y resurrección de Cristo. Sin embargo, es necesario notar que las profecías mesiánicas no necesariamente tienen que estar dadas explícitamente. Por ejemplo, en Génesis 3:15 encontramos la primera profecía sobre el Plan de salvación cuando dice: "*Y enemistad pondré entre ti* [Satanás] *y la mujer* [la iglesia], *y entre tu simiente* [hijos del Diablo] *y la simiente suya* [Cristo]; *ésta te herirá en la cabeza, y tú le herirás en el calcañar*". En Génesis 49:10 encontramos que dice: "*No será quitado el cetro de Judá, y el legislador de entre sus pies, hasta que venga Siloh*".

> Es en la Biblia donde encontramos la seguridad de que no estamos sólos en este planeta, y de que nuestro Dios y Creador cumple las promesas que hace.

Hay un sinnúmero de profecías de carácter mesiánico que tienen que ser interpretadas a la luz del Calvario porque de otra manera no tendrían ningún sentido como tales. Es lo que ocurrió en la cruz lo que otorga significado a las profecías mesiánicas del Antiguo Testamento. Por lo tanto, el evangelio que Dios prometió lo cumplió hasta lo sumo, pues le costó la vida al Hijo de Dios. Y lo que Pablo está tratando de decirnos en este versículo, es que la muerte, sepultura y resurrección de Cristo fue prevista en el Plan divino de salvación, y no solamente eso, sino

[16] Cf., Moule, *Idiom Book*; p. 24.

también que Dios hizo una PROMESA/PROFECIA a la raza humana a través de sus siervos los profetas. ¿Razón? Dios no hace nada sin "*revelar sus secretos a sus siervos los profetas*" (Amos 3:7). Y como dice Lenski, el hecho de que la preposición "por" (DIA) signifique literalmente "a través de", indica que Dios y solamente Dios es el Autor incontestable del evangelio y de las promesas dadas a sus siervos los profetas.[17]

1.2 En las Santas Escrituras

Por otro lado, estas profecías están contenidas en las "Santas Escrituras" (GRAFAIS HAGIAIS), y el hecho de que estén en el sagrado Cánon bíblico, es una seguridad inherente de la confianza que podemos poner en las Sagradas Escrituras como la única guía autorizada de lo que constituye la Palabra de Dios. Es en la Biblia donde encontramos la seguridad de que no estamos sólos en este planeta, y de que nuestro Dios y Creador cumple las promesas que hace, aunque éstas le cuesten aún la misma muerte de su propio Hijo.

Técnicamente hablando, esta expresión debería estar precedida por un artículo definido, sin embargo, creo que el hecho de que no existe ningún artículo, se enfatiza más el hecho de la santidad de las Sagradas Escrituras, y estas Escrituras no son otra cosa que los escritos del Antiguo Testamento, pues el Nuevo Testamento todavía se estaba escribiendo. Y como dice Morris, "Era importante para Pablo, así como también para los cristianos primitivos, que el evangelio era el cumplimiento del Antiguo Testamento".[18]

1.3 Acerca de su Hijo

El evangelio no tiene sentido sino tiene que ver con Jesucristo. Es Jesucristo quien le dá pleno significado al evangelio y a la vida en el planeta, porque Cristo es el evangelio personificado y él es la profecía del Antiguo Testamento cumplida en la carne. Pablo en otra carta nos recuerda que en Cristo todas la cosas subsisten por él y para él (Colos. 1: 17). Y esto es obvio, ya

---

[17] Lenski, p. 32.
[18] Morris, p. 41.

que fue Cristo quien padeció la muerte "eterna", la sepultura "eterna" y la resurrección "eterna". Por tal razón, se hace imperante que el evangelio sea de su Hijo, porque fue el Hijo quien vino a revelar la "imagen" (carácter) del Dios invisible" (Heb. 3:1-3). Aunque debemos recordar que el término "Hijo" (HUIOU) "era un título mesiánico establecido, con lo que Pablo quiere significar la relación íntima existente entre Cristo y Dios".[19]

1.3 Que fue hecho de la simiente de David según la carne

El texto es una declaración implícita al misterio de la encarnación. Para la teología judía se hace incomprensible el hecho de que UN sólo Dios pueda contener TRES personas con un mismo propósito, con el mismo poder y con los mismos atributos. Esa es la razón principal (en mi opinión) por la que los judíos no aceptan a Cristo como el Mesías porque Jesús reclamó ser Dios cuando en realidad es también un hombre de carne y huesos. La idea de que un Dios unitario está compuesto de tres personas, es una idea ajena al pensamiento teológico judío. Para ellos Dios es indivisible y cualquier intento de explicar que Dios se rebajó a ser como una de sus criaturas, es sencillamente absurdo.

Y justamente esto es lo que Pablo está declarando, que Jesús fue "hecho" (GENOMENOU) de la simiente de David según la carne, lo cual es una referencia "a la constitución de su cuerpo".[20]

> Si Dios hubiese podido morir como Dios, no había necesidad de que Cristo se hiciera hombre.

No obstante, podrá ser absurdo para ellos, pero eso es lo que la Biblia declara, que Dios se HIZO carne. 1 Tim. 3:16 enseña explícitamente que el fenómeno mismo de que Dios se hizo carne, es el gran misterio de la piedad,

[19] The Interpreter's Bible. (1954). *Romans.* (Abingdon Press: New York); P. 382.

[20] Beet, Joseph Agar (1997) *Beet's Notes On Romans Through Colossians & Philemon, Volumes 1-4.* (The Ages Digital Library Commentary: Albany); p. 8.

es decir, el gran misterio del amor. Jesús es la consumación de un plan que fue diseñado antes de la fundación del mundo.

El acto de Dios hacerse carne es presentado en Hebreos de la siguiente manera: "*Por lo cual entrando en el mundo, dice: Sacrificio y presente no quisiste; mas me preparaste cuerpo*"[21] (10:5). En otras palabras Dios se hizo carne para lograr introducirse en el mundo como uno de nosotros. En el cuerpo de Jesús mora (corporalmente) toda la plenitud de la Deidad (Col. 2: 9). Jesús mismo dijo que su "carne" era lo que él daría por la vida del mundo. En otras palabras, ocurriría un intercambio: el mundo recibiría vida eterna a cambio de la entrega de la carne de Cristo, es decir su vida en la cruz del Calvario.

Por otro lado, el hecho de que Dios se HIZO carne, no le exime de sus atributos. Si Dios hubiese podido morir como Dios, no había necesidad de que Cristo se hiciera hombre. Es por eso que Filipenses 2: 6-8 enseña explícitamente que Dios mostró cuán humilde es, que aún se rebajó a hacerse como una de sus criaturas y morir por ellas como hombre. De hecho, Jesús mismo testificó sobre esto y fue corroborado por los discípulos que estaban a la mesa cuando él se les apareció. Jesús dijo: "*Mirad mis manos y mis pies, que yo mismo soy. Palpad, y ved; que el espíritu no tiene carne ni huesos, como veis que yo tengo*" (Luc. 24: 39).

Además, el acto de hacerse hombre fue un acto creativo, no solo por el experimento que se llevó a cabo con éxito, sino también porque Jesús fue un descendiente directo del rey David, quien era de la tribu de Judá, y a quien (David) se les hicieron las promesas de que su reino sería para siempre y que por siempre uno de sus descendientes se sentaría sobre el trono de Judá (2 Sam. 7:13, 16). Las genealogías del Mesías, como están presentadas en los evangelios de Mateo y Lucas, indican que Jesús era descendiente

[21]Hay muchos que argumentan el asunto de la *partenogénesis* y la *epigénesis.* La partenogénesis es la idea de que Cristo nació porque fue "concebido" en el vientre de la virgen María. La epigénesis en cambio, enseña que Dios preparó un cuerpo diminuto (microscópico si se quiere) y lo introdujo en el vientre de María para que allí se desarrollara completamente. La realidad del caso es que no importa mucho si lo uno o lo otro, mas prefiero apegarme a lo que dice el texto de que fue "concebido" del Espíritu Santo.

directo del rey David tanto del lado de la madre (María), como del lado del padre (José).

1.4 El cual fue declarado Hijo de Dios con potencia

Jesús es el Hijo de Dios. Las Escrituras enseñan que Jesús no sólo es llamado "Hijo de Dios", sino también, "Hijo de David"; "Hijo de Abrahám"; "Hijo de Adán"; "Hijo del hombre"; "Hijo de José". Si Jesús es Hijo de tantas personas, ¿por qué Pablo enfatiza que Jesús fue "declarado" (HORIZDENTOS)? De hecho, HORIZDENTOS tiene que ver con el acto de "designar", "determinar a una persona para un oficio específico".

El problema con esta frase es que algunos ven en ella la teoría *Adopcionista*, que indica que Cristo en realidad fue "adoptado" por el Padre como Hijo y que Cristo no nació como Hijo de Dios.[22] Y esta idea está en contraposición a la realidad de la *Encarnación*, la cual está claramente delineada por Pablo en otro lugar (Filip. 2) y por Juan en su evangelio (Juan 1:1-3). Creo no debemos complicarnos la mente con esto, sencillamente creo que una forma de conciliar ambas ideas es que Jesús es en realidad el Hijo de Dios, así nació porque así fue predicho; mientras que posteriormente fue DECLARADO Hijo por el Padre en virtud de la encarnación misma.

Debemos pensar un poco en esta frase, porque si Dios se HIZO carne y habitó entre nosotros y vímos su gloria (Juan 1:14), no es menos cierto de que al rebajarse a ser como uno de nosotros (Filip. 2:6), él se hizo "menor que los ángeles" (Heb. 2: 7). Sin embargo, fue DECLARADO Hijo. La expresión no dice que Jesús fue HECHO Hijo.

Si Pablo está correcto, entonces es lógico concluir que aunque Dios se HIZO carne, al encarnarse tuvo que ser declarado Hijo. Y la implicación de ésto es que explícitamente Pablo está tratando de decirnos que Jesús no fue un Hijo que el Padre engendró antes de crear todas las cosas, sino que cuando una de las

[22] Sanders, E.P. (1991). *Paul.* (Oxford University Press: Oxford); p. 81.

personas de la divinidad se encarnó, entonces y sólo entonces fue DECLARADO Hijo; es decir, Dios emitió un decreto...[23]

De hecho, lo mismo ocurre con cada creyente que cree y recibe a Jesucristo, al mismo se le dá la autoridad o el derecho, la facultad de ser llamado "hijo de Dios" (Juan 1:12). Cuando una persona acepta a Jesucristo como su Salvador, automáticamente es declarado hijo de Dios. Este acto de emitir un decreto, dice el texto, es hecho con "poder" (DUNAMEI). Es el poder creativo de Dios el único capaz de lograr crear algo de la nada.

1.4 Según el Espíritu de santidad

El Espíritu Santo es llamado aquí el "Espíritu de santidad" (PNEUMA HAGIOZUNES). La expresión es corolaria e intrínseca a la naturaleza misma del Espíritu. Dios no declara a seres pecadores "hijos", a menos que el Espíritu Santo haga una obra regeneradora del carácter y logre reproducir la imagen de Dios en el hombre. Es el Espíritu el encargado del acto creativo del nuevo nacimiento. No estoy de acuerdo con Meyer, Sanday, Beet y otros comentaristas que creen que este título no es aplicable al Espíritu Santo, porque, de acuerdo con Beet, "...del Espíritu Santo no hay ni pistas en todo el capítulo... Al no usar este título [Espíritu Santo], Pablo sugiere que no se refiere aquí de manera personal al Espíritu de Dios".[24] Me parece que esta idea está mucho más allá de lo que el mismo texto sugiere, pues si la expresión "Espíritu de santidad" no se refiere al Espíritu Santo, ¿a quién se refiere? ¿Qué otro Espíritu puede recibir este título que no sea el Espíritu Santo?

Cuando Jesús le dijo a Nicodemo que debía nacer de nuevo (Juan 3), Jesús no estaba pidiendo de Nicodemo algo que él mismo no había hecho. El evento mismo de la encarnación es una prueba incontestable de que una de las personas de la Deidad tuvo que NACER. En otras palabras, tuvo que volver a ser. Ese acto es único e irrepetible en su clase; la única forma de que Dios se hiciera carne era volviendo a ser, no como Dios, porque en forma de Dios siempre ha sido, es y será. En la encarnación, Cristo se

[23] Para mayor información al respecto, favor ver la obra titulada: *Jesús: Nombres, Títulos y Atributos, vol. 2*, de José Luna, donde este concepto es analizado en detalles en el capítulo titulado "Hijo de...".

[24] Beet, p. 9.

convirtió en una nueva creación, en una fusión de elementos que escapan a nuestro entendimiento humano, pues él es ciento por ciento Dios y hombre a la vez.

> Cuando una persona acepta a Jesucristo como su Salvador, automáticamente es declarado hijo de Dios

Es imposible explicar lógicamente el misterio de la encarnación. Pero aunque no es posible explicarlo con certeza, una cosa es segura, es que ocurrió una vez y el experimento no volverá a repetirse, aunque los efectos de este experimento se multiplican todos los días en las vidas de aquellos que creen y reciben a Jesucristo. Pues éstos son declarados "hijos" de Dios con poder, gracias a la obra maravillosa del Espíritu Santo.

1.4 Por la resurrección de entre los muertos

Es la "resurrección" (ANAZTAZEOS) de entre los muertos el evento que marca cuán abarcante es el poder de Dios de traer a la vida a quien ha muerto. Jesús tenía vida en sí mismo, y podía ponerla para volverla a tomar. Sin embargo, como hombre aprendió sujección aún en la muerte misma, pues el Padre le levantó de los muertos a través de la obra todopoderosa del Espíritu Santo. La seguridad para el cristiano es que el mismo poder que levanta muertos, es el mismo poder que emite los decretos para hacernos "hijos de Dios".

Por tal razón, el poder de Dios es manifiesto en la vida del creyente, gracias al Espíritu Santo. El asunto aquí es que Dios también nos ha dado vida de entre los muertos (Col. 2:13). Y el fenómeno inexplicable de la resurrección es una realidad gracias al Espíritu Santo. En otras palabras, el acto mismo de Dios DECLARARNOS sus hijos, así como declaró a Cristo, es el resultado directo que sigue a la resurreción de entre los muertos. Los decretos no se les dan a los muertos, sino a los vivos, pues Dios es Dios de vivos y no de muertos (Mat. 22:32).

Es interesante notar además, que la resurrección de Cristo es una bofetada con las manos abiertas a la doctrina y enseñanza principal de los Saduceos que no creían en la resurrección.[25] Y aunque los escritores bíblicos parezcan no darle tanto énfasis a la resurrección de Cristo de entre los muertos como lo hacen los teólogos modernos en la opinión de algunos,[26] no es menos cierto que la resurrección es lo que marca la gran diferencia entre todos los milagros hechos por Jesús en esta tierra. Porque esta resurrección es de carácter eternal, pues la muerte que él sufrió fue la muerte eterna.

1.4 De Jesucristo Señor nuestro

Esta fórmula pactual completa no aparece en la traducción de la Reina Valera, por lo tanto, yo decidí explícitamente insertarla aunque no aparezca en la traducción. Pero la misma es una fómula pactual novo-testamentaria para indicar el señorío de Cristo en el Nuevo Pacto. Esta frase es analizada en su totalidad en el último capítulo de este comentario (capítulo 8), y de hecho, es la última frase que se analiza en el mismo.

Jesús ha ganado el señorío sobre nuestras vidas (Hechos 10: 36). Quien emitió el decreto para que Cristo Jesús fuera llamado Hijo, fue el mismo que le levantó de los muertos (Hechos 10: 40). Y es ese mismo Dios quien nos levanta a nosotros de los muertos y nos declara hijos e hijas. Es ese mismo Dios quien constituyó a Jesús en Señor de todas las cosas, no solamente lo hizo Heredero de todo (Heb. 1:2), sino también lo hizo Señor de todo cuanto existe (Filip. 2:9-11).

Y aunque antes de Cristo ser exaltado y entronizado (Apoc. 4 y 5; Heb. 1: 8), era Dios (Juan 1:1-3), ahora Dios mismo lo exalta sobre todas las cosas y le devuelve el trono y la gloria que poseía con el Padre antes que el mundo fuese. Es por eso que Daniel quedó muy asombrado, porque aún con toda su inteligencia, su mente no alcanzaba a comprender cómo era que un ser humano (Jesús, el Dios-hombre) estaba gobernando el universo y toda la creación le adoraba como al Padre mismo (Dan. 7: 13-14).

---

[25] International Standard Bible Encyclopedia, Vol. 1 (The Ages Digital Library Reference: Albany); p. 370.

[26] Ibid., Vol. 7; p. 141.

1.5 Y por quien recibimos la gracia y el apostolado

Aparte de ser partícipes de un decreto divino, Dios también nos hace participantes de la gracia o perdón. Esta gracia o regalo es un don inmerecido. Los seres humanos no hemos hecho nada bueno que nos dé mérito alguno para que podamos participar del regalo del Cielo. ¿En qué consistió esa explosión de gracia? Consistió sencillamente que en el Calvario, Cristo Jesús perdonó todos nuestros pecados (Col. 2: 13; Hechos 10: 43); y no solo eso, sino también que junto con el perdón ofrecido en Cristo, viene la responsabilidad.

El sacrificio de Cristo ha hecho provisión para que todo el mundo fuese salvo si quisiera.

Al decir que "recibimos la gracia" (ELABOMEN XARIN) de Cristo, el acto mismo de recibirla nos pone en deuda con el mundo (Rom. 1: 14), y nos coloca en una posición de ser enviados, pues apóstol es aquél (como explicamos anteriormente) que es enviado en nombre de, y habla y actúa en el nombre de aquél que le envió. Haldane nota con cierta seguridad que Pablo distingue dos cosas aquí: 'la gracia y el Apostolado'. Para este autor, la gracia Pablo la experimentó al momento de su conversión, mientras que el Apostolado fue la encomienda natural y necesaria después de haber recibido la gracia.[27]

El "apostolado" (APOSTOLE) es el equivalente al SHALIAH Hebreo, es decir, un "embajador"; "alguien que va a un lugar en nombre de otro". Lo interesante de la frase es que tiene una conjunción de por medio que indica un acto sumativo, la conjunción es "y" (KAI). Al estar de esta manera, apunta directamente a la idea de que un pre-requisito para recibir el apostolado, es recibir primero la gracia divina, de otra manera sería un imposible, pues es la gracia de Dios la que nos permite tener el poder y la autoridad para ir en su Nombre a representarle. Es por eso que una vez que aceptamos el perdón de Jesucristo, su gracia,

[27] Haldane, R. (1997). *Exposition of the Epistle to the Romans.* (The Ages Digital Library Commentary: Albany); p. 44.

somos convertidos en apóstoles e inmediatamente se nos encarga el deber y la responsabilidad de llevar el mensaje de salvación a aquéllos que no le conocen.

1.5 Para la obediencia de la fe en todas las naciones por amor de su nombre

El tema del libro de Romanos es, en mi opinión, traer a la "obediencia" (HUPAKOEN) de la fe a todo el planeta. Esta obediencia de la cual habla Pablo, es aquella que indica "sumisión a". Dicho de otra manera sería sencillamente que la intención explícita del evangelio es traer a todos bajo la sumisión y la autoridad de Cristo. En este caso hay un objeto motivador, el cual es la fe. Bien lo menciona Haldane, "El objeto entonces de la fe, no es solamente la promesa, sino una promesa acompañada de una orden para aceptarla".[28]

Al mencionar "naciones" (ETHNEZIN) se refiere directamente a cualquier grupo étnico que exista sobre la tierra. La mayoría de los traductores traducen como "gentiles" o "paganos", pero en realidad está hablando de 'etnias', es decir, diferentes razas y culturas que habitan nuestro planeta. "Su comisión era general. Era para todas las naciones. "Si estas palabras están conectadas con [el verbo] *recibimos*, ellas expresan directamente la extensión de la misión del apóstol".[29]

La otra expresión importante aquí es "por amor de su nombre" (HUPER TOU HONOMATOS AUTOU). Cuando observamos cuidadosamente en el original, nos damos cuenta que HUPER (el cual es una preposición) va a jugar un papel importantísimo en las explicaciones teológicas de Pablo, pues sencillamente significa "por". El apóstol quiere dejarnos dicho que todo lo que Cristo ha hecho, lo hizo sencillamente por nosotros.

El sacrificio de Cristo ha hecho provisión para que todo el mundo fuese salvo si quisiera. Cristo murió no solamente por los judíos, aunque la salvación vino de Dios a través del pueblo judío en la persona de Jesucristo (Juan 4:22), sino que murió por todo el mundo (Juan 3:16).

---

[28] Idem.

[29] Hodge, C. (1997). *Commentary On the Epistle to the Romans*. (The Ages Digital Library Commentary: Albany); p. 33.

El propósito de la muerte de Cristo es reconciliar todas las cosas con Dios (2 Cor. 5:19). Por lo tanto, es de esperarse que el resultado de esa reconciliación sea que los hombres vuelvan al camino de la obediencia. Dios quiere que nosotros seamos obedientes, así como Cristo aprendió obediencia a través de su padecimiento (Heb. 5:8), así también Cristo quiere que nosotros por el padecimiento de Cristo, aprendamos y seamos hechos obedientes a Dios y su ley. Pero también es como decía Arminio, que el hombre puede ser inducido a una obediencia voluntaria y humilde, sin embargo, es necesario creer.[30]

Otro aspecto de esta declaración, es que la obediencia es posible únicamente gracias a lo que Cristo hizo por nosotros en la cruz del Calvario. El problema de muchos cristianos y su apatía que existe hacia la ley de Dios se debe en parte a que nuestra carne es enemiga de Dios por naturaleza, y aunque queremos hacer el bien no podemos, sencillamente porque nos falta el poder que necesitamos para vencer. Es únicamente en Jesucristo que podemos encontrar el poder que necesitamos para llevar una vida de obediencia. La cruz es la garantía de que se puede vencer cualquier pecado.

Por lo tanto, ningún ser humano tiene excusa ante Dios. Si Dios estuvo dispuesto a que su Hijo aprendiera la obediencia hasta el punto de morir (Filip. 2:6-8), no es menos cierto que él va a requerir obediencia de nosotros. Por tal razón, concluimos que aceptar el perdón o la gracia divina, nos coloca de inmediato en una posición no solo de apostolado, sino también con la propensidad y el deseo de obedecer los requerimientos divinos. En realidad, como dice Vincent, "La gracia no implica libertad para pecar, sino un cambio de Amo y una nueva obediencia y servicio. La gracia no elimina la Ley de Dios, sino la falsa relación del hombre natural con la Ley…"[31]

1.6 Entre la cuales estáis también vosotros, llamados a ser de Jesucristo

[30] Arminius, J. (1997). *The Works of James Arminius, Vol. 1.* (The Ages Digital Library Collections: Albany); p. 46.

[31] Vincent, M.R. (1997). *Word Studies In the New Testament, Vols. 3-4.* (The Ages Digital Library Commentary: Albany); p. 10.

El adverbio "también" (KAI) usado en esta sentencia en lugar de ser una conjunción, es un adverbio adjetivado, implicando que al igual que todos los demás habitantes del mundo que han creído en Jesucristo y le han recibido como Dios y Señor, nosotros TAMBIEN somos hechos participantes del llamado de Jesucristo. La razón es simple, Cristo murió por todo el mundo para hacer de todos UNO (Efes. 2: 16), así como el Padre y él son UNO (Juan 17: 22).

Por otro lado, cuando dice "entre las cuales" (EN OIS ESTE), se está refiriendo a las diferentes etnias comprendidas dentro del globo terráqueo, de las cuales nosotros somos parte. Además, el verbo "llamados" (KLETOI) implica que en la misma manera y proporción en que Dios llama a un grupo de personas o individuos a servirle, también ha de llamar a otro, indistintamente de la raza.

Es claro entonces que el aspecto racial o genealógico no cuenta mucho para motivar a Dios a llamar a quien él quiere, lo que cuenta es sencillamente ser un humano sin esperanza en un mundo de pecado y bajo el régimen del pecado. En tanto que estas condiciones se cumplan, entonces y solo entonces Dios nos hace el llamado.

1.7 A todos los que estáis en Roma

Los miembros de la iglesia que estaban en Roma, eran creyentes en su mayoría inmigrantes. Eran personas que habían dejado sus pueblitos pequeños para ir a la gran metrópolis de aquél tiempo. Así también muchos de nosotros somos inmigrantes o emigrantes, sin embargo las palabras del apóstol Pablo no pueden ser circunscritas únicamente para los habitantes de Roma, porque entonces el evangelio de Dios (muerte, sepultura y resurrección de Cristo) tendría un carácter local, étnico y regional, y no global y universal como la Biblia enseña (Juan 3:16).

> La santidad nuestra como hijos de Dios está circunscrita al llamado que él nos hace, y a nuestra respuesta a ese llamado de amor.

1.7 Amados de Dios

¿A quiénes ama Dios? La respuesta a esta pregunta es una sóla, a TODOS. Sin embargo, el amor de Dios se hace más palpable y tangible en aquellos que aceptan la manifestación de su amor, y con sumo énfasis el apóstol declara que somos "amados de Dios" (AGAPETOIS THEOU). Es cierto de que el Cielo ofreció todo cuánto tenía por un mundo penitente y pecador, pero no es menos cierto de que ese regalo ofrecido en la cruz del Calvario no tiene validez alguna para mi vida ni para la tuya, a menos que tú reconozca y te apropies del regalo que YA te dieron en la cruz a través de la sangre de Jesucristo.

1.7 Llamados a ser santos

En todas sus cartas, Pablo llama a los hermanos "santos". El epíteto debe ser entendido de manera genérica y no debe tomarse como algo literal. Para el apóstol, la santidad del creyente era una realidad cuando éste aceptaba el "llamado" (KLETOIS) de Dios. Por tal razón, es obvio que Pablo está hablando a todos aquellos que han aceptado el llamado de Dios, y él los reconoce como santos. La razón es dada en Hebreos 3:1, donde dice: "*Por tanto, hermanos santos, participantes del llamamiento celestial...*". La santidad nuestra como hijos de Dios está circunscrita al llamado que él nos hace, y a nuestra respuesta a ese llamado de amor.

Vincent identifica tres (3) sentidos en los cuales el término "santos" es aplicado:

a) A los miembros de una comunidad visible y local de creyentes (Hech. 9:32, 41; 26:10).
b) A los miembros de una comunidad espiritual (1 Cor. 1:2; Col. 3:12).
c) A los individuos llamados 'santos' (Efe. 1:18; Col. 1:12; Apoc. 13:10).[32]

Por otro lado, no debemos confundir "santo" con "consagrado", pues como dice Dufour, que en la Biblia la santidad

[32] Ibid., p. 43.

es un atributo de Dios y que se aplica a otros seres en virtud de una relación especial establecida entre Dios y sus criaturas.[33]

1.7 gracia y paz a vosotros, de nuestro Padre, y del Señor Jesucristo

Pablo simplemente quiere decir que tengamos siempre gracia y paz cuyo origen se encuentran únicamente en Dios. La paz viene únicamente como resultado del perdón, o por la ausencia de conflictos. La ausencia de paz trae como resultado enemistad, odio e inquina.

Cuando el hombre pecó se hizo uno con el demonio, por lo tanto, ya no había paz entre Dios y el hombre porque éste lo que hizo fue perpetuar el conflicto entre el bien y el mal. Jesús entonces viene y derriba la separación entre un Dios santo y el pecador (Efe. 2: 14). Y es Jesús quien ofrece la paz que sobrepuja todo entendimiento. La paz y el perdón son resultados directos del sacrificio de Cristo. Es el evento de la cruz lo que garantiza la paz y el perdón para el creyente.

1.8 Primeramente, doy a gracias a mi Dios

No hay ninguna cosa buena que ocurra en este planeta que no sea gracias al sacrificio expiatorio de Jesucristo. El trabajo hecho por Cristo en la cruz, garantiza que las bendiciones de Dios contenidas en su promesa flúyan hacia los seres humanos pecadores.

Al decir "primeramente" (PROTON) el apóstol dá la idea de que hay una lista de cosas sobre las que él quiere elaborar. Sin embargo, aunque no encontramos el adverbio subsiguiente que es "segundo", esto no significa que no está implícito en el resto de las ideas. Lo que está ocurriendo con el apóstol es que parece ir tan rápido en su dictado a Tercio, que no se toma el tiempo de pensar mucho en este tipo de frases adverbiales sistemáticamente. Este PROTON tiene que ver con lo principal del asunto, lo que está por encima de todo lo demás y él lo circunscribe al acto de dar

[33] Dufour, X.L. (1977). *Diccionario del Nuevo Testamento.* (Editora Cristiandad: Madrid); p. 395.

"gracias" (EUXARISTO), lo cual no es otra cosa que sencillamente estar agradecido a Dios.

El agradecimiento es una virtud, y la misma es divina. El hombre por naturaleza es egoísta e ingrato; puede caminar por la vida pensando que el mundo le debe todo, y que merece las cosas. Pablo nos enseña con su propio ejemplo, que aunque era más aventajado que muchos nosotros en algunos aspectos, no es menos cierto que todo eso se debe a la voluntad expresa de Dios que interviene en nuestras vidas diariamente para bien. El apóstol Santiago lo presenta de una manera muy bella en su libro cuando dice: "*Amados hermanos míos, no erréis. Toda buena dádiva [regalo] y todo don perfecto es de lo alto que desciende, del Padre de las luces, en el cual no hay mudanza, ni sombra de variación*" (Stgo. 1:16-17).

Cada día que pasa, debiéramos estar agradecidos por los dones que recibimos. Se nos invita a no errar en este aspecto. La historia de los diez leprosos es una buena ilustración de las bendiciones adicionales que recibimos cuando nos detenemos en nuestro correr diario para agradecer a Dios. Aquél leproso que se devolvió de su camino para darle las gracias a Jesucristo, fue el único que recibió la mayor de las benedicciones pronunciadas por Cristo: "*...Tu fe te ha sanado* [salvado]" (Lucas 17:19). Y éste hombre era samaritano, lo que significa que Dios acepta la gratitud de cualquier persona que le reconoce como el Dador de los dones, sin importar su nacionalidad, credo o estatus social.

Pablo estaba agradecido a Dios por sobre todas las cosas, y su agradecimiento no es una simple palabrería; sale del corazón de un hombre que una vez estaba perdido (Rom. 7: 12-23), pero que fue liberado. En Efesios 1:16 él declara: "*No ceso de dar gracias por vosotros, haciendo memoria de vosotros en mis oraciones*". Y en Filipenses menciona, "*Doy gracias a mi Dios en toda memoria de vosotros*" (1: 3). A los hermanos de Colosas también les mencionó palabras similares: "*Damos gracias al Dios y Padre del Señor nuestro Jesucristo, siempre orando por vosotros*" (Col. 1:3). A los hermanos de Corinto les dirigió sentencias muy parecidas a las anteriores: "*Gracias doy a mi Dios siempre por vosotros, por la gracia de Dios que os es dada en Cristo Jesús*" (1 Cor. 1: 4;). En la 2da. carta a estos mismos hermanos, Pablo menciona el mismo concepto, pero de una forma un poco distinta: "*Ayudándonos también vosotros con oración por nosotros, para que por la merced hecha a nosotros por respeto de muchos, por muchos sean hechas gracias por nosotros*" (2 Cor. 1: 11).

1.8 Mediante Jesucristo

Las gracias que Pablo públicamente ofrece a Dios es basada en una sencilla preposición. La preposición es "mediante" (DIA). Sí, esta simple preposición usada allí donde Pablo la tiene y en un sinnúmero de pasajes donde él habla del sacrificio expiatorio de Cristo tiene una profundidad que escapa de nuestros límites, porque implica que el agradecimiento del apóstol llega al Padre únicamente a través de Jesucristo.

1.8 Con respecto a todos vosotros

Me imagino que fue muy gratificante para Pablo ver el fruto de su labor mientras estuvo vivo. Trabajar para Dios y el engrandecimiento de su reino, no siempre trae los resultados que esperamos. De hecho, Juan el Bautista quizás vio muy poco del resultado de su labor como "preparador" del camino del Señor.

La cruz ha revolucionado y trastornado el reino de las tinieblas, de modo tal que la Luz (Jesucristo) alumbra a todos los seres humanos

Pablo está agradecido a Dios por lo que Jesús había hecho en la cruz del Calvario y que había sido tan efectivo, que esta iglesia de Roma era un resultado directo de ese sacrificio y de la predicación del apóstol en otros lares. Por eso, cuando dice "con respecto a todos vosotros" (PERI PANTON) sencillamente quiere decir 'concerniente a todos'.

1.8 De que vuestra fe se divulga por todo el mundo

La fe de los hermanos de Roma y de lo que Cristo había hecho por ellos, estaba siendo predicada literalmente en TODO el mundo. Esa expresión "todo", significa literalmente TODO.

¿Cómo fue posible que en tan poco tiempo el evangelio estaba siendo predicado en todo el mundo? La respuesta es, únicamente gracias al poder divino. Esta carta fue escrita alrededor del año 58 d. C. y Jesús murió en el año 31, lo que quiere decir que en un período cerca de 27 años, en todas partes del mundo el evangelio estaba siendo proclamado con poder.

Algunos creen que esta expresión es una hipérbole, es decir, una exageración literaria, y que la palabra "mundo" (KOSMOS) se refiere exclusivamente al imperio romano.[34] Pero no, lo que Pablo habló lo dijo inspirado por el Espíritu Santo (2 Ped. 1:21). Por lo tanto, es aceptable creer que no hay ninguna exageración en la frase, especialmente si lo que el mismo Pablo dice en otro lugar es cierto: "*Por lo cual, también nosotros damos gracias a Dios sin cesar, de que habiendo recibido la palabra de Dios que oísteis de nosotros, recibistéis no palabra de hombres, sino según es en verdad, <u>la palabra de Dios</u>, que obra en vosotros los que creísteis*" (1 Tes. 2:13 –énfasis nuestro).

El verbo "divulga" (KATANELETAI) significa 'proclamar'; 'predicar'. El mismo apunta hacia la idea de anunciar, declarar, promulgar algo que no había sido conocido o entendido antes, pero ahora está saliendo a la luz, dándose a conocer en "todo el mundo" (HOLO TO KOSMOS). Lo interesante de esta expresión es que aquí Pablo no usa PANTON (todo) para referirse al mundo, sino que usa HOLO, que literalmente quiere decir "el mundo entero", haciendo una notable diferencia entre uno y otro.

La cruz ha revolucionado y trastornado el reino de las tinieblas, de modo tal que la Luz (Jesucristo) alumbra a todos los seres humanos (Juan 1:9). Esto no significa que todos los hombres aceptan la Luz que se les brinda (Juan 1:11), simple y llanamente significa que el evangelio es predicado en todo el mundo (Col. 1:5-6) para que todos tengan la oportunidad de la salvación en Cristo. Pues Dios se propuso salvar a a los creyentes a través de la locura de la predicación, "*Porque por no haber el mundo conocido en la sabiduría de Dios a Dios por sabiduría, agradó a Dios salvar a los creyentes por la locura de la predicación*" (1 Cor. 1: 21).

---

[34] Sampley, J.P. (1991). *Walking Between the Times: Paul's Moral Reasoning.* (Fortress Press: Minneapolis); p. 26.

1.9 Porque Testigo me es Dios

La palabra "testigo" (MARTUS) tiene una connotación jurídica. Dios se convierte en el Testificador, es decir, en la fuente confiable de información para corroborar los hechos, dichos, intenciones y conducta de los individuos. Si Pablo apela a Dios como su Testigo, cabe preguntar, ¿por qué y cómo se convierte Dios en Testigo? ¿Acaso se estará hablando de juicio? No extrañaría en lo absoluto, pues una de las cosas que el libro de Romanos revela acerca de Dios es el "*juicio de Dios*" (Rom. 2:5), y el "*juicio a Dios*" (Rom. 3:4).

Dios es quien guarda libros y/o registros de toda la actividad que ocurre en el universo. En Daniel 7:10 se mencionan los "*libros que fueron abiertos*". Al Cordero que fue inmolado desde antes de la fundación del mundo fue el único digno de abrir el libro y desatar sus sellos (Apoc. 5). En Malaquías 3:16 se habla "*que fue escrito libro de memoria delante de él para los que temen a Jehová*"; y David pide a Dios de que recuerde sus lágrimas que fueron escritas en "*su libro*" (Salmos 56:8).

La presencia de registros, en este caso libros, en la corte celestial, es un fenómeno que ha extrañado a mucha gente acerca de la naturaleza del carácter de Dios. Algunos creen que Dios no necesita registros para juzgar al universo. Sin embargo, como Dios es transparente en su trato con el pecador y los pecados de éste, Dios ha hecho que se escriban registros de nuestras acciones, palabras y conducta que sirvan de memoria (crónicas) para determinar la sentencia.

> Dios ha hecho que se escriban registros de nuestras acciones

El hecho de que los libros se abren en Daniel 7:10, es un claro indicador que cualquier criatura inteligente puede tener acceso a la información encontrada en esos registros y de cómo Dios aplica la sentencia al pecador sea para vida o para muerte.

La pregunta que se desprende naturalmente es, ¿cómo es posible para Dios ser Juez (Salmos 50: 6) y Testigo (Apoc. 3:14)? En la economía judía, algunas veces quien servía de juez, podía funcionar como testigo y como abogado antes de dictaminar la sentencia.[35] Dios es Juez por su naturaleza intrínseca sin pecado y sin inclinación al mal, lo que garantiza imparcialidad al momento de emitir una sentencia. Pero por otro lado, es quien ha determinado que se escriban libros que sirvan de registro que pueden ser usados en el juicio, es en este caso como Dios es llamado también Testigo, porque él es la fuente de la información fidedigna de todo lo que ocurre en el universo.

Además, el hecho de que Pablo invoque a Dios como Testigo, indica claramente la naturaleza de lo que a continuación va a decir. En otras palabras, invocar a Dios antes de una alocución tiene el peso de un conjuro[36] (aunque no en términos negativos). Al hacerlo, el apóstol simplemente está diciendo que lo expresado o a punto de expresar es verdadero y Dios guarda registro de ello.

1.9 A quien sirvo en mi espíritu en el evangelio de su Hijo

El apóstol indica claramente para quien trabaja y cómo. El hecho de que Pablo diga que sirve en su espíritu, es un factor innegable de que todo su ser estaba a la disposición de su Jefe, Jesucristo. No obstante, este servicio es únicamente EN el evangelio de su Hijo. Pablo ha entendido que usar las energías, los dones y talentos para servir a otra cosa que no sea al evangelio de Jesucristo es un fiasco. La verdadera satisfacción en la vida consiste en laborar para ensanchar el reino de Dios en esta tierra.

El verbo "sirvo" (LATREUO) tiene el significado primario de 'adorar'; 'venerar'. Así que Pablo quiere dejarnos saber que él adora "en" (EN) su "espíritu" (PNEUMATI) "en el evangelio" (EN TO EUANELIO) de su Hijo. Es decir, la forma de adorar de Pablo era de acuerdo a como Jesús habló a la mujer de Samaria: "*Dios es espíritu; y los que le adoran, en espíritu y verdad es necesario que* adoren" (Juan 4:24).

---

[35] Para una ampliación mayor del tema, favor de ver mi libro: *Jesús: Nombres, Títulos y Atributos,* Vol. 1; p. 7 en adelante.

[36] Haldane, p. 56.

1.9 De que sin cesar hago mención de vosotros siempre en mis oraciones

Esta oración, si se tomara sóla como está, podría bien indicar el tipo de pastor que era el apóstol. Él era un pastor que se interesaba por sus feligreses; no está diciendo esto para quedar bien, no, está declarando que sus oraciones por los hermanos son contínuas. Pablo es un hombre de oración, de otra manera ¿cómo pudo aguantar todas la embestidas del enemigo? (2 Cor. 11: 21-33).

La expresión "sin cesar" (ADIALEIPTOS) conlleva esa idea de "constancia", "perseverancia", es la misma palabra usada en 1 Tes. 1:2; 2:13; 5:17, todas en el contexto de dar gracias a Dios a través de la oración. En el último de los casos, es un imperativo "*Orad sin cesar*".

Por otro lado, al decir "hago mención de vosotros" (MNEIAN HUMON POIOUMAI) es muy particular, porque en el original está hablando de recordar (MNEIAN), de usar la memoria; lo cual es un claro indicador de que Pablo no está únicamente usando una forma de saludo, sino que en realidad él recuerda a los hermanos en sus oraciones. También podemos ver que usa un verbo POIOUMAI que fue traducido como "hago" que literalmente significa "practicar", "ejercitar". Es decir, era parte de la práctica Paulina diaria recordar a los hermanos en sus oraciones diarias.

De la misma manera, nuestras vidas debieran ser vidas de oración. A veces pasamos la vida en las iglesias "resolviendo" los problemas del mundo, y lo hacemos a costa de descuidar nuestra familia, nuestra devoción personal y en el peor de los casos nuestra vida de oración. Hay poder cuando la iglesia se detiene a orar y coloca los problemas de la iglesia en las manos del Señor de la Viña. Dios ha prometido estar con su pueblo en todo momento. Nosotros como dirigentes deberíamos pasar más tiempo orando por la iglesia de manera personal y corporativa.

1.10 Rogando que de alguna manera tenga al fin

La falta de tiempo para ir a ciertos lugares a predicar el evangelio es un problema que todo predicador enfrenta. Uno de los problemas que tenemos cuando somos expositores de la Palabra y vamos de un lugar a otro predicando el evangelio, es que a veces nos gustaría ir a ciertos lugares y anhelamos tener la experiencia de predicar allí, sin embargo, nos falta el tiempo.

Es evidente basado en este texto que Pablo está "rogando" (DEOMENOS), es decir, implorando, suplicando a Dios que le conceda más tiempo para ir particularmente a Roma a exponer las Buenas Nuevas de salvación a los creyentes de aquella gran metrópolis.

Por otro lado, el vocablo en el original PROZEUXON no solamente es el acto de rogar e implorar por otro, sino que en realidad se refiere a "un lugar específico donde se le oraba a una divinidad". En otras, palabras, el apóstol quiere dejarnos saber que cuando él hacía sus oraciones, lo hacía en el lugar que ya tenía previamente asignado para ello.

Vemos también que la falta de tiempo es un fenómeno que todos enfrentamos. A veces no hay tiempo nisiquiera para admirarnos de la belleza de la naturaleza de la creación. Estamos tan sumergidos en los afanes de la vida diaria que olvidamos lo esencial de la vida. Pablo nos enseña aquí gran parte del remedio para esa tensión de vida en la cual vivimos, es sencillamente ROGAR a Dios que nos conceda tiempo y oportunidad para hacer las cosas, es por eso que el consejo del apóstol en otro lugar fue: "*Andad en sabiduría con los extraños, redimiendo el tiempo*" (Col. 4: 5). Y también testifica en otro lugar cuando dice: "*Redimiendo el tiempo, porque los días son malos*" (Efes. 5:16).

1.10 Por la voluntad de Dios

Por otro lado, el hecho de que Pablo menciona que el tiempo que se le ofrece es únicamente por "*la voluntad de Dios*" (THELEMATI TOU THEOU), es algo que debe ponernos a pensar. En innúmeras ocasiones pensamos que tenemos todo el tiempo del mundo para hacer lo que querramos o que las posiciones que ocupamos son para siempre; o en el peor de los casos hacemos planes sin tomar a Dios en cuenta. Es por eso que la Escritura previendo ese problema de nuestra naturaleza pecaminosa, nos invita a recordar que para todos nuestros planes (siempre y cuando estén de acuerdo con su expresa voluntad) debemos poner a Dios delante: "*Ea ahora, los que decís: Hoy y mañana iremos a tal ciudad, y estaremos allá un año, y compraremos mercadería, y ganaremos. Y no sabéis lo que será mañana... En lugar de lo cual deberíais decir: Si el Señor quisiere, y si viviéremos, haremos esto o aquello"* (Stgo. 4: 13-15 –énfasis nuestro).

1.10 Un próspero viaje para ir a vosotros

"Próspero" (ELDEIN) aquí en realidad es un verbo en modo infinitivo, y una mejor traducción debiera decir: "prosperar el viaje para ir a vosotros". De esta manera vemos que la intención de las palabras del apóstol son claras, él espera y tiene la confianza de que de alguna forma Dios habría de prosperar su viaje.

En realidad, todos anhelamos llegar bien cada vez que salimos con un destino específico. El deseo de nuestro corazón es que nada nos ocurra cuando vamos de un lugar a otro, ya sea por automóvil, autobús, tren, avión, barco o cualquier otro medio de transporte. A diferencia de lo que ocurrió a Pablo en cierta ocasión que la nave en la que iba chocó contra una cadena de rocas e hizo que se rompiera y todos naufragaran (Hechos 27).

1.11 Porque deseo veros

Al decirle a los hermanos su expresa motivación: "deseo veros" (EPIPOTHO GAR IDEIN) él lo hace con vehemencia, pues EPIPOTHO esa es la idea que proporciona, 'un deseo vehemente'. No cabe duda entonces de que el corazón del apóstol estaba más que dispuesto no sólo a ir a Roma, sino también a ver a los hermanos.

Cuán diferente era el apóstol a muchos líderes religiosos de hoy en día, cuya opinión es que si los hermanos los ven a menudo les pierden el respeto. A Pablo no le da pena decirles que él anhela verlos cara a cara, y estar allí para explicar el evangelio sin necesidad de hacerlo a través de una carta.

1.11 Para comunicaros algún don espiritual

La traducción literal debiera decir: "daros" (METADO), pues este verbo está en aoristo subjuntivo, y de por sí es un verbo raramente usado entre los autores clásicos contemporáneos a

Pablo; sin embargo encontramos que Herodoto fue quien lo usó de vez en cuando.[37]

Algunos creen que Pablo está hablando aquí de la virtud milagrosa que él, al igual que los demás apóstoles, había recibido para sanar enfermos o llevar a cabos manifestaciones de carácter sobrenatural por la presencia del Espíritu Santo. Esta conclusión la basan en la expresión "don espiritual" (CHARISMA HUMIN PNEUMATIKON), y es posible que este sea el caso, más no lo creo por varias razones: a) Pablo se concentra en el libro en desarrollar y expandir la teología del evangelio de Jesucristo; b) no hay referencia a milagros hechos por el apóstol en el libro, sino que el mismo es una explicación teológica (caps. 1-8) y pragmática (9-16) de lo que él entendía, debía ser el evangelio. Pablo equipara aquí "*don espiritual*" con el CONOCIMIENTO del evangelio de Jesucristo; de hecho, él mismo lo cataloga como un don (1 Cor. 12: 8).

Y esta frase indica también el tipo de persona que era Pablo. El no es un líder "cacique" que piensa que él lo sabe todo y que prefiere no enseñar algunas cosas no vaya a ser que algún hermanito por ahí le vaya a quitar el puesto. No, Pablo es contrario a eso... Su intención es siempre enseñar y compartir con otros lo que tiene. Qué ejemplo para nosotros los líderes que muchas veces tenemos problemas del celo profesional. Conozco individuos que sus propios colegas pastores les han hecho la vida imposible a través de la crítica mordaz y destructiva, simplemente porque tenían celo profesional de algún colega que prometía ser más efectivo en su trabajo en la obra del Señor. Este tipo de actitud revela la mediocridad con que algunos religiosos trabajan. Eso significa que no están seguros de sí mismos ni de su

Es tiempo de comenzar a enseñar a otros lo que sabemos y despojémonos de toda esa suciedad e inquina que envuelve el celo profesional.

[37] Herodoto 9:34

conocimiento, nisiquiera de su relación con Cristo, ni de su rol en la iglesia.

Amado lector, cuando usted tiene un encuentro con Jesucristo, no hay manera de que usted tenga temor de otras personas, no importa cuáles ni cuántos sean sus dones. Usted va a aprender a ver cuál es su verdadera posición en el cuerpo de Cristo, pues todos tenemos diferentes dones y todos somos parte del cuerpo de Cristo que es su Iglesia (1 Cor. 12).

Por tal razón, es tiempo de comenzar a enseñar a otros lo que sabemos y despojémonos de toda esa suciedad e inquina que envuelve el celo profesional. Se nos insta a que no hagamos nada por contienda o por vanagloria, "*...antes bien en humildad, estimándoos inferiores los unos a los otros*" (Filip. 2: 3). Y la razón es simple, el propósito de todo cuanto hagamos, es CONFIRMAR a los hermanos en la fe. Si a causa de nuestro celo profesional nosotros dejamos de enseñar, corregir o ayudar a la Iglesia de Dios, somos dignos de justa condenación, pues nuestra misión, con los dones espirituales que nos han dado, es ésa CONFIRMAR a la Iglesia en la obediencia a la fe de Cristo.

Por otro lado, Jesús habló muy fuerte en contra de esta conducta diabólica cuando dijo: "*Mas, Hay de vosotros, escribas y fariseos hipócritas! Porque cerráis el reino de los cielos delante de los hombres, que ni vosotros entráis ni a los que están entrando dejáis entrar*" (Mat. 23: 13).

1.12 Esto es, para ser mutuamente confortados

La expresión "esto es" (TOUTO DE) indica un señalamiento particular que Pablo tiene en mente al compartir con otros el conocimiento del evangelio. En otras palabras, la intención y motivación es dicha explícitamente: "para ser mutuamente confortados" (EZTIN ZUMNPARAKLETITHENAI). Este verbo es el mismo usado para hablar del Espíritu Santo como el Consolador, el PARAKLETOS, Aquél que viene en nuestro auxilio a socorrernos por pedido nuestro.

Por lo tanto, Pablo le deja saber a los hermanos en Roma y a nosotros, que la intención primaria de compartir el don espiritual del conocimiento del evangelio es exclusivamente para la mutua consolación en la esperanza que los hermanos profesan.

Por otro lado, podemos palpar que los hermanos también estaban tristes pues por mucho tiempo habían querido que el apóstol fuera a su iglesia a ofrecer una campaña evangelística. El deseo de Pablo es compartir con los hermanos lo que a él le fue dado por *"revelación"* (Gal 1:12), y hacerles ver que él es un líder de iglesia que se entristece. Hay líderes religiosos que consideran que entristecerse o llorar enfrente de los hermanos es un símbolo de debilidad. Otros en cambio, usan las lágrimas para lograr que sus propósitos se lleven a cabo. Es decir, hay quienes manipulan las emociones de los feligreses para conseguir sus propios intereses.

No hay ningún problema si mostramos a los hermanos que nosotros somos tan humanos como ellos. Esa necesidad egoísta y egotística que tienen muchos de ser REVERENCIADOS es un mal muy común. Hay personas que sienten la necesidad de que los hermanos pasen el tiempo haciéndole la venia. Eso indica pobreza de carácter y un concepto tan alto de sí mismo que no les permite disfrutar la vida religiosa a plenitud.

1.12 Por la fe que nos es común a vosotros y a mí

La expresión original diría: "A través de la fe en común mía y vuestra". Y el hecho de que el apóstol y los hermanos de Roma tenían una fe en "común" (ANELOIS), indica el tipo de y la naturaleza de este don que Dios imparte, pues sirve como un pegante a todos aquellos que le aceptan por fe.

Qué bueno es llegar a un lugar y saber que somos aceptados y entendidos porque somos de la misma fe. Muchas personas no entienden la belleza y la profundidad de este concepto de tener la misma fe y en ocasiones hay quienes tienden a desdeñar a aquellos que no son de su misma fe.

La intolerancia religiosa de los enemigos de Jesucristo es debido a que estas personas sienten que su territorio, valores y costumbres han sido invadidos y eventualmente van a cambiar. La persecusión de carácter religioso es un fenómeno inexplicable, y se percibe aún en los hogares; pero se debe en parte a que no existe una fe COMUN. Millones de hogares están infelices sencillamente porque un día decidieron unirse en matrimonio con alguien que no tenía una fe COMUN, es decir, que no era de la misma fe. La sabiduría divina previno este problema cuando nos instó diciéndonos: "*No os juntéis en yugo desigual con los infieles* [de diferente fe]*; porque, ¿qué compañía tiene la justicia con la injusticia? ¿Y qué comunión la luz con las tinieblas?*" (2 Cor. 6: 14 –énfasis mío). Por lo tanto, vale la pena seguir el consejo divino, de lo contrario nos podríamos convertir en "*esclavos de hombres*" (1 Cor. 7: 23).

1.13 Pero no quiero, hermanos, que ignoréis

Pablo está insistiendo en que los hermanos entiendan bien el porqué él no ha ido a Roma. El apóstol quiere explicar en detalles las razones que le han impedido ofrecer alguna campaña evangelística en tan importante iglesia. Esta expresión "no quiero" (OU THELO) es enfática, pero al mismo tiempo suplicante, pues está hablando de su corazón pues se percibe una súplica.

El verbo "ignoréis" (AGNOEIN) es un verbo que él va a usar bastante en su carta, pues uno de los objetivos primarios de la misma, es que los hermanos no se queden en la oscuridad espiritual con respecto al conocimiento del evangelio de Jesucristo.

Por otro lado, la expresión significa mucho, hay muchas cosas que Pablo anhela y desea que los hermanos tengan conocimiento de ellas, por ejemplo, él dice, hablando de la apertura del evangelio a los gentiles, "*Porque no quiero, hermanos, que ignoréis este misterio, para que no seáis de vosotros mismos arrogantes...*" (Rom. 11: 25); y también menciona hablando de la pre-existencia de Cristo y del símbolo del bautismo, "*Porque no quiero, hermanos, que ignoréis que nuestros padres todos estuvieron bajo la nube, y todos pasaron la mar*" (1 Cor. 10:1). Esta frase Pablo la usa vez trás vez, y cuando habla de la función de los dones dentro de la iglesia, dice: "*Y acerca de los dones espirituales, no quiero, hermanos, que ignoréis*" (1 Cor. 12:1). Hablando de sus tribulaciones el apóstol quiere que los hermanos lo sepan también, "*Porque hermanos, no queremos que ignoréis de nuestra tribulación que nos fue hecha en Asia...*" (2 Cor. 1:8). Comentando también sobre la esperanza de la resurrección, el apóstol nos insta a no ser ignorantes, "*Tampoco, hermanos, queremos que ignoréis acerca de los que duermen, que no os entristezcáis como los otros que no tienen esperanza*" (1 Tes. 4:13).

Es obvio que Pablo tiene la explícita intención de traer luz y conocimiento a los hermanos. Pablo era un excelente comunicador social. El entendía que a todo grupo le interesa saber las causas, los porqués, el fin último de las cosas. Es por eso que él enfatiza en dejarle saber a los hermanos hasta algunos detalles íntimos de su vida privada (1 Cor. 7: 7-8), sus tribulaciones (2 Cor. 6: 8-13; 11:23-33), sus achaques físicos (Gal. 4:15) y sus propias luchas internas (1 Cor. 9: 27).

De esta forma, Pablo logra una aceptación y afinidad con todos los grupos sociales, aunque debido a su interpretación del Antiguo Testamento a la luz del Calvario, abre la brecha con el Judaísmo. Es importante entonces COMUNICAR a la iglesia los pormenores de las actividades que realizamos sin necesidad de entrar en detalles muy particulares.

1.13 Que muchas veces me he propuesto ir a vosotros

Al parecer, hacía tiempo que Pablo había querido estar en Roma, pero no había podido. Sin embargo, él quiere que los hermanos sepan cuál ha sido su intención. Y si él estaba enviando una carta, lo hacía porque simplemente sus planes de ir a Roma habían sido tronchados.

> Dondequiera que el evangelio se proclame, el producto final serán bautismos y confirmación de aquellos que están en la fe.

La expresión "muchas veces" (PONAKIS) quiere decir "frecuentemente". Con esto Pablo nos deja saber que él siempre tuvo la intención de ir a visitar a los hermanos en Roma, mas por alguna razón no podía. Es por eso que cuando dice "me he propuesto" (PROETHEMEN) apunta a la idea relevante de que él había hecho planes específicamente para ir a visitar a los hermanos.

1.13 Pero hasta ahora he sido estorbado

Este "hasta ahora" (KAI) sencillamente puede traducirse como "y". Es decir, "y he sido estorbado (EKOLUTHEN)". Este verbo EKOLUTHEN, significa también "prohibido". Y pareciera que el apóstol implícitamente está queriendo decir que Dios le había prohibido ir a Roma, pero al mismo tiempo no se atreve a hacer tal declaración porque podría sonar extraña a los oídos de los hermanos.

Pablo no explica si había sido estorbado (bloqueado/impedido) debido a la intervención directa del Espíritu Santo, como ocurrió cuando Pablo quería predicar el evangelio en Asia y Bitinia que fue impedido por el Espíritu Santo (Hech. 16: 6-7). Tampoco explica si fue debido a falta de dinero, ya que a menudo no recibía pago por sus servicios (2 Cor. 11: 7-9), y cuando recibía eran simplemente ofrendas de gratitud, pues aparentemente el sistema de diezmo parecía no estar en vigencia (1 Cor. 16: 1-2) o no estaba unificado por la iglesia apostólica. O quizás fue debido a sus múltiples compromisos ya hechos con otras iglesias (1 Cor. 16: 5-8).

Sin embargo, él recalca de que había sido estorbado. A menudo, nuestros planes son frustrados e impedidos por diversas razones, y únicamente atinamos a decir como el apóstol, que hemos sido impedidos. La predicación del evangelio ha sido grandemente impedida a través de los siglos. Las persecusiones religiosas han causado grande daño a la propagación de las Buenas Nuevas, y éstas han sido con el fin directo de bloquear el avance del evangelio.

Pareciera que Dios había previsto que así fuera cuando dio la promesa en Génesis 3:15, cuando dice: "*Y enemistad pondré entre ti y la mujer, y entre tu simiente y la simiente suya; ésta te herirá en la cabeza, y tú le herirás en el calcañar*". El "calcañar" es la región del tobillo. La herida de la serpiente (Diablo) a la mujer (iglesia), tiene mucho que ver con el avance. La iglesia camina, pero es cojeando, pues ha sido herida en la región del tobillo, símbolo del caminar derecho y erguido. Esto significa que Satanás seguirá poniendo obstáculos para el avance del evangelio, pero la promesa también es segura, aún cojeando, la iglesia ha de vencer, porque Cristo es el Capitán y ya ganó la victoria por nosotros en la cruz.

1.13 Para tener también entre vosotros algún fruto

La expresión es rica en significado, pues usa un adverbio de cantidad "*también*" (KAI). El uso de ese adverbio indica que Pablo desea ver frutos de la iglesia como él los ha visto en las otras iglesias donde ha estado personalmente. El que trabaja debe esperar ver "algún fruto" (TINA KARPON), aunque no necesariamente es así en muchos de los casos. Se habla del Siervo sufriente en Isaías "*Verá el fruto de su aflicción y será saciado...*" (Isa. 53:11).

En otras palabras, Pablo esperaba que exponiendo las prístinas verdades del evangelio traería frutos (conversiones a Cristo) para el reino de Dios como ocurrió en innúmeras ocasiones a través de su largo ministerio.

La promesa de Dios profetizada por Isaías, "*Así será mi palabra que sale de mi boca, no volverá a mí vacía, antes hará lo que yo quiero, y será prosperada en aquello para que la envié*" (Isa. 55:11). Casi al principio del libro de los Hechos de los Apóstoles encontramos un fenómeno digno de mencionar aquí, y es que al comienzo de la predicación del evangelio por los apóstoles y discípulos, se dice: "*Y crecía la palabra del Señor, y el número de los discípulos se multiplicaba mucho en Jerusalén; también una gran multitud de los sacerdotes obedecía a la fe*" (Hech. 6:7).

Obviamente la iglesia apostólica estaba teniendo un crecimiento fenomenal en Jerusalén. Sin embargo, más adelante en el mismo libro, se menciona el fenómeno del crecimiento del evangelio pero de una manera espectacular, porque esta vez dice: "*Y como pasaban por las ciudades... Las iglesias eran confirmadas en fe y eran aumentadas en número cada día*" (Hech. 16:4-5).

En el primero de los casos, se menciona que los "*discípulos se multiplicaban*"; en el segundo caso, "*las iglesias...eran aumentadas*". Obviamente que multiplicación de discípulos traerá crecimiento de iglesias por doquier. El igle-crecimiento es un resultado directo de la predicación. Dondequiera que el evangelio se proclame, el producto final serán bautismos y confirmación de aquellos que están en la fe. Nuevos conversos han de venir a los pies de Cristo; nuevas almas han de ser ganadas para su reino. Y es de este fenómeno que Pablo está hablando aquí, él espera ver algún fruto como resultado de la predicación del evangelio.

1.13 Como entre los demás gentiles

Al mencionar el adverbio "demás" (LOIPOIS) está apuntando a la idea de "otros" que ya habían sido tomados en cuenta. Minear identifica cinco grupos diferentes dentro de los miembros de la iglesia en Roma:

1. El judío débil intolerante.
2. El gentil fuerte e intolerante.
3. El gentil dudoso.
4. El judío débil y tolerante.
5. El gentil tolerante y fuerte.[38]

En este caso, Pablo espera siempre ver el fruto de su trabajo entre los gentiles, pues él era un apóstol a los gentiles. Por otro lado, esta frase parece indicar que la mayoría de los hermanos de la iglesia en Roma no eran judíos, sino gentiles. Pablo era un apóstol enviado especialmente a los gentiles, que también son llamados los de la incircumcisión (Gal. 2:7), y así lo testifica él mismo cuando expresa: "*Porque el que hizo por Pedro para el apostolado de la circumcisión, hizo también por mí para los gentiles*" (Gal. 2:8).

La predicación entre los gentiles era para el apóstol más que un deber, una responsabilidad de vida o muerte.

La inclusión de los gentiles en el evangelio es un tema que no ha sido ampliamente explorado en ciertos círculos religiosos. La profecía de la inclusión de los gentiles es dada vez

[38] Citado por York, G.L.O.R. (1991). *The Church as the Body of Christ in the Pauline Corpus: A Re*-Examination. (University Press of America: Washington); p. 64. Aunque no estoy de acuerdo en este sentido, creo que él no está respaldado por nadie más en esta aseveración. No obstante, es interesante ver las diferentes clasificaciones con las que los teólogos pueden salir.

trás vez en el Antiguo Testamento. Por ejemplo, el profeta Isaías habla ampliamente de este concepto, así como también el resto de los profetas. Isaías habla de que la "*raíz de Isaí* [Jesús]" sería buscada por los gentiles (Isa. 11:10). Y es el Mesías quien traería "*juicio a los gentiles*" (42:1); la gloria de Jehová será "*publicada*" entre los gentiles (66:19).

Por otro lado, Jeremías también menciona sobre la entrada de los gentiles en el nuevo Pacto, reconociendo que habían creído la mentira de sus antecesores cuando dice: "*...a ti vendrán gentiles desde los extremos de la tierra, y dirán: ciertamente mentira poseyeron nuestros padres...*" (Jer. 16:19).

En conclusión, Pablo entendió claramente este concepto y las profecías del Antiguo Testamento no tenían ningún significado a menos que fueran vistas a la luz del Calvario. La predicación entre los gentiles era para el apóstol más que un deber, una responsabilidad de vida o muerte. Los romanos también eran copartícipes del evangelio al igual que los demás gentiles que habían aceptado a Jesucristo como el Mesías y Salvador.

No obstante, Pablo, quien también es conocido como profeta, pues tenía el don de profecía, es quien profetiza de cómo los gentiles harían caso a la predicación del evangelio cuando menciona: "*Os sea pues notorio que a los gentiles es enviada esta salud de Dios, y ellos oirán*" (Hechos 28:28). Es obvio entonces que el apóstol esperaba que la predicación del evangelio tendría un alcance más allá de los límites de la nación israelita.

1.14 A griegos y a no griegos

Algunos ven en esta declaración una evidencia de que la carta no fue escrita para los romanos, sino para los griegos. Sin embargo, "griegos" (HELEZIN) en este contexto debe significar SABIOS, pues los griegos habían preservado la ciencia y el arte de la sabiduría, aunque los romanos eran quienes gobernaban. Quizás los hermanos de la iglesia en Roma eran PROSELITOS gentiles convertidos al cristianismo.

De hecho, la segunda parte del texto esto es lo que indica. Pablo está hablando con aquellos que son ignorantes de las letras y/o de las ciencias, es decir, los "bárbaros" (BARBAROIS), queriendo decir una de dos cosas: a) aquellos que eran extranjeros;

b) aquellos que eran incultos y sin educación. Personalmente me inclino por la segunda opción, pues en el contexto, él está hablando de querer comunicar y compartir el don espiritual del CONOCIMIENTO del evangelio de Jesucristo. Por lo tanto, su mensaje estaba dirigido a todas las clases sociales de su tiempo, tanto el inculto como el instruído podían ser partícipes del conocimiento del misterio de Dios.

1.14 A sabios y a no sabios

Es evidente que el término "griegos" significa 'sabios' (ZOFOIS), y "bárbaros" significa "no sabios" (ANOETOIS), es decir, sin conocimiento alguno. El punto de Pablo es que el evangelio es predicado a todo tipo de personas sin importar la casta social. Hay que recordar que en este tiempo en la sociedad romana existían todo tipo de sociedades,[39] y que el prestigio social era medido en gran manera de acuerdo al círculo social al cual una determinada persona perteneciera.

1.14 Soy deudor

El hecho mismo de que el apóstol diga "soy deudor" (OFEILETES EIMI) implica una obligación que él tenía con todos aquellos que no tenían este conocimiento que él recibió por revelación directa de Jesucristo.

Pablo siente que como depositario de estas verdades del evangelio, él es un deudor. Un deudor es una persona a quien se le ha prestado algo y debe devolverlo. Pablo mismo menciona que el evangelio que él recibió fue por revelación directa de Jesucristo (Gal. 1:12); y en otra parte menciona que no debamos a nadie nada al decir: "*Pagad a todos lo que debéis: al que tributo, tributo; al que impuesto, impuesto; al que respeto, respeto; al que honra, honra. No debáis a nadie nada, sino amaros unos a otros; porque el que ama al prójimo, cumplió la ley*" (Rom. 13: 7-8).

La implicación de estas declaraciones paulinas es que una vez se acepta la verdad del evangelio, se es un DEUDOR. Aceptar a Cristo nos convierte en deudores del mismo, pues el consejo inspirado es que no debamos a nadie nada. Es responsabilidad

[39] Luna, J. (1995). *Breve Recuento Histórico Sobre la Evolución Histórica de la Iglesia Adventista Como Movimiento Socio-Religioso"*: Trabajo de Tésis, no publicado; pp. 14-25.

nuestra pagar la deuda, de otra forma, ¿cómo podemos decir que amamos a nuestro prójimo, si le vemos en tinieblas y no compartimos la preciosa Luz del evangelio? Además, en otro lugar él dice: "*...Ay de mí, si no anunciare el evangelio*" (1 Cor. 9:16).

1.15 Así que, en cuanto a mí, pronto estoy a anunciaros el evangelio

La expresión "Así que" (HOUTOS TO) también puede traducirse "de modo que", indicando la conclusión inevitable de lo expresado anteriormente. Y al mencionar "en cuanto a mí" (KATA' EME) indica una referencia a su persona, y puede ser traducido como "con respecto a mí".

El vocablo "pronto" (PROTHEMON) en realidad es un adjetivo normal nominativo, es decir que designa y enmarca el tiempo en que la acción debe ocurrir sin ser muy específico del 'cuando'.

El verbo "anunciaros" (EUANELIZASTHAI) sencillamente significa "evangelizar"; "predicar las Buenas Nuevas". Y este verbo está en aoristo en su voz media, es decir, que la acción recae no sobre el objeto (evangelizar), sino sobre el sujeto que habla, en este caso, Pablo.

Haber aceptado a Cristo convirtió al apóstol en deudor, y la única opción que le queda es pagar su deuda. Es por eso que él menciona que está presto a "anunciar" el evangelio. El verbo "anunciar" significa aquí EVANGELIZAR. Y el acto de evangelizar es sencillamente seguir la Gran Comisión de Mateo 28: 18-20. Pablo fue enviado a evangelizar a los gentiles, evangelizar es sinónimo de PREDICAR también, es por eso que él menciona en varias ocasiones, de que el Señor no lo mandó a bautizar, sino a predicar (1 Cor. 1:17).

Encontrar personas obedientes en el mismo lugar desde donde Satanás "dominaba" el mundo, es algo para pensar

1.15 También a vosotros que estáis en Roma

El adverbio "también" (KAI), indica claramente la amplitud que el evangelio había tomado. El mismo estaba siendo predicado en todas partes del mundo conocido de aquél entonces, así lo atestigua el mismo apóstol (Rom. 1:8; Col. 1: 5-6).

Es muy aleccionador pensar que el evangelio había llegado hasta el corazón mismo del paganismo, Roma, la capital del imperio romano. De esta iglesia Pablo dice que son obedientes, "*Porque vuestra obediencia ha venido a ser notoria a todos; así que me gozo de vosotros, mas quiero que seáis sabios en el bien, y simples en el mal*" (Rom. 16:19). Encontrar personas obedientes en el mismo lugar desde donde Satanás "dominaba" el mundo, es algo para pensar, pues esto nos indica del poder que hay en el evangelio, y de la capacidad de transformación que es efectuada a través del poder del Espíritu Santo.

1.16 Porque no me averguenzo del evangelio

Este ha sido uno de los versículos más citados, predicados y proclamados de los escritos paulinos. En el mismo se encuentra la síntesis de la historia de la transformación del apóstol de un perseguidor a un seguidor de Jesucristo. Pablo no siente verguenza de ser un predicador del evangelio, y pareciera que su posición es diametralmente opuesta a la de muchos que pensaban que la predicación del evangelio del crucificado era una locura, es decir, un asunto para locos (1 Cor. 1: 23).

El apóstol dice con gallardía "no me averguenzo" (OU' GAR EPAIZXUNOMAI). Es como si estuviera diciendo: "No tengo verguenza de que Cristo murió, fue sepultado y resucitó al tercer día conforme a las Escrituras; no me dá verguenza hablar de eso". Y de hecho, no debiera darnos verguenza a nosotros tampoco, considerando que el apóstol era un fiero perseguidor de la iglesia (Hech. 8: 3). Y él mismo se consideraba el más pequeño de los apóstoles e indigno de ser llamado apóstol por haber sido un perseguidor consumado de la iglesia de Dios (1 Cor. 15: 9).

En el corazón de Pablo ha ocurrido una transformación completa, Pablo ha muerto al yo (Rom. 6: 2), y ha crucificado los deseos de la carne para servir únicamente al crucificado (Gal. 2: 20). A Pablo no le dá verguenza gastarse en la obra de Dios (2

Cor. 12: 15). Ni tampoco le importan muchos los vituperios y tribulaciones que le han acontecido (2 Cor. 11: 22-33). Y todo únicamente por amor al Maestro. De hecho, cuando el Señor Jesús habló a Ananías acerca de la conversión del apóstol y le instó a recibirlo para adoctrinarlo, le dijo: "*...Porque yo le mostraré cuánto le sea menester que padezca por mi nombre*" (Hech. 9: 16). Es decir, que Pablo tendría que ir a través de un proceso de desintoxicación, si así pudiéramos decir, para lograr que el Espíritu de Dios pudiese obrar poderosamente en y a través de él.

Se habla también de que los discípulos y los demás apóstoles predicaban la palabra del Señor con "*denuedo*" (Hech. 4:13). Ese vocablo, "*denuedo*" (PARREZIA), significa simplemente con coraje y valentía, sin pena, sin verguenza, con franqueza y confianza, pues lo habían dejado todo por el Maestro (Marcos 10:28) y no tenían miedo a nada ni a nadie, nisiquiera a la muerte misma (Rom. 8: 35-39). Y esa falta de pena para hablar de Cristo, viene después que el creyente se ha encontrado con Jesús (Filip. 3:8) y ha sido dotado de poder de lo alto (2 Cor. 1:21-22).

Note usted amigo lector que los discípulos estaban juntos no con el fin primario de orar y ofrecer súplicas a Dios, sino por miedo a los judíos (Juan 20: 19); sin embargo, después de la poderosa manifestación del Espíritu Santo, ellos no tenían miedo alguno. Era evidente entonces que Pablo también había experimentado esta transformación y había participado de esta gracia del Espíritu, ya que Pablo no tenía miedo de predicar el evangelio, aún a costa de su propia vida (2 Cor. 11: 23-33).

1.16 Porque es poder de Dios para salvación

¿Qué es lo que tiene el evangelio que Pablo indica claramente que es potencia de Dios? ¿Será que existe algo enigmático en el evangelio mismo que permite que las personas sean transformadas de pecadores empedernidos a santos arrepentidos?

El "poder de Dios" (DUNAMIS GAR THEOU) es manifestado en varias formas, pero una de ellas es su poder de salvar a quienes perecen. Usted va a notar que en el Antiguo Testamento Dios se manifiesta de muchas maneras, pero siempre con el fin de salvar a su pueblo. El poder de Dios no se limita a su capacidad de crear, sino que se extiende a su capacidad salvar, por eso dice: "para salvación" (EZTIN EIS ZOTERIAN); sin embargo, ZOTERIAN tiene que ver más con la liberación física de alguien que ha sido tomado como prisionero en una guerra. En este caso, Pablo aplica el vocablo a la liberación física, pero también a la liberación espiritual.

El hombre ya nació condenado a la pena de muerte, sin embargo, es Cristo quien vino a levantar esa sanción y proveer una vía de escape "*...para que todo aquél que en él crea, no se pierda, más tenga vida eterna*" (Juan 3:16). Dios tiene mil y una formas para salvar al pecador penitente, pero la salvación es únicamente al que la acepta.

Ese concepto de salvar tiene mucho que ver con purificar y/o justificar ó vindicar Estudiaremos este concepto más adelante. De todas maneras, permítame solamente hacer una pequeña inferencia por adelantado. Por ejemplo, en el libro de Levíticos, encontramos un fenómeno interesante, encontramos que hay dos fuerzas o dos elementos que contrastan uno con el otro. Se trata de lo puro/impuro; santo/impío; limpio/inmundo.

Si notamos con cuidado, encontramos que Dios requería que lo santo, puro y limpio no tuviera contacto con lo impuro e inmundo (Lev. 21:1-15). La razón era sencilla, cualquier cosa que lo impuro tocaba, lo contaminaba. No había nada que escapara a la contaminación de algo considerado impuro, sucio, contaminado si éste llegaba a tocar o a rozar lo sagrado, lo puro.

Este concepto ejemplificaba claramente la lucha entre el bien y el mal y cómo el mal parecía arrastrarlo todo. No obstante, en la cruz del Calvario el bien y el mal se encontraron de frente, pero no fue posible para el mal contaminar a lo puro. El resultado de ese choque entre el bien y el mal, fue una explosión de gracia, perdón, justificación, o en palabras sencillas, salvación para el pecador penitente. Volveremos a estudiar este concepto más adelante.

1.16 A todo aquél que cree

La salvación de Dios fue ofrecida a todo el mundo (Juan 3:16), ya que todos estamos bajo el juicio de Dios (Rom. 3:19), y la muerte de Cristo hizo posible que se perdonaran "*todos*" los pecados (Col. 2: 13) de todos los seres humanos de todas las épocas. El evento del Calvario hizo que hubiera una explosión de gracia suficiente para borrar TODOS los pecados y echarlos en el fondo del mar y no acordarse más de ellos (Miq. 7:19).

Sin embargo, aunque hubo gracia de sobra (Rom. 5:20), no es menos cierto que la efectividad de la misma es en proporción directa a la receptividad de ella. En otras palabras, el perdón y la salvación hecha por Jesucristo no tiene ninguna validez en mi vida, a menos que yo conscientemente permita que Dios obre directamente en mi corazón. La gracia de Cristo está supeditada a mi consentimiento emocional, intelectual y espiritual. Dios nunca me va a forzar a que crea en él, sencillamente porque el uso de la fuerza es en contra misma de la naturaleza de Dios.

Y es por eso que el apóstol habla que la salvación es para "todo aquel que cree" (PANTI TO PIZTEUONTI). Creer es más que un asentimiento intelectual a una causa, concepto o persona. Creer, en el pensamiento griego, significa "conocer, confiar y obedecer". Por lo tanto, "*todo aquél que cree*" debe ser entendido como todo aquél que le 'conoce, confía y le obedece'. Cuando este fenómeno ocurre, entonces y sólo entonces, la salvación se hace efectiva en nuestro corazón.

1.16 al judío primeramente

Esta expresión ha confundido a muchos teólogos, sin embargo, no hay nada extraño en ella. Algunos acusan a Pablo de ser etnocentrista, pero el texto no dá margen para sacar dicha conclusión. Hay que recordar que aún Jesús mismo, hablando con la mujer Samaritana, dijo: "*Vosotros adoráis lo que no sabéis; nosotros adoramos lo que sabemos; porque la SALVACION viene de los judíos*" (Juan 4: 22).

Pablo menciona "al judío primeramente" (IOUDAIO TE PROTON) no porque esto significa pre-eminencia, sino porque el evangelio nació entre ellos. Por otro lado, este "primeramente" está ya limitado y circunscrito al "todo aquel que

Creer, en el pensamiento griego, significa "conocer, confiar y obedecer".

cree". Por lo tanto, el judío que cree, éste recibe las bendiciones primeramente. A ellos se les otorgó el privilegio de ser los portadores sagrados de tan grandes verdades. Y el evangelio debía ser predicado primero en Jerusalén a los judíos de la circuncisión y después a los gentiles. De hecho, en los lineamientos dados por Jesús antes de ascender al cielo, él le dijo a los discípulos que quedaran en Jerusalén hasta que recibieran la promesa del Padre (Hec. 1: 4). Y en ese mismo tenor, Cristo hizo énfasis en que debían empezar su predicación poderosa en Jerusalén (Luc. 24: 47) y continuar hasta llegar a los confines de la tierra (Hech. 1: 8).

Así que los judíos tuvieron muchos privilegios (Rom. 3: 1-9) y esos privilegios espirituales se hacen claramente tangibles desde los incipientes inicios del cristianismo poco después de la ascención de Cristo. Es por esto que el apóstol hace bien en decir: "*al judío primeramente*".

La nacionalidad, sin embargo, no tiene nada que ver para la salvación, el elemento básico es CREER. Tanto judíos como no judíos, deben creer en el enviado de Dios, Jesucristo, para ser beneficiarios del perdón otorgado en la cruz. Y es justo, pues todos estamos bajo la maldición del pecado (Rom. 3: 9), y de la misma manera nos han dado el mismo remedio: 'la sangre de Jesucristo', y el mismo procedimiento para aplicar esa sangre a nosotros mismos: CREER.

1.16 Y también al griego

"Griego" (ELLENI) en esta frase Paulina significa todo aquél que no era judío, pero también todo aquél que no tenía conocimiento del verdadero Dios, Creador del cielo y de la tierra. Otros creen que esta expresión es un epíteto para los prosélitos gentiles convertidos al cristianismo. Para cualquier grupo étnico el antídoto es el mismo, Jesucristo; y el vehículo para apropiarnos de esa salvación es CREER que Dios es poderoso para salvarnos, tanto judíos como a griegos. Tanto sabios como estúpidos, todos necesitamos el mismo antídoto para salvarnos de la ponzoña del pecado que nos aguijonea en nuestra naturaleza pecaminosa.

Otro detalle de la frase es que en el original la conjunción "y" (KAI) que algunas veces es usada como adverbio, en esta frase está estrictamente usada como conjunción, lo cual puede darnos la siguiente idea. 'al judio y al griego primeramente'.

1.17 Porque en el evangelio la justicia de Dios se revela por fe y para fe

Algunas versiones traducen este texto así: "Porque en él, la justicia de Dios se revela de fe en fe". Y nos quedamos preguntando: ¿quién es él? Obviamente que de acuerdo al verso anterior, "él" es el evangelio. Pablo menciona aquí que el evangelio contiene la REVELACION de Dios. ¿Por qué está Dios interesado en revelar su justicia? Hay varios vocablos que debemos definir aquí. Primeramente, debemos definir qué es JUSTICIA y segundo, qué significa REVELAR. Tercero, necesitamos saber cuál es el significado de la frase "*de fe en fe*".

Empecemos hablando del verbo "revela" (APOKALUPTETAI). El libro de Romanos debería llamarse "REVELACION". La razón es muy sencilla, el libro revela varias cosas sobre Dios:

1. Revela la Justicia de Dios (v. 17).
2. Revela la Ira de Dios (v.18).
3. Revela las cosas Invisibles de Dios (v. 20).
    a. Eterno poder.
    b. Deidad.
4. Revela el justo Juicio de Dios (2: 5)

Por otro lado, el apóstol habla en innúmeras ocasiones sobre este tópico. Por ejemplo, él menciona que Dios nos confirma en la fe según el evangelio predicado por Pablo y según la "*la revelación del misterio encubierto desde tiempos eternos*" (Rom. 16: 25). Esto significa que la revelación de Dios fue planificada desde la eternidad y fue también atestiguada por los santos profetas de acuerdo a un decreto que Dios emitió cuando todavía el mundo ni existía (Rom. 16: 26).

> La nacionalidad, sin embargo, no tiene nada que ver para la salvación, el elemento básico es CREER.

Es saludable hacer aquí una inferencia corta sobre los términos REVELAR y MANIFESTAR. Cuando se habla de REVELAR, la palabra usada es APOCALIPSIS, que significa "manifestación, revelación, traer a la luz". Pero este tipo de revelación es más bien de tipo cognitivo. En otras palabras, es exponernos a un conocimiento no conocido anteriormente.

Sin embargo, cuando se usa el verbo MANIFESTAR, el vocablo usado es FANEROU, que también significa "aparecer, revelar" pero de manera física, visible, tangible y palpable.

Así que Pablo usa estos dos verbos muy frecuentemente para ejemplificar exactamente lo que él quiere decir. Pablo nos está diciendo que Dios REVELO el conocimiento de la salvación a su pueblo a través de los profetas, pero también APARECIO físicamente en la carne para salvar a su pueblo (1 Tim. 3:16; Heb. 10:5). Por tal razón, es necesario ver la REVELACION/MANIFESTACION de Dios en dos fases: 1) la cognitiva; 2) la física.

En 1 Cor. 2: 6-10, el apóstol habla de la "sabiduría de Dios" que estaba oculta desde los tiempos eternos y que Dios preordenó para nuestra gloria (v.7); los príncipes de este mundo obviamente no conocieron (v. 8); sin embargo, Dios la REVELO a nosotros a través del Espíritu Santo (v. 10).

En Gálatas 1:12, Pablo menciona que el evangelio que él recibió le fue REVELADO (APOKALUPTOS) por Jesucristo mismo. Pero dice además que Dios quizo REVELAR (APOKALUPTOS) a Jesucristo mismo en él (v. 16). Y el apóstol oraba para que a los creyentes les fuera dado el espíritu de sabiduría y de REVELACION (APOKALUPTOS) en el conocimiento de Cristo (Efes. 1:17). Y añade que la inclusión de los gentiles en el evangelio, le fue dada por REVELACION (APOKALUPTOS), y que este conocimiento no había sido dado a conocer antes a los hombres en su plenitud (Efe. 3: 5-6).

No obstante, cuando habla de la aparición en la carne de Jesucristo a los Colosenses, les dice: "*A saber, el misterio que había estado oculto desde los siglos y edades, mas ahora ha sido manifestado*/revelado [FANEROU] *a sus santos*" (Col. 1: 26). En otras palabras, la aparición o manifestación de Cristo en la carne, había sido profetizada, pero no había sido una realidad hasta el momento de la encarnación de Cristo.

En conclusión, cuando Pablo menciona que en el evangelio la justicia de Dios se revela, significa que en la muerte, sepultura y resurrección de Cristo, el conocimiento de la salvación que había sido oculto (pues le llama misterio) es no solamente REVELADO (APOKALUPTOS) en términos cognitivos, sino también MANIFESTADO (FANEROU) en su presencia física.

Aquí el profeta Isaías presentó a Dios como uno que tiene la capacidad de salvar por su justicia, y además liga la salvación de Dios al concepto justicia..

Ahora nos queda indagar sobre el concepto JUSTICIA. Y es necesario que sepamos porqué el apóstol dice que en el evangelio la JUSTICIA de Dios se ha revelado. ¿Por qué la justicia de Dios? ¿Qué de importante tiene su justicia que es digna de revelación (APOKALUPTOS y FANEROU)? Empecemos mirando algunos textos en el Antiguo Testamento para poder entender qué comprendían los santos profetas por JUSTICIA.

> "*Publicad, y haced llegar, y entren todos en consulta: ¿quién hizo oir esto desde el principio, y lo tiene dicho desde entonces, sino yo Jehová? Y no hay más Dios que yo; Dios **JUSTO y SALVADOR**: ningún otro fuera de mí. Mirad á mí, y sed **SALVOS**, todos los términos de la tierra: porque yo soy Dios, y no hay más. Por mí hice juramento, de mi boca salió palabra en **JUSTICIA**, y no será revocada. Que á mí se doblará toda rodilla, jurará toda lengua. Y diráse de mí: Ciertamente en Jehová está la **JUSTICIA** y la fuerza: á él vendrán, y todos los que contra él se enardecen, serán avergonzados. En Jehová será **JUSTIFICADA** y se gloriará toda la generación de Israel.*" (Isaias 45:21-25).

Aquí el profeta Isaías presentó a Dios como uno que tiene la capacidad de salvar por su justicia, y además liga la salvación de Dios al concepto justicia. Y lo hace vez trás vez. Por ejemplo: "*Haré que se acerque mi **JUSTICIA**, no se alejará: y mi **SALVACION** no se detendrá. Y pondré **SALVACION** en Sión, y mi gloria en Israel*" (Isa. 46:13).

El profeta aclara que la justicia de Dios se acerca cuando su salvación se manifiesta. En otro lado nos enseña que la justicia de Dios está íntimamente ligada a su salvación. Es como si el profeta quisiera decir que la justicia de Dios no existe sin que haya una manifestación de salvación de parte del Dios Altísimo. "*Cercana está mi **JUSTICIA**, salido ha mi **SALVACION**, y mis brazos juzgarán á los pueblos: á mí esperarán las islas, y en mi brazo pondrán su esperanza*" (Isa. 51:5).

El profeta también menciona que la salvación de Dios es manifiestada en consonancia con su justicia. De hecho, en esta cita anterior, justicia y salvación es relacionada con juicio y con la esperanza. Pero no vamos a hablar del tema del juicio ahora, porque ya lo haremos a su debido momento. "*Asi dijo Jehová: Guardad derecho, y haced **JUSTICIA**: porque cercana está mi **SALVACION** para venir, y mi **JUSTICIA** para manifestarse*" (Isa. 56:1).

En este texto, Isaías enfatiza sobre la promesa de la palabra de Dios. Dios está prometiendo vez trás vez que un día no muy lejano, él MANIFESTARIA (apocaluptos/fanerou) su justicia Y es por eso que insta a su pueblo a ser fieles al pacto. "*Por amor de Sión no callaré, y por amor de Jerusalem no he de parar, hasta que salga como resplandor su **JUSTICIA**, y su **SALVACION** se encienda como una antorcha*" (Isa. 62:1).

Aquí el profeta nos declara que Dios seguiría hablando y llamando a su pueblo hasta que su justicia/salvación se manifestara algún día en Cristo. De hecho, el motivo principal es el amor, lo que Dios ha hecho, hizo, hace y hará, es producto de su amor para con sus criaturas. La conclusión es que **JUSTICIA = SALVACION**. Dios no puede manifestar su justicia, a menos que manifieste su poder de salvación para con los seres humanos. De hecho, en el libro de Jueces, la función primaria de los jueces era ésa, SALVAR al pueblo de las manos del enemigo.

Por otro lado, a Jesús mismo el ángel le puso el nombre, por la razón sencilla de que él SALVARÍA a su pueblo de sus pecados (Mat. 1: 21). Y de nuevo, el concepto es también salvar. Así que cuando Pablo declara que en el evangelio (muerte, sepultura y resurrección de Cristo) la justicia (salvación) de Dios se ha revelado (cognitiva y físicamente en Cristo), está diciendo una de las grandes verdades. Dios ha manifestado su salvación en éste tiempo a través de su Hijo Jesucristo. El acto de entregar a su Hijo por nuestros pecados, fue un acto de justicia de parte de Dios, pues REVELA el carácter JUSTO de nuestro Dios que es también nuestro Salvador.

El tercer aspecto que debemos analizar es la expresión "*de fe en fe*" (EK PIZTEOS EIS PIZTIN). Lo interesante de esta expresión es que EK PIZTEOS está en su modo genitivo y parece referirse a la procedencia, al origen de la fe. Mientras que en cambio, EIS PIZTIN que está en su modo acusativo, se refiere al desarrollo de la semilla de la fe que fue sembrada u originada en el corazón humano.

¿Qué quiere decir el apóstol con esa frase dentro del contexto de la revelación de la justicia de Dios? Si fe es expresar de manera tangible nuestro agradecimiento y obediencia a Dios, es decir, confiar plenamente en su guía, entonces la expresión significa que nuestra confianza, obediencia y gratitud para con Dios es creciente cada día. En lugar de ser un hecho aislado o un evento de una sola ocasión, debiera ser contínuo y ascendente. Pedro dice una idea similar de una manera hermosa en su libro cuando aclara: "*Tenemos también la palabra profética más permanente, a la cual hacéis bien de estar atentos como a una* ***antorcha que alumbra en lugar oscuro hasta que el día esclarezca, y el lucero de la mañana salga en vuestro corazón***" (2 Ped. 1: 19). Esta imagen usada por Pedro indica que hay un proceso gradual que ocurre dentro del corazón humano. Dios no quiere que nos quedemos en la parte oscura, sino que el

Es imposible para el orgulloso tener paciencia para esperar el cumplimiento de la Palabra de Dios

Lucero (Cristo) vaya creciendo y aumentando hasta que lleguemos a la plenitud que el Cielo anhela.

1.17 Como está escrito: Mas el justo por la fe vivirá

El apóstol está haciendo una referencia directa del Antiguo Testamento, y lo hace a sabiendas de que está hablando con aquellos que "*...conocen la ley...*" (Rom. 7:1). Hay varios detalles que analizar con respecto a la inclusión de esta frase en el contexto de la revelación de la justicia o mejor dicho, la salvación de Dios.

¿Qué relación existe entre la revelación de la salvación de Dios y la vida que vive el justo? ¿Hasta qué punto son compatibles estos conceptos? ¿Cuál era el concepto que los Hebreos tenían de la fe? ¿Qué querían decir? ¿De qué manera era otorgada la salvación a ellos? ¿Se hacía en base a su fe ó en base a sus obras? ¿Cuál fue el error de ellos como pueblo?

A la verdad es que responder estas preguntas no es tan fácil como formularlas... La expresión "*Como está escrito: El justo vivirá por la fe*", está insertada como una seguridad y un anticipo de lo que a continuación Pablo va a describir como la condenación determinada sobre una raza impenitente. La frase es tomada de Habacuc 2:3, y la misma está dicha en un contexto muy particular.

Dios había ordenado al profeta Habacuc que escribiera la visión y que la grabara en tablas con la finalidad de que todo aquél que "corriera", pudiera leerla (Hab. 2: 2). Lo cual puede bien indicar que la Palabra de Dios puede ser revelada únicamente a aquéllos que se esfuerzan en "leer" (Apoc. 1: 3) y "correr"/trabajar para Dios (Hab. 2: 2). En la misma, Dios está enfatizando que la visión no tardaría, y que finalmente tendría su cumplimiento final y específico en el tiempo, a la vez que exhorta al profeta a esperar aunque el cumplimiento de la visión se tardare (Hab. 2: 3).

Luego añade: "*He aquí se enorgullece aquél cuya alma no es derecha* [recta] *en* [dentro de] *él; mas el justo en su fe vivirá*" (v. 4). El contraste entre el arrogante y el justo es marcado por la cláusula "fe". El soberbio y altivo no pueden ejercitar fe en Dios, porque la naturaleza misma de su carácter les impide hacerlo. Es imposible para el orgulloso tener paciencia para esperar el cumplimiento de la Palabra de Dios; y aún más, para el egotista es prácticamente un infierno pedirle que ejerza confianza en alguien que él/ella no puede manipular a su antojo.

Es en este contexto que la expresión está dicha, aunque no mencionaremos el significado literal de la profecía que tenía una referencia directa a los caldeos. Y Pablo lo que hace es tomarla prestada sin el significado literal que se le dio y la aplica al hecho de que la justicia de Dios se revela de fe en fe.

Dicho de otra manera, en el cuadro universal de la profecía de Habacuc, la visión fue cumplida en la manifestación de la justicia/salvación de Dios en Cristo. Esa profecía de Habacuc es de carácter Mesiánico, por lo tanto, tiene que ser vista a la luz de lo que ocurrió en el Calvario. Fue en el Gólgota donde la visión que a Habacuc se le instó a creer en ella tuvo su mayor cumplimiento, es por eso que las palabras de Dios es que esperemos en sus promesas con seguridad y confianza, es decir, con fe, pues sin ella es "*imposible agradar a Dios*" (Heb. 11: 6).

Y no solamente eso, sino también que el texto parece decir que el justo vive, no en su propia fe, sino en la fe de Dios mismo. Y tiene sentido, Dios no va a exigir nada de sus hijos que él mismo no ejerza o posea. El mismo hecho de que es él quien imparte la fe, es un indicador de que Dios es la Fuente misma de la fe.

Para muchos no es difícil imaginarse a Dios sentado en un trono con un látigo en sus manos, esperando que algunos de sus hijos cometa algún error para zaherirlos. Esta imagen que millones de personas tienen de un Dios santo, amante y perdonador es totalmente distorsionada. Sin embargo, el texto menciona claramente que Dios se aíra contra aquellos que ponen obstáculos para que la verdad salga a la luz. En otras palabras, el texto dice que Dios está enojado contra los mentirosos que no quieren que la verdad se dé a conocer. Debemos entonces retomar algunos conceptos y analizarlos a la luz de la Escritura misma.

Primero, hay que entender el fenómeno de la Revelación e Inspiración Divinas. Dios le ha revelado al hombre Su mensaje, pero el mismo viene con cierto sabor humano. Escuché a un profesor de teología contar una ilustración para ejemplificar este fenómeno. Decía él:

> "Imaginemos por un momento a un náufrago que agoniza de sed en medio del mar. Cuando parece que finalmente va a morir, divisa a la distancia nubes de tormenta empujadas por el viento en dirección a él. El hombre comprende entonces que aquellas nubes portadoras de agua potable son su única oportunidad de sobrevivir. Comienza, pues, a buscar en su frágil embarcación algo que pueda servir como recipiente para contener tanto del líquido vital como sea posible. Sólo encuentra una lata de conservas vacía, aceitosa e impregnada de olor a pescado. Pero es todo lo que tiene, y es lo único que puede hacer para él la diferencia entre la vida y la muerte. Cuando el aguacero salvador finalmente se descarga sobre él, bebe con desesperación cada gota que logra recoger su maltrecho e imperfecto recipiente. Aquella agua tiene gusto a hojalata oxidada y a pescado, pero es lo mejor que tiene, y es todo lo que necesita para sobrevivir hasta llegar a su destino".[40]

Esta es por supuesto, una muy imperfecta manera de decir que el agua en sí no tiene ningún problema, pero es el RECIPIENTE el que sabe a aceite y a pescado. Sin embargo, a Dios no le importa mucho la mezcla del sabor con tal de cumplir la función que es salvar a aquél náufrago moribundo. ¿Qué quiere decir? Que hay secciones en la Revelación divina que están cargadas de sentimientos, emociones y vocabulario netamente humanos, lo cual hace que Dios parezca en algunos casos más humanizado de la cuenta. En realidad, parece ser una expresión muy humanizada de un concepto de indignación de parte de Dios en contra de la injusticia.

[40] Ilustración presentada por el Profesor Hugo A. Cotro, Junio 2002; clase de Maestría en Andrews University.

1. 18 Porque la íra de Dios se revela desde el cielo

De nuevo encontramos el verbo "revela" (APOKALUPTETAI). En esta frase se estipula claramente que la íra de Dios se REVELA; ahora bien, esta revelación de la íra de Dios es de carácter 'cognitivo' como mencionábamos antes de la diferencia entre 'revelar y manifestar'. Si me tocara traducir la expresión "*Porque manifiesta es la íra de Dios del cielo*", yo lo haría de esta forma: 'porque revelada es la íra del Dios del cielo'. Pablo establece que el verdadero Dios, el del cielo, está airado y lo hace con justa razón.

Esta idea de que los dioses se airaban, permea a lo largo de las culturas antiguas. Los sacrificios humanos, por ejemplo, eran ofrecidos como un medio de lograr apaciguar la "íra" de los dioses. Y éstos a su vez eran se airaban por las nimiedades más simples. Por esa razón, la gente que depositaba su confianza en estos dioses falsos vivía en un contínuo temor y expectación del castigo que los dioses podían aplicarles si no eran obedientes a ellos. Por ejemplo, era muy conocida en la antiguedad la práctica de la 'Ordalía', que consistía en permitir que la divinidad revelara la culpabilidad o inocencia del penitente.[41]

Aunque el concepto de íra parece ser el mismo aquí, pero atribuído al verdadero Dios, no puede ser aplicado de esa forma, porque nuestro Dios no es un ser caprichoso que se aíra con sus hijos sencillamente porque éstos le rechazan. A diferencia de los dioses antiguos, que nunca SALVABAN la vida de sus adoradores, nuestro Dios se ha ofrecido asimismo para salvarnos de la muerte. En otras palabras, Dios no es el Autor de la muerte, sino el Autor de la vida (Hech. 3:15). Y además, observe usted que la íra de Dios es manifestada únicamente después de haber revelado su Justicia, y lo

Dios ha manifestado su salvación física y literalmente en Cristo (2 Cor. 5: 19).

[41] La prueba de la Ordalía consistía en someter al penitente acusado a un suplicio por agua, por fuego o por veneno, prueba que por sí sóla solía ser suicida (cf. Código de Hammurabi, 2: 132).

hace únicamente en contra de conductas específicas, de las cuales hablaremos más adelante en este mismo capítulo.

Por otro lado, para algunos es muy difícil conciliar la idea de que Dios revele su íra en contra de las conductas que sus mismas criaturas manifiestan. Es por eso que debemos enfocar más detalladamente este asunto de la íra de Dios. ¿De qué manera se revela la íra de Dios? ¿Cómo es posible para Dios manifestar su justicia, al mismo tiempo que revela su íra? ¿No será esto una dicotomía, o en el peor de los casos, una contradicción?

Primeramente diremos que el texto enfatiza claramente que Dios se aíra. Airarse es un atributo de la personalidad de un ser pensante; y como Dios es el Autor del pensamiento, algunos teólogos han llegado a la conclusión de que como los atributos de Dios son como él, eternos en naturaleza, entonces la íra que a Dios le dá es eterna y no tiene fin, y que por lo tanto, el 'infierno' es el lugar donde la íra de Dios se manifiesta en su máxima expresión. Nada está tan lejos de la verdad como esto.

Hay que recordar que el mismo apóstol inspirado que en el versículo anterior escribió que la justicia de Dios se REVELA, fue el mismo que escribió que la íra de Dios se REVELA. Y decíamos en párrafos anteriores, que la Justicia de Dios se revela de dos formas: a) Cognitiva (a través de las profecías de los profetas); b) Física (a través de Jesucristo mismo). Sin embargo, cuando menciona que la íra de Dios se revela, usa el vocablo APOCALUPTOS, que tiene el significado de revelar algo de manera cognitivo y no necesariamente físico.

Por lo tanto, si la justicia (Cristo) de Dios se revela (física y cognitivamente), cualquier cosa que vayamos a decir, tiene que estar basamentada en el hecho de que antes de manifestar su íra, Dios ha manifestado su salvación física y literal en Cristo (2 Cor. 5: 19). En otras palabras, el mismo Dios que parece airarse, mas NO infinitamente, es el mismo que por otro lado nos SALVA eternamente. Es importante entonces conocer a cabalidad cómo es la íra de Dios y en qué consiste.

Es claro que Dios ya ha REVELADO su justicia/salvación por un mundo perdido en su pecado. El ser humano no ha hecho nada bueno para merecer el favor de Dios, pues todos han pecado y han sido "*...destituídos de la gloria de Dios*" (Rom. 3: 23). Dios prometió salvar al mundo pecador de la condenación eterna de la muerte (Gen. 3: 15), y lo hizo (Juan 3:16). Sin embargo, el mismo instrumento que sirve de salvación para unos, será el instrumento de condenación para otros como lo atestigua el texto bíblico en Juan 3: 17-18, "*Porque no envió Dios a su Hijo al mundo para que condene al mundo, mas para que el mundo sea salvo por él. El que en él cree, no es condenado; mas el que no cree, ya es* [ha sido] *condenado, porque no creyó*".

Entonces podemos pensar que cuando el hombre rechaza la revelación de la justicia/salvación de Dios, él mismo se ha condenado y es en este contexto que se menciona que Dios se aíra. Simplemente quiere decir que si el ser humano rechaza el único medio de salvación que es Jesucristo, entonces la condenación es inevitable (Rom. 3: 8). Pablo lo llama "la íra de Dios", y sencillamente es la manifestación de justicia de parte de Dios que consiste en dos cosas: a) dejar al hombre a su propia merced en ignorancia con respecto a las cosas Divinas; b) finalmente, eliminar el pecado y pecadores para que la aplicación de la salvación de Dios sea definitiva y completa sin ningún vestigio de pecado en el universo.

1.18 Contra toda impiedad e injusticia de los hombres

Otra perspectiva de la íra de Dios es que su íra es en contra de dos cosas: a) impiedad; b) injusticia. La frase NO dice que Dios está airado EN CONTRA DE LOS HOMBRES. La frase dice que hay dos tipos de conducta que los hombres usan, y que a Dios le desagra lo que ellos hacen. Decir que Dios está airado contra los hombres, es acusar a Dios de tener doble personalidad. Porque por un lado muestra su amor muriendo en una cruz, mientras que por el otro, está airado contra aquellos que no aceptan la cruz. Y el texto NO apoya dicho razonamiento. El texto dice que Dios está airado en contra de dos artifugios que los hombres usan. Hablemos de ellos…

a) Impiedad

La palabra usada para impiedad aquí es AZEBEIAN. Este mismo vocablo es usado por Pablo al hablar de Abrahám en el capítulo cuatro. Y quiere decir: 'profanidad, irreverencia'; 'una persona sin Dios'. En otras palabras, un 'ateo'. La íra de Dios es manifiesta contra este tipo de filosofía o creencia que no acepta a Dios ni cree en la existencia de él. Pero también contra el que vive una vida profana sin ninguna responsabilidad ni acatamiento a las normas Divinas.

b) Injusticia

El vocablo 'injusticia' usado aquí es ADIKIA. La palabra misma tiene una connotación de sentido legal. Y significa: 'injusticia de carácter, vida o acciones'; 'iniquidad moral'. Es decir, Dios está molesto en contra la iniquidad moral que arropa al ser humano y que hace que éste trate de darle carácter legal a sus acciones inmorales.

Así que, cuando Pablo dice que Dios está airado, especifica claramente contra qué. Dios no es un Dios caprichoso que se aíra en contra de sus criaturas. El aborrece nuestra 'impiedad e injusticia', al mismo tiempo que nos ama como individuos. Por otro lado, al decir "de los hombres", quiere significar que impiedad e injusticia son atributos intrínsecos de la naturaleza pecaminosa humana. "Hombres" está aquí en sentido genérico y debe ser entendido como la raza humana.

1.18 Que detienen con injusticia la verdad

Aquí el verbo usado para decir "detienen", es KATEXO que significa: "retener apasionadamente"; "poner obstáculos"; "hacer las cosas más difíciles de lo que son". Obviamente, la manifestación de la iniquidad e injusticia de los hombres, se debe específicamente al hecho de que ellos 'ponen obstáculos', 'hacen las cosas más difíciles de lo que son', y lo hacen de una manera apasionada. El problema mayor de estos hombres no es detener o poner obstáculos en sí. El problema más grande es a qué o a quién le ponen ellos dificultades. El texto enfatiza que esto es lo que ellos hacen con la verdad.

Jesucristo dijo: "Yo soy el camino, y **la verdad** y la vida; nadie viene al Padre si no es por mí..." (Juan 14: 6). Esta declaración de Jesús fue dicha exclusivamente a sus discípulos. Sin embargo, Juan la preservó para que nosotros podamos conocer mejor la naturaleza misma del carácter de Dios revelado en Su Hijo. Si Jesucristo es La Verdad, entonces el pecado de estos hombres reside en que se oponen a Cristo y a sus planes salvíficos y lo hacen con injusticia.

Sin embargo, la Biblia describe cinco (5) elementos como La Verdad:

1. Dios
2. Jesucristo
3. El Espíritu Santo
4. La Palabra
5. La Ley

No solamente a Jesucristo, sino también a Dios mismo (Rom. 3:4; Isa. 65:16). De hecho, la Verdad de Dios está personificada en Cristo y su carácter. La Verdad es también el Espíritu Santo, así lo mencionó Jesús cuando díjo: "*Pero cuando viniere aquél Espíritu de verdad, él os guiará a toda verdad; porque no hablará de sí mismo, sino que hablará todo lo que oyere, y os hará saber las cosas que han de venir*" (Juan 16:13). El Espíritu es también la Verdad, pues procede del Dios de Verdad (1 Cor. 2: 12). También la santa Palabra de Dios es llamada la Verdad. En la oración de Cristo registrada en uno de los evangelios, Jesús dijo: "*Santifícalos en tu verdad, tu palabra es verdad*" (Juan 17:17).

Y este texto implica algo muy importante y es que la santificación del creyente llega únicamente a través de éste con el contacto de la Palabra de Dios. El último elemento que mencionaremos aquí que es llamado La Verdad en la Biblia, es la Ley de Dios. El salmista lo dice así: "*Tu justicia es justicia eterna, y tu ley la verdad*" (Salmos 119: 142). La Ley de Dios, el trasunto de su carácter es llamada por el salmista inspirado por el Espíritu de Verdad, en la Palabra de Dios que el Espíritu de Verdad oyó (Juan 16: 13) del Dios Verdad y de la Verdad encarnada – Jesucristo-, también La Verdad.

Así que los hombres inicuos e injustos que Pablo menciona, no solamente se oponen a Jesucristo como la verdad, sino también al Padre, al Espíritu Santo, a la Palabra de Dios y a la Ley de Dios. Y el problema es que estos individuos realizan esta labor con toda la pasión que pueden y llenos de sentimientos malignos, es por eso que el texto dice que ellos ponen obstáculos a estos cinco elementos "*con injusticia*".

Por otro lado, hay que recordar que la Palabra de Verdad llama a la injusticia PECADO cuando dice: "*Toda injusticia es pecado; mas hay pecado no de muerte*" (1 Juan 5:17). Y el pecado es transgresión de la Ley (1 Juan 3:4), y esta Ley es la misma Ley de Verdad que mencionamos en unos párrafos anteriores. La primera implicación de esto es que si la injusticia es pecado y el pecado es transgresión de la Ley, y la Ley es la Verdad y procede del Dios Verdad, inspirada por el Espíritu de Verdad y cumplida y ejemplificada por la Verdad misma (Jesucristo), entonces estos hombres de los cuales Pablo está hablando se están oponiendo a todo lo que proceda de Dios y que sea verdad.

La segunda implicación de esto es que si estos hombres inicuos e injustos se oponen a la Verdad, esto significa que son mentirosos (Rom. 3: 4), y su verdadero padre es el diablo (Juan 8: 44). Por lo tanto, no se puede esperar menos de estos individuos. Y es en contra de la mentira en cualquiera de sus formas que Dios está indignado/enojado/airado. Dios no soporta conductas que traten de empañar la obra redentora y verdadera que conduce a la vida eterna que él ha venido a hacer en Cristo.

Dios no ha revelado todo lo que tiene ni todo lo que sabe

1.19 Porque, lo que de Dios se conoce

Hay muchas cosas que se conocen de Dios, no solamente en la naturaleza, sino también en el Dios hecho carne, Jesucristo. Dios es un ser tan maravilloso que aunque trasciende los límites de su creación, él ha decidido integrarse dentro de su propia creación para que nosotros sepamos dónde encontrarle.

Por otro lado, la expresión "porque lo que de Dios se conoce" (DIOTI TO GNOZTON TOU THEOU) está implicando que Dios no ha revelado todo lo que tiene ni todo lo que sabe, sino algunas pinceladas aquí y allá para que sus criaturas puedan reconocerle como tal.

1.19 Les es manifiesto

Aquí usa el verbo FANERON para hablar de cómo Dios se 'manifiesta' a ellos, es decir, los impíos, ateos y sin Dios. Y como dijimos anteriormente, cuando se usa FANEROS, está hablando de una manifestación o revelación de carácter tangible, físico, visible. Dios es tan grande, que no solamente se REVELA asimismo a sus hijos que le aceptan, sino especialmente a aquéllos que le rechazan. Y él lo hace con dos propósitos:

a) Salvarlos de sus pecados, pues la Escritura dice: "*Porque el Hijo del hombre vino a buscar y a salvar lo que se había perdido*" (Luc. 19:10); y también añade: "*Os digo, que así habrá más gozo en el cielo por un pecador que se arrepiente, que por noventa y nueve justos que no necesitan de arrepentimiento*" (Luc. 15: 7). Y dice más: "*Así os digo que hay gozo delante de los ángeles de Dios por un pecador que se arrepiente*" (Luc. 15: 10).
b) Juzgarlos de acuerdo a sus obras. Es este acto de juicio lo que determina la verdadera naturaleza del carácter de estos hombres en contraposición con el carácter de Dios y los expone abiertamente frente al universo. De modo tal que cuando Dios dicte sentencia, la misma será justa y verdadera. De hecho, la Biblia dice: "*Y denunciarán los cielos su justicia, porque Dios es el Juez*" (Salm. 50: 6). Y no solamente eso, sino que añade: "*...Como está escrito: Para que seas justificados en tus dichos, y venzas cuando de ti* [a ti] *se juzgare*" (Rom. 3: 4).

Estos dos elementos son los que establecen la razón (a mi entender) por la cual Dios se REVELA asimismo a hombres inicuos e injustos que detienen con injusticia la Verdad. De esta manera, no tienen ninguna excusa como vamos a observar cuando estudiemos el capítulo tres de Romanos.

1.19 Pues Dios se lo manifestó

Lo poco o mucho que una persona conozca de Dios no es producto de su capacidad de analizar o de determinar la factibilidad de las cosas, sino de la bondad de Dios que se expresa en su revelación de sí mismo. Por eso, cuando el apóstol dice que "Dios se lo manifestó" (THEOS GAR AUTOIS EFANEROZEN), está queriendo decir que fue Dios quien hizo y diseño las cosas tangibles que hay reveladas sobre él, de modo que nosotros pudiésemos conocerle un poco más; y por supuesto, amarle más.

Por lo tanto, es Dios quien decide por voluntad propia entrar en una interacción cognitiva con sus criaturas (Isa. 1: 18). El nos conoce perfectamente, pues nos creó, nos redimió y nos salvó. El problema radica en que posiblemente nosotros hemos sido renuentes a conocer lo que él ha revelado de sí mismo.

De hecho, las Escrituras aclaran de que Dios ha hablado de diferentes formas en diferentes épocas a personas diferentes: "*Dios, habiendo hablado muchas veces y en muchas maneras en otro tiempo a los padres por los profetas, en estos postreros días nos ha hablado por el Hijo...*" (Heb. 1:1-2). Así que ha sido Dios quien siempre ha tratado de comunicarse con el hombre. Por ejemplo, una vez que el hombre peca, la relación entre Dios y el hombre se corta; mas sin embargo, vemos a Dios estableciendo la iniciativa de buscar al hombre, y es éste en última instancia el que huye de Dios (Gen. 3: 8-10). Y es Dios mismo quien ofrece la manera para que el hombre se salve (Gen. 3:15). Por lo tanto, vemos a Dios siempre corriendo detrás del hombre para ayudarlo, salvarlo y permitirle restaurarlo a lo perdido.

Otra razón contundente por la que creo que la íra de Dios no es en contra de los individuos, sino en contra de su conducta, es que Dios, a pesar de todo, se manifiesta asimismo a estos hombres. Y el hecho mismo de Dios manifestarse implica su deseo e intención explícita de salvarlos.

La última razón por la que creo que la íra de Dios es revelada en contra de la conducta manifestada por aquellos que rechazan la revelación de Dios, es que Cristo Jesús vino para morir por los pecadores. Y esta misma idea la encontramos en Romanos 5: 8, 10 cuando dice: "*Mas Dios encarece su amor hacia nosotros, porque siendo aún <u>pecadores</u>, Cristo murió por nosotros... Porque si siendo <u>enemigos</u>, fuimos reconciliados con Dios por la muerte de su Hijo, mucho más, estando reconciliados, seremos salvos por su vida*" (énfasis nuestro).

1.20 Porque las cosas invisibles de él

Cuando pensamos en la inmanencia y trascendencia de Dios, nuestra mente se queda pequeña para asimilar ciertos conceptos acerca de Dios. Hay varias ocasiones en donde se habla del Dios invisible en la Biblia. Quizás sería muy difícil hablar de algo que nunca hemos visto, sino que solamente sentimos y vemos sus efectos por doquier.

Es en este texto (Rom. 1:20) donde aparece por primera vez en la Biblia la palabra "invisible" (AORATA); y es la única vez que aparece en el libro de Romanos. Las otras referencias a invisible es cuando habla de Jesucristo en Colosenses 1:15, y dice: "*Quien* [Cristo] *es la imagen del Dios invisible, el Primogénito de toda creación*". Y más adelante en el versículo 16 añade: "*Porque por él fueron hechas todas las cosas, las que están en el cielo así las de la tierra; visibles e invisibles. Sean tronos, dominios, principados o potestades, todas las cosas fueron creadas por él y para él*". Lo que el apóstol está diciendo en estos textos, es que existen dominios, poderes, potestades y principados que están sujetos a Jesucristo, pero que algunos no están a la vista de los seres humanos. Y enfatiza que todo lo que existe fue creado por Jesucristo, quien es la imagen del Dios invisible.

Luego en 1 Tim. 1:17, Pablo enfatiza la necesidad de honrar al Dios que es eterno, inmortal e invisible. Y la última referencia a Dios como invisible, es en Hebreos 11: 27 cuando habla de Moisés y declara: "*Por la fe abandonó Egipto no temiendo la ira del rey, porque se mantuvo como viendo al invisible*". Obviamente estamos mirando un fenómeno aquí, y es que lo invisible de Dios es posible verlo porque él lo ha hecho visible a los ojos de sus criaturas. La implicación de esta frase es que nos dice que Dios tiene asuntos invisibles a los ojos humanos. La palabra "cosas" no existe en el original, así que literalmente diría: "Porque lo invisible de Dios".

1.20 Su eterno poder y deidad

Las cosas invisibles de las cuales Pablo habla, él mismo las enumera, y las circunscribe a dos: a) Poder; b) Deidad. ¿Cómo es posible VER cosas intangibles tales como el poder y la deidad (divinidad) de Dios? ¿Por qué está Dios interesado en que los seres que él creó vean estos dos aspectos invisibles de él?

Algunos párrafos atrás, mencionábamos el hecho de la inmanencia y trascendencia de Dios. Cuando decimos que Dios trasciende los límites de la naturaleza, queremos decir, que Dios está por encima de la creación. Y si él creó todas las cosas, visibles e invisibles, como aprendimos en Colosenses 1:15-17, entonces tenemos que preguntarnos, ¿dónde estaba Dios antes de crear todas las cosas? Y aún después de crear todo el universo o universos, ¿dónde podían sus criaturas encontrarle si él es tan trascendente y se mantiene fuera de su creación?

Es entonces ahí donde entra la limitación humana, y tenemos que admitir que no sabemos dónde estaba Dios antes de crear todas las cosas. Sin embargo, Dios es tan grande y tan misericordioso, que él entra voluntariamente en su creación y decide ubicarse asimismo en algún lugar que él llamó santuario, monte Sión, etc..., para que sus criaturas pudieran encontrarle y saber dónde exactamente él está ubicado.

Por lo tanto, cuando Pablo enumera que el "poder" (DUNAMIS) y la "deidad" (THEIOTES) de Dios (que son atributos invisibles) se hacen claramente visibles, lo que el apóstol quiere significar, es que Dios mismo en su infinito amor y en su deseo de que sus criaturas le conozcan mejor, se ha dado a conocer asimismo a través de las cosas que él ha hecho.

1.20 Se hacen claramente visibles desde la creación del mundo

Es la tangibilidad de la naturaleza misma lo que hace posible VER el poder y la divinidad de Dios. Negar el poder creativo de Dios es negar a Dios mismo y sus atributos de poder y divinidad. Por eso la palabra "claramente" (KATHORATAI) implica una percepción sensorial ligado a una aprensión intelectual.

Los incrédulos hablan de que todas las cosas permanecen por igual, y que nada ha de cambiar, de hecho, este pensamiento lo enfatiza el apóstol Pedro cuando señala: "*Sabiendo primero esto, que en los postreros días vendrán burladores, andando según sus propias concupiscencias. Y diciendo: ¿Dónde está la promesa de su advenimiento? Porque desde el día en que los padres durmieron, todas las cosas permanecen así como desde el principio de la creación*" (2 Ped. 3: 3-4 -énfasis nuestro).

Es decir, estos individuos parece que aceptan que el mundo fue creado, pero es obvio que no le dan el crédito a Dios el creador. Y este fenómeno de la conducta humana de no reconocer el poder creativo de Dios es una de las causas primarias de la confusión que reina en la sociedad actual. En otras palabras, Dios ha dejado VER lo suficiente acerca de sí mismo a todos los seres creados desde la creación misma del mundo.

1.20 Siendo entendidas por medio de las cosas hechas

Es posible para el ser humano comprender y entender los misterios de las cosas hechas, siempre y cuando éste reconozca al Autor de la creación. El verbo "entendidas" (NOOUMENA) literalmente significa "pensar cuidadosamente sobre algo"; "analizar con detalle alguna cosa". Pablo enfatiza que la invisibilidad de Dios (poder y divinidad), es ENTENDIDA por la humanidad a través de lo que Dios ha creado.

Sin embargo, al hablar del entendimiento de algunos seres humanos, Pablo nos recuerda lo siguiente: "*Mas el hombre animal no percibe las cosas que son del Espíritu de Dios, porque le son locura; y no las puede entender, porque se han de examinar espiritualmente*" (1 Cor. 2: 14 -énfasis nuestro). Es decir, es imposible para el hombre animal o carnal, ENTENDER las cosas del Espíritu de Dios, y la razón dada es simple, porque estas cosas han de examinarse espiritualmente.

Además, la razón por la cual muchos no entienden las cosas del Espíritu de Dios, es debido a que Satanás ha cegado sus mentes como dice el texto sagrado: "*En los cuales el dios de este siglo cegó el entendimiento de los incrédulos, para que no les resplandezca la luz del evangelio de la gloria de Cristo, el cual es la imagen de Dios*" (2 Cor. 4: 4 -énfasis nuestro).

Por lo tanto, la falta de comprensión de muchos, no se debe a que Dios no se ha revelado asimismo en la naturaleza, sino debido a que el príncipe de las tinieblas ha CEGADO el entendimiento de los INCREDULOS. Es decir, el resultado directo de rechazar la evidencia que Dios presenta de su poder creativo y de su divinidad, es que el hombre es CEGADO por el enemigo debido a su incredulidad.

1.20 De modo que no tienen excusa

Nadie que ha nacido en este planeta tiene excusa alguna para justificar su incredulidad. El verbo "tienen" está en infinitivo en presente activo, lo cual indica que la acción es contínua. El vocablo "excusa" (ANAPOLOGETOUS) literalmente quiere decir "sin defensa". Esta declaración del apóstol es enfática y categórica e implica una acusación a la humanidad. Las excusas son armas de defensa del cerebro. Dice un adagio popular, "Después que se inventaron las excusas, nadie queda mal"; queriendo articular la idea de que las cosas pueden estar bien si existe una razón justificable.

Cuando Pablo expresa que no existe ningún ser humano que tenga excusa, básicamente está acusando a los hombres de poner pretextos para NO ACEPTAR el poder y la divinidad de Dios manifestada o revelada a través de la creación.

En cierta ocasión en que Pablo sanó a un tullido (paralítico) en Listra, los habitantes querían ofrecerle sacrificio como si Pablo y Bernabé fueran dioses, pues éstos creían que ellos eran Mercurio y Júpiter respectivamente. La respuesta de Pablo a estos paganos fue bien explícita: "*...Somos hombres semejantes a vosotros, que os anunciamos que de estas vanidades os convirtáis al Dios vivo, que hizo el cielo y la tierra, y la mar, y todo lo que está en ellos... Si bien no se dejó asimismo sin testimonio, haciendo bien, dándonos lluvias del cielo y tiempos fructíferos, hinchiendo de mantenimiento y de alegría nuestros corazones*" (Hech. 14: 15-17).

Dios ha establecido un LIMITE para el lugar donde cada una de estas criaturas debe habitar.

En este relato en particular, encontramos al apóstol haciendo referencia a la creación de Dios como la forma de dar a conocer el Dios a quien ellos servían, y también a aspectos específicos de la naturaleza, tales como la lluvia, la cosecha, etc...

Una idea similar es encontrada más adelante cuando Pablo está en la iglesia de Efeso y encuentra un templo con la inscripción "Al Dios No Conocido". Pablo toma esta inscripción como punto de referencia para predicar a los Aeropagitas. Y su discurso introduce otros elementos que no están en la historia de Listra: "*El Dios que hizo el mundo y todas las cosas que en él hay; éste, como es Señor del cielo y de la tierra, no habita en templos hechos de manos, ni es honrado con manos de hombres, necesitado de algo; pues él da a todos vida, y respiración, y todas las cosas*" (Hech. 17: 24-25).

Aquí Pablo introduce a Dios no solamente como el Creador de todo cuanto existe, sino también como el Señor de todo. Lo introduce como un Ser que no necesita de nada, pues él es la Fuente de la vida humana y del aliento de vida. Pero el apóstol añade más: "*Y de una sangre ha hecho el linaje de todos los hombres, para que habitasen sobre toda la faz de la tierra; y les ha prefijado el orden de los tiempos; y los términos de la habitación de ellos*" (v. 26). Pablo declara aquí que Dios es un tremendo Alquimista, pues señala que todas las razas y todos los colores étnicos vienen de una misma sangre, gracias al poder creativo de Dios.

Y añade que Dios ha establecido las estaciones del año, el ciclo del tiempo y la secuencia en que ellos deben aparecer. Así como también los límites a cada criatura que existe en el planeta. Es por esta razón que los peces no viven fuera del agua, y el hombre no reside en el fondo del mar; o las aves viven dentro del agua. Dios ha establecido un LIMITE para el lugar donde cada una de estas criaturas debe habitar. Esto indica el poder administrativo y taxonómico de Dios.

"*Porque en él vivimos, y nos movemos, y somos...*" (v. 27). El apóstol hace aquí la más contundente de las declaraciones acerca de Dios, y establece que la vida del ser humano DEPENDE entera y completamente del Creador. Y que en el desarrollo mismo del ser (carácter), Dios pone su parte, el hombre elige al final si desea ser guiado por Dios. Por lo tanto, nadie, absolutamente nadie tiene excusa o defensa alguna para negar el poder y la divinidad de Dios.

1.21 Pues habiendo conocido a Dios

Aqui encontramos una de las declaraciones más complejas hecha por el apóstol Pablo. La expresión "habiendo conocido a Dios" (DIOTI GNONTES TO THEON) en el original tiene el sentido de alguien que tiene un íntimo conocimiento de otro. La raíz de este verbo es la misma usada cuando se habla de que un hombre conoció a su mujer íntimamente (Mat. 1:18). Lo que el apóstol implica en esta declaración tiene repercusiones ilimitadas, porque significa que todo el mundo de alguna forma ha tenido algún conocimiento íntimo de Dios porque él se ha revelado asimismo.

Por otro lado, el hecho de que el verbo GNONTES está en participio aoristo en su forma activa y en caso nominativo, indica que la acción de conocer a Dios se inició en algún momento en la historia, pero que continúa en el presente.

1.21 No le glorificaron como a Dios

El problema entonces no ha sido necesariamente falta de conocimiento, sino más bien quién recibe la gloria. El verbo "glorificaron" (EDOXAZAN) también significa dar honra, alabanza, exaltar y magnificar.

Después de la intromisión del pecado en el planeta, la humanidad siempre ha tenido problemas con otorgar la gloria a quien la merece. Nuestro corazón egoísta y pérfido nos induce a despojar a otros de las buenas cualidades que puedan tener y atribuirlas a nosotros mismos a costa de la reputación de los demás. El ser humano no ha querido RECONOCER la soberanía de Dios, por lo tanto, Dios no ha sido exaltado como tal, sino como otra cosa. Para muchos, por ejemplo, Jesús no es Dios manifestado en la carne, sino un gran profeta que vivió en esta tierra. Para otros, Jesús no es el Salvador del mundo, sino alguien que sufrió una muerte cruel e injusta a manos de su propia gente.

Es decir, el ser humano se niega rotundamente a reconocer la validez de la presencia de Dios en el mundo, sin embargo, aquí es bueno recordar las palabras de Jesús cuando dijo: "*Mas si las hago, aunque no me creáis a mí, creed a las obras, para que conozcáis y creáis que el Padre está en mí, y yo en el Padre*" (Juan

10:38). En otras palabras, el sentido común debería indicarnos que las obras del Padre hablan por sí solas de su poder creativo.

1.21 Ni le dieron gracias

Entonces todo el problema del ser humano es egoísmo y orgullo. Esto es ejemplificado en la construcción gramatical usada por el apóstol (HE NUCHARISTEZAN). No se exalta a Dios, porque al hacerlo hay que reconocerle como Dios, y el acto de reconocerle como Dios es una acción de gracias, y nosotros por naturaleza somos egotistas. ¡Qué pena, que el hombre sea tan bajo y denigrante que nisiquiera dé las gracias a Dios por el don de la vida!

De hecho, en la historia de los diez leprosos que fueron sanados por Jesús, el texto dice que solamente uno volvió para agradecer a Jesús por el milagro de sanidad, y el milagro de restaurarlo de nuevo en su familia, su trabajo y en la sociedad. El no se limitó a regresar, sino que lo hizo con gritos de alegría y exclamación glorificando a Dios por devolverle la vida, pues estaba pudriéndose vivo; y éste era samaritano, es decir, un "enemigo" (Luc. 17:15). El texto original nos ilumina y nos deja entrever que cuando Jesús le dijo: "...Tu fe te ha sanado" (v. 19), realmente quiere decir, " tu fe te ha SALVADO".

Otro aspecto importante de esta historia, es que cuando el leproso que había sido sanado regresó para dar gracias con exclamaciones de reconocimiento a Dios, Jesús preguntó por los otros nueve. Indicando que Dios lleva un registro numérico de los hombres que reciben de sus beneficios. Jesús está preguntando: "*¿No fueron diez los que fueron sanados? ¿Y los nueve dónde están? ¿Ninguno regresó para dar gloria a Dios, excepto este extranjero?*" (Luc. 17: 17-18).

Dios espera que reconozcamos sus actos milagrosos en nuestras vidas. Dios anhela que hagamos un alto en nuestro diario quehacer para que le agradezcamos por sus infinitas bondades y misericordias. Dios espera que nosotros nos tornemos a él para darle lo que él merece, honra, gloria y honor.

1.21 Sino que se envanecieron en sus razonamientos

Literalmente debiera decir: 'sino que [ALLA] se desvanecieron [EMATAIOTHEZAN] en su razonamiento [DIALOGIZMOIS].' Es decir, el ser humano ha preferido encontrar cualquier argumento imaginable para no dar las gracias a Dios y reconocerle como tal. La forma de pensar del ingrato es trastornada, el proceso del pensamiento dentro de él mismo es diferente.

En realidad, el ingrato piensa que el mundo le debe todo. Su razonamiento es trastocado con la idea de que él MERECE lo que recibe. Esto indica un egocentrismo marcado por la raíz del pecado en el corazón humano. La verdad de todo este negocio, es que nosotros no merecemos nada, nisiquiera el don de la vida.

Sin embargo, hay varias consideraciones que debemos tener en cuenta de esta construcción; primeramente tiene que ver con el verbo "se envanecieron" (EMATAIOTHEZAN). Este verbo es un indicativo aoristo, pero el mismo tiene varios significados, y uno de ellos es la 'inabilidad de poder pensar correcta o claramente'. Lamentablemente no tenemos autores griegos contemporáneos a Pablo que hayan usado este verbo, pero sí lo encontramos en la traducción de la LXX en varios pasajes: (2Rey. 17:15; Jer. 2:5; 1Cron. 21:8). En todos los casos, el verbo significa pensar y hablar con estupidez.

El otro vocablo que merece nuestra atención es "razonamientos" (DIALOGIZMOIS). Este sustantivo literalmente quiere decir 'disputar', 'argumentar', 'cuestionar'. Era la palabra usada para referirse a alguien que hacía juicios basado en motivos malos. Pero en el contexto en que está usado, simplemente se refiere a aquella persona que pone en tela de juicio y duda de lo que está a su alrededor.

Es quizás más bien una palabra usada para referirse a lo que hoy llamamos "escépticos". Es decir, un individuo que duda de todo y no cree en nada más que en su propio razonamiento. Un ejemplo de esto es la filosofía enseñada por René Descartes que decía: "Primero dudo, luego existo".

1.21 Y su necio corazón fue entenebrecido

Si leyéramos literalmente del original diría: 'y su estúpida inteligencia fue cubierta de tinieblas'. En realidad esto es lo que significa "necio" (AZUNETOS), una persona sin entendimiento, un estúpido. Estas son palabras muy fuertes, que posiblemente para nosotros han perdido su significado en la traducción. Sin embargo, un oyente de su tiempo que hubiese estado escuchando este cargo, podía haberse sonrojado.

El hombre ha llegado al punto de exaltar la muerte como una panacea de la vida.

Luego encontramos la expresión "fue entenebrecido" (EZKOTIZTHE), que en el sentido moral era usada para referirse a la falta de percepción moral y/o religiosa que pudiera haber en la mente de una persona. Es decir, sus tinieblas eran tan grandes que le era imposible percibir algo que tuviera sabor a religioso o inclinado a la adoración.

Pablo establece aquí que el conocimiento, el entendimiento y el razonamiento que el hombre pueda tener es estúpido y por tal razón, está cubierto de tinieblas. Las tinieblas eran símbolo de muerte en la antiguedad y aún en tiempos de Cristo. De hecho, en el evangelio según San Juan, se presenta esta comparación o analogía en contraste con la luz que era símbolo de la vida cuando dice: "*En él* [Cristo] *estaba la vida, y la vida era la luz de los hombres. La luz en las tinieblas resplandece y las tinieblas no prevalecieron contra ella*" (Juan 1: 4-5). Es decir, la luz es comparada con la vida, y afirma que la luz penetra en las tinieblas.

Por analogía podemos concluir que la vida invadió el imperio de la muerte para desarraigar la muerte del mundo. Pero el texto sigue aclarando y nos dice que la condenación consiste en que los hombres recibieron la luz (la vida), pero amaron más las tinieblas (la muerte) que la luz (Juan 3: 19).

¡Qué tragedia! El hombre ha llegado al punto de exaltar la muerte como una panacea de la vida. Cada año se gastan miles de millones de dólares exaltando la muerte a través del famoso Halloween, donde la crueldad y la muerte son exaltadas a lo sumo. Los hombres han llegado al punto de amar más la muerte que la vida. También la misma situación desesperante de cientos de millones de seres humanos que viven sin esperanzas, los hace llegar al punto de amar la muerte y aborrecer la vida. Prefieren aceptar cualquier cosa, cualquier filosofía, cualquier estilo de vida por denigrante y bajo que parezca, pero no quieren aceptar a Jesucristo como su único Salvador; el Dador de la Luz, de la vida y la felicidad.

Y es esta distorsión de la vida misma a lo que Pablo se está refiriendo en su epístola. Es decir, el razonamiento de los hombres a llegado a ser tan absurdo, que la vida es despreciada y en cambio la muerte es amada. Y nosotros en realidad sufrimos con el fenómeno de la muerte porque no fuimos creados para morir, sino para vivir eternamente. Quiera Dios que nosotros podamos ejercer un poco más de juicio que la mayoría de los habitantes de este planeta y podamos elegir amar la vida en lugar de la muerte.

1.22 Profesando ser sabios

La expresión "profesando ser sabios" (FAZKONTES EINAI ZOFOI) literalmente puede ser traducida como: 'Pretendiendo ser expertos'. La ciencia y el conocimiento no son malos en sí mismos. El problema radica en quién recibe la gloria con el conocimiento que se nos otorga o que se nos permite descubrir. Todo el problema radica en ese concepto en particular.

Estos individuos de los que Pablo habla aquí en Romanos son personas que pretenden, es decir, tienen un inexorable deseo de ser reconocidos por su sapiencia. El apóstol habla de estos individuos en términos muy fuertes en otro libro cuando menciona: "*Pues está escrito: Destruiré la sabiduría de los sabios, y desecharé el entendimiento de los entendidos. ¿Dónde está el sabio? ¿Dónde está el escriba?...Pues ya que en la sabiduría de Dios, el mundo no conoció a Dios mediante la sabiduría, le agradó a Dios salvar a los creyentes a través de la locura de la predicación*" (1 Cor. 1: 19-21).

La verdadera sabiduría es el reconocimiento de la soberanía y de la bondad de Dios como Dador de la vida. Es completamente absurdo pensar que es posible encontrar a Dios únicamente a través del conocimiento y del uso de la razón, nada está tan lejos de la verdad como eso. Para allegarnos a Dios debemos CREER que él existe y que es galardonador de los que le buscan. "*Porque sin fe es imposible agradar a Dios...*" (Heb. 11:4). Es decir, la razón sóla y el conocimiento no bastan, se necesita otro ingrediente esencial que Dios mismo provee (Rom. 12: 6) y ese ingrediente es la FE

1.22 Se hicieron necios

La palabra para "necios" (EMORANTHEZAN) era usada para indicar cuando la sal había perdido su sabor y no servía para nada. Pablo usa esta palabra que era muy usada en el vocabulario común del pueblo y la inserta aquí para enfatizar el argumento que está tratando de elucidar. Esta misma palabra fue la que usó Jesús en su famoso Sermón del Monte cuando dijo la parábola de la sal que pierde su sabor y es tirada para ser hollada por los hombres (Mat. 5: 13); la cual es diferente a AZUNETHOS que significa "estúpido" e imbécil".

Estos pretendidos sabios, en sus futiles esfuerzos, usan su capacidad de razonar para dejar a Dios fuera de sus vidas, se convierten en individuos llenos de tinieblas que han perdido el sabor y la vitalidad de la vida misma.

1.23 Y cambiaron la gloria del Dios incorruptible

Estos sabihondos cambian la gloria del Dios inmortal (incorruptible), lo cual indica que Dios en esencia es inmortal. El vocablo traducido como "incorruptible" (AFDARTOS) aparece en siete ocasiones en el Nuevo Testamento, de las cuales esta es la primera vez. Las otras referencias se encuentran en: Rom. 2:7; 1 Co. 15:53, 54; 1 Tim. 6:16; 2 Tim. 1:10 y 1 Tim. 1:17. Y en cada una de estas ocasiones el significado es de alguien que no muere, que posee vida en sí mismo o que ha recibido el don de la inmortalidad.

Miremos con más detenimiento este verbo "cambiaron" (ELLACHAN) significa también 'alterar', 'transformar'; pero también era usado para referirse a la forma de hablar y adaptarse basado en las condiciones de la mente o de las circunstancias. ¿Será que Pablo está hablando de la Casuística? No lo sé, pero, este sistema de enseñanza moral que relativiza todas las cosas y las iguala con los objetos conocidos por los sentidos ha traido una secuela de males al ser humano.

Hace poco, escuché de una maestra en una de las universidades más prestigiosas de Estados Unidos que estaba enseñando la materia "Relatividad Moral". En el examen, ella se enteró que toda la clase se había copiado y que había hecho fraude y ella quería anular el examen y dar otro examen. Los estudiantes se quejaron ante los administradores, y ellos argumentaron que sencillamente ellos habían puesto en práctica lo que les fue enseñado por su maestra.

En fin, vemos que cuando alteramos nuestra conducta basada en una circunstancia temporaria o del momento, caemos en el gravísimo error de relativizar los absolutos. Si no hubiesen absolutos, ¿cómo podría Dios juzgar al mundo? En realidad, nuestra estupidez es lo que hace que relativizemos los principios divinos y los humanicemos tanto, que ellos pierden el poder de transformar nuestro entendimiento como Dios espera.

1.23 En semejanza de imagen de hombre corruptible

La palabra "semejanza" (HOMOIOMATI) no significa 'igual', sino que tiene el significado de 'parecido'. Si quisiera decir "igual", Pablo hubiera usado IZOS, que es la palabra usada consistentemente en el Nuevo Testamento para hablar de la igualdad en Cristo y el Padre (Juan 5:18; Filip. 2:6).

En la mente de estos individuos, Dios se parece al hombre mortal, pues según ellos mismos la Biblia dice que Cristo es la "imagen" (EIKONOS), la cual tiene el significado actual de 'ícono', figura o imagen. En otras palabras, lo que el apóstol está haciendo aquí es acusando a la humanidad de hacer a Dios un simple humano. Para este tipo de personas, Dios no es más que un simple ser humano que reclama ser Dios. Para ellos Dios es otro ser humano que muere como nosotros, y lo irónico del caso es que toman el mismo texto bíblico para darle credibilidad a sus palabras, como lo es en el caso de 1 Tim. 3:16, donde se habla de que Dios se hizo carne. Y en Juan 1:12-14 encontramos que la divinidad se hizo carne y que habitó entre nosotros como un ser humano.

Una cosa es que Dios voluntariamente se hiciera hombre para salvarnos a nosotros de la maldición de la muerte, y otra es que le despojemos de un atributo tan único y singular que ningún ser creado inteligente posee en sí mismo. Todas las criaturas del universo derivan sus vidas del Dador de la vida, Dios. Por lo tanto, trastocar ese atributo tan único de Dios y compararlo con seres humanos es, en palabras de Pablo, estúpido.

1.23 De aves, de cuadrúpedos y de reptiles

La acusación es muy fuerte para no ser notada. La inteligencia nublada y oscura de estos individuos los han llevado al error de igualar a Dios no únicamente al ser humano, aún peor, a las aves, a los animales de cuatro patas y a los reptiles.

Dios para ellos tiene menos valor que un ser humano porque es comparado a aves y animales de diferente órdenes. Esto explica porqué en la mayoría de las grandes religiones vivas y muertas del mundo, ciertos animales eran considerados dioses. La humanidad se ha abocado a ver a Dios en cualquier cosa por grotesca que parezca con tal de no reconocer la supremacía divina.

1.24 Por lo cual también Dios los entregó a inmundicia

La acusación hecha por el apóstol parece culpar a Dios del derrotero conductual de la humanidad. Paradójicamente el apóstol en tres ocasiones en este mismo capítulo enfatiza que Dios ENTREGA a estos individuos para que reciban el pago de su desvarío. El verbo "entregó" (PAREDOKEN) en el original tiene una connotación de tipo legal. La raíz del verbo es PARADIDOMI y está compuesto de dos palabras: PARA y DIDOMI. DIDOMI solo significa "dar", pero cuando está antecedido por una preposición como PARA, significa que existe un autor específico detrás del acto de dar. En otras palabras, el texto está diciendo que Dios es el Autor de tal acción.

Sin embargo, esta era una palabra usada en el juicio cuando el juez dictaminaba la sentencia y ENTREGABA al culpable para que los verdugos hicieran su trabajo. Algo muy similar fue lo que ocurrió con Jesús y Poncio Pilato. Los judíos querían eliminar a Jesús, pero no podían hasta que Pilato les dio la autoridad política para hacerlo ENTREGANDO a Jesús en manos de la turba enfurecida para que fuese crucificado.

La expresión como dijimos ocurre tres veces, y en la primera de ellas (v. 24), Dios entrega a los pretendientes a sabios a la inmundicia. ¿Qué significa inmundicia? ¿Qué motivos tendrá él para llevar a cabo semejante acción? Pablo usa una palabra muy fuerte para indicarlo, el vocablo usado es EPITHUMIAIS que literalmente significa tener un deseo desenfrenado por lo moralmente prohibido, especialmente de carácter sexual. Esta gente ha estado acumulando pensamientos y pasiones por tanto tiempo que tienen una pasión desenfrenada, abocada a complacer su apetito y curiosidad sexual hasta el sumo grado.

El verbo ENTREGAR tiene la connotación singular de indicar la última fase de un juicio donde el acusado ha sido encontrado culpable

En el verso 26 se menciona nueva vez que Dios ENTREGO a estos hombres a "pasiones vergonzosas" PATHOS ATIMIAS, lo cual tiene la estricta connotación de un deseo por lo sexual de carácter humillante, degradante y deshonroso.

Luego aparece el vocablo en el verso 28 cuando dice que Dios los ENTREGO a "una mente reprobada" ADOKIMON NOUN. El verbo ADOKIMON (reprobado) aparece cuatro veces en la Septuaginta, es usado una vez en el Antiguo Testamento y tres en el Nuevo Testamento. En el Antiguo Testamento aparece su equivalente en Hebreo (MA'AC) en Jer. 6:30, donde menciona: "*Plata reprobada serán llamados por que el Señor los ha desechado*".

Y hablando del ejemplo de Janes y Jambres sacerdotes del santuario en el desierto, Pablo usa el mismo verbo para referirse a ser rechazados (ADOKIMON) concerniente a la fe (2Tim. 3:8). Luego es usado otra vez por Pablo en su carta a Tito y dice: "*Profesando conocer a Dios pero en sus obras lo niegan; siendo abominables y desobedientes, y para toda buena obra reprobados* [ADOKIMON]". Vamos a resumir lo que Pablo acaba de decir cuando Pablo usa el verbo ENTREGAR.

1. Dios los entregó a inmundicia (pasiones desenfrenadas y desordenadas).
2. Dios los entregó a pasiones vergonzosas (deseos sexuales degradantes y humillantes).
3. Dios los entregó a una mente reprobada (una mente que ha sido RECHAZADA en un acto de juicio).

Y pareciera que el apóstol está culpando aquí a Dios de la conducta mostrada por esta gente, pero en la realidad entendemos que es una expresión que indica un acto de juicio. El verbo ENTREGAR tiene la connotación singular de indicar la última fase de un juicio donde el acusado ha sido encontrado culpable, después de haber observado la evidencia, y la sentencia es entonces dictaminada. Este acto de dictar sentencia es lo que Pablo quiere decir cuando dice que Dios los ENTREGO.

Vemos entonces que en el contexto inmediato y mediato de la expresión usada tres veces en este capítulo quiere significar que en el momento cuando Dios ENTREGA a estas personas, es decir, dicta sentencia, es porque ya han sido JUZGADOS.

1.24 En las concupiscencias de sus corazones

Obviamente es una re-afirmación de la oración anterior, solamente que esta vez Pablo indica que este deseo desenfrenado por lo sexualmente prohibido es producido y gestado dentro de la mente del individuo. Y Jesús no se equivocó cuando dijo: "*No lo que entra en la boca contamina al hombre, sino lo que sale de la boca del hombre, esto es lo que contamina...Porque las cosas que salen de la boca del hombre, del corazón proceden y ellas son las que contaminan al hombre.Porque del corazón proceden los malos pensamientos, homicidios, adulterios, fornicaciones, robos, falsos testimonios, blasfemias. Estas son las cosas que contaminan al hombre...*" (Mat. 15:11, 18-19, 20).

La implicación de esto es que si el acto de Dios ENTREGAR o dictar sentencia sobre los individuos es el paso final del juicio, esto significa que Dios también ha de juzgarnos por lo que pensamos y acariciamos en nuestra mente. De hecho, cuando Jesús estuvo en la tierra amplió y clarificó este concepto cuando habló del adulterio, pues Jesús enfatizó que el acto de adulterar, por ejemplo, va mucho más allá del acto físico. El pecado mismo se gesta, se comete en el momento en que el individuo acaricia un pensamiento moralmente prohibido, el cual, si la oportunidad se presentara, sería consumado en un acto físico, visible y tangible. Dios juzga no solo nuestros actos (Ecles. 12:14), sino también nuestros más íntimos secretos (Ecles. 12:14).

El vocablo "concupiscencia" (AKATHARZIAN) eso es lo que significa: 'impureza de carácter sexual', 'indecencia', 'vicio sexual'. Es decir, que dentro de sus mentes, hay indecencia e impureza de carácter sexual netamente hablando.

1.24 De modo que deshonraron entre sí sus propios cuerpos

El verbo "deshonrar" (ATIMACHEZTHAI) incluso fue usado por Jesús una vez en todo su ministerio, especialmente cuando dijo: *... no tengo demonio, sino que honro a mi Padre, y ustedes me deshonran* [ATIMAZO]" (Jn 8: 49). David también oraba para que sus enemigos fueran vestidos de deshonra (Salm 35:26; 69:19; 71:13). El verbo ATIMAZO significa literalmente INSULTAR, pero también es usado cuando se degrada a alguien.

Pues bien, el apóstol habla de esta gente que se ha insultado, degradado y deshonrado asimisma, y lo han hecho en y con sus propios cuerpos. La ironía de la vida es que el acto de degradación, insulto y deshonra es contra ellos mismos, pero su mente está tan nublada y oscurecida por sus pasiones y deseos desenfrenados, que ellos no logran percibir que se están rebajando y denigrando asimismos. En otras palabras, se están devaluando y se complacen en hacerlo.

1.25 Ya que cambiaron la verdad de Dios por la mentira

El problema de estos individuos no es solamente una complacencia propia desenfrenada sin querer tener a Dios en cuenta, sino también que ellos conscientemente hacen un esfuerzo por cambiar la verdad de Dios por la mentira. El verbo "cambiar" (METELLAZAN), tiene la connotación de 'intercambio' o 'trueque'.

En el verso 23, por ejemplo, encontramos el mismo verbo cuando dice "*y cambiaron* [ELLAZAN] *la gloria del Dios incorruptible...*" Sin embargo, en el verso 25 encontramos el mismo verbo con una preposición adelante (META) y aparece así únicamente en este texto en toda la Biblia.

La diferencia a mi modo de ver, es que Pablo aquí está enfatizando un aspecto que pareció que él pasó por alto en el verso 23, pero no fue así. En el verso 23 donde describe que cambiaron (ALLAZO) la gloria de Dios por otra cosa, parece que es un cargo en contra del individuo. Es decir, Pablo parece estar diciendo que los individuos por su propia cuenta, por su propia decisión individual cambiaron (ALLAZO) la gloria de Dios.

En cambio, en el verso 25 al introducir la preposición META que significa 'en el medio de' o 'por medio de' y también, 'a través de'; pareciera estar diciendo que estas personas de forma colectiva tomaron la decisión de cambiar la verdad de Dios por la mentira. La traducción de la Reina Valera ayuda muy poco para entender bien el concepto, porque introduce el versículo diciendo "*Ya que...*". Si bien es cierto que JOI TI NES puede incluir esa connotación como una frase adverbial nominalizada, no es menos cierto que en el griego incluye también el pronombre personal de la 3ra. persona del plural ELLOS.

Lo cual claramente parece indicar que el acto de cambiar la verdad por la mentira, en lugar de ser una decisión individual como parece sugerir el verso 23, en este caso es una decisión tomada colectivamente y es por eso que Pablo introduce la preposición META antes del verbo ELLAZAN para clarificar lo que él realmente quiere decir.

Pareciera como si Pablo estaba mirando estos últimos días que vivimos, porque las sociedades de forma colectiva y los gobiernos, han tomado decisiones para erradicar la enseñanza del creacionismo e introducir la teoría de la evolución. La "verdad" de Dios (ALETHEIA) significa también "los hechos", las "realidades", se refiere también a algo 'tangible' y 'palpable'. Es decir, la creación misma que es un fenómeno en el cual todos vivimos, nos movemos y somos, es una prueba fehaciente del poder creativo de Dios. La misma está contrapuesta a la "mentira" (PSEUDIS), la cual tiene una implicación de hacer un "engaño deliberado".

Dicho en pocas palabras, el sistema evolucionista ha sido introducido en la sociedad como materia de enseñanza como una forma de engaño deliberada para suplantar la realidad de la creación de Dios y de su poder creativo.

1.25 Honrando y dando culto a las criaturas antes que al Creador

El verbo "honrando" (EZEBAZTHEZAN) es un acto de adoración o veneración. El acto de dar culto (ELATREUZAN) era una actividad religiosa ritual llevada a cabo por la gente a sus diferentes dioses. La implicación de lo que Pablo está diciendo aquí es que estas personas han hecho otros dioses y le honran como tales. Y pareciera que la frase "antes que" (PARA) puede también significar "más que", "junto con", "concomitantemente".

En la traducción Reina-Valera, el traductor tradujo "antes que" queriendo implicar que se deja a Dios a un lado y se colocan otros dioses en su lugar. En la versión Inglesa King James, el traductor tradujo "más que", implicando que esta gente adoran a Dios, pero ofrecen actos cúlticos a otros dioses. Cualquiera de las dos posiciones está correcta, sin embargo, soy de la opinión que aquí están ocurriendo ambas cosas. Es decir, hay un grupo que ha dejado a Dios a un lado para ir en pos de ídolos modernos, mientras que hay otro grupo que pretende adorar a Dios, al mismo tiempo que adora a otros ídolos.

La preposición PARA esta en modo "acusativo", lo cual puede significar que ambas cosas están ocurriendo al mismo tiempo. Es decir, las personas no solamente adoran a las criaturas EN LUGAR DE al Creador, sino que otro grupo muy grande también, adora a las criaturas MAS QUE. En ambos casos el resultado es el mismo. En el primer caso EN LUGAR DE, Dios es suplantado. En el segundo caso MAS QUE, Dios es **comparado y rebajado**.

1.25 El cual es bendito por los siglos

La inclusión de esta imprecación de Pablo dentro de estos cargos legales que él hace en contra de los seres humanos, es vista como un contraste entre lo que los seres humanos han hecho el Creador y la Creación. Al hacer la imprecación, el apóstol establece que Dios el Creador es el único que debería ser alabado.

La expresión para "bendito" (EULOGETOS), es usada únicamente para Dios. Y la misma tiene el significado intrínseco de bendecir en ALTA VOZ. Lo cual parece sugerir que el apóstol se refiere a que él único al cual nosotros deberíamos invocar es al Creador.

1.25 Amén

La palabra AMEN, tiene varios significados, el más común es "así sea". Sin embargo, cada vez que Jesús íba a decir algo importante, él decía AMEN no después de lo que íba a decir, sino antes de (Juan 3). Lo cual implica que el significado es más rico que "así sea".

AMEN significaba para Jesús "ciertamente", "de cierto", y así lo encontramos muchas veces en sus alocuciones. De hecho, Jesús usó la palabra AMEN al final de sus discursos solamente una vez (Mat. 6:13), lo cual es un claro indicador de que él estaba poniendo el sello de la verdad a lo que íba a decir. Era como una forma de imprimir sobre sus palabras el peso y el sello del Cielo.

En el caso de como Pablo usa AMEN aquí en Romanos, significa más bien un consentimiento no solo de tipo intelectual, sino de carácter espiritual. Es como si el individuo estuviera haciendo un pacto con lo expresado. Pablo nos introduce en esta eulogia o bendición y luego la sella con la palabra AMEN, que dicha al final de una alocución así, no solamente traía el peso de la verdad, sino que también traía el compromiso de un PACTO solemne con Dios el Creador.

1.26 Por esto Dios los entregó a pasiones vergonzosas

Ya sabemos que la expresión "*Dios los entregó*", se refiere al acto de dictar la sentencia después que el acusado ha sido encontrado culpable. Aquí encontramos la misma expresión de nuevo, sin embargo el precedente es diferente se refiere a "pasiones vergonzosas".

El verso 26 empieza diciendo: "*Por esto*". Esa expresión DIA TOUTO significa que lo que viene a continuación es el resultado de algo que ocurrió anteriormente. Y como leímos y analizamos, se dice que estos individuos no solamente a) pretenden ser sabios; b) no dan gloria a Dios; c) comparan a Dios con ellos mismos y aún con los animales; d) cambian la verdad de Dios por la mentira en una decisión mayoritaria deliberada y desafiante, sino que su "iluminismo" se convierte en tinieblas. El resultado de su propia conducta es que Dios dicta sentencia, y a este acto Pablo llama "Dios los entregó". Dios los deja que hagan lo que su tenebroso corazón les indica que deben hacer.

En este caso, Dios no pone ningún bloqueo o protección de las fuerzas del mal, sino que los deja en sus propias "*pasiones vergonzosas*" (PATHE ATIMIAS), que literalmente significa: 'sentimientos depravados y/o desgraciados de carácter sexual incontrolables'.

De hecho, de la palabra PATHOS viene el vocablo 'patología' que se refiere a la disciplina que estudia todo tipo de enfermedades de carácter físico. Pero no era este el caso para los griegos cuando usaban la palabra PATHOS; para ellos tenía un sentido estrictamente EMOCIONAL/MORAL. Es decir, la enfermedad, si pudiera decirse, es de carácter emotivo y moral. Y la razón de su enfermedad es que han desterrado a Dios de sus vidas y corazones. Por tal razón es totalmente inapropiado decir que una persona nace siendo homosexual o lesbiana. No hay espacio para tal afirmación en los escritos paulinos.

El mismo contexto indica que el llegar a esta condición no es una condición genética, sino de carácter moral. Es una decisión que ha sido tomada de forma individual y aprobada de manera colectiva. Es un acto desafiante y aberrante de la conducta y la psiqué humana.

1.26 Pues aún sus mujeres cambiaron el uso natural por el que es contra naturaleza

Una traducción literal diría: 'Pues aún sus mujeres cambiaron el uso sexual natural de la naturaleza'. Decimos esto por el uso de CHREZIN que no fue traducido en la Reina Valera, pero que tiene la estricta connotación de coito sexual entre un hombre y una mujer. La acusación es muy fuerte para que pase desapercibida. Pablo acusa a las mujeres de cambiar ese orden natural sexual impuesto por las leyes naturales que Dios estableció y que todavía nos rigen. La implicación es que las personas que profesan adorar a la naturaleza en lugar de al Creador de ella, rompen las mismas leyes de la naturaleza que profesan cuidar, reverenciar y adorar.

Por otro lado, uno de los mayores problemas del evolucionismo es que enseña que el ser humano proviene de las más primitivas formas de vida del reino animal. El enfoque filosófico y psicosocial sería: 'somos semejantes a los animales, por lo tanto sería normal comportarse como ellos'.

El lesbianismo es un serio problema en el mundo. En el caso de las mujeres, me imagino que no existe penetración a menos que sea de manera artificial, y el acto sexual es más bien el resultado de lazos afectivos y emotivos muy fuertes establecidos entre dos mujeres.

Pablo acusa a la humanidad de no ser consistente aún con lo que ellos profesan creer, y esto es el mayor problema que encontramos aquí, la falta de inconsistencia con un sistema de creencias. Cuando se es inconsistente con lo que uno cree, el resultado final es depravación, deshonra e ignominia de carácter moral, sexual, físico y espiritual.

1.27 Y de igual modo también los hombres

El apóstol no limita la acusación a las mujeres, lo cual es un indicador de que Pablo no es anti-feminista como muchos lo han catalogado. La acusación no es únicamente para las mujeres, sino para los hombres también. De hecho, la homosexualidad es mucho más alta entre hombres que entre mujeres a nivel mundial. Esto indica claramente, que el hombre se ha desviado del plan original de tener intimidad con su pareja. Me imagino que los hermanos de Roma al escuchar esta parte de la carta se sonrojaron por lo explícito de las palabras paulinas.

1.27 Dejando el uso natural de la mujer

La expresión diría literalmente '<u>abandonando el uso sexual natural de la mujer</u>'. No entiendo como algunos exégetas cierran sus ojos al texto griego, porque la expresión es mucho más clara en el texto original que en la traducción. Yo creo que parte del problema que el lesbianismo y la homosexualidad han traído se debe en parte a que un amplio segmento de estos grupos son altamente educados y tienen gran influencia. Y gran parte de sus ingresos se utiliza en campañas de "conscientización" para que el público en general les acepte.

Y de hecho, la homosexualidad ha llegado a ser tan popular en algunos lugares, que si alguien predica un sermón en contra de estos vicios, puede incluso perder su trabajo, y la persona es clasificada como aberrante e intolerante porque muestra su desacuerdo con la conducta que cambia el uso natural de la orientación sexual.

Estos hombres, dice Pablo, "dejando" (AFENTES); es decir, ABANDONAN el tener sexo con las mujeres y prefieren intimarse con otros hombres. Dicho de otra manera, cuando dos seres se unen en el acto sexual, éstos llegan a ser uno, y esta unión es de carácter místico. Lo mismo parece ocurrir con la homosexualidad y el lesbianismo. Estos hombres y mujeres llegan a ser de un mismo pensar y de un mismo sentir en cuanto se refiere especialmente a la orientación sexual.

Un estudio hecho no hace mucho indicó que el 67% de los hombres que se sometieron a terapia para dejar de ser homosexuales, pudieron hacerlo.[42] El problema radica en el tipo de homosexualidad que se esté tratando. Por ejemplo, se habla del homosexual "sintónico", es decir, aquél que siente la inclinación afectiva, pero no necesariamente física hacia otro hombre, y su centro de placer es todavía en el pene. Existe por otro lado, el homosexual "ego-sintónico", aquél en el cual el centro del placer se ha traspasado del pene al esfinter anal. Este último se concentra más bien en el aspecto físico del acto sexual.[43]

> El pecado no es solamente una acción, sino que es también una condición un estado del corazón y de la naturaleza humana

[42] Tengo que pedir disculpas al lector por no tener la bibliografía de esta información; pero la recibí en un correo electrónico que tiene uno de nuestros teólogos Adventistas; pero no recuerdo en cual exactamente. Sin embargo, creo que fue en uno de los Newsletters electrónicos de Samuel Bachiochi.

[43] Apuntes de Seminario impartido por el Dr. José Angel Fuentes en la Universidad Adventista Dominicana en la Primavera del 1992.

La Biblia siempre ha condenado esta conducta y no la cataloga como una enfermedad congénita, sino como una decisión voluntaria de permanecer en pecado. El homosexual puede encontrar remedio para su problema si se entrega por completo a los pies de Jesucristo y trae a sujección sus emociones y sentimientos.

La sangre de Cristo tiene que ser lo suficientemente poderosa para limpiar al penitente de su pecado y de su enfermedad moral. El sacrificio hecho por el Unigénito Hijo de Dios, tiene que ser lo suficientemente poderoso para no solo perdonar al pecador, sino también para restaurarlo al orden natural de las cosas, especialmente de la sexualidad.

1.27 Se encendieron en su lascivia unos con otros

Sí, los hombres han llegado al punto de apasionarse tanto que muchos de los homosexuales abiertos admiten públicamente que han tenido a más de veinte hombres como pareja. La expresión literalmente diría: 'se encendieron en su lujuria unos con otros'. Note que el verbo clave es "encendieron" (ECHEKAUTHEZAN), el cual tiene la connotación de apasionarse de tal forma que el apetito interno hacia lo sexual es abierto en una forma desproporcionada y prácticamente sin control.

Obviamente que el problema de estos individuos no es el ser mujeriegos, sino lo opuesto, son individuos que han rechazado la "Revelación de Dios", es decir lo que Dios ha revelado de sí mismo, y como resultado, sus vidas están controladas por este tipo de vicios antinaturales y abnormales.

1.27 Cometiendo hechos vergonzosos hombres con hombres

Pablo es demasiado explícito en esta frase, no sé como algunos eruditos intentan siquiera minimizar el impacto de la misma a la luz del texto. La frase original diría: "llevando a cabo actos genitales hombres con hombres". Es muy explícito en el original para que pase desapercibido. Aunque el fraseo "hechos vergonzosos" (KATERGAZOMAI ASCHEMOSUNE) puede tener este significado, no es menos cierto que la misma frase puede referirse al acto sexual de carácter genital. No hay forma de interpretarlo de otra manera dado el contexto.

1.27 Y recibiendo en sí mismos la retribución debida a su extravío

La expresión fue traducida excelentemente bien, más permitame aclarar algo con respecto a la palabra "extravío" (PLANE). Algunos han llegado a la conclusión de que Pablo no usa la palabra "pecado" sino hasta el capítulo 3: 9, entonces concluyen que la conducta mostrada aquí no es pecado en sí misma, porque Pablo usa la palabra 'error' en lugar de 'pecado'.

Bueno, la palabra PLANE (error) tiene la implicación de que se refiere a un error de carácter moral. No se refiere al error que algún ingeniero comete cuando construye algún edificio. No, se refiere a un error de carácter estrictamente moral. Por otro lado, la misma palabra cada vez que es usada en el Nuevo Testamento, es usada en consonancia con la actitud del pecador, el malvado, el impío, etc..., lo cual es un claro indicador de que van íntimamente ligadas. Por ejemplo, la encontramos así en Santiago 5:20, "*Sepa que el que haga volver al PECADOR del error* [PLANE] *de su camino...*". Luego encontramos otra expresión similar a ésta en 2 Ped. 3:17, "*Así que vosotros, oh amados, sabiéndolo de antemano, guardaos, no sea que arrastrados por el error* [PLANE] *de los INICUOS* [Pecadores], *caigáis de vuestra firmeza*". Y así sucesivamente la podemos encontrar ligada siempre al concepto de que es el pecador que alejado de Dios comete este tipo de errores morales.

En otras palabras, las personas no son pecadores porque cometen errores de carácter moral, sino que cometen errores morales porque son pecadores. El pecado no es solamente una acción, sino que es también una condición un estado del corazón y la naturaleza humanos.

Por otro lado, hay dos cosas implícitas en este texto; a) Pablo reconoce que hay un problema de carácter moral. La corrupción del corazón humano lleva a éste tipo de errores o conducta moral. b) cada error de carácter moral, tiene su propia recompensa. Y estas personas reciben en sus propios cuerpos el castigo, la recompensa, la retribución, la paga por su error moral.

1.28 Y como ellos no aprobaron tener en cuenta a Dios

Literalmente diría: 'Y porque ellos no reconocieron tener en cuenta a (hacer eco de) Dios en su conocimiento'. El apóstol conocía bien el problema a fondo. El concluye que la decisión de no tener en cuenta o de no hacer eco (ECHO) de Dios en su conocimiento es la causa de la conducta desviada de estas personas.

Observe además que pareciera que el apóstol está hablando de un grupo de individuos, por el uso del pronombre "ellos" en el uso de los verbos. Además, el verbo "aprobaron" (EDOKIMAZAN) significa también "examinar"; "inquirir"; "investigar". ¿Será que el apóstol está acusando a estas personas de una ignorancia voluntaria? Pienso que sí, porque de acuerdo con el contexto de la Revelación de Dios, era y es responsabilidad del ser humano 'analizar e investigar' sobre la creación de Dios.

Todos los seres humanos están siendo juzgados sobre la base de su reconocimiento del Creador y de la aceptación de la revelación que Dios ha hecho de sí mismo

Por otro lado, hay un verbo que está implícito en la traducción, pero que no fue traducido literalmente, el mismo es ECHEIN. Este verbo significa "considerar inteligentemente". En otras palabras, estas personas voluntariamente no consideraron la Revelación divina, por lo tanto, su pecado es doble: a) por haberse mantenido en la ignorancia; b) por haberse entregado a pasiones sexuales de carácter vergonzoso.

1.28 Dios los entregó a una mente reprobada

'Dios los sentenció a una mente reprobada, o una mente que no ha pasado la prueba del juicio'. Ya hablamos anteriormente sobre la expresión "Dios los entregó", la cual significa que Dios dictó sentencia y que este acto es el último en el juicio. Es la acción que el Juez toma cuando todo el caso ha sido revisado oído y en realidad es el último paso en el proceso judicial.

El otro aspecto de la expresión es que en las tres ocasiones que se dice que "Dios los entregó", siempre es en plural, lo cual tiene la implicación de que este no es un hecho aislado y solitario, sino que el juicio es de carácter universal y que todos los seres humanos están siendo juzgados sobre la base de su reconocimiento del Creador y de la aceptación de la revelación que Dios ha hecho de sí mismo. La palabra "reprobada" (ADOKIMON) tiene también la connotación de 'fallar en un examen'.

1.28 Para hacer cosas que no convienen

Dios dicta sentencia y parece que la misma tiene que ver con la clara intención de Dios de no lidiar más con el pecador. Llegará un punto en que el Espíritu Santo dejará de contender con las conciencias entenebrecidas del ser humano y lo dejará a su propia suerte sin protección alguna. Por otro lado, esta frase "para hacer cosas que no convienen (KATHEKONTA)", la cual literalmente significa "rebajarse en un plano moral y/o sexual".

En otras palabras, pareciera que el apóstol está tratando de explicarnos que los seres humanos se REBAJAN a lo que no CONVIENE. Y si esto es así, estamos hablando de una degradación moral inconveniente en la cual hay una decisión voluntaria de por medio, y una actitud desafiante para hacerlo de parte de este grupo.

1.29 Estando atestados de toda injusticia

Estos individuos son prácticamente catalogados de "injustos" después que el Gran Juez ha dictado sentencia. La frase griega lee PEPLEROMENOS PAZE ADIKIA. La palabra "atestados" (PEPLEROMENOS) se refiere a un contenedor de líquidos que se le echa agua hasta que rebosa. La palabra "injusticia" (ADIKIA) viene del vocablo DIKE, que significa "justo", el mismo tenía que ver con aquel soldado griego que después de haber tenido un día en el cual él había cumplido con todo lo requerido, su capitán le haría una evaluación y era declarado "justo".

De la misma manera, Pablo parece estar diciendo aquí que estas personas rebosan y sobreabundan con malos actos, con conducta aberrante y desordenada, y lo hacen conscientemente en un esfuerzo deliberado por dejar a Dios a un lado. Pero como la Palabra dice que "toda injusticia es pecado", sencillamente quiere decir que estas personas están 'rebosante de pecados'.

1.29 Fornicación

La palabra para fornicación aquí es PORNEIA, de allí vienen los vocablos 'pornográfico', 'pornografía' y sus derivados... La misma tiene el significado de tener relaciones sexuales ilícitas sea entre hombre y mujer, mujer con mujer, hombres con animales, mujeres con animales, etc. También se usa metafóricamente para referirse al acto de ser idólatra o estar corrompido internamente con la adoración a los ídolos.

1.29 Perversidad

Se refiere al acto de ser un depravado, malicioso o perverso. Es una persona cuyos pensamientos son de contínuo para hacer el mal (PONERIA). La palabra es usada en varias ocasiones en el Nuevo Testamento y 127 veces en toda la Biblia.

Por ejemplo, esta es la palabra usada por Jesús mismo cuando se refirió a los fariseos que querían entramparle con la pregunta del tributo a César (Mat. 22:18). Y es la misma palabra usada también por Jesús para hablar de lo que sale de la boca, es decir, del corazón del hombre "y ésto" -dijo Jesús- "es lo que contamina al hombre".

1.29 Avaricia

No hay mucho que decir de esta palabra (PLEONEXIA), sino que se refiere al acto de querer tener más, y es un deseo insaciable por poseer lo que otro tiene. Pero también se refería a lo que una persona se sentía forzada a hacer; un ejemplo de esto lo encontramos en 2 Cor. 9:5.

1.29 Maldad

Se refiere a aquella persona que se complace en quebrantar o romper las leyes, éstos son llamados maliciosos o malos

(KAKIA), que viene de KAKOS. Es decir, el placer que sienten las personas por cambiar lo que ya está establecido y moralmente regulado *per se.*

1.29 Llenos de envidia

El vocablo usado para "lleno" es MEZTOS, el cual tiene el estricto significado de tener la mente atestada, repleta de pensamientos, sean estos buenos o malos. La misma se refiere cuando los individuos tienen su mente LLENA de muchas cosas en qué pensar. Lamentablemente aquí es usada para hablar de la conducta negativa de estas personas en referencia a la envidia.

1.29 Homicidios

A menudo nos asombramos de lo cruel que algunas personas pueden ser unos con otros, y en el tipo de muerte que estos "asesinos" le infligen. Sin embargo, pareciera que olvidamos que en la Biblia el homicidio tiene dos facetas. La Biblia no limita el homicidio al acto de quitar la vida física, sino que también el homicidio puede ser hecho con la lengua.

La palabra para homicidio es PHONOS, que significa quitar la vida. No obstante, en el Antiguo Testamento Dios ordena a su pueblo a no quitar la vida de su prójimo con la lengua; por ejemplo: "*No andarás chismeando entre tu pueblo. No atentarás contra la VIDA de tu prójimo; Yo Jehová*" (Lev. 19:16). Esta orden presentada en la ley mosáica, pienso que tiene validez todavía. No tenemos derecho a ser asesinos de nuestro prójimo con la lengua.

1.29 Contiendas

Contiendas (ERIDOS) en el original está en singular. La palabra aparece solamente en dos ocasiones en el Nuevo Testamento. La otra vez que aparece es en 2 Cor. 12:20, la única diferencia es que en este libro la palabra está en plural, mientras que en el libro a los Romanos está en singular. Esto puede implicar de que aunque Pablo está hablando de los pecados colectivos de la sociedad, él se está refiriendo al individuo que le gusta pelear y que está lleno del espíritu de guerra y contención.

1.29 Engaños

Los mismos tienen que ver con la habilidad de ser sutil, pero malicioso, con la clara intención de mentir a otros; eso es lo que significa la palabra DOLOS.

1.29 Y malignidades

KAKOEDEIA, se refiere al mal de carácter moral, es el mal del cual hablamos anteriormente; el mal que tiene que ver con el pecado. Es la condición y la acción de la mente y el corazón. Y Pablo lo pone en plural indicando que en realidad son muchos MALES en lugar de uno. En realidad, es la depravación del carácter y del corazón.

1.30 Murmuradores

PSYTURISTES, es el acto no solamente de engañar, sino que el mismo se hace secreteando al oído de otro. Es una acción específica que incluye un informante y un recipiente. En otras palabras es lo mismo que CHISMEAR.

1.30 Detractores

KATALALOS es el acto de de usar específicamente la lengua para difamar el buen nombre o el carácter de alguien. A diferencia de los murmuradores, homicidas y engañadores, el detractor no necesariamente miente en su informe, sino que se complace en presentar evidencia real y verídica de la vida privada de otras personas con el fin de que estos se vean mal ante la sociedad.

1.30 Aborrecedores de Dios

Tuve un maestro en la secundaria que decía: " El aborrecimiento es el grado superlativo del odio".[44] Si este maestro estaba en lo cierto, entonces Pablo está hablando aquí de individuos que no solamente odian a Dios, sino que al aborrecerlo

---

[44] Frase dicha por Therlow Harper, clase de "Introducción a la Filosofía"; Colegio del Pacífico, año escolar 1987-1988.

(DEOSTUGES), lo culpan de toda la desgracia que hay en este mundo.

1.30 Injuriosos

Y pareciera que una cosa sigue a la otra, pues se habla de la injuria (UBRISTES), la triste acción de insultar a las demás personas con el objetivo de humillarlas y desecrarlas. Ser injurioso o insultador es una de las desgracias más prominentes que existen en nuestro medio hoy en día.

1.30 Soberbios

HUPEREPHANOS, se refiere al individuo que se exalta por encima de los demás. Es aquél que se siente superior a los otros, sea intelectual, física, económica o moralmente. Los soberbios son a menudo individuos que tienen pocos o ningún amigo, pero es debido a su actitud y sentido de superioridad, lo que en realidad son complejos de deformación del carácter.

1.30 Altivos

El altivo es similar al soberbio, sin embargo, el altivo es alguien que pretende ser mejor que el otro. De hecho, ese es el significado de ALAZON, la palabra usada para soberbio. No es necesariamente que la persona se siente superior como en el caso del soberbio, sino que el altivo PRETENDE ser superior, lo cual hace una ligera diferencia. Porque puede ser que el soberbio tenga razón de sentirse así porque ha tenido más ventajas y oportunidades que los demás. Pero el altivo puede que no posea ninguna buena cualidad, pero pretende ser mejor que los demás aunque esté vacío internamente.

1.30 Inventores de males

EFEURETES, los inventores de males son aquellos que tienen una mentalidad perniciosa, cuyos pensamientos son de carácter destructivo. Son los que originan en sus mentes todas las desgracias y calamidades del mundo para que otros caigan en ellas.

1.30 Desobedientes a los padres

La sociedad en la que vivimos ha caído en un craso desfiladero que pareciera no tiene salida. Ya no hay respeto nisiquiera en el hogar. Lo que Pablo está haciendo aquí es llevando al lector a ver que la azarosa calamidad de la raza humana es producto de sus propias decisiones individuales y colectivas; y las mismas son el producto de haber rechazado la revelación de Dios en la naturaleza y en cualquiera de las formas que esta haya tenido.

Ahora el cargo es que el respeto se ha perdido aún en el hogar. Y no se está hablando aquí necesariamente de niños, sino de todo aquél que es HIJO. La acusación es muy fuerte para que pase desapercibida, la frase usada en el original es GOENUZIN APEIDEIS, que era usada cuando algún hijo era contumaz y rebelde.

1.31 Necios

AZUNETOUS, las palabras del apóstol resuenan con la fuerza de misiles espirituales que él está enviando a la humanidad de hoy día. AZUNETOUS es la palabra usada cuando se habla de alguien que es ESTUPIDO, que no tiene inteligencia, que su razonamiento ha sido trastocado para pensar únicamente con los sentimientos y/o con el estómago.

1.31 Desleales

ASUNTHETOUS, son aquellos que nunca son fieles a nada. Son los individuos que no pueden cumplir sus promesas. Que rompen los votos y no sienten ningún remordimiento por ello. Son los individuos que no les importa quebrantar los pactos y tratados, elllos no tienen ningún problema en hacerlo.

¿Cómo es posible para una persona que nunca ha escuchado de Jesucristo haber 'entendido/conocido' el juicio de Dios?

1.31 Sin afecto natural

Es la persona que no ama ni se deja amar. De hecho, ese es el sentido de AZTORGOUS. Es aquél individuo inhumano, sin sentimiento que llega a ser insociable, sin ningún tipo de compasión por lo tosco de su carácter. No ama a nadie, pero tampoco se deja amar. "*El hombre que quiere amigos ha de mostrarse amigo*" (Prov. 18:24).

1.31 Implacables

Esta palabra no aparece en algunos manuscritos y en otros sí. Sin embargo, parece que es parte de la carta original. Y esto se refiere a aquellos que no tienen ningún tipo de misericordia. No olvidan las ofensas, no perdonan a nadie que les haya hecho agravio. Dicho de otra manera, son irreconciliables. De hecho, este es el significado primario de la palabra AZPONDOS traducida como implacables.

1.31 Sin misericordia

Este vocablo es uno de esos pocos que aparece una o dos veces sola vez en toda la Biblia. Sin embargo, el vocablo ANELEEMON quiere decir sencillamente una persona no compasiva; una persona que no le da pena la triste suerte o situación de otro. Es aquél individuo de sangre fría, el calculador que no le importa los sentimientos de los demás.

1.32 Quienes habiendo entendido el juicio de Dios

Esta gente ha entendido o conocido (GINOZCO) el juicio de Dios. El verbo traducido como "entendido" es el verbo usado cuando se conoce a alguien de manera íntima. Pablo hace aquí una declaración que ha desconcertado a los eruditos de todas las épocas. ¿Cómo es posible para una persona que nunca ha escuchado de Jesucristo haber 'entendido/conocido' el juicio de Dios? Parece absurdo, porque precisamente se les predica para que ellos lleguen a conocer de Dios.

El apóstol lo que está estableciendo aquí es el hecho de que Dios se ha 'revelado/manifestado' tan claramente que no es posible negar ese conocimiento que se tiene de Dios.

Por otro lado, la expresión "*el juicio de Dios*" literalmente significa 'lo que Dios ha establecido por ley' (DIKAIOMA). Pablo quiere decir que lo que Dios estableció como leyes naturales ha sido 'conocido' y/o 'entendido' por aquellos que han rechazado la revelación explícita y fehaciente de Dios.

1.32 Que los que practican tales cosas son dignos de muerte

El verbo traducido como "practican" viene de PRAXO, y de allí vienen los vocablos 'pragmático', 'pragmatismo', etc... Ahora bien, dice el texto que "son dignos de muerte". En otras palabras, MERECEN la muerte.

Aquí parece haber un problema conceptual por la razón siguiente: A menudo pensamos que como no somos idólatras, ateos, homosexuales o lesbianas, entonces eso no es aplicable a nosotros. La verdad del asunto es que ese tipo de conducta desordenada y aberrante que muchos muestran en público no es menor que la conducta de los profesos creyentes y/o moralistas que son "envidiosos", "chismosos", "egoístas", "implacables", "sin afecto natural", etc... Pareciera ser que muchas veces queremos ponernos al margen y acusar y apuntar a los demás y no a nosotros mismos. El punto importante de todo esto, es que ambos grupos: a) los que muestran su pecado abiertamente; b) quienes lo desarrollan internamente, MERECEN la muerte.

1.32 No solo las hacen

Literalmente diría: 'no solamente las crean/hacen/diseñan'. El verbo usado para "hacen" es POIEO, y también significa 'ser el autor de alguna cosa'. Y pareciera que el apóstol está tratando de hacer una diferencia entre aquellos que diseñan y entre quienes practican, pero ambos grupos MERECEN la muerte.

1.32 Sino que también se complacen con los que la practican

Es decir, aplauden, alaban, aprueban (ZUNEUDOKEO) cualquier tipo de conducta que destierre a Dios de la mente y de la vida de los seres humanos. Hay cierto placer siniestro en algunas personas en eliminar cualquier vestigio de bondad o de bien que pueda proceder del Creador. Y si aun el bien y la bondad logran surgir por encima de la vorágine de una conducta pecaminosa, entonces ese bien es atribuido a causas naturales.

Estas personas aprueban y alaban las conductas practicantes (PRAXO) de aquellos que han rechazado la revelación de Dios. Y esto se ha constituido en un fenómeno esproporcionado. Es lamentable saber que hoy en día, el vicio, la maldad y todo tipo de conducta indecente y aberrante es elogiada por la prensa, los políticos y la farándula, y pareciera que están de moda.

Es necesario poner un alto a este tipo de alabanza hacia el mal. Dios necesita hombres y mujeres que puedan llamar al pecado por su nombre en el amor de Cristo. Dios anda buscando personas que se mantengan sin contaminación en un mundo corrompido y contaminado.

COMENTARIO DEL CAPITULO DOS

2:1 Por lo cual eres inexcusable, oh hombre, quienquiera que seas tú que juzgas; pues en lo que juzgas a otro, te condenas a ti mismo; porque tú que juzgas haces lo mismo.

2 Mas sabemos que el juicio de Dios contra los que practican tales cosas es según verdad.

3 ¿Y piensas esto, oh hombre, tú que juzgas a los que tal hacen, y haces lo mismo, que tú escaparás del juicio de Dios?

4 ¿O menosprecias las riquezas de su benignidad, paciencia y longanimidad, ignorando que su benignidad te guía al arrepentimiento?

5 Pero por tu dureza y por tu corazón no arrepentido, atesoras para ti mismo ira para el día de la ira y de la revelación del justo juicio de Dios,

6 el cual pagará a cada uno conforme a sus obras:

7 vida eterna a los que, perseverando en bien hacer, buscan gloria y honra e inmortalidad,

8 pero ira y enojo a los que son contenciosos y no obedecen a la verdad, sino que obedecen a la injusticia;

9 Tribulación y angustia sobre todo ser humano que hace lo malo; el judío primeramente y también el Griego

10 Pero gloria y honra y paz a todo el que hace lo bueno; al judío primeramente y también al Griego.

11 porque no hay acepción de personas para con Dios.

12 Porque todos los que sin ley han pecado, sin ley también perecerán; y todos los que bajo la ley han pecado, por la ley serán juzgados;

13 porque no son los oidores de la ley los justos ante Dios, sino los hacedores de la ley serán justificados.

14 Porque cuando los gentiles que no tienen ley, hacen por naturaleza lo que es de la ley, éstos, aunque no tengan ley, son ley para sí mismos,

15 mostrando la obra de la ley escrita en sus corazones, dando testimonio s

u conciencia, y acusándoles o defendiéndoles sus razonamientos,
16 en el día en que Dios juzgará por Jesucristo los secretos de los
hombres, conforme a mi evangelio.
17 He aquí, tú tienes el sobrenombre de judío, y te apoyas en la
ley, y te glorías en Dios,
18 y conoces su voluntad, e instruido por la ley apruebas lo
mejor,
19 y confías en que eres guía de los ciegos, luz de los que están en
tinieblas,
20 instructor de los indoctos, maestro de niños, que tienes en la
ley la forma de la ciencia y de la verdad.
21 Tú, pues, que enseñas a otro, ¿no te enseñas a ti mismo? Tú
que predicas que no se ha de hurtar, ¿hurtas?
22 Tú que dices que no se ha de adulterar, ¿adulteras? Tú que
abominas de los ídolos, ¿cometes sacrilegio?
23 Tú que te jactas de la ley, ¿con infracción de la ley deshonras a
Dios?
24 Porque como está escrito, el nombre de Dios es blasfemado
entre los gentiles por causa de vosotros.
25 Pues en verdad la circuncisión aprovecha, si guardas la ley;
pero si eres transgresor de la ley, tu circuncisión viene a ser
incircuncisión.
26 Si, pues, el incircunciso guardare las ordenanzas de la ley, ¿no
será tenida su incircuncisión como circuncisión?
27 Y el que físicamente es incircunciso, pero guarda
perfectamente la ley, te condenará a ti, que con la letra de la ley y
con la circuncisión eres transgresor de la ley.
28 Pues no es judío el que lo es exteriormente, ni es la
circuncisión la que se hace exteriormente en la carne;
29 sino que es judío el que lo es en lo interior, y la circuncisión es
la del corazón, en espíritu, no en letra; la alabanza del cual no
viene de los hombres, sino de Dios.

Introducción

Pablo inicia una serie de argumentos que permite al lector ver que su punto primario es demoler cualquier argumento cuya idea principal indique la idea de que el abolengo, la raza o los dones divinos como la Ley de Dios y la circuncisión, pueden ayudar al hombre a salvarse.

El tema del juicio universal, el apóstol lo trata de una manera fenomenal, al indicar que el juicio es para todos, bajo el entendido que todos han pecado y de que ninguno está exento del mismo. Esto básicamente es una bofetada al núcleo del judaísmo que predicaba y enseñaba que ellos eran los depositarios exclusivos de los favores de Dios y de su salvación. Henry ve el problema de los judíos de dos formas: a) Los judíos despreciaron o minimizaron la bondad de Dios; b) ellos provocaron la íra de Dios.[1*]

Además, el mismo hecho de que los judíos sean exclusivistas con los dones divinos recibidos, es un claro indicador de su pobre concepción de la Ley de Dios.

Por otro lado, el mismo sentido exclusivista de los judíos que excluían a todos los demás que no tenían la letra de la Ley o no habían sido circuncidados, les hizo ganarse el odio y la inquina de los demás pueblos. Esta interpretación teológica exclusivista está basamentada en su interpretación de los pasajes bíblicos. Por ejemplo, la literatura judía antigua revela muchos errores con respecto a la salvación de los judíos cuando enseña cosas como: "Todo Israel tendrá una porción en la era venidera".[2] Este sentido escatológico judío era basado en su estrecha interpretación de los dones divinos. Pablo va a remover estos supuestos con una argumentación irrefutable.

[1] Henry, M. (1997). *Commentary On the Whole Bible, Vol. 9. Acts-2Cor.* (The Digital Christian Library Reference: Albany); pp. 827-828.

[*] Las notas bibliográficas para este capítulo empiezan en la página 153.

[2] Thorath Adam. f. 100, ch. 2.

El punto principal del apóstol, es que no son aquéllos los que han escuchado la Ley, sino los que hacen lo que la Ley demanda quienes serán aceptados por el Juez. El punto principal de esto, es la esencia misma de la Ley, pues ella es una declaración de lo que los hombres deben hacer.[3] Y esto es el meollo del asunto, pues como dice Beet, Pablo ha probado que Dios está airado con toda la humanidad por su rechazo de la revelación divina y que esta íra no puede ser apaciguada hacia aquellos que han recibido la Ley o la circuncisión si los mismos son contados como pecadores.[4]

Además, el mismo hecho de que los judíos sean exclusivistas con los dones divinos recibidos, es un claro indicador de su pobre concepción de la Ley de Dios. Beet sigue señalando en este respecto y dice: "El aborrecible pecado de los judíos es una señal de la íra de Dios en contra de ellos por su negligencia de una más gloriosa revelación".[5] Quizás la implicación teológica más profunda de este pensamiento judío, es que al final ellos serían en realidad los jueces de todos los seres humanos; nada está más lejos de la verdad.

En realidad, los judíos y gentiles son pecadores por diferentes razones: los gentiles por idolatría, y los judíos por quebrantar la Ley; sin embargo, ambos grupos son pecadores,[6] y merecen ser juzgados para determinar sobre qué base un grupo merece vivir y el otro merece morir, si es que se puede determinar de manera colectiva, lo cual es un imposible, pues la salvación es individual.

Entonces, el problema radica no tanto en sí ha de haber un juicio, sino en quién ha de ser el Juez, pues el Juez mismo debe ser imparcial, santo y sin ninguna traza de pecado. De otra manera, ¿cómo le sería posible juzgar al mundo? Por tal razón, si la acusación de Pablo es cierta, también es cierto que todo el que pase

---

[3] Beet, A.J. (1997). *Beet's Notes On Romans Through Colossians and Philemon, Vols 1-4.* (The Digital Library Commentary: Albany); p. 53.

[4] Ibid., p. 43.

[5] Ibid., p. 45.

[6] Tobin, T.H. (1987). *The Spirituality of Paul.* (Michael Glazier:Delaware); p. 111.

sentencia sobre otros al hacerlo, dicta sentencia adversa sobre él mismo.[7]

Por otro lado, las implicaciones del asunto del juicio van más allá de nuestra comprensión. ¿Será realmente que Dios necesita un juicio para condenar al pecador no arrepentido o para liberar a quien ha confiado y aceptado la sangre de Cristo? Y si Dios necesita un juicio, ¿cuál sería la intención primaria del mismo? ¿No sería extirpar el mal del universo de una manera transparente y diáfana? Existe un principio filosófico envuelto en estas preguntas y es como lo menciona Reichenbach:

> "No es necesario conocer todas las condiciones envueltas en la producción de un efecto por el efecto a ocurrir. Debemos ser cuidadosos de distinguir entre la pregunta epistemológica de 'cómo sabemos las condiciones', y la pregunta ontológica que concierne a la naturaleza de la causa en los términos de estas condiciones".[8]

Esto parece indicar que nosotros no podemos cuestionar a Dios porque él decida juzgarnos y sobre qué bases él lo haría, en realidad, no necesitamos saber todos los detalles pertinentes en relación con el juicio, sino más bien saber que Dios es transparente en el acto mismo de juzgar, y que ninguna interrogante quedará sin respuesta. En realidad, el problema del ser humano es doble: a) el hombre no entiende la santidad de Dios; b) y tampoco entiende su propia

Pienso que el juicio es necesario por la sencilla razón de que nos permite ver todo el proceso tomado para destruir al pecado y a los pecadores no arrepentidos para siempre.

[7] Ibid., p. 44.

[8] Reichenbach, B.R. (1972). *The Cosmological Argument: A Re-assessment.* (Charles C. Thomas: Springfield); p. 48.

pecaminosidad.[9] Y como sigue mencionando este mismo autor, "...el hombre olvida que fue hecho a imagen de Dios y que cada pecado comunica una distorsión de la imagen de Dios al resto de la creación".[10]

La idea expresa de que Dios es el único Juez capaz de salvar o condenar al ser humano, no es ajena al pensamiento filosófico, a pesar de sus ateísticas pretensiones. Por ejemplo, Hume decía: "Todas las ideas son derivadas y representan impresiones. Nunca tenemos impresión alguna que contenga [en sí misma] algún poder o eficacia. Por lo tanto, nunca poseemos alguna idea de poder".[11] Quizás esto es un indicador de que en la psiqué humana existe un inminente sentido de juicio o de retribución por el mal o por el bien cometido. Este mismo sentido de juicio es también el que nos permite a nosotros empatizar con aquellos que en una situación desesperante o injusta, son juzgados y alguien sale a su rescate y los redime. Creo que eso está incrustrado en lo más profundo del alma humana. A lo mejor esta es una buena razón por la cual "el libro de Romanos es un intento de defender la convicción central de Pablo que en Cristo, ambos, judíos y gentiles, eran igualmente llamados por Dios para redimirlos".[12]

Finalmente, pienso que el juicio es necesario por la sencilla razón de que nos permite ver todo el proceso tomado para destruir al pecado y a los pecadores no arrepentidos para siempre. "La trascendencia santa, la justicia y la equidad divinas están en juego en este asunto, y sin la destrucción completa del mal, la soberanía de Dios no puede estar asegurada".[13] Así que el otro asunto primario que está en juego es la soberanía de Dios, y a esto yo añadiría: 'el bienestar del resto de la creación'.

---

[9] Hughes, R. K. (1991). *Preaching the Word: Romans: Righteousness from Heaven*. (Crossway books: Wheaton); p. 51.

[10] Ibid., p. 52.

[11] Hume, D. (1888). *Treatise on Human Nature*. (The Clarendon Press: Oxford); p. 161.

[12] Tobin, T.H. (1987). *The Spirituality of Paul*. (Michael Glazier:Delaware); p. 153.

[13] Fitch, W. (1967). *God And Evil*. (Williams B. Eerdman: Grand Rapids); p. 123.

2.1 Por lo cual eres inexcusable, oh hombre

Literalmente diría: 'en vista de, tú no tienes defensa oh hombre'. Inexcusable
viene de ANAPOLOGETOS, que significa quedar sin excusa sin nada conque defenderse. "O*h hombre*" debe ser visto en sentido genérico y no sexista, la razón es que Pablo usa la palabra ANTHROPOS, la cual es diferente a la palabra usada en los versos anteriores donde el usó el equivalente para 'varón' (ARREN).

El apóstol quiere dejar claro que el ser humano no tiene defensa contra los cargos presentados, pues todos nosotros caemos en alguna de las categorías presentadas en el capítulo uno. Y la implicación de esto es que si no hay ninguna defensa, entonces constituye un problema, y eso es justamente lo que analizaremos en capítulos subsiguientes. Ahora bien, Pablo explica porqué el ser humano no tiene defensa contra los cargos presentados.

El problema del que se excusa asimismo para pecar es como dice Hughes, la psicología de quien se justifica asimismo es debido a su ignorancia de la naturaleza y la extensión del pecado; ceguera a su propio pecado; extremadamente crítico cuando viene a otros, e interpreta la bondad de Dios como si fuera una "aprobación" divina del pecado del ser humano.[14] Nada está más lejos de la verdad que esto, pues en realidad es el pecado mismo el que ha hecho que el ser humano no logre ver lo cruel del pecado.

2.1 Quienquiera que seas tú que juzgas

El verbo juzgar (KRINO) era usado no solamente para hablar del juicio, sino también de la CONDENACION. El hombre no tiene derecho de condenar a aquellos que abierta o secretamente han rechazado la revelación de Dios. En otras palabras, nos quedamos más indefensos cuando condenamos estas conductas aberrantes abiertas u ocultas y dictamos sentencia sobre los presuntos culpables.

Schreiner nos dice que la intención de Pablo aquí es refutar el concepto judío de que los privilegios del pacto eran o son un escudo en contra de la íra de Dios.[15] Es más, es todo lo contrario,

---

[14] Hughes, R. K. (1991). *Preaching the Word: Romans: Righteousness from Heaven.* (Crossway books: Wheaton); p. 55.

[15] Schreiner, T.R. (1998). *Romans.* (Baker Books: Grand Rapids); p. 109.

pues el Pacto fue dado para al pueblo y guiarlo al arrepentimiento, así lo presenta este mismo autor.[16]

El asunto es que el dictar sentencia o CONDENAR a alguien es el resultado final en la etapa del juicio. Este acto se lleva a cabo después de que toda la evidencia ha sido recolectada, analizada y estudiada. Nosotros no tenemos la evidencia interna que solamente Dios y sus ángeles poseen sobre nuestras intenciones y motivaciones más íntimas. Por lo tanto, es sumamente peligroso CONDENAR a alguien solamente por la conducta exterior que muestra.

Por otro lado, debemos recordar de que Dios es el Juez (Salmos 50:3). Solamente él es capaz de dictaminar y pasar sentencia o presidir y/o vetar la resolución del Concilio Divino. El ser humano que ha nacido en pecado y permanece en pecado no está en capacidad de juzgar, muchos menos condenar a otros por cualquier conducta o motivación o pensamiento exteriorizado o interiorizado.

Los roles teleológicos del mal natural, impiden al hombre convertirse en juez de otro hombre con los mismos problemas pecaminosos intrínsecos. Jooharigian identifica tres de ellos, que en mi opinión son los básicos y todos los demás derivan de estos tres: a) existe un mal natural en relación con nosotros mismos; b) en relación con otros; c) en relación con Dios.[17] Y aunque no estoy de acuerdo con el enfoque total de este autor, pues él enseña básicamente que el mal nada tiene que ver con una persona (Satanás), sino con nosotros mismos, no es menos cierto, que lo señalado en esta cita es correcto, pero debido a la naturaleza pecaminosa que tenemos y no debido a la naturalidad del pecado. El pecado no es natural en sí mismo; no en lo absoluto.

2.1 Pues en lo que juzgas a otro, te condenas a ti mismo

Cuando condenamos a otros nos condenamos (KATAKRINO) a nosotros mismos. La razón es simple, el acto mismo de condenar a los demás es una condena en contra nuestra

---

[16] Ibid., p. 108.

[17] Jooharigian, R.B. (1987). *God And Natural Evil.* (Wyndham Hall Press: USA); p. 14.

porque al igual que ellos, nosotros también somos pecadores. Y esa es la razón que Pablo ofrece…

2.1 Porque tú que juzgas, haces lo mismo

Para el apóstol el problema mayor es que nosotros 'hacemos' (PRAXO) lo mismo. Pablo nos acusa de ser iguales que aquellos que diseñan el mal, que rechazan la revelación de Dios y se complacen en la conducta aberrante de otros. Para Pablo no hay ninguna diferencia entre ellos y nosotros. El nos acusa a nosotros de 'PRACTICAR' las mismas cosas que anteriormente él ya condenó.

2.2 Mas sabemos que el juicio de Dios contra los que practican tales cosas es según verdad

Literalmente diría 'sin embargo percibimos que la condenación de Dios en contra de los que practican tales cosas es de acuerdo con la realidad'. Pablo básicamente está diciendo que si nosotros dictamos sentencias sobre otros pecadores impenitentes, lo haríamos no de acuerdo a la realidad, y o a la verdad, sino de acuerdo con nuestro estrecho, encerrado, egoísta y mezquino pensamiento humano o forma de pensar. El apóstol deja claro que por contraste, el juicio o la condenación de Dios es de acuerdo con la realidad, y, la sentencia o condenación brindada, por consiguiente, debe ser justa.

Pablo aquí acusa al ser humano de creer que va a burlar a Dios

De hecho, la Biblia habla de los juicios de Dios en innumerables ocasiones como una de las formas más exactas de sacar la verdad a la luz. En Salmos 19: 9 habla de que los "*juicios del Señor son verdad*"; de que sus juicios son *"justos"* (Salm. 119: 7); "*buenos*" (v. 30). Los juicios de Dios también "*ayudan*" (v. 175). Y existen innumerables textos (127 para ser preciso) que hablan de lo bueno, justo y aleccionador que son los juicios de Dios. Isaías incluso habla de que cuando los juicios de Dios están sobre la tierra, sus habitantes aprenden justicia (Isa. 26: 9).

2.3 ¿Y piensas esto, oh hombre...?

El verbo usado en el Griego para "piensas" es LOGIZOMAI, y tiene la connotación de calcular, analizar, sentarse a ponderar la situación. Es decir, la humanidad tiene la capacidad de ponderar, analizar y verificar las diferentes posibilidades y tomar un derrotero como cree más conveniente. "Hombre" (ANTHROPOS) debería entenderse en sentido genérico como mencionamos anteriormente.

Por otro lado, los pensamientos del hombre son de contínuo hacia el mal. (Gen. 6: 5). Y Dios dice además que nuestros pensamientos no son sus pensamientos (Isa. 55: 8). Usualmente los pensamientos del hombre son inicuos y mentirosos, porque la conducta del hombre es un reflejo de sus pensamientos. Pablo aquí acusa al ser humano de creer que va a burlar a Dios como analizaremos en la siguiente parte del texto.

2.3 Tú que juzgas a los que tal hacen

En otras palabras, 'tú que condenas (KRINON) a los que practican (PRAXONTAS) tales cosas'. No es nuestra la responsabilidad de condenar a nuestros congéneres, y esto nos pone en un dilema. ¿Quién va a decir lo que está incorrecto? ¿Será que la iglesia como tal no tiene la autoridad de condenar el mal? Si nosotros como seres humanos no condenamos las conductas que consideramos inapropiadas, entonces ¿quién está supuesto a decir y a dictaminar lo que está mal? ¿No será entonces que hemos llegado a ser cómplices del mal?

Es posible que no sepa todas las respuestas adecuadas a estas preguntas, pero una cosa si tengo por cierta, el único Juez que existe en todo el universo que puede dictar sentencia sobre el destino de la vida de los seres humanos es Dios el Todopoderoso. Por lo tanto, parece indicar aquí que Pablo está hablando en plano ontológico y epistemológico. Es decir, ninguno de nosotros puede ser juez del pecado ni del pecador porque todos tenemos pecado y somos pecadores (Rom. 3: 23). Y esto coloca a Dios en una posición única y particular que ningún ser humano puede tomar. Y como dice Sanday: "El [Dios] le pagará a cada hombre su recompensa, no con una regla ficticia (tal como el nacimiento o el estatus), sino estrictamente de acuerdo a lo que ha hecho".[18]

2.3 Y haces lo mismo

La acusación es muy obvia. Nadie puede tomar la posición de juez porque todos hacemos lo mismo (PRACTICAMOS EL PECADO), y el hecho de que somos pecadores y tenemos pecado inherente en nosotros nos inabilita para ocupar la posición divina.

2.3 ¿Que tú escaparás del juicio de Dios?

Nadie va a escapar del juicio de Dios. Todo ser humano ha de sentarse en el banquillo de los acusados, pues toda la humanidad tiene quien le acuse, Satanás (Apoc. 12: 10). Y la razón es que todos nosotros hemos quebrantado las reglas del juego de la vida y del universo, pues todos hemos pecado y merecemos por lo tanto la sentencia que el quebrantamiento de la Ley requiere, la muerte.

Por otro lado, el verbo "escaparás" (EKFEUCHE) tiene la connotación de 'salir huyendo'. Nadie podrá huir del juicio que Dios ha establecido para los seres humanos. No existe ningún ser humano que haya de escapar del inminente juicio de Dios. Unos han de recibir la recompensa (vida eterna), mientras que otros han de recibir la condenación eterna por ser quebrantadores del pacto de la Ley, y de esta última vamos a hablar más adelante.

2.4 ¿O menosprecias las riquezas de su benignidad, paciencia y longanimidad?

La pregunta parece ser retórica y cuya respuesta es sumamente obvia. El pecado en el corazón humano no solamente nos quita valor, sino que también nos hace rebajar el valor de todo aquello que es preciado.

El verbo "menosprecias" como está usado aquí KATAFRONEO, es uno que significa 'desdeñar'; 'no admitir el valor que tienen las cosas'. Pablo nos dice que la humanidad ha despreciado, ha quitado el valor, ha desdeñado las riquezas de

[18] Sanday, W. (1896). *A Critical And Exegetical Commentary on the Epistle to the Romans*. (Charles Scribner's Sons: New Y*ork); p. 53.*

Dios. De hecho, esto es lo que Juan dice en su Evangelio, que Jesús vino a lo suyo, y "*los suyos no le recibieron*" (Juan 1: 11).

Por otro lado, cuando se habla de riquezas aquí aunque la palabra usada es para indicar riqueza financiera (PLOUTOS), no es menos cierto que el contexto inmediato parece sugerir que se trata de otro tipo de riquezas mayores y mejores que las financieras. A propósito, el Señor dijo que todo le pertenece, el oro y la plata, la tierra, la gente y todo es de él, por lo tanto, lo que Pablo quiere enfatizar aquí es que el ser humano ha despreciado la riqueza de tres atributos de Dios: a) paciencia; b) benignidad; c) longanimidad.

Hablemos primero de la "paciencia" (CHREZTOTES), la misma se refiere más bien al 'bien moral'. Es decir, Dios es un agente de bien moral. Su naturaleza está diseñada para ser bueno. Dios NO puede ser malo aunque desee ser malo, porque entonces iría en contra de su propia naturaleza. Esta palabra también lleva el peso de integridad y completividad. Dios es un ser íntegro y completo, no hay nada que le haga falta, ni nada que le sobre; él es el Soberano Rey del universo, todo es de él y para él y en él.

La segunda palabra usada aquí es "benignidad" (ANOXE),[19] la cual significa literalmente TOLERANCIA. Dios es un ser tolerante aparte de que es un ser de bien y de integridad moral, también es tolerante con todos aquellos que no pueden ser como él. Porque al fin de cuentas, podemos ser semejantes a él, pero no igual a él, porque él es increado y de otra naturaleza. Nosotros en cambio somos seres creados y de una naturaleza pecaminosa; él es entonces tolerante con nosotros.

La tercera palabra que Pablo introduce en esta pregunta retórica es longanimidad (MACRODUMIA), la misma contiene el prefijo MACRO, que significa 'mucho'; 'demasiado'. Lo que Pablo está tratando de decirnos al introducir en secuencia estas tres palabras, es que el carácter de Dios contiene en él mismo estos tres elementos entre muchos otros. MACRODUMIA, se refiere al acto de ser lento para airarse y para tomar venganza. Es el acto de ser

[19] Esta palabra (ANOXE) ocurre únicamente aquí. No aparece en la LXX; muy poco usada en Griego clásico y en Griego más contemporáneo significa "un permiso". Vincent, M.R. (1997). *Word Studies In the New Testament, Vols 3-4.* (The Ages Digital Library Reference: Albany); pp. 83-84.

sumamente paciente, pero no es una paciencia cualquiera es ser MACRO-PACIENTE. O como dijera Barth:

> *"El amor y la gracia de Dios no son relaciones puramente matemáticas o mecánicas, sino que tienen su verdadero asiento en el origen y movimiento del corazón de Dios. Y es aquí donde podemos apreciar el significado de la idea de personalidad en Dios, y lo que ha de ser defendido por el mantenimiento en contra de la concepción de Dios como un absoluto impersonal".*[20]

Resumiendo la primera parte de esta pregunta, diríamos entonces que en realidad el ser humano ha quitado valor al carácter de Dios. La humanidad ha despreciado la PACIENCIA, TOLERANCIA Y BIEN MORAL del Creador. ¡Qué tragedia! Cuán mezquinos e insensatos el pecado nos torna.

2.4 ¿Ignorando que su benignidad te guia al arrepentimiento?

El pecado nos hace no solamente menospreciar y quitar valor a los atributos divinos, sino que también nos embrutece, y no nos permite reconocer que es la bondad (CHRESTOS), es decir el bien moral de Dios el que nos guia (AYO) al arrepentimiento (METANOIA).

En otras palabras si nosotros cambiamos nuestra mente para hacer algún bien, es única y exclusivamente gracias a la bondad de Dios que nos conduce de la mano en medio de la oscuridad hasta un lugar seguro. El ser humano por si mismo no puede arrepentirse, el cambio de la mente y del corazón es un regalo divino. Un corazón degenerado no puede regenerarse asimismo, se necesitan los atributos divinos y la guía directa de la asistencia de Dios para lograr tal objetivo.

---

[20] Barth, K. (1957). *Church Dogmatics: The Doctrine of* God, *Vol. II.* (T&T Clark: Edinburgh); p. 370.

2.5 Pero por tu dureza y por tu corazón no arrepentido

Literalmente leería: ' sin embargo, a causa de tu obstinación y tu corazón no arrepentido'. La palabra 'dureza' (EZKLEROTES) podría bien traducirse como OBSTINACION. Sin embargo, de esta palabra viene el vocablo "arterioesclerosis" que es usada estrictamente cuando hay un endurecimiento de las arterias dentro del cuerpo humano.

Por otro lado, Una persona obstinada es caprichosa y toma decisiones basadas en su pensamiento del momento. Un caprichoso es una persona terca. De hecho, lo que lo hace más terco es la devaluación que hace de los atributos de Dios que mencionamos anteriormente, junto con una mente que no puede regenerarse asimisma.

La segunda causa de la falta de arrepentimiento es la dureza del corazón. ¡Qué penoso es cuando los seres humanos se obstinan y se encaprichan en sus malsanos deseos y no quieren admitir en sus vidas la bondad inmanente de Dios.

No vayamos a cometer el error de algunos que piensan que la íra de Dios es algún tipo de fuerza retributiva impersonal

2.5 Atesoras para ti mismo ira para el día de la ira

"Atesoras" (THESAURIZO), es decir 'acumulas' y el pronombre es reflexivo 'para ti mismo' ira para el dia de la ira. Es necesario considerar dos asuntos aquí. Primero, no es Dios quien acumula la ira, es el hombre. La naturaleza de Dios le impide acumular "basura" en su mente y en su corazón. Esto quiere decir que el castigo que el hombre recibe es proporcional a lo que él mismo ha acumulado en su obstinación y dureza de corazón en contra de Dios.

Segundo, existe un día de juicio en cual todos los seres pecadores han de ser juzgados de acuerdo a sus obras. A ese día de juicio se le llama "día de la ira", y el mismo es un día de retribución y pago, es el día de la venganza. Es el día cuando la tolerancia divina ha alcanzado el cénit, el climax, y se hace necesario que Dios intervenga directamente en la historia de este mundo.

No vayamos a cometer el error de algunos que piensan que la íra de Dios es algún tipo de fuerza retributiva impersonal, sencillamente porque el vocablo "Dios" no está ligado a la palabra íra. Nada está más lejos de la verdad que esto, pues el vocablo "gracia" tampoco está ligado al sustantivo "Dios", y sin embargo, no quiere decir que la misma es impersonal; no, en lo absoluto.[21]

2.5 Y la revelación del justo juicio de Dios

Hablamos en capítulos anteriores sobre el concepto "revelación" (APOKALUPTOS), y decía yo que en sencilla apreciación que el libro debería llamarse Revelación, porque el mismo REVELA muchas cosas de Dios como ningún otro libro. El juicio de Dios y la RECOMPENSA prometida a cada uno ha de ser una realidad. Dios cumple lo que promete, y que se ha obstinado en hacer lo malo y ha despreciado y visto como cosa pequeña la tolerancia divina, tendrá que enfrentar las consecuencias y un día, no muy lejano, tendrá que pagar por sus obras, sean éstas buenas o malas. Dios tiene un día en que ha de juzgar al mundo. Dios ha establecido ese día de recompensa y retribución. De hecho, los argumentos que el apóstol va a presentar en los subsiguientes versículos apuntan a cómo ocurrirá este fenómeno y cuáles atributos posee Dios que le permite juzgar a todos los seres humanos.

Pablo no está tratando de establecer que la vida o la muerte eterna se ganan, sino que el juicio es basado en las obras.

2.6 El cual pagará a cada uno conforme a sus obras

Para darle fuerza a su argumento, Pablo cita a Salomón en su alocución presentada en el libro de Eclesiastés 12: 14, donde dice que Dios "*traerá toda*

[21] Franzmann, M.H. (1968). *Concordia Commentary: Romans*. (Concordia Publishing House: Saint Louis); p. 47.

obra a juicio" sea buena o mala. La implicación explícita del texto es que Dios es el GALARDONADOR de la recompensa. De hecho, el puede hacerlo porque todo es de él. Dios es quien 'paga' (APODIDOMI), y la expresión tiene la connotación de salario, es cuando se retribuye al jornalero por el trabajo que ha hecho.

Esto nos coloca en un dilema, puesto que la gracia de Dios como veremos en unos capítulos más adelante, es gratuita, no se gana a través de ninguna obra. Sin embargo, aquí parece indicar que la Vida Eterna o la Muerte Eterna, en contraste con la gracia divina parecen ganarse y se recibe como salario.

¿Cómo podemos conciliar ambos pensamientos o ambos conceptos? La pregunta no es fácil, pero me dá la impresión de que Pablo no está tratando de establecer que la vida o la muerte eterna se ganan, sino que el juicio es basado en las obras. Esto nos hace pensar en una paradoja y una dicotomía conceptual.

a) Somos juzgados única y exclusivamente por nuestra conducta (obras).
b) Somos salvados única y exclusivamente por la fe en Cristo.

Cuando decimos que somos juzgados única y exclusivamente por obras, nos referimos a que debe existir algo medible por el cual mi recompensa sea otorgada. O como dice Schreiner: "Pablo enfatiza el juicio de acuerdo a las obras para recordarle a los judíos que ser un mero judío no le libra de la íra de Dios. Dios es imparcial, y por lo tanto, juzga a los judíos y gentiles por la misma regla".[22]

Empero, cuando hablamos de que somos salvos única y exclusivamente por la gracia de Cristo, queremos decir que no hay nada que el ser humano pueda hacer para IGUALAR el sacrificio expiatorio y purgatorio de nuestros pecados que Jesús hizo y tomó en la cruz del Calvario. Por esta razón, es necesario observar un balance, y si en el juicio algo nos faltare, la promesa en Cristo es que "*Mi Dios pues suplirá todo lo que os falte conforme a sus riquezas en gloria EN Cristo Jesús*" (Filip. 4:19).

[22] Schreiner, p. 111.

2.7 Vida eterna a los que perseverando en bien hacer

La vida eterna está prometida únicamente a aquellos que son fieles hasta el fin, incluyendo el término de su existencia. La expresión "*perseverando en bien hacer*" encuentra eco en las palabras del apóstol Juan en Apoc. 2:10 "*Sé fiel hasta la muerte, y yo te daré la corona de la vida*". Una traducción más literal leería 'Sé fiel hasta la muerte y te daré la corona [que es] de la vida'.

Se nos invita a ser fieles y a perseverar. El mismo Jesús en su alocución a los discípulos en Mateo 24: 13 nos dijo: "*Mas el que perseverare hasta el fin, éste será salvo*". Pareciera que este concepto elimina por completo la idea de la predestinación de la salvación como muchos creen y afirman. El concepto de 'una vez salvo y siempre salvo', no halla cabida en las palabras de Jesús ni en el pensamiento de los apóstoles.

El concepto 'perseverar' viene del Griego HUPOMONE que significa tener paciencia y ser sufrido. La expresión literalmente en el original diría 'vida eterna al que tiene paciencia en las buenas obras'. La implicación del pasaje es que las 'buenas obras' son importantes para recibir la recompensa. El problema entonces no reside en las obras en sí mismas, sino en QUIEN las hace y la MOTIVACION con que se hacen. Y esto nos pone en un dilema, porque en otros pasajes, el apóstol enfáticamente presenta de que somos justificados/perdonados por la fe y no por obras para que nadie se gloríe, e incluso para darle fuerza a su argumento introduce el ejemplo de Abrahám como un arquetipo de aquellos que son salvos únicamente por CREER en lo que Dios ha dicho.

Para resolver este dilema, tenemos que ir brevemente al Antiguo Testamento a Isaías 26:12 donde dice: "*Jehová tú nos darás paz porque también HICISTE en nosotros todas NUESTRAS OBRAS*". Obviamente el mensaje es claro, cuando aceptamos a Jesucristo por la fe (uno de los regalos que Dios nos dá) el resultado de ese 'matrimonio' espiritual, si así pudiéramos llamarle, son hijas llamadas "buenas obras". No somos nosotros quienes hacemos las obras, es el Espíritu del Padre que está en nosotros que hace las obras, por lo tanto, particularmente no veo ninguna contradicción conceptual en los escritos paulinos.

2.7 Buscan gloria y honra e inmortalidad

El verbo "buscar" (ZETEO) indica que se ha perdido algo y/o que se tiene conocimiento de alguna cosa que es valiosa y se anda en busca de ella. Y justamente el ser humano perdió en el jardin del edén la gloria, "la honra" (TIME) y la inmortalidad.

Es interesante notar que la palabra traducida como "honra" (TIME), literalmente quiere decir VALOR o PRECIO. Y a diferencia del primer grupo mencionado anteriormente, que se DEVALUAN asimismos, éstos andan buscando el valor que una vez perdieron. Y justamente el encontrarse con la Gracia personificada nos devuelve el valor que una vez perdimos y empezamos a preciar, valorar y no desdeñar las misericordias de Dios.

Por otro lado, el hecho de que el hombre ande buscando "inmortalidad" (AFDARTOS) junto con la gloria y la honra, indica claramente que no se posee la inmortalidad. La Biblia declara que el único inmortal es Dios (1Tim. 1:17). Y Cristo vino a devolvernos el don de la inmortalidad a través de su muerte expiatoria (2Tim. 1:10).

2.8 Pero íra y enojo a los que son contenciosos

Literalmente el texto leería más o menos así: 'sin embargo, a los que contienden íra y enojo'. La frase sin embargo, indica un contraste entre un grupo y otro. Pareciera que el apóstol llegó a ver la situación de nuestros días.

Virtualmente, hoy en dia la situación del mundo y de la sociedad en general y de forma particular de la iglesia es que existen dos grupos: a) el que busca la honra y la inmortalidad; b) el grupo que es contencioso y desobediente. La recompensa del primer grupo es: a) honra; b) gloria; c) inmortalidad. La recompensa de este grupo en particular es: a) íra; b) enojo. En palabras de Edward: "En conclusión, las obras caen finalmente en dos categorías, aquellos que sirven y maximizan el yo, y aquellos que sirven y maximizan la gloria de Dios".[23]

---

[23] Edwards, J.R. (1992). New International Biblical Commentary: *Romans*. (Hendrickson Publishers: Peabody); p. 69.

¿Qué es la íra? ¿Por qué íra? ¿Qué tiene que ver la íra con la retribución divina? Las respuestas a estas preguntas puede que nunca la comprendamos en su totalidad, sin embargo, podemos emitir algunas consideraciones.

1. La "íra" (ORGE) divina es una expresión que indica o ejemplifica el castigo dado a los pecadores, literalmente sería INDIGNACION o PENA.
2. La indignación viene como resultado de la transgresión del Pacto de parte del hombre.
3. El "enojo" (DUMOS) en cambio, indica desaprobación.
4. El enojo de Dios o mejor dicho su desaprobación es lo que permite la descarga del castigo o íra del cual Pablo está hablando.
5. La indignación y el enojo son expresiones humanas que simbolizan el castigo y la retribución final de Dios al pecador.

Hicks nos ilumina un poco al hablar sobre el peligro de pensar que la íra de Dios tendrá un efecto temporal en los asuntos del universo, él dice:

> "Imagínense un mundo en el cual, aunque no completamente libre de dolor y sufrimiento… sin embargo contiene miseria no justa e inmerecida…Aunque habría suficientes dificultades y problemas para darle sabor a la vida, no habría destrucción final del mal… Al contrario, los sufrimientos de los hombres siempre serían vistos como castigos justos y merecidos, o, como objetivos constructivistas de entrenamiento moral".[24]

En otras palabras, la íra de Dios para que pueda ser justa y equitativa, tiene que eliminar el mal del universo y desarragairlo de raíz. El mismo no podría subsistir bajo la soberanía divina y sería una amenaza para el bienestar del resto de la criaturas inteligentes

[24] Hicks, J. (1978). *"Is Theodicy Permissible?": Evil and the God of Love, Revised Edition.* (Harper & Row Publishers: New York); p. 334.

del universo.

2.8 Y no obedecen a la verdad

'Y rehúsan hacer caso a la verdad', así leería el texto literalmente. Esto indica que hay un esfuerzo consciente y deliberado para no obedecer. Hay una negativa a cooperar con el plan divino para salvarlos a ellos mismos.

La palabra 'obedecen' viene del Griego APEIDOUZI, es decir, alguien que se rehúsa, que se niega a hacer algo. A diferencia de HUPAKOE que implica la idea de querer obedecer, pero se es incapaz de hacerlo, APEIDOUZI es la forma más severa de desobediencia, pues es consciente e inteligentemente rehúsar aceptar la verdad o la realidad. Estos individuos contenciosos rehúsan, se niegan a hacer caso a Jesucristo quien dijo "*Yo soy el camino y LA VERDAD y la vida...*" (Juan. 14: 6). Pero también la Biblia dice que el Padre/Dios es la Verdad (Rom. 3:4), El Espíritu Santo es la Verdad (Juan 14:17); la Palabra de Dios es también la Verdad (Juan 17:17) y por último, sus Mandamientos son la Verdad (Salm. 119:142).

El dá a entender claramente que los llamados "desobedientes" son en realidad obedientes a la injusticia

El problema de estas personas es que están fallando en uno de estos cinco aspectos o representaciones de la Verdad, ellos rehúsan obedecer a Dios, se niegan a ser dirigidos por el Espíritu de Verdad; rechazan a Jesucristo como la Verdad Suprema de Dios; ridiculizan la autoridad bíblica que es la Verdad, y por último, minimizan la Ley de Dios que es la Verdad a expensas de su propia vida eterna. No extraña que atesoren/acumulen ira y enojo para el día final de retribución.

2.8 Sino que obedecen a la injusticia

Como analizaremos en algunos capítulos subsiguientes, Para Pablo no hay desobedientes. El dá a entender claramente que los llamados "desobedientes" son en realidad obedientes a la injusticia, y el mismo caso es presentado aquí de una forma suscinta, aunque él va a expandir este concepto en el capítulo seis (6) del libro.

Literalmente diría: 'Al contrario, "obedecen" (PEIDOMENOIS) a la injusticia'. La palabra ADIKIA ya la analizamos en capítulos anteriores y significa 'violar la ley'. En otras palabras son violadores del Pacto divino, y esto los convierte en esclavos del pecado como se verá más adelante.

2.9 Tribulación y angustia sobre todo ser humano que hace lo malo

Dos cosas le esperan a todo aquél que haga lo malo: "tribulación" (THLIPSIS) que tiene la idea de estar bajo mucha presión a causa del pecado. Y segundo, le espera "angustia" (ZTENOXORIA) que conlleva la idea de sufrimiento mental, aflicción extrema y también estrechez. De hecho, estos dos vocablos son usados nueva vez por el apóstol al final del capítulo ocho (8).

Luego tenemos que al decir "todo ser humano" (PAZAN PSUXEN ANTHROPOUS) apunta a la universalidad de la recompensa sobre el pecador. No importa de cuál etnia sea la persona, si hace lo malo, llevará su castigo en forma de angustia y tribulación, y finalmente la muerte. La expresión "que hace lo malo" (KATERGACHOMENOU) es claramente una alusión a quien practica la maldad de manera consuetudinaria.

2.9 El judío primeramente y también el Griego

Al incluir al judío y también al Griego en la ecuación universal que acaba de presentar, es un símbolo sin dudas de la certeza de la misma. Nisiquiera los judíos estarían exentos del castigo aún fueran el pueblo privilegiado de Dios, y los griegos mucho menos por creer que con su sabiduría podían conquistar el mundo.

2.10 Pero gloria y honra y paz a todo el que hace lo bueno

Al señalar "gloria" (DOXA), "honra" (TIME) y "paz (EIRENE). Estos tres atributos son los que todo ser humano siempre busca de una forma u otra. El quehacer humano se mueve en una de estas tres direcciones o en todas estas direcciones. Es muy interesante el hecho de que "honra" (TIME) es el mismo vocablo usado para hablar de precio. Pareciera que el apóstol está apuntando al valor que podemos adquirir cuando se "hace lo bueno" (ERGACHOMENO).

2.10 Al judío primeramente y también al Griego

De nuevo, los judíos y los griegos no quedan excluidos de la ecuación, sino que son añadidos al grupo de "todo" (PANTA). De manera tal que ningún grupo étnico queda fuera de la recompensa prometida sea para el bien, o sea para el mal.

2.11 Porque no hay acepción de personas para con Dios

Dios ama a todos por igual, y a todos los que son fieles les ha prometido la misma recompensa: "Vida Eterna". La belleza del carácter de Dios es que a él no le importa quién tú eres ni de dónde vengas, Dios es Soberano y reina en favor de sus criaturas.

"Acepción" (PROSOPOLEPSIA) tiene que ver cuando el juez en un juicio no dicta sentencia basado en quién está juzgando, sino en la evidencia presentada, es decir, qué está juzgando. Dios no se limita a mirar a QUIEN, sino que nos juzga basado en el QUE; de esta manera, se convierte en un Juez imparcial y fidedigno porque su justicia es intrínseca a su carácter y a su modo de ver las cosas, no a las personas.

Por otro lado, hay que recordar que este texto ha sido problemático para exégetas de todos los calibres, y solamente voy a identificar cinco (5) interpretaciones diferentes del mismo:

1. Pablo es inconsistente, y que Dios ha de justificar sobre la base de la fe y nunca de las obras.
2. Pablo está hablando aquí hipotéticamente, dejando los pilares del Evangelio momentáneamente a un lado, y argumentando desde la perspectiva de un judío.
3. Pablo quizo decir 'fe' cuando dijo "obras" en el v. 6; y que los vv. 7 y 10 se refieren a los cristianos.
4. Pablo se refiere a las "buenas obras" no como la fe misma, sino su conducta como una expresión de su fe.

5. Pablo está hablando de algún tipo de fe misteriosa conocida únicamente por Dios.[25]

El problema, en mi opinión, con la mayoría de entendidos en el área, es que realmente es difícil conciliar la idea de que somos juzgados por nuestras obras, mientras que al mismo tiempo somos salvos por gracia; y creo que en este asunto en particular es donde reside la mayor dificultad para comprender el mensaje paulino. Pero como dijimos anteriormente, no habría ningún problema si miramos las obras dentro de la perspectiva correcta como lo hizo el profeta Isaías en 26:12.

Por tal razón, cuando el apóstol dice que para Dios no hay acepción de personas, tiene que ser sobre la base de que las estipulaciones del Pacto en nada añaden o quitan al momento de ser salvos, pero sí es indispensable al momento de ser juzgado.

2.12 Porque todos los que sin ley han pecado, sin ley también perecerán

"*La paga* [resultado] *del pecado es la MUERTE*" (Rom. 6: 23). Dios no puede cambiar su palabra porque la misma está intrínsicamente ligada a su naturaleza. Cuando Dios dijo a la humanidad en el jardin del Edén que si pecaban morían, significaba que el hombre se estaba desligando asimismo de la Fuente de la vida, por lo tanto, la muerte era un resultado INEVITABLE. Ahora bien, esta declaración tiene serias implicaciones:

- Implica que TODOS han pecado.
- Implica que TODOS han de MORIR.
- Implica que una parte de ese TODO ha pecado sin Ley.
- Implica que con Ley o sin Ley, el que peca MUERE.
- Implica que la ignorancia de la Ley no exime al pecador de la condena.
- Implica que este grupo de personas han de ser juzgados no bajo la norma de la Ley, sino a pesar de ella.
- Implica que Dios es Soberano y sabrá cómo juzgar a éstos que no "conocieron" la Ley.

---

[25] Cranfield, C.E.B. (1985). *Romans: A Shorter Commentary*. (William B. Eerdmans Publishing: Grand Rapids); p. 47.

- Implica que Dios tiene solamente un estándar (la Ley) para juzgar al ser humano, pero si éste peca sin ella, sin la Ley es juzgado y condenado.

2.12 Y todos los que bajo la ley han pecado, por la ley serán juzgados

La declaración vertida aquí tiene que ser tomada en cuenta, porque sugiere que Dios tiene más de una NORMA para juzgar al ser humano, y que no es únicamente la Ley la única norma. ¿Cómo es posible conciliar esta declaración con la anterior de que "Dios no hace acepción de personas" ? (v. 11).

Muchos creen que la Ley de la que Pablo está hablando aquí es de la Ley Mosáica o judía. La verdad es que la Ley mosáica o judía se limitaba a establecer regulaciones de cómo expiar el pecado y de casos específicos de pecado. Sin embargo, sustentar esta interpretación nos enfrenta con el problema de que entonces el pecado está limitado por la jurisdicción de la Ley y no puede ser. En otras palabras, entonces los judíos son los únicos pecadores, lo cual no es cierto.

Por otro lado, si la Ley de la que Pablo está hablando aquí es la Ley moral (los Diez Mandamientos), entonces el cargo del pecado es en contra de la humanidad y no únicamente en contra de los judíos.

La expresión literal diría: 'Y todos los que en (EN) la Ley han pecado (HAMARTANO), por la Ley serán juzgados/condenados (KRINO)'. La condena de la Ley es muerte para todo aquél que la viola, por lo tanto, el apóstol establece la condenación de todo el ser humano como lo dijo anteriormente, pues todos merecemos la muerte.

Realmente es difícil conciliar la idea de que somos juzgados por nuestras obras, mientras que al mismo tiempo somos salvos por gracia

2.13 Porque no son los oidores de la ley los justos ante Dios

El llegar a ser 'justo' (DIKAIOS) no proviene de la seguridad de escuchar y memorizar la

Ley moral de Dios. El ser justos viene de una persona, porque la Ley no puede hacer justo a nadie aunque intrínsicamente es justa. La Ley moral es para la justicia humana como lo son los cuatro elementos básicos de la tierra para la vida. El aire, el agua, el fuego y la tierra NO poseen vida en sí mismos, pero sin ellos la vida es imposible.

De la misma manera, la Ley no puede dar vida, pero deshacerse de ella es dictar una sentencia de muerte. Ahora bien, Pablo afirma aquí que no son los "oidores" (AKROATES) de la Ley los justos. Esto significa que el escuchar la Ley no es suficiente para obtener justicia, se necesita algo más.

Una razón valedera para esta asunción paulina, es que los judíos que se gloriaban en la Ley de Dios, eran los primeros en quebrantarla. Además, el punto principal de Pablo es mostrar claramente la razón por la cual el cristianismo no podía unirse a la alabanza judía de la Ley,[26] porque los mismos estaban desprovistos de la Verdad que es Cristo.

2.13 Sino los hacedores de la ley serán justificados

'Sino que los obedientes/hacedores (POIETES) a la ley serán justificados'. La acción verbal indicada como "hacedores", tiene la implicación de 'uno que vive en consonancia con una norma requerida'.

Si bien es cierto, como dije antes, que la Ley no puede darnos vida, no es menos cierto, que si nos deshacemos de ella estamos condenados a muerte. Por lo tanto, se hace imperante tratar de vivir en armonía con la Ley de Dios, pero como veremos más adelante, no cometamos el error de los judíos que trataron de guardar una norma de vida (la Ley) sin tener el PODER espiritual para hacerlo.

Es saludable aquí hacer eco de las palabras de Cottrell con respecto al término "Ley" en relación con el juicio de Dios: " ...Para los judíos esta sería la Ley de Moisés",[27] mientras que para los demás en cualquier forma que esta Ley esté disponible para el

---

[26] Schlatter, A. (1995). *Romans: The Righteousness of God.* (Hendrickson Publishers: Peabody); p. 67.

[27] Cottrell, J. (1998). *The College Press NIV Commentary: Romans.* (College Press Publishing Company: Missouri); p. 199.

ser humano. Es decir, la Ley de Dios puede que no haya sido dada en forma escrita para el resto de la humanidad, como lo fue para los judíos, pero eso no significa que Dios no haya dado algún tipo de Ley por la cual juzgará al hombre.

2.14 Porque cuando los gentiles que no tienen ley

La palabra "gentiles" (ETNOS) literalmente significa razas, gentes. Todo aquél que no es judío era llamado Gentil. Ahora bien, ninguna nación fuera del Judaismo tuvo el privilegio de ser recipiente de ambas leyes, la Ley Moral y la Ley Ceremonial o Mosáica. Y obviamente, Pablo está hablando de la Ley dada por Dios a Moisés en el monte Sinaí en tablas de piedras y en un libro. No concuerdo con Cottrell en su opinión de que esta Ley es estrictamente la Ley Ceremonial de Moisés.[28] No lo creo, porque entonces esto significaría que no hay bases suficientes para juzgar a los seres humanos, y que los únicos que han de ir a juicio son los judíos por ser los depositarios de las leyes de Dios. Esto implica que el resto del mundo no recibió la Ley de Dios y coloca a los judíos en un plano epistemológico y ontológico que carece de apoyo contextual.

2.14 Hacen por naturaleza lo que es de la ley

La lectura literal leería así: 'Practican (POIEO) naturalmente (FUZIS) la Ley'. Observe que a diferencia de los que han recibido la Ley, el resto del mundo no judío PRACTICA NATURALMENTE la Ley. Esto nos coloca en un tremendo dilema, porque la implicación de esta declaración es que pareciera que no es necesario enseñar a otros sobre la Ley de Dios si la gente la pone en práctica de forma natural.

¿Cómo podemos resolver este problema? ¿A qué se refiere el apóstol cuando dice que las gentes practican naturalmente la Ley? ¿Cómo podemos conciliar estos conceptos? Cottrell señala que "...la naturaleza del hombre como un *ser creado*, incluye una conciencia innata de la Ley moral de Dios".[29]

---

[28] Idem.

[29] Ibid., p. 200. Aunque me parece a mí que este autor se está contradiciendo de una página a otra, es interesante notar que tiene razón en este aspecto.

Tengo que admitir que no es tarea fácil aceptar esta declaración tal y como está vertida en el texto, pero está allí y la aceptamos por fe; por lo tanto, tiene que haber una razón explícita o implícita detrás de esta declaración paulina.

Si pensamos por un momento, nos daremos cuenta de que el apóstol tiene razón, porque ¿quién ha dicho a los que nunca han escuchado del cristianismo, que hablar mentiras, robar, matar, adulterar, envidiar, tener otros dioses diferentes a los de ellos es malo? Algo tuvo que haber sido implantado por el Dador de la vida en el corazón de los seres humanos que les indica que tomar la mujer de otro, por ejemplo, es malo. O que cambiar de dioses no es bueno; o que hablar mentiras tampoco es bueno.

Aunque no hayan sido recipientes de los oráculos divinos en cuanto a las normas para guiarse en la vida, ellos mismos se convierten en leyes vivientes.

Esto indica claramente que a todo ser humano Dios le ha dado una semilla de justicia intrínseca y en armonía con la Ley aunque nunca hubiesen oido de tal Ley. El resultado final es que TODOS, si quebrantan este aspecto intrínseco o extrínseco de la Ley de Dios al final han de morir, porque el resultado del pecado es la muerte.

2.14 Éstos, aunque no tengan ley, son ley para sí mismos

Es decir, aunque no hayan sido recipientes de los oráculos divinos en cuanto a las normas para guiarse en la vida, ellos mismos se convierten en leyes vivientes. ¿Cómo es posible este fenómeno?

2.15 Mostrando la obra de la ley escrita en sus corazones

La frase en el original dice así: 'exponiendo (ENDEIKDUMI) la obra (ERGON) de la Ley escrita (GRAPTON) en sus corazones (KARDIAIS)'. Esto indica enfáticamente, que Dios ha ESCRITO su Ley en los corazones de todo ser humano nacido en esta tierra. ¿Razón? Ellos muestran, despliegan (ENDEIKDUMI) con su voz y con sus actos los requerimientos básicos que la Ley demanda, por lo tanto, su argumento presentado anteriormente de que ninguno tiene EXCUSA, se agudiza más con esta declaración que el apóstol acaba de hacer. Y como dice Schlatter: "...No fue una palabra, conocimiento o dogma lo que fue escrito en sus corazones, sino la obra de la Ley prescrita por ella".[30] Un asunto importante es que "obra" (ERGON) está en singular, a diferencia de otros lugares, donde Pablo habla de las "obras" de la Ley (3:20, 28; Gal. 2:16; 3:2, 5, 10). Aquí parece haber una diferencia. Y como dice Cottrell, "...él sencillamente está hablando acerca del contenido de los mandamientos de la Ley".[31] Dunn, en cambio, dice que esto se refiere a los "negocios"[32] o cosas de la Ley.

2.15 Dando testimonio su conciencia

La expresión está traducida literalmente e implica que cuando el ser humano hace algo malo dentro de su mente ocurre un proceso al cual llamaremos sentido de culpa que le suzurra en su mente que no ha hecho bien. Acallar la voz de la conciencia sería una fatalidad de proporciones descomunales, porque sería como si se acallase la voz de Dios en la mente del ser humano. De hecho esto es lo que significa la palabra SUMARTUREO, 'dar testimonio', 'testificar a la mente' de que no está haciendo bien.

Por otro lado, observe que aquí Pablo no usó KARDIAS (corazón) para referirse a la mente, sino que usó otra palabra ZUNEIDESIS.

Muchos ven un problema en lo que tiene que ver con la definición de "conciencia". Por ejemplo, Bruce dice que el concepto de conciencia no viene del Antiguo Testamento, ni tampoco es tomado del Griego clásico, sino de la lengua vernácula, tomando estatus literario en muy poco tiempo antes de la era

---

[30] Schlatter, p. 60.

[31] Cottrell, p. 201.

[32] Dunn, J. (1988). *The Word Biblical Commentary: Romans 1-8, Vol. I.* (Word Publishing House: Grand Rapids); p. 105.

cristiana.[33] Otros piensan que el término fue inventado por los estóicos para definir a una persona.[34]

Sin embargo, ZUNEIDESIS tiene que ver específicamente con el juicio o discriminación moral que hacen los individuos en su mente. El apóstol está hablando de una facultad de la mente otorgada por Dios que nos auto-indica cuando hemos hecho mal a otro/s o cuando hemos cometido pecado o en el mejor de los casos, cuándo hemos hecho bien. Y como bien señala Mounce, nuestra conciencia dá testimonio en el día en que Dios juzga las cosas que han sido ocultadas. Y no hay nada, absolutamente nada, "nisiquiera los secretos de los corazones de la gente, que no sean conocidos por él".[35]

2.15 Y acusándoles o defendiéndoles sus razonamientos

'Y discriminando/categorizando entre uno y otro (METAXU ALLELON) sus pensamientos (LOGISMOS) acusándoles (KATEGOREO) o defendiéndoles (APOLOGEOMAI)'.

¿Qué implica esta declaración? Que dentro de la psiqué humana ocurre todo un proceso de discriminación moral entre lo bueno y lo malo, y cuando la acción o el pensamiento ha sido malo, un sentido de culpa (acusación) ocurre dentro del individuo, mientras que cuando la acción ha sido buena, un sentido de complacencia (defensa) pasa también. Por lo tanto, NADIE tiene excusa para hacer lo malo o para pecar, o para decir que no sabía, porque Dios puso ese mecanismo dentro de la mente humana.

Comentando sobre este pasaje, Conner señala lo siguiente: "Toda la humanidad tiene esta ley moral interna de la conciencia – este testigo de lo bueno o lo malo. Esto es lo que hace a un hombre una criatura moral y diferente de [otras criaturas] brutas de la creación".[36]

---

[33] Bruce, F.F. (1985). *The Letter of Paul to the Romans*, 2nd ed. (Eerdmans: Grand Rapids); p. 86.

[34] Citado por Mounce, R.H. (1995). *The New American Commentary: Romans.* (Broadman & Holman Publishers: USA); p. 95.

[35] Ibid., p. 96.

[36] Conner, K.J. (1999). *The Epistle to the Romans: A Commentary.* (City Bible Publishing: Oregon); p. 66.

Por otro lado, comentando sobre los hermanos de Galacia, Tobin añade que en la mente de Pablo la pregunta ética central no era 'qué hacer' ó 'qué no hacer'. La pregunta de Pablo es 'cómo hacer'. Cómo una persona podía hacer lo correcto y cómo podía evitar hacer lo malo. "La pregunta era de poder, más que de conocimiento".[37]

2.16 En el día en que Dios juzgará por Jesucristo

El concepto principal sigue siendo juicio. No hay manera de escapar del juicio de Dios y la razón es simple, hemos pecado y tenemos que dar cuenta de nuestras acciones, pensamientos y motivaciones ante el Creador de todo cuanto existe.

El juicio es un "mal" necesario si así pudiéramos decir.

Existe un problema primario básico con todas las traducciones que he visto con respecto a esta frase. El problema es el tiempo futuro, sencillamente la forma futura del verbo no existe en el original. Al contrario es presente del modo indicativo, lo cual indica que la acción se realiza en el momento.

Literalmente entonces diría: 'En el día (HEMERA) que Dios juzgue/juzga (KRINEI) por (DIA) Jesucristo'. La preposición "por" también significa a través de. La expresión implica que Cristo es el Juez, pero Dios el Padre preside en el juicio. También puede indicar que lo que ocurrió a Cristo en la cruz del Calvario, otorga el derecho al Padre de recompensar a la humanidad basada en la aceptación o rechazo de Jesucristo.

Entonces, como dice Sanday, "el punto no es tanto que Dios ha de juzgar al mundo, sino la idea de que él ha de juzgar "a través de Jesucristo como su Representante", [esto] era la parte novedosa de la aplicación de Pablo".[38]

---

[37] Tobin, T.H. (1987). *The Spirituality of Paul.* (Michael Glazier:Delaware); p. 102.

[38] Sanday, W. (1896). *A Critical And Exegetical Commentary on the Epistle to the Romans*. (Charles Scribner's Sons: New Y*ork); p. 62.*

2.16 Los secretos de los hombres, conforme a mi evangelio

El apóstol admite aquí que parte del quehacer humano y de una vida de pecado, es ocultar, tener secretos, algo que esconder. De hecho, cuando el hombre pecó en el jardín del Edén, la primera cosa que hizo fue OCULTARSE porque tenía miedo de ser descubierto. El pecado es un fenómeno que no nos permite actuar con transparencia y a la vista de todos, es por eso, que Dios tiene que sacar a la luz los "secretos" (KRUPTOS) de los hombres. Murray apunta que la expresión "los secretos de los hombres" no debe ser restringida a los pensamientos, intenciones y disposiciones del corazón, sino que también incluye las obras hechas en secreto y ocultas de otros".[39]

Esto indica que el juicio es un "mal" necesario si así pudiéramos decir. Los pecados ocultos y todas las intenciones pecaminosas y no pecaminosas del ser humano tienen que salir a la luz para que en el "juicio a Dios" él pueda salir victorioso cuando se le juzgue por su acción de exterminar del universo a un grupo de sus criaturas que no aceptaron el único medio para salir libre en el juicio que es Jesucristo.

La expresión "*conforme a mi evangelio*" (KATA TO EUANELION MOU) no tiene que atribularnos porque debemos recordar que Pablo "recibió" (1Cor. 15: 1-4) directamente de Dios la interpretación teológica más acertada que se conoce sobre el ministerio de Jesucristo aquí en la tierra y en el Cielo. No vayamos a pensar como algunos que creían que cuando Pablo díjo esta frase, eso significaba que el Evangelio en sí mismo era una Ley,[40] lo cual es un imposible.

Por lo tanto, aunque él está hablando de SU evangelio, en realidad él asentó las bases al principio de su alocución diciendo que era "el evangelio de Dios" (Rom. 1:1); el apóstol sencillamente ha hecho suyo lo que Dios compartió con él, y él a su vez lo comparte con nosotros.

---

[39] Murray, J. (1960). *The Epistle to the Romans.* (Marshall Morgan & Scott: London); p. 77.

[40] Wesley, J. (N/A). *John Wesley's Notes on the Whole Bible: The New Testament.* (N/A); p. 435.

2.17 He aquí tú tienes el sobrenombre de judío

'Mira (DIE), tú te has puesto el nombre (EPONOMAZO) de judío', así leería la frase literalmente. Pareciera que el epíteto "judío" no es de origen divino, sino que fue una acuñación del pueblo. Y la misma viene de la división de las tribus en tiempo del hijo de Salomón (Roboam). La expresión judío llegó a identificar específicamente a las dos tribus del reino del Sur (2 Rey. 16: 6), y es en este pasaje donde se usa el epíteto por primera vez en la Biblia. La expresión "judío", llegó a identificar todo lo que enorgullecía al pueblo de Israel.[41] Sin embargo, la frase llegó a identificar con el tiempo a todos los descendientes de Abrahám, especialmente después del exilio. La frase aparece en singular en varios textos en el Antiguo Testamento, por ejemplo: Ester 2: 5; 3:4, etc..., Jer. 34:9; Zac. 8:23 y otros.

Pablo parece decir aquí que aunque ellos se llamaban descendientes de la tribu de donde vino el Mesías (JUDA), el epíteto no es de origen divino, sino que fue una frase acuñada por ellos mismos para identificarse asimismos como Hijos de Abrahám y por lo tanto pre-eminentes sobre todas las demás naciones.

En lo adelante, Pablo usará la *diatriba*, que no es otra cosa que imaginar a un oponente cognitivo argumentando en contra de los razonamientos expuestos. Y como dice Stowers, esta es la "pretendida persona".[42]

2.17 Y descansas en la ley

Los judíos hicieron de la Ley su dios. La observancia a la Ley llegó a ser de más alta estima que la obediencia al Dador de la Ley. La Ley llegó a ser un medio en sí misma de salvación para ellos. Una de las razones de la problemática Paulina con los judíos, es que "san Pablo fue acusado (sin duda por oponentes reales) de Antinomianismo. Lo que él dijo fue: "La condición de justicia no se gana a través de obras legalistas; es el don de Dios". Fue mal representado diciendo: 'Por lo tanto, no es importante lo

---

[41] Murray, p. 81.

[42] Stowers, . (1994). *A Rereading of Romans: Justice, Jews and gentiles*. (Yale University Press: New Haven); p. 101. Por favor ver páginas 145-150 también.

que un hombre hace', inferencia esta que él repudió con indignación".[43]

Por otro lado, cuando una persona "descansa" (EPANAPAUOMAI) en la Ley, es porque se siente completamente satisfecho y percibe que no le hace falta nada más, esta es la implicación del verbo descansar aquí. A diferencia del descanso Sabático, descansar aquí es tener una confianza ciega en que la posesión de un objeto o de algún conocimiento, en este caso la Ley, es suficiente para la salvación.

2.17 Y te glorías en Dios

Los judíos habían tomado bien en serio la expresión de Jeremías 9:36 "*Más alábese en esto el que se hubiere de alabar: en entenderme y conocerme que yo soy Jehová, que hago misericordia, juicio y justicia en la tierra; porque estas cosas quiero, dice Jehová*". El problema radicaba en que se olvidaron de la naturaleza del carácter de Dios (misericordioso y justo) y se limitaron a gloriarse de que Dios los había elegido a ellos como pueblo único y verdadero. Y ese sentido exclusivista, puesto que ellos pretendían servir al Dios verdadero, los hizo excluir a todos los demás pueblos.

Por esto la expresión 'te glorías (KAUCHAOMAI) en Dios' hace profunda mella en ellos, porque la expresión Griega indica una 'acción de carácter superior'. Es decir, un sentimiento de orgullo y nacionalismo porque Dios los había elegido a ellos, que casi rayaba en la idea de que para Dios era un privilegio tenerlos a ellos como pueblo.

2.18 Y conoces su voluntad

Pablo parece identificarse plenamente con cada aspecto básico del pensamiento religioso judío, pues el mismo era un teólogo entrenado para pensar y enseñar estos conceptos básicos a otros.

La frase 'y conoces (GINOZCO) su voluntad (THELEMA)' implica que los judíos, más que ninguna otra nación en este planeta sabían cuál era la voluntad de Dios. De hecho, la

[43] Sanday, *p. 74.*

voluntad en este sentido no solamente tiene que ver con lo que uno quiere, sino que también tiene que ver con el concepto de testamento.

La Ley de Dios es su testamento, es decir su última voluntad. A propósito, el testamento se hace antes de morir, nunca después (hablaremos de esta idea más adelante); pero pareciera que Dios nos dejó saber de sus planes para su funeral y escribió su última voluntad (Su Ley) antes de morirse. Esto implica que si él hubiese querido que la Ley cambiara, él lo hubiera hecho antes de morir, pues los testamentos o última voluntad son escritos antes de la muerte.

2.18 E instruido por la ley apruebas lo mejor

La frase está bien traducida del original. El verbo 'instruido' (KATECHEO) implica la enseñanza oral de los oráculos divinos. Beet dice que "Instructor es aquél que entrena moralmente, difiriendo por lo tanto del mero maestro".[44] O como dice Nygren, que el pueblo de Israel se vio asimismo como un instructor de las naciones, y Pablo sabe que tienen mucho orgullo, porque ellos saben que son el pueblo escogido de Dios y conocían la Ley de Dios.[45]

Por otro lado, el segundo verbo usado en esta frase es 'apruebas' (DOKIMAZO) que significa hacer escrutinio de carácter moral y el verbo está ligado al adverbio 'mejor' (DIAFERO) que conlleva la idea de analizar y discriminar entre lo bueno y lo malo.

Los judíos tenían una confianza absoluta de que eran superiores a los demás por su papel único de ser depositarios de los oráculos divinos.

2.19 Y confías en que eres guía de los ciegos

'No solamente (TE) estás tú mismo convencido (PEIDO) de que eres guía

[44] Beet, p. 59.

[45] Nygren, A. (1949). *Commentary on Romans*. (Muhlenberg Press: Philadelphia); p. 131.

(HODEGOS) de los ciegos (TUFLOS)'. Obviamente el problema de los judíos era su auto-confianza. Ellos sabían de que eran los maestros de aquellos que estaban en oscuridad y tinieblas espirituales, pero ese concepto que tenían de ellos mismos llegó a ser una piedra de tropiezo muy grande para ellos. Los judíos tenían una confianza absoluta de que eran superiores a los demás por su papel único de ser depositarios de los oráculos divinos.

Algunos ven esta frase sencillamente el uso de un aforismo conocido por sus coetáneos, pues la frase es usada en literatura extra-bíblica.[46] Sin embargo, no debemos confundir que aún el apóstol usara aforismos prestados del lenguaje vernáculo, eso no limita ni minimiza la fuerza del mismo, sino que al contrario es puesto bajo la perspectiva correcta y a la luz del Evangelio.

2.19 Luz de los que están en tinieblas

El apóstol aquí está haciendo una recopilación de lo que él mismo opinaba de sí cuando era un estricto teólogo fariseo. Esa super auto-estima desbordaba de manera natural, porque era normal para ellos pensar que las demás personas que no eran judíos puros eran perfectos ignorantes de la Ley de Dios y de su voluntad, lo cual hasta cierto punto era cierto, pero no completamente.

La palabra para 'Luz' (FOS) es la misma usada para ahuyentar las tinieblas. De hecho, de allí viene la palabra 'fósforo'; 'foto'; 'fotografía', etc. Y el vocablo usado para 'tinieblas' es (SKOTOS); es decir, no necesariamente tinieblas de carácter físico, sino tinieblas de carácter moral y espiritual, y ese es el sentido con el cual es usada aquí.

2.20 Instructor de los indoctos

Literalmente Pablo está diciendo que los judíos sabían y confiaban que eran "instructores" (PAIDEUTES) de los "indoctos" (AFRON). La palabra PAIDEUTES era una que designaba al individuo que se convertía en un 'preceptor', 'un mentor de otro', de modo que el alumno le imitaba en todo. Aquí el alumno, es decir, el indocto (AFRON) es aquél que es ignorante, pero

[46] 1Enoch 105:1

literalmente es un estúpido. Y Pablo usa esta palabra porque él sabe que en el pensamiento judío había la creencia de que todo aquél que no servía al verdadero Dios era un perfecto estúpido.

2.20 Maestro de niños

Un maestro (DIDAZKALOS) era aquél que enseñaba moralidad a otro. Su especialidad era asegurarse de que sus alumnos aprendieran buenas maneras y buenas formas para llevar una vida moral adecuada. Aquí los alumnos también son comparados con "niños" (NEPIOS), pero metafóricamente es una palabra usada para designar a personas sin habilidad alguna para entender y razonar de manera abstracta o pragmática.

Easton nos recuerda que la palabra "niño" aquí es usada en Isaías 3:4 para referirse a una sucesión de reyes y príncipes débiles que reinaron después de la muerte de Josías hasta la destrucción de Jerusalén.[47] Sin embargo, el sentido primario de este vocablo es para referirse a aquéllos que eran débiles en el conocimiento de los oráculos divinos (1Cor. 3:1; Heb. 5:13; 1Ped. 2:2).

En conclusión, Pablo presenta una larga lista de contraste conceptual entre el judío y las demás personas. Existe un paralelo contrastante entre los dos grupos, y la diferencia consiste únicamente en el concepto que los judíos tenían de sí mismos, su ego estaba super-inflado y existía un egocentrismo exagerado.

JUDIOS	***GENTILES***
Apoyados en la Ley	Sin Ley
Glorían en Dios	No se glorían en Dios
Conocedores de la voluntad de Dios	Ignorantes de la voluntad de Dios
Instruidos por la Ley	Ley para sí mismos
Aprueban lo mejor	Aprueban lo peor
Guías	Ciegos
Están en la luz	Están en tinieblas
Instructores	Estúpidos/indoctos

[47] Easton, G. (1997). *Eastons Bible Dictionary*. (The Digital Library Reference: Albany); p. 112.

Maestros	Niños/infantes

Esta es la lista que Pablo presenta del concepto que los Judios tenían de sí mismos y de otros. Y esto representa un problema, porque el concepto que tengamos de nosotros mismos afecta proporcional y literalmente nuestro trato hacia los demás. El trato a los demás va íntimamente ligado a nuestro concepto de nosotros mismos. Pero al mismo tiempo, como dice Johnson, "...Pablo no disputa estos reclamos"[48] de los judíos, sin embargo, aunque reconoce esta realidad, él intenta colocar esta realidad bajo la lupa correcta del Evangelio.

2.20 Que tienes en Ley la forma de la ciencia y de la verdad

Esto es un paradigma lo que el apóstol acaba de presentar. La Ley contiene en sí misma la "forma" (MORPHOSIS), lo exterior, el semblante, la silueta, la figura, la sombra de alguien grandioso, Dios. Pero la forma no es Dios. Black muy interesantemente arguye que el sustantivo MORPHOSIS que significa literalmente "apariencia externa"; "espectáculo externo" tenga ese significado en este pasaje.[49]

El apóstol indica que la Ley en sí misma es solamente una resemblanza del carácter de Dios, pero no es dios/Dios en sí misma. La palabra para "ciencia" (GNOSIS) se refiere a un entendimiento intelectual de algo superior o avanzado. La palabra "verdad" (ALETHEIA) se refiere a algo objetivo, palpable y tangible.

Por lo tanto, el apóstol está enfatizando aquí que los judíos fueron quienes recibieron la Ley de Dios escrita con su propio dedo, la cual contiene una forma tangible del carácter de Dios; sin embargo, llegaron a idolatrarla como si fuera Dios mismo, y de hecho, esa es una de las acusaciones que él presenta en los versículos subsiguientes.

Esto nos lleva a una serie de razonamientos y conclusiones pertinentes. Primero, toda la Verdad no es únicamente una serie de

---

[48] Johnson, L.T. (2001). *Reading Romans: A Literary and Theological Commentary.* (Smyth and Helwys Publishing: USA); p. 41.
[49] Black, M. (1989). *The New Century Bible Commentary: Romans.* (Eerdmans: Grand Rapids); p. 51.

reglas, sino que la Verdad es una persona. Segundo, la Verdad es Jesucristo como él mismo aseveró en Juan 14: 1-5. Los judíos rechazaron a Cristo porque se quedaron con la forma (la letra de la Ley) y rechazaron la substancia (Cristo), y este fue un grave error que ha tenido consecuencias eternas. Rechazar la Verdad personificada es caer automáticamente en tinieblas.

Es por eso, que aquellos que estaban supuestos a ser luz para otros, llegaron a estar en más tinieblas que los mismos ciegos espirituales que ellos estaban tratando de enseñar y de guiar. Y como dijo Jesús: "*Si un ciego guía a otro ciego, ambos caerán en el hoyo*" (Mat. 15:14).

2.21 Tú pues que enseñas a otro

Los judíos eran maestros por excelencia, ellos íban por todos los lugares tratando de ganar adeptos para su causa, especialmente después del exilio, así lo expresó Jesús en Mateo 23:15: "*¡Ay de vosotros, escribas y fariseos, hipócritas! Porque recorreis mar y tierra para hacer un prosélito, y una vez hecho, lo hacéis dos veces más hijo del infierno que vosotros*". Y la acusación de Cristo no debe pasar desapercibida, Jesús dijo que son fieles misioneros, pero cuando logran convertir a alguien, hacen a esta persona dos veces peor que ellos mismos.

2.21 ¿No te enseñas a ti mismo?

La frase fue traducida literalmente del Griego. Pablo expresa en parte, la suma del problema del corazón humano y en especial de los judíos, nos gusta decirle a otros qué deben hacer. Al ser humano le gusta ser visto como un modelo para otros. La realidad es que antes de enseñar, se necesita ser enseñado. No hay otra forma de obviar este paradigma. Jesús, por ejemplo, fue un Maestro por excelencia, y yo diría el Maestro perfecto. ¿Razón? Jesús vivía lo que enseñaba, y esto significa que Jesús se 'enseñaba' asimismo. En otras palabras, su vida era un ejemplo viviente de sus palabras.

Por otro lado, Jesús acusó a los maestros de la Ley de su tiempo y a los dignatarios religiosos, que el mayor problema de ellos era que enseñaban algo que ellos mismos no podían ni querían cumplir (Mat. 23: 3-4).

2.21 Tú que predicas que no se ha de hurtar, ¿hurtas?

Pablo los está llamando ladrones (KLEPTO) en sus propias caras. Llamar ladrón a otro es una acusación muy seria. Los judíos predicaban (KERUSSO) en contra de los abusos que los cobradores impuestos hacían hacia ellos, y los acusaban de ladrones y específicamente pecadores (Luc. 15: 2); y es más, acusaron a Jesús de que "comía" con ellos.

¿Cómo era posible para ellos estar robando mientras que al mismo tiempo predicaban que robar era malo? En la Biblia, ¿cuándo es que Dios acusa a la nación de haberle robado? Analicemos esta problemática en detalles.

"*¿Robará el hombre a Dios? Pues vosotros me habéis robado. Y dijistéis: ¿En qué te hemos robado? En vuestros diezmos y ofrendas. Malditos sois con maldición, porque vosotros, la nación toda, me habéis robado*" (Malaq. 3: 8-9). Toda la nación como nación había hecho del diezmo un dios, pues habían olvidado lo más importante del diezmo que es el desprendimiento de un corazón egoísta.

Los judíos en tiempos de Jesús, eran fieles pagadores de diezmos. ¿Por qué Pablo trae este pecado en particular a colación en este contexto? Bueno, Jesús en cierta ocasión dijo a los judíos que diezmaban "la menta, el eneldo y el comino", pero que se olvidaban de lo más importante que era la misericordia (Mat. 23:23).

> CHISMEAR es un acto de robo de la dignidad de otro ser humano

Por otro lado, descuidaban su obligación hacia sus padres porque, según ellos, era su "ofrenda a Dios" (CORBAN – Marcos 7:11), mientras que sus padres posiblemente estaban muriendo de indigencia. Y este tipo de inconsistencia teológica es lo que siempre Jesús y los profetas de la Biblia siempre han atacado.

Además, es harto sabido que los judíos a través de la historia han sido catalogados por sus coetáneos como los "...archiladrones que usaban cualquier tipo de artimaña para entrampar a los prestamistas de dinero..."[50]

Sin embargo, en Lev. 19:16 leemos lo siguiente: "*No andarás chismeando entre tu pueblo. No atentarás contra la vida de tu prójimo, Yo Jehová*". Es decir, CHISMEAR es un acto de robo de la dignidad de otro ser humano, por lo tanto, una de las cosas que Pablo está queriendo enfatizar en este texto de Romanos tiene que ver con un pecado de la lengua.

Sería muy difícil encontrar a alguien que nunca haya dicho algo malo de su prójimo. Quitar la vida a otras personas, y privarles de su derecho y de su dignidad es un abuso y un robo abierto, porque cuando chismeamos en contra de alguien, usualmente queremos (consciente o subconscientemente) elevarnos por encima de esa persona.

2.22 Tú que dices que no se ha de adulterar, ¿adulteras?

El verbo "adulterar" (MOICHEUO) es un verbo cuyo significado primario es 'sostener relaciones ilícitas con la mujer de otro'. Pero en su forma idiomática era usado cuando la persona era llevada a la idolatría o a comer cosas sacrificadas a los ídolos.

Ahora bien, ¿cómo es posible ser un adúltero sin haber tocado a la mujer físicamente? Jesús dijo que cualquiera que tomare a una mujer en su corazón, ya cometió el pecado, sencillamente porque el acto físico es un resultado del acto mental.

No obstante, el verbo adulterar en la Biblia tiene otros significados que no tienen esa connotación sexual. Por ejemplo, Pedro nos dice en su libro que incitar a otros a "hacer lo malo" es tener los "ojos llenos de adulterio". Lo mismo es aplicable al concepto de ser avaro en el mismo versículo. Todo aquél que es un avariento, es un adúltero.

En otras palabras, cuando damos un mal consejo a alguien, obvia y explícitamente estamos incitando a la persona a realizar algún acto de carácter maligno, nos convertimos en adúlteros. Segundo, cuando deseamos tener lo que otros tienen de una manera desenfrenada, nos convertimos en personas avarientas, y a

[50] Ironside, H.A. (1998). *Romans*. (Loizeaux Brothers: USA); p. 43.

este tipo de conductas, la Biblia la equipara o iguala con el ADULTERIO.

El adulterio también es igualado con "las obras de la carne", las cuales incluyen: adulterio, fornicación, inmundicia, lascivia, idolatría, brujerías, enemistades, pleitos, celos, iras, contiendas, disensiones, herejías, envidias, homicidios, borracheras y orgías (Gal. 5: 18-19).

Es posible entonces que aquellos que están enseñando la Ley de Dios a otros, caigan en uno de estos pecados. Sin embargo, el punto es claro, al poner el adulterio espiritual y moral equiparado con el físico e igualado con otros tipos de pecados, el apóstol no está haciendo ninguna diferencia entre ellos.

2.22 Tú que abominas de los ídolos, ¿cometes sacrilegio?

La expresión literal del griego diría: 'Tú que odias las imágenes, ¿robas el templo?'. Y nos preguntamos de inmediato qué quiere decir el apóstol con esta acusación… ¿Cuál es su punto? ¿Hacia dónde quiere llevarnos?

Creo que el apóstol está tratando de establecer de que hay un problema de idolatría. Al decir que cometen sacrilegio, puede estar significando varias cosas:

1. Los individuos contaminan su cuerpo que es símbolo del Templo del Espíritu Santo.
2. Los individuos contaminan los cuerpos de otros que son también templos del Espíritu Santo.
3. Los individuos son idólatras en sí mismos y no lo perciben como idolatría.

Si me pusieran a elegir entre estas tres opciones, primariamente elegiría la opción tres, pero al final las elegiría conjuntamente.

El problema de la idolatría no es necesariamente un problema de adorar imágenes. La idolatría es un pecado que tiene implicaciones más complejas que sencillamente arrodillarse frente a un ídolo. Por ejemplo, veamos este texto: "*Porque como pecado de adivinación es la rebelión, y como ídolos e idolatría la obstinación. Por cuanto tú desechaste la palabra de Jehová, él también te ha desechado para que no seas rey*" (1Sam. 15:23).

Entonces quiere decir que ser 'rebelde' y 'obstinado' en rechazar y no aceptar la 'palabra de Dios' es un acto de idolatría.

Pareciera entonces que el apóstol está tratando de decir a los hermanos que rechazan a la Palabra hecha carne (Juan 1: 1-3, 18) que es Jesucristo, que eso es un sacrilegio, por lo tanto es un acto de idolatría abierto rechazar al único que Dios ha puesto como la salvación de nuestras vidas. Cranfield parece sugerir una idea similar cuando dice que este sacrilegio es obviamente un asunto de conducta que es menos obvia y sutil y que la misma está dirigida en contra de Dios.[51]

En otras palabras, la idolatría aquí consiste en poner nuestros propios conceptos y argumentos por encima de la Palabra de Dios o equiparar la Palabra de Dios con nuestras ideas. También significa rechazar a Jesucristo (la Palabra encarnada) y creer que somos superiores o iguales a él. Llegar a esta conclusión es un acto de idolatría.

2.23 Tú que te jactas de la Ley

Los judíos se vanagloriaban en ser los depositarios de la Ley divina. Se enorgullecían en el hecho de que Dios los había elegido a ellos para ser un pueblo especial y de que Dios les había encargado la Ley más perfecta (Salm 19:7) que algún mortal haya tenido alguna vez. El Rabí Simlay por ejemplo, dijo: "613 mandamientos fueron revelados a Moisés en el Sinaí: 365 prohibiciones, como el número de los días del año solar, y 248 mandatos, como el número de partes en el cuerpo humano".[52]

De hecho, el código de leyes del pueblo Israelita era tan singular y tan único, que ninguna otra nación del mundo ha tenido leyes tan específicas y tan coherentes como las que ellos tenían.[53] La Ley de Dios no solamente cubría el aspecto moral y/o espiritual de los individuos, sino también su aspecto físico, su quehacer

[51] Cranfield, C.E.B. (1985). *Romans: A Shorter Commentary*. (William B. Eerdmans Publishing: Grand Rapids); p. 56.

[52] Makkot 23b. Los 613 preceptos se designan tradicionalmente con el término mnemotécnico *Taryag,* que no es otra cosa más que el cálculo númerico de 613 en Hebreo (t=400; r=200; y=10; g=3).

[53] Por ejemplo, encontramos estipulaciones de la Ley tan interesantes como: "Cuando hayas prestado algún objeto a tu prójimo, no entres en su casa para recobrar la prenda. Te quedarás afuera, y el hombre a quien se la prestaste, te traerá la prenda..." (Deut. 24:10-12).

diario, su negocios, su trato con los demás congéneres, y la misma describe y prescribe el estilo de vida que Dios ha propuesto para nosotros.[54]

De hecho, la Ley de Dios no se apoya en la formación de una nación, sino en la voluntad última de quien la inspira, en este caso, Dios.[55] Y esto hace que la Ley tenga un lugar relevante e indispensable en la vida de los seres humanos.

El verbo 'jactar' viene del Griego KAUCHAOMAI, que quiere decir gloriarse o vanagloriarse en una cosa. Este verbo nunca es usado para referirse al orgullo que se siente por otra persona, siempre es en relación con cosas u objetos.

2.23 ¿Con infracción de la Ley deshonras a Dios?

'¿A través de la Ley', o mejor dicho, 'con la misma Ley deshonras/insultas, averguenzas (ATIMAZO) a Dios?'. Bueno, el punto principal de la acusación de Pablo es que aquellos que se jactan y se glorían de la Ley de Dios, con sus vidas de pecado insultan a Dios porque profesan enseñar algo que ellos mismos no cumplen y no viven. Por lo tanto, el caso en contra de estos individuos instructores de la Ley se torna peor.

El vocablo "infracción" (PARABAZEOS) significa "desviarse", "quebrantar". Así que, Pablo está preguntando si en realidad con desviarnos de lo que Dios ha delimitado para nosotros, estamos honrando a Dios. Obviamente que no, pues se honra a Dios cuando se le obedece, y se le obedece no por miedo, sino por amor.

2.24 Porque como está escrito, el nombre de Dios es blasfemado entre los gentiles a causa de vosotros

Ya aquí el apóstol llegó al climax, todas las acusaciones anteriores no tienen comparación con esta. Esta acusación es el sumario o resultado de una vida indiferente y de rebelión abierta en contra de Dios, mientras que al mismo tiempo se profesa vivir una vida de servicio a Dios.

---

[54] Badenas, R. (1998). *Más Allá de la la Ley*. (Editorial Safeliz: España); p. 39.
[55] Favor ver la obra de Noth, M. (1981). *A History of Pentatheucal Tradition.* (Scholars Press: California).

Pablo está diciendo literalmente aquí que la razón por la que los gentiles blasfeman el nombre de Dios desecrando y quebrantando la Ley de Dios en cualquiera de sus formas, es culpa nuestra. Nuestras vidas no reflejan lo que predicamos y los no creyentes se alejan más de Dios a causa de nosotros. ¡Esto es desastroso!

El apóstol para darle peso a su argumento toma una cita del Antiguo Testamento y la inserta aquí como corolario de sus acusaciones. La cita es tomada de Isaías 52:5 que dice: "*Y ahora, ¿qué a mí aquí, dice Jehová, ya que mi pueblo es llevado sin porqué? Y los que en él se enseñorean, lo hacen aullar, dice Jehová, y continuamente es blasfemado mi Nombre todo el día*".

El contexto de esta frase es muy particular en Isaías, porque el pueblo había sido llevado cautivo por los Asirios sin ninguna razón aparente (Isa. 52: 4). Y la frase de la blasfemación del Nombre de Dios es aplicada en Isaías al pueblo de Israel, no a los Asirios. Y también la frase está en lo que se llama paralelismo; donde la misma idea es repetida dos veces en diferentes formas, sea por contraste, por analogía o por comparación. Así que cuando dice que el pueblo "aúlla" (YALAL –en Hebreo) lo que significa es que el pueblo estaba maldiciendo el Nombre de Dios porque Dios permitió que ellos cayeran en manos del enemigo sin ninguna razón aparente. En otras palabras, el Nombre de Dios era maldecido por los mismo Israelitas, no solo en sus vidas, sino también con sus bocas. Y de hecho, es en este contexto donde la profecía Mesiánica es dada y toma significado.

En conclusión, el apóstol alude a un pasaje bien conocido en la Historia judía para probar su punto. Lo único es que esta vez en lugar de aplicarlo a los judíos como lo hace Isaías, él lo aplica a los gentiles, y nos dice que la razón por la que el Nombre de Dios es maldecido, blasfemado, desecrado entre los no creyentes es por causa nuestra.

Murray dice: "Los judíos que reclamaban ser los líderes de las naciones por su adoración del verdadero Dios, habían llegado a ser los instrumentos de provocar a las naciones a blasfemar. Con esto, la acusación alcanza su climax".[56]

[56] Murray, p. 85.

Por otro lado, hay varias ocasiones en el Nuevo Testamento cuando se habla de blasfemia, de hecho, la Biblia define en el Nuevo Testamento qué es una blasfemia. El verbo 'blasfemado' en este pasaje viene del Griego BLASFEMEITAI, que literalmente significa "hablar mal de otro", "quejarse de otro", "calumniar a otro". Dios es culpado por todo lo que nos ocurre. Pero blasfemar significa también:

- Atribuir a Jesucristo poseer o ser poseído por un espíritu inmundo, y no por el Espíritu de Dios (Mar. 3: 28-30).
- Insultar al pobre y litigar en juicios (Stgo. 2: 5).
- Hablar mal de Dios, de su santuario y de los que moran en el Cielo (Apoc. 13:6).
- Hablar mal de Jesucristo (Hech. 18:6).
- Desobedecer a los amos cuando no se trata de una ofensa a Dios o de carácter moral (1Tim. 6:1).
- Cuando los cónyuges no son obedientes, discretos y cuidadores de sus propias familias (Tito 2:5).
- No arrepentirse cuando los juicios de Dios son manifestados (Apoc. 16: 9, 11).
- Ser incrédulo (1Tim. 1:13).
- Negar que Cristo es igual a Dios o que es Hijo de Dios (Juan 10:36).
- Pensar que Jesús no puede perdonar nuestros pecados (Mat. 9:3; Mar. 2:7).
- Hablar en contra del Espíritu Santo (Luc. 12:9).
- Atribuir dichos a otras personas que son falsos (Rom. 3: 8).

> El pueblo estaba maldiciendo el nombre de Dios porque Dios permitió que ellos cayeran en manos del enemigo sin niguna razón aparente

Vemos entonces que tenemos once (11) descripciones de lo que significa blasfemar en el Nuevo Testamento. Lo que el apóstol parece estar diciendo en este texto, es que los no creyentes cometen este tipo de pecados, niegan la divinidad de Cristo y no se comportan debidamente, aparte de que son rebeldes y obstinados, y esto mismo les impide arrepentirse, a todo esto Pablo le llama BLASFEMAR el Nombre de Dios.

2.25 Pues en verdad la circuncisión aprovecha, si guardas la Ley

'Porque la circuncisión ciertamente es útil si se practica la Ley'; es así como leería literalmente el texto. Gill nos recuerda que en la mente del apóstol, esta expresión significa que para Pablo la circuncisión era importante "cuando estaba en su apogeo"[57] O como bien señala Bence: "La circuncisión era ambos, un acto y una señal –un acto de obediencia y una señal de un compromiso más profundo y de responsabilidad a Dios".[58]

Ahora bien, debemos entender que aquí el apóstol no se está limitando necesariamente a la circuncisión física, sino que los epítetos "circuncisión" e "incircuncisión" pueden también entenderse como los "creyentes" y los "no creyentes" respectivamente. Por lo tanto, cada vez que habla de los de la circuncisión, se refiere a los creyentes e incircuncisión, quiere decir no creyentes. 'Ser creyente tiene algún provecho, beneficio, utilidad si junto con la creencia se practica o se guarda la Ley. De hecho, ese es el significado del verbo "aprovecha" (OFELEI). Tiene que ver con algún beneficio o ganancia que recibimos o hacemos.

Sin embargo, hablando de la circuncisión, nos preguntamos, ¿por qué Dios eligió dicho símbolo como señal del pacto con Abrahám. ¿Por qué Dios no eligió poner una marca sobre la frente como hizo con Caín? (Gen. 4:15). ¿Por qué una señal que traería dolor temporal a quien la practicara? (Gen. 34: 24-25). Bueno, algunas consideraciones que pienso deberían tomarse en cuenta en el porqué de esta acción.

1. La circuncisión fue una nueva forma de señalizar el pacto. Hasta donde conocemos, no hay evidencia de que ninguna otra nación del mundo o persona antes de Abrahám practicara la circuncisión.

---

[57] Gill, J. (2002). *An Exposition of the Epistle of Paul the Apostle to the Romans.* (Particular Baptist Press: Missouri); p. 63.

[58] Bence, C.L. (1996). *Romans: A Bible Commentary In the Wesleyan Tradition.* (Wesleyan Publishing House: IN); p. 59.

2. Los pactos usualmente debían ser con sangre, al cortar el prepucio, sangre era derramada.
3. A menudo, los pactos antiguos eran concebidos como festividades públicas y a la vista de todos. No así con la circuncisión, ésta debía ser en privado entre Dios y el individuo.
4. En tiempos antiguos los que habían hecho pactos eran fácilmente identificables por lo público del acto. No así con la circuncisión, solamente Dios podía saber literalmente quiénes habían hecho pacto con él y se habían circuncidado para mostrar la señal de dicho pacto.
5. La circuncisión era practicada al octavo (8vo) día a todos los niños varones.
6. El número ocho (8) en tiempos antiguos simbolizaba la resurrección, es por eso que encontramos que Jesús resucita en día Domingo, pero es mencionado 8 veces por los 8 escritores del Nuevo Testamento. De hecho, el libro de Hebreos habla de un mejor pacto, una mejor sangre, un mejor sacerdocio, etc., y cuando enumera la octava cosa mejor, lo que dice es "*una mejor resurrección*" (Heb. 11: 35). Pedro también cuando habla de los ocho (8) que se salvaron, dice que el diluvio era una figura del BAUTISMO, y el bautismo es símbolo en sí mismo de sepultura y cuando se sale de las aguas del bautismo es resurrección a una nueva vida (Rom. 6: 4-5).
7. El hecho de que la circuncisión era practicada a todos los niños varones y nunca a las niñas, ejemplifica el rol que Dios ha puesto sobre el varón como sacerdote y guía del hogar.
8. Lo interesante de la circuncisión física es que una vez que el prepucio es removido, nunca más vuelve a ser parte del cuerpo del individuo.
9. La remoción del prepucio implica que la parte interna del órgano nunca más estaría cubierto por una telilla de carne llamada prepucio.
10. Esto simbolizaba la resurrección a una nueva vida. Una vez que el prepucio era cortado, el órgano nunca más luciría igual. Lo mismo es aplicable al creyente en Jesucristo.

Una vez que se ha nacido de nuevo, no podemos ser las mismas personas; la Biblia dice que somos "*nuevas criaturas*" (2Cor. 5: 17).

11. Por lo tanto, la circuncisión era una parábola dicha físicamente que tipificaba el nuevo nacimiento del cual habla Jesucristo en Juan 3, en su entrevista con Nicodemo.
12. La circumsión era la mejor señal que podía usarse que pudiera ejemplificar dicha enseñanza de una manera tan objetiva, visible y especial.

No obstante, creer únicamente sin ejercitar obediencia en quien profesamos creer, no es útil en si mismo. A la verdad, el apóstol establece que hay ventajas cuando se es obediente. De hecho, el escritor a los Hebreos les recuerda a los hermanos que Dios no ha de olvidar sus buenas obras y labores (Heb. 6: 10).

2.25 Pero si eres transgresor de la ley, tu circuncisión viene a ser incircuncisión

"Trangresor" (PARABATES) significa alguien que rompe lo establecido, las normas que son hechas para ser obedecidas. Cuando se rompe el pacto de la Ley, nuestra creencia/ "circuncisión" (PERITOME) se convierte en incredulidad.

Es necesario entonces que no solamente creamos en Jesucristo y sepamos en quién hemos creído, sino que también debemos ejercer obediencia en la persona que profesamos creer. Creer no puede ser únicamente un asentimiento intelectual o del corazón, la misma debe ser traducida en una praxis diaria; es la permutación de una conducta mala y pecadora a una conducta sin corrupción, limpia y que genere la alabanza a Dios el Padre por parte de los hombres.

2.26 Si, pues, el incircumciso guardare las ordenanzas de la Ley

'Si el incircumciso (AKROBUSTIA) guardare (PHULAZZO) la justicia (DIKAIOMA) de la Ley'. Esta sería una traducción literal del texto. El original no está hablando de guardar "ordenanzas" o normas, sino de guardar la "justicia de la Ley".

Esto implica que existe cierta justicia intrínseca en la Ley misma, pero esta no es suficiente para la salvación. A veces queremos obviar el hecho de que no existe ningún tipo de justicia en la observancia de la Ley, pero la realidad es que tendríamos mucha más dificultad explicando algunos textos si negáramos que la Ley no tiene algún tipo de justicia intríseca.

Por ejemplo, encontramos a Jesús diciéndole al pueblo y a sus discípulos que "su" justicia debía ser **mayor** que la de los Fariseos y Escribas, de lo contrario no entrarían en el reino de Dios (Mat. 5:20). Y la justicia de estos individuos venía únicamente de su pretendida observancia a la Ley de Dios. Aunque en realidad, Jesús está reconociendo que ellos tenían cierta justicia, pero la misma no es suficiente. Este concepto es atestiguado mayormente por la palabra usada por Jesús en Mat. 5: 20 para decir "mayor" (PERIZZEUO), que indica claramente un concepto numérico y/o de excelencia superior.

> Me imagino que esta declaración llenaba a los judíos de más odio hacia Pablo, pues él echa por el suelo lo que ellos consideraban de más alta estima: a) la raza; b) la circuncisión

Por lo tanto, Pablo está mirando la posibilidad de que el no creyente pueda estar guardando la Ley de Dios de alguna forma, de hecho, ya dijo él en unos versículos anteriores, de que los gentiles "son Ley para sí mismos", porque tienen la Ley de Dios "escrita en sus corazones". Entonces no sorprende que Pablo está mirando este fenómeno como una posibilidad dentro de su argumentación.

2.26 ¿No será tenida su incircuncisión como circuncisión?

En lugar de "tenida", en el original dice "contada" (LOGIZOMAI). Y es cuando a alguien se le atribuye un dinero que no tiene en una cuenta que debe. La pregunta formulada es obvia, lo mismo que la respuesta que se desprende de la pregunta misma. ¡Claro que un sí! Es la respuesta obligada a esta pregunta, porque lo que importa no es la profesión de creencia en algo o en alguien, sino también que la obediencia cuenta en sumo grado.

O como lo menciona Gifford, "La razón por lo que circuncisión aprovecha tan poco..., es que esta no es verdadera circuncisión [la física] del corazón, sino sólo la señal, sin la gracia".[59]

2.27 Y el que físicamente es incircumciso, pero guarda perfectamente la Ley

Esta declaración indica claramente que cuando Pablo estaba hablando de la "circuncisión" en los versos anteriores, no se refería al aspecto físico, sino a la creencia en... De otra manera, para qué introducir ahora el aspecto de la circuncisión física. Es necesario entonces ver que el apóstol está observando dos aspectos claves de la circuncisión, y al introducirlo aquí lo que va a ocurrir es contrastar una cosa con la otra como veremos más adelante.

En este pasaje en particular, el apóstol no puede estar equiparando circuncisión con 'creencia' ni viceverza, porque de otra manera él estaría diciendo que es posible guardar la Ley de Dios sin ser creyente, lo cual sería una aberración.[60] Es por eso que él introduce el aspecto de la circuncisión física. El texto leería más o menos así: 'Y el que es juzgado (KRINO) incircunciso naturalmente (PHUZEOS), pero guarda la Ley'.

Por lo tanto, el hecho de que los gentiles sean Ley para sí mismos, no indica necesariamente que ellos obedecen los dictámenes de la Ley. Y Pablo lo que realmente quiere decir es que existe la posibilidad de que alguna persona que no ha sido circumcidado al octavo (8vo) día, pueda llevar a cabo los requerimientos que Dios pide. Por otro lado, como bien señala Bence,

> "Hay un foco *interno* que determina nuestra relación con Dios –la condición de nuestro corazón. Dios ha dado testimonio de su regla

[59] Gifford, E.H. (1886). *The Epistle of St. Paul to the Romans.* (William Clowes and Sons: London); p. 80.

[60] El lector podrá decir que me estoy contradiciendo de una página a otra. La realidad es que hay que ver estos asuntos en sus contextos inmediatos y no limitarlos por ciertos paradigmas aparentes establecidos por la mayoría de los exégetas.

moral a todos los corazones de todas las personas (v. 15), sean judíos o gentiles. Estar bien con Dios origina una identidad interna y externa, la cual Pablo llamó **la circuncisión del corazón** (v. 29)".[61]

2.27 Te condenará a ti, que con la letra de la Ley y con la circuncisión eres transgresor de la ley

El texto establece dos cosas primarias, primero, los judíos circumcidados no guardaban la Ley de Dios, eran transgresores *per se*. Segundo, tener o poseer la letra de la Ley y haber sido circuncidado como señal del pacto, no es garantía de que se obedece la Ley.

Un tercer posible aspecto de la expresión es que cuando habla de "condenar", no está diciendo que la persona se sienta en el estrado como juez de otros, sino que es una expresión idiomática que indica que si un estudiante entre 25 saca una nota perfecta en el examen requerido por el maestro, este estudiante ha CONDENADO al resto porque indica que el examen es posible pasarlo y que es posible sacar una nota perfecta. De hecho, lo mismo se dice de Noé cuando el escritor de Hebreos menciona que él condenó al mundo: "*Por la fe Noé, habiendo recibido respuesta de cosas que aún no se veían, con temor aparejó el arca en que su casa se salvase. Por esa fe condenó al mundo, y fue hecho heredero de la justicia que es por la fe*" (Heb. 11: 7). Y esto no significa en lo absoluto significa que Noé se sentó a juzgar a sus coetáneos, no. Es sencillamente una expresión que indica pasar el examen requerido.

2.28 Pues no es judío el que lo es exteriormente

Me imagino que esta declaración llenaba a los judíos de más odio hacia Pablo, pues él echa por el suelo lo que ellos consideraban de más alta estima: a) la raza; b) la circuncisión.

La palabra para "exteriormente" (FANEROS), y ya hablamos del uso de esa palabra en el primer capítulo, y decíamos que la misma era usada para ejemplificar la aparición física, visible

---

[61] Bence, p. 58. –énfasis nuestro.

y tangible de algo, en este caso, la circuncisión. Por lo tanto, Pablo está aquí minimizando a lo sumo lo que los judíos tenían como lo más valioso de su vida religiosa, la circuncisión, una señal visible que estaría con ellos hasta el día de su muerte que los identificaba, según ellos, como hijos del pacto.

El otro aspecto que se desprende de esta declaración como veremos en el siguiente párrafo, es que Pablo amplía el concepto "judío", y le dá una más amplia aplicación al término. El no se limita a ver a los judíos como únicamente los de su raza, sino que hay ciertos requerimientos que deben ser presentados para que una persona pueda ser considerada judío/a sin haber nacido siéndolo.

2.28 Ni es la circuncisión la que se hace exteriormente en la carne

La salvación no es asunto étnico, sino de un fenómeno interior llamado nuevo nacimiento en Cristo

De nuevo, Pablo re-interpreta que la circuncisión no es válida si es únicamente en la carne. Para él, la circuncisión debía tener un simbolismo más amplio que sencillamente el aspecto físico como mencionamos anteriormente. Por lo tanto, Pablo amplía el concepto de la circuncisión, y establece que el acto físico no es mayor que el significado mismo que la circuncisión encierra como explicamos en las razones anteriores del porqué la circuncisión.

'Ni es la "circuncisión" (PERITOME) la que se hace "físicamente" (FANERO) en la "carne" (ZARKI)'. De nuevo el aspecto de la circuncisión se amplía a algo más importante y substancioso que el mero despliegue físico de la circuncisión. El apóstol todavía no ha explicado cuál circuncisión es más importante, pero obviamente que la física NO es la más importante, eso es evidente en el texto mismo.

2.29 Sino que es judío el que lo es en el interior

Ahora es cuando el apóstol comienza a establecer la igualdad del corazón humano y enfatiza el hecho de que la salvación no es asunto étnico, sino de un fenómeno interior llamado nuevo nacimiento en Cristo.

'Al contrario, es judío el que es en lo interior', así diría una traducción literal. El vocablo "interior" (KRUPTO) como es usado aquí se refiere a algo que no se ve física ni tangiblemente, sino que es un asunto escondido y secreto que solamente Dios sabe. "En este pasaje Pablo radicalmente "desnacionalizó" la elección. El verdadero judío no es el circuncidado en la carne, sino aquél que brinda evidencias de la elección al mostrar una actitud de corazón correcta hacia Dios (v.29).".[62]

El apóstol establece aquí que para ser un judío verdadero tiene que ocurrir un nuevo nacimiento dentro del corazón del individuo. Esto elimina toda posibilidad de que la salvación sea un asunto racial, corporativo o étnico. En realidad la salvación siempre ha sido y continúa siendo un asunto individual del corazón humano con su Dios.

2.29 Y la circuncisión es la de corazón

El apóstol está citando a Joel 2: 13, donde dice: "*Rasgad vuestro corazón, y no vuestro vestido...*". Pablo aplica el mismo concepto de ROMPER el vestido y el corazón como cuando se rompe la carne del prepucio y lo aplica directamente al corazón. Por lo tanto, la circuncisión es la del "corazón" (KARDIA), es decir, el asiento de la mente, las emociones y el intelecto. el arrepentimiento y el cambio de mente.

La razón de esto es que el Evangelio es para traer a la obediencia de la fe a todas las naciones. Y como dice Bartlett, dicha obediencia crece de la fe, y es la fe lo que ha de ser introducido en Romanos 3. Y aquí Pablo sigue con su distintiva interpretación de que para Dios no hay acepción de personas.[63]

2.29 En espíritu, no en letra

De nuevo, tener la "letra" (GRAMMATI) de la Ley no es una salvaguarda ni tampoco una garantía de la salvación. Se

---

[62] Polhill, J.B. (1999). *Paul and His Letters.* (Broadman & Holman Publishers: Tennessee); p. 286

[63] Bartlett, D.L. (1995). *Romans.* (Westminster John Knox Press: Kentucky); p. 35.

requiere que los verdaderos adoradores adoren a Dios en espíritu y en verdad (Juan 4: 23-24). Es únicamente con la presencia del Espíritu de Dios que el ser humano puede adorar al Padre en espíritu. El conocimiento de las letras de la Biblia o de la Ley de Dios nunca han salvado a nadie ni podrán salvarle, se necesita el nuevo nacimiento dado únicamente por el Espíritu Santo (Juan 3).

2.29 La alabanza del cual no viene de los hombres sino de Dios

Esta expresión pareciera que nada tiene que ver con lo expresado anteriormente. Pero el apóstol lo que hace es contrastar como el ser humano se jacta de aspectos físicos y externos. De hecho, a la raza humana siempre le ha gustado desplegar lo que tiene para que otros vean las cosas que poseen. Este fue el mismo pecado de Ezequías, Dios le sanó y los embajadores de Babilonia vinieron a ver cómo Dios había hecho este gran milagro, pero en lugar de hablar de las maravillas de Dios, Ezequías les mostró todos los tesoros y todo el oro y toda la plata que tenía guardada a estos hombres incircumcisos (no creyentes), y esos mismos hombres fueron los que algunos años más tarde regresaron para llevarse el oro que necesitaban para ser un imperio rico y poderoso como ningún otro imperio.

De la misma manera, nosotros pecamos cuando hacemos alarde de las cosas que tenemos o que poseemos. Alabarse de lo que uno tiene o de lo que uno es no es bueno. Salomón decía: "*La mayoría de los hombres proclaman su propia bondad, pero hombre fiel, ¿quién lo hallará?*" (Prov. 20: 6). Deberíamos esperar a que sea Dios quien nos alabe. ¿Cómo lo hace? Cuando Dios nos coloca mesa en presencia de nuestros angustiadores; cuando nos unge con el aceite del Espíritu Santo; cuando la misericordia y el bien nos siguen todos los días de nuestra vida (Salm. 23: 5-6). Dios nos alaba cuando él nos hace subir sobre la alturas de la tierra y nos dá a comer la heredad de otros (Isa. 58: 14). Es cuando Dios dice en el Concilio Divino, existe un hombre/una mujer en la tierra que es perfecto, recto, mi siervo/a, temeroso de mí y apartado del mal que no hay otro como él/ella sobre la tierra, y que retiene su perfección (Job 1: 8; 2: 3).

Dios está más que deseoso de encontrar hombres y mujeres con este tipo de temple. Personas que él pueda decir de ellos que son sus siervos, que son obedientes a él sin importar lo que les ocurra y mantener su integridad.

A esta "alabanza" (EPAINOS) es a la que el apóstol Pablo se refiere. Es una aprobación divina de que lo hecho tiene el visto bueno del Cielo. Esa es la verdadera alabanza y no la "jactancia" (KAUCHAZAI) de tener o poseer algo tangible y físico en la tierra. Porque como dijo Jesús: "*El que dejare padre, madre, hermano, hermana y cosas por causa de mí, éste obtendrá la vida eterna*". Y en esta frase, Jesús estableció un principio imperecedero, podremos no tener nada tangible, visible y físico e incluso, perder nuestra vida, pero si tenemos a Dios con nosotros, lo hemos ganado todo, porque al final se nos restituirá con creces y mucho mejor lo que aparentemente perdimos mientras estuvimos en este mundo de peregrinación.

COMENTARIO DEL CAPITULO TRES

1 ¿Qué ventaja tiene, pues, el judío? ¿o de qué aprovecha la circuncisión?
2 Mucho, en todas maneras. Primero, ciertamente, que les ha sido confiada la palabra de Dios.
3 ¿Pues qué, si algunos de ellos han sido incrédulos? ¿Su incredulidad habrá hecho nula la fidelidad de Dios?
4 De ninguna manera; antes bien sea Dios veraz, y todo hombre mentiroso; como está escrito: Para que seas justificado en tus palabras, Y venzas cuando fueres juzgado.
5 Y si nuestra injusticia hace resaltar la justicia de Dios, ¿qué diremos? ¿Será injusto Dios que da castigo? (Hablo como hombre.)
6 En ninguna manera; de otro modo, ¿cómo juzgaría Dios al mundo?
7 Pero si por mi mentira la verdad de Dios abundó para su gloria, ¿por qué aún soy juzgado como pecador?
8 ¿Y por qué no decir (como se nos calumnia, y como algunos, cuya condenación es justa, afirma que nosotros decimos): Hagamos males para que vengan bienes?
9 ¿Qué, pues? Somos nosotros mejores que ellos? En ninguna manera; pues ya hemos acusado a judíos y a gentiles, que todos están bajo pecado.
10 Como está escrito: No hay justo, ni aun uno;
11 No hay quien entienda. No hay quien busque a Dios.
12 Todos se desviaron, a una se hicieron inútiles; No hay quien haga lo bueno, no hay ni siquiera uno.
13 Sepulcro abierto es su garganta; Con su lengua engañan. Veneno de áspides hay debajo de sus labios;
14 Su boca está llena de maldición y de amargura.
15 Sus pies se apresuran para derramar sangre;
16 Quebranto y desventura hay en sus caminos;
17 Y no conocieron camino de paz.
18 No hay temor de Dios delante de sus ojos.

19 Pero sabemos que todo lo que la ley dice, lo dice a los que están bajo la ley, para que toda boca se cierre y todo el mundo quede bajo el juicio de Dios;

20 ya que por las obras de la ley ningún ser humano será justificado delante de él; porque por medio de la ley es el conocimiento del pecado.

21 Pero ahora, aparte de la ley, se ha manifestado la justicia de Dios, testificada por la ley y por los profetas;

22 la justicia de Dios por medio de la fe en Jesucristo, para todos los que creen en él. Porque no hay diferencia,

23 por cuanto todos pecaron, y están destituidos de la gloria de Dios,

24 siendo justificados gratuitamente por su gracia, mediante la redención que es en Cristo Jesús,

25 a quien Dios puso como propiciación por medio de la fe en su sangre, para manifestar su justicia, a causa de haber pasado por alto, en su paciencia, los pecados pasados,

26 con la mira de manifestar en este tiempo su justicia, a fin de que él sea el justo, y el que justifica al que es de la fe de Jesús.

27 ¿Dónde, pues, está la jactancia? Queda excluida. ¿Por cuál ley? ¿Por la de las obras? No, sino por la ley de la fe.

28 Concluimos, pues, que el hombre es justificado por fe sin las obras de la ley.

29 ¿Es Dios solamente Dios de los judíos? ¿No es también Dios de los gentiles? Ciertamente, también de los gentiles.

30 Porque Dios es uno, y él justificará por la fe a los de la circuncisión, y por medio de la fe a los de la incircuncisión.

31 ¿Luego por la fe invalidamos la ley? En ninguna manera, sino que confirmamos la ley.

Introducción

En el capítulo anterior vimos cómo los parámetros del pacto[1*] dado a Israel no valen nada cuando viene al punto de la

---

[1] No estoy de acuerdo con Anderson en este respecto y su posición sobre el pacto divino, pues la manifestación de la Justicia divina en Cristo es con la intención primaria de incluir a los violadores del pacto en una relación pactual aceptable con su hacedor. Para una idea más detallada de la posición de este autor, favor ver a: Anderson, R. (1997). *Redemption Truths*. (The Ages Digital

salvación. Todos necesitamos comparecer ante el Juez de toda la tierra, y el importe de dicho axioma implica que se necesita algo más que elección o circuncisión para poder salir libre en el juicio. Aquí el apóstol introduce un nuevo elemento con una interpretación novedosa a la paradoja conceptual que él estableció en el capítulo dos: 'salvos por gracia' vs 'juzgados por obras'.

Este nuevo elemento es la fe. La fe que es generada dentro del corazón humano como un regalo divino que habilita al penitente a apropiarse de las promesas divinas y confiar que Dios es lo suficientemente justo como para acreditar a quien cree en Jesucristo sus méritos incomparables.

Furnish describe lo que él entiende es lo que está ocurriendo con la fe; para él, Pablo reclama que la justificación es sobre la base de la fe, sin las obras, y, presume que la fe significa la sujección de cualquier supuesto reclamo que alguno que obra tiene sobre Dios; al contrario, es más bien el reconocimiento y entrega de los reclamos totales que Dios hace sobre el penitente.[2]

Sin embargo, Gale enfatiza el hecho, por ejemplo, de que cuando la Escritura dice que Abrahám "creyó a Dios", "...en su propio contexto esto no incluye todo lo que Pablo quiere significar [con el vocablo] fe";[3] esto nos lleva a pensar que la fe incluye algo más que reclamar alguna cosa de Dios. La fe tiene que incluir todo el quehacer humano en sus más profundas emociones. En realidad, es como bien señala Denney: "La fe es una actitud y acto del alma, en el cual todo el ser está envuelto, y es determinado por y a través de su objeto [Cristo]".[4]

Este capítulo intenta presentar una interpretación balanceada del rol de los judíos en la dispensación soteriológica y de la importancia de una correcta interpretación de ciertos conceptos paulinos que no aparecen en ningún lado solamente

---

Library Commentary: Albany); pp. 40-46.

[*] Las notas bibliográficas para este capítulo comienzan en la página 212.

[2] Furnish, V.P. (1968). *Theology and Ethics in Paul.* (Abingdon Press: Nashville); p. 194.

[3] Gale, H.M. (1964). *The Use of Analogy in the Letters of Paul.* (The Westminster Press: Philadelphia); p. 174.

[4] Denney, J. (1997). *The Death of Christ.* (The Ages Digital Library Commentary: Albany); p. 122.

aquí. El apóstol no escatima esfuerzos en presentar la impotencia de la naturaleza humana para hacerse justa asimisma, y en cambio, presenta a Cristo como la "Justicia" divina que ha sido provista para el pecador que cree en ella.

El tema de la justificación es introducido con fuerza en este capítulo y aunque no estoy completamente de acuerdo con Kirk,[5] es necesario ver estos detalles para tener un correcto entendimiento de lo que el apóstol quizo decir realmente. Por ejemplo, él percibe correctamente que el vocablo "justicia" en el griego clásico tiene dos significados básicos: a) hacer justicia; b) impartir justicia.[6]

Y el acto mismo de hacer justicia e impartir justicia sobre los seres humanos, es un acto divino de la gracia de Dios. Anderson bien apunta que mientras la gracia de Dios esté reinando, no puede haber una distinción entre una clase de pecadores y otra; entonces, no hay diferencia.[7] Lo cual es totalmente opuesto al concepto judío de la elección divina.

Ser judío no es necesariamente el ser miembro de la raza, sino que el apóstol se está refiriendo a un nuevo nacimiento del interior y a la renovación de la mente en Jesucristo.

Entonces lo que veremos aquí es sencillamente la iniciativa divina de introducir el don de la fe para que a través de ese don el hombre pueda apropiarse de la Justicia divina otorgada en Cristo. Simplemente es que la Justicia divina no puede ser una realidad en el corazón humano, a menos que la fe sea ejercitada en Dios. En palabras de Owen: "Es la voluntad de Dios que nosotros coloquemos nuestra fe y confianza en él como la única forma de

[5] Kirk, K.E. (1937). *The Epistle to the Romans*. (The Clarendon Press: Oxford); p. 48. En su opinión, "justificación" nunca debe ser comparada con "salvación", y a la verdad es que estoy en completo desacuerdo con esa posición, dada la evidencia bíblica del Antiguo Testamento.

[6] Idem.

[7] Anderson, R. (1997). *Forgotten Truths*. (The Ages Digital Library Commentary: Albany); p. 24.

ser aceptados por él".[8] O en palabras de Lockyer: "Si el pecador ha de tener una justicia aceptable ante Dios, ésta debe ser divinamente provista".[9] Esto claramente indica que Dios espera que el hombre utilice el don de la fe que él ha otorgado, de otra manera, no sería posible para nosotros entablar la relación de amor que Dios quiere establecer con su pueblo si no es a través de la fe.

3.1 ¿Qué ventaja tiene, pues, el judío?

La pregunta misma sugiere que ser judío/creyente es ventajoso en sí mismo. Que hay beneficios intrínsecos en ser parte de este grupo elegido tan especial. La respuesta es obvia y el apóstol la contesta con una serie de argumentos que son irrefutables. En la opinión de Cranfield, la pregunta es hecha con la clara intención de cuestionar la credibilidad de Dios.[10] Plumer identifica una serie de elementos importantes que nos permiten a nosotros ver ciertamente que los judíos poseían ciertas ventajas: por ejemplo, él identifica asuntos como: "...la Ley, los registros de los reyes malos y buenos; los mejores proverbios; las canciones más sublimes...",[11] entre otras cosas más.

Pero la pregunta en el original no lleva el verbo "tiene", por lo tanto, debemos re-formular la pregunta: 'Por lo tanto (OUN), ¿cuál (TIS) es la ventaja (HO PERIZZOS) del judío (HO IOUDAIOS)'. Pienso que existe una ligera diferencia en el sentido de la pregunta al eliminar el verbo "tiene" que no existe en el original, pero los traductores lo suplen para darle el sentido.

Primero, al mencionar la palabra "por lo tanto", indica que es una continuación de lo expresado en el capítulo anterior,

---

[8] Owen, J. (1997). *Christologia*. (The Ages Digital Library Commentary: Albany); p. 178.

[9] Lockyer, H. (1964). *All the Doctrines of the Bible*. (Zondervan Publishing House: Grand Rapids); p. 209.

[10] Cranfield, C.E.B. (1985). *Romans: A Shorter Commentary*. (Eerdmans Publishing: Grand Rapids); p. 60. Aunque no etoy seguro si estoy de acuerdo totalmente con Cranfield en este punto, porque puede ser que la pregunta fue hecha con la intención no de cuestionar la credibilidad de Dios, sino con la intención de clarificarnos a nosotros los roles de uno y otro, es decir, judíos y gentiles.

[11] Plumer, WM.S. (1971). *Commentary on Romans*. (Kregel Publications: Grand Rapids); p. 110.

especialmente el último versículo. Es decir, ser judío no es necesariamente el ser miembro de la raza, sino que el apóstol se está refiriendo a un nuevo nacimiento del interior y a la renovación de la mente en Jesucristo como veremos más adelante.

Segundo, el verbo TENER implica que se es dueño de algo o que se posee alguna cosa, pero el que ha nacido de nuevo en lugar de sentir que es dueño de nada, lo que siente es que es mayordomo de los dones que Dios le ha prestado.

En conclusión, ser judío, en el sentido en el cual Pablo explicó en el capítulo dos y como analizamos en el capítulo anterior de este libro, es haber nacido de nuevo. Es haber experimentado la transformación de la mente y del corazón. Es haber sufrido la metamorfosis de una vida de pecado y de rebelión a una mente subyugada a la influencia del Espíritu Santo.

3.1 ¿O de qué aprovecha la circuncisión?

De nuevo, se re-afirma más lo que venimos diciendo, Pablo está hablando de la re-generación interna y del corazón. Y cuando habla de la circuncisión, está hablando del acto de romper las cadenas (la carne), en sentido metafórico, del pecado y dejar que el hombre interior salga y nunca más vuelva a su condición original.

La frase original diría: '¿Cuál es la ventaja (OFELEI) de la circuncisión?'. Por lo explicado anteriormente, las respuestas no pueden ser mal entendidas en ninguna forma. Si la circuncisión simboliza el arrepentimiento del corazón empedernido y pecador, entonces la utilidad es muy grande porque para allegarse a Dios, primero hay que arrepentirse de los pecados.

La pregunta en sí misma indica que hay algún beneficio intrínseco en la circuncisión, pero no la física, sino la del corazón. Pues en el verso anterior eso es lo que apóstol acaba de demostrar que la verdadera circuncisión no es de la carne, sino del corazón. Entonces volvemos al mismo dilema, no es el acto mismo de la circuncisión lo importante, sino lo que ésta representa.

3.2 Mucho, en todas maneras

Como dijimos antes, este "Mucho, en todas maneras" (POLU KATA PANTA), indica que hay gran ventaja en ser judío espiritual, pues recibimos ciertos beneficios y privilegios que los no judíos, es decir, los no creyentes nunca poseen ni van a recibir, a menos que decidan arrepentirse de sus malas obras. Es decir, por cualquier lado que se le mire, hay grandes ventajas que el creyente recibe inherentemente, solo por ser creyente en Jesucristo.

Sin embargo, debemos también ver estos pasajes a la luz de la idea de que Pablo se está refiriendo también a los judíos literales en la carne. Debemos hacerlo así, porque la analogía está presentada, pero el apóstol no hace ninguna diferencia de cuándo está hablando de uno (judío literal) o del otro (judío espiritual), y es el contexto inmediato el que nos va a indicar esta diferencia, en mi opinión.

3.2 Primero, ciertamente, que les ha sido confiada la palabra de Dios

'En primer lugar, a ellos les fue "confiada" (EPISTEUDEZAN) la "palabra" (LOGION) de Dios'. Al aceptar a Jesucristo, llegamos a ser deudores al mundo, por lo tanto, Dios nos otorga dones, y uno de ellos es su Palabra. El nos permite ser partícipes de los oráculos divinos y ser transformados al entrar en contacto con ellos, al mismo tiempo que compartimos con otros de estas grandes bendiciones.

Ser creyente, o judío en el sentido como Pablo lo explicó, es recibir de inmediato el privilegio de ser depositarios de su palabra, sea encarnada o escrita. Y esto nos coloca en una posición muy única y singular de responsabilidad para predicar el evangelio, el cual nos ha sido encargado a nosotros.

3.3 ¿Pues qué, si algunos de ellos han sido incrédulos?

'Pues qué, si alguno (TIS) ha sido incrédulo (APISTEUO)'. Esta expresión re-enfatiza lo que hemos venido diciendo, Pablo no está hablando de la etnicidad del Judaismo, sino del nuevo nacimiento. ¿Razón? Es en esta pregunta donde por fin Pablo introduce a los Judios de carácter étnico que no creen en Jesucristo, al etiquetarlos como "ALGUNO/S DE ELLOS".

Por lo tanto, entre todo el vasto número de creyentes que han existido en el mundo, los judíos son en realidad una minoría. Y esto no lo digo con la intención de minimizar su rol ni su importancia, porque como veremos más adelante, ellos (los judíos en la carne) han jugado un papel esencial en toda esta trama y urdimbre geo-político-religiosa, sino que lo digo con la clara intención de clarificar lo que está expuesto aquí en los escritos paulinos.

Por otro lado, estos ALGUNOS incrédulos, es lamentable que sean precisamente ellos, los judíos en la carne, lo que han decidido estar entre el exclusivo grupo de ALGUNOS. Ellos deberían ser los últimos en ser mencionados en este grupo, pero en la mente del apóstol, son los primeros en ser mencionados porque ellos van a la cabeza del equipo que es incrédulo. La implicación es incluso irónica en sí misma, después de haber recibido la Palabra de Dios, ellos han decidido NO creerla. Esto de por sí es un fracaso y craso error en vista de lo que les fue confiado. Y aquí, sencillamente el apóstol está poniendo a prueba la falacia del exclusivismo judío con su propio concepto de la "unidad y universalidad de Dios".[12]

> Entre todo el vasto número de creyentes que han existido en el mundo, los judíos son en realidad una minoría.

3.3 ¿Su incredulidad habrá hecho nula la fidelidad de Dios?

Para algunos que piensan que Dios tiene que cambiar sus planes vez trás vez, esta pregunta refleja que no importa lo que el ser humano haga con lo que Dios le ha confiado, Dios sigue siendo Fiel, porque este es un atributo intrínseco de su carácter. De hecho, si alguna vez él quisiera elegir no ser fiel, no podría, porque estaría yendo en contra de su propia naturaleza. Ahora bien, lo que nos concierne aquí es si la incredulidad del pueblo judío específicamente y los otros algunos que le siguen, ANULAN la fidelidad de Dios.

Bueno, KARGEO se refiere al acto de 'activar' o 'desactivar' alguna cosa. La expresión literal diría más o menos así: '¿Su incredulidad (APISTIA) habrá desactivado (KARGEZEI)

[12] Davis, T.A. (1971). *Romans For the Every Day Man*. (Review and Herald Publising Association: Maryland); p. 56.

la fidelidad (PISTIS) de Dios?'. Si la respuesta a esta pregunta es "SÍ", entonces, el ser humano es comparado e igualado con Dios, lo cual no es posible.

La respuesta obviamente tiene que ser NEGATIVA, porque Dios "*no es hombre para que mienta, ni hijo de hombre para que se arrepienta*" (Num. 23:19). Dios no puede manejarse en los mismos términos que el ser humano, sino que el carácter de Dios va más allá de la bajeza humana y se distingue especialmente por el contraste con el resto de sus criaturas pecadoras. Es decir, mientras más pecaminosos somos, más prístino se manifiesta el carácter de Dios por contraste; y de esto vamos a seguir hablando en un momento.

Por otro lado, una visión defectuosa del pecado necesariamente guía a una concepción inapropiada de lo que el pecado es en realidad,[13] pues el pecado distorsiona tanto la realidad del bien, que nosotros llegamos a pensar que Dios es un ser injusto e infiel a sus promesas, cuando en realidad es exactamente lo contrario, porque "Dios es justo, y como tal, demanda justicia, porque sin ella es imposible sostener una relación entre el Creador y sus criaturas".[14]

3.4 De ninguna manera

La expresión es muy usada por Pablo especialmente en este libro de Romanos, literalmente en griego diría "ME GENOITO", la cual es usada tres veces en este capítulo; dos veces en el capítulo seis; dos veces en el capítulo siete; una vez en el capítulo nueve y dos veces en el capítulo once, haciendo un total de diez (10) ocasiones en que la frase es usada en el libro de Romanos.

La frase es una negación categórica y enfática que nulifica cualquier otra posibilidad. Cuando Pablo usa esta expresión, lo hace para indicar una negación tan clara, que no exista posibilidad alguna de decir lo contrario.

Por lo tanto, esta negación enfática es la respuesta a la pregunta anterior: "*Su incredulidad* [la de los judíos], *¿Habrá*

[13] Pink, A.W. (1997). *The Divine Inspiration of the Bible*. (The Ages Digital Library Theology: Albany); p. 21.

[14] Lockyer, H. (1964). *All the Doctrines of the Bible*. (Zondervan Publishing House: Grand Rapids); p. 208.

hecho nula la fidelidad de Dios?". En la mente de Pablo no es posible que Dios actúe de la misma manera en que el ser humano actúa.

Nuestra incredulidad o credulidad no añade ni quita nisiquiera un ápice a la fidelidad que Dios posee y tiene *per se*. Y la razón es obvia, Dios es fiel por naturaleza, él nisiquiera puede ser infiel aunque quisiera, y de hecho, no podría querer ser infiel; es completamente imposible y absurdo.

3.4 Antes bien, sea Dios veraz

'Al contrario, Dios es/sea Verdad (ALETHES)', así diría literalmente del original. El apóstol está tomando una cita directa encontrada en Isaías 65: 16 que lee: "*El que se bendijere en la tierra, en el Dios de verdad* [AMEN] *se bendecirá; y el que jurare en la tierra, por el Dios de verdad* [AMEN] *jurará; porque las angustias primeras serán olvidadas, y serán cubiertas de mis ojos*".

El Dios AMEN, es el único Dios verdadero. Jesucristo se identificó asimismo con este atributo de Dios cuando dijo: "*Así dice el Testigo Fiel y Verdadero, el Amén, el principio de la creación de Dios*" (Apoc. 3:1). Cuando se habla del Dios AMEN, se está hablando del Dios del pacto eterno, del pacto verdadero, el Dios que no cambia porque su naturaleza es eternamente confiable y verdadera; pero también se está hablando del juicio sobre los seres humanos por un Dios que es capaz de juzgarnos imparcialmente.[15] Es por esta razón que Pablo contrasta el carácter de Dios con el del hombre estableciendo primero que el hombre ha sido incrédulo e infiel, y Dios no. Y si el hombre ha sido incrédulo e infiel, esto significa que intrínsicamente el hombre es mentiroso como analizaremos en la siguiente sección.

3.4 Y todo hombre mentiroso

No hay excepciones para el apóstol. Si todos los hombres han pecado y todos los hombres han sido infieles, entonces todos

[15] Favor ver la obra de Luna, J. (1999). *Jesús: Nombres, Títulos y Atributos, Vol. 1*. (L. Brown & Sons Printing: Barre). Hay todo un capítulo dedicado a analizar esta frase del AMEN como fue usado por Cristo en su revelación a Juan y en el contexto del mensaje a la iglesia de Laodicea.

los hombres son mentirosos. El silogismo usado no puede ser soslayado y es obvio en la argumentación usada.

La declaración establece un principio que no está dicho explícitamente, pero está envuelto en la expresión misma. 'El hombre no es Dios'. Y existen dos razones básicas por las que el hombre no debería pretender ser Dios: a) el hombre es la criatura, no el Creador; b) el hombre posee una naturaleza que intrínsicamente requiere la presencia de los atributos divinos para que pueda ser cambiada. Es decir, el hombre no posee nada de valor o de bueno en sí mismo. El valor o la bondad que puedan existir en el hombre son atributos y dones de Dios, no lo opuesto.

La palabra "mentiroso" (PSEUSTES) se refiere al individuo que no habla la verdad; pero también en literatura extra-bíblica era usada para referirse al individuo que rompía la fidelidad o que era infiel a la fe. Así la usaba Homero en algunos de sus poemas.

3.4 Como está escrito: Para que seas justificado en tus palabras

El apóstol quiere darle más peso a su argumento citando una frase encontrada en el Antiguo Testamento. La misma tiene que ver con la 'vindicación' o 'justificación' de Dios. sin embargo analicemos un poquito más detalladamente la expresión: "para que seas justificado en tus palabras". ¿Cuál es la necesidad de que Dios debe ser justificado? Al final de cuentas él es Dios, y su carácter brilla por encima de la bajeza humana, especialmente en lo que él hace por nosotros los humanos.

El vocablo para "justificado" (DIKAIODES) viene de DIKAIOS, palabra usada para expresar la conducta intachable del soldado que al final del día había mantenido su hoja de servicio sin ningún tipo de error o de mala conducta. Esto quiere decir que los dichos de Dios están respaldados por una conducta impecable, una conducta digna de un ser perfecto que se comporta a la altura de sus propios atributos. En otras palabras, vive lo que predica. Si este es el caso, entonces las palabras de Dios deben ser escuchadas y

Dios es juzgado cuando le atribuimos lo que nunca ha hecho.

atendidas, porque llevan el imprimátur de su carácter impecable y santo.

3.4 Y venzas cuando fueres juzgado

Esta expresión indica que a Dios se le está estableciendo un juicio, y el apóstol desea y espera que Dios salga vencedor del mismo. La pregunta sería entonces, ¿cómo es juzgado Dios? y responderemos a esa pregunta más adelante.

Ahora bien, la palabra "venzas" (NIKAO)[16] era usada para indicar la victoria del soldado que ha ido a la guerra y ha regresado vencedor y ha prevalecido sobre sus enemigos. Pablo está indicando aquí que en el juicio o "condenación" (KRINO) hechos a Dios por mentes y corazones pecaminosos y entenebrecidos y enemigos de Dios, él ha de salir victorioso. El carácter de Dios ha de prevalecer por encima de sus enemigos.

Ahora bien, Dios es juzgado cuando le atribuimos lo que nunca ha hecho. Cuando culpamos a Dios de toda la desgracia que existe alrededor nuestro y de la muerte, guerra, destrucción y sinsabores por los cuales atravesamos los seres humanos, estamos juzgando a Dios, o en el peor de los casos, condenándolo.Y ese siempre ha sido el riesgo del Creador, porque en el momento en que él dio a sus criaturas el poder de razonar, él mismo se ha colocado en una posición que él puede ser juzgado por sus propias criaturas, en el sentido de aceptarle o rechazarle.[17]

Si este es el caso, entonces tenemos un problema, los roles y valores se han invertido, y en lugar de que sea Dios el Juez, nosotros, seres pecadores, infieles y mentirosos, nos convertimos en jueces del Creador, quien posee un carácter diametralmente opuesto al nuestro. Entonces es necesario que Dios sea vindicado.

3.5 Y si nuestra injusticia hace resaltar la justicia de Dios, ¿qué diremos?

El apóstol presenta un argumento que puede levantarse en la mente de cualquier ser humano. ¿Qué hacer? ¿Cómo es posible

---

[16] De hecho, de aquí viene en gran parte el significado del nombre "Nicodemo", pues quiere decir "Victorioso en el pueblo".

[17] Davis, T.A. (1971). *Romans For the Every Day Man*. (Review and Herald Publising Association: Washington); p. 48.

que nuestra justicia es comparada con la de Dios, cuando en realidad la comparación es inapropiada? La respuesta es inequívocamente obvia y singular. No podemos decir nada, ni tenemos derecho a hablar, porque en realidad somos injustos, y esto hace que la "justicia" (DIKAIOZUNE) de Dios "resalte" (ZUNISTAO), se 'exhiba públicamente' frente a la nuestra.

¿Cuál sería nuestra argumentación ante el punto de que es exactamente nuestra propia injusticia o pecado, lo que hace brillar diáfanamente la justicia de Dios? En realidad no tenemos ninguna argumentación, no tenemos palabras, ya que por naturaleza somos pecadores y no tenemos defensa alguna en nuestros propios méritos o justicia.

Pero tenemos que mirar con más detenimiento el asunto de la justicia de Dios. Bultmann dice que la justicia de Dios denota que la misma viene de Dios y que es dada a los creyentes sobre la base de su relación con Dios.[18] Kasemann en cambio, ve la justicia de Dios como una expresión que deriva de la literatura apocaliptica del judaismo y que no es primariamente un concepto jurídico o forense.[19] Cousar ve la justicia de Dios como una simple adherencia de parte de Dios a las estipulaciones del pacto que él mismo estableció.[20] Mientras que hay quienes ven la justicia de Dios como su capacidad de salvar o de liberar al pecado no solo físicamente, sino también moral y espiritualmente.[21] Stauffer señala que como señal de su nueva relación con el creyente, Dios ha sellado a sus santos con el sello de la salvación, asunto este que aún el enemigo mismo tiene que dar paso o admitirlo.[22]

Sin embargo, como veremos más adelante (en el capítulo cuatro –4), justicia tiene que ver necesariamente con el acto de Dios de salvar al ser humano de su pecado y con la liberación

---

[18] Bultmann, R. (1952). *Theology of the New Testament.* (SCM: London); pp. 274-278.

[19] Kasemann, E. (1969). *'The Righteousness of God' in Paul.* (Fortress Press: Philadelphia); p. 180.

[20] Cousar, C.B. (1996). *The Letters of Paul.* (Abingdon Press: Nashville); p. 109.

[21] De Mattos, A. (1995) *Apuntes de Clase* sobre Cristología; Universidad Adventista Dominicana. En realidad, me identifico más con esta posición que con las demás y hablaré en detalle sobre ella en el capítulo cuatro (4).

[22] Stauffer, E. (1955). *New Testament Theology.* (The Macmillan Company: New York); pp. 148-149.

divina de los vicios y de la esclavitud que el pecado impone sobre sus súbditos.

3.5 ¿Será injusto Dios que dá castigo? (Hablo como hombre).

La expresión "hablo como hombre" (KATA ANDROPON LEGO) se refiere al hecho de usar un razonamiento humanista, es como si él dijera, "usemos un razonamiento humano". Si Dios sigue siendo Dios y más justo, especialmente comparado con nosotros y nuestra injusticia (ADIKIA), ¿cuál es el beneficio que existe en castigarnos? Y si Dios nos castiga, entonces es injusto porque castiga aquellos que él saben SON pecadores (v. 5).

¿Cuál es el razonamiento detrás de esta pregunta? Bueno, Dios sabe que no podemos ser justos, entonces Dios es injusto al pedirnos algo que el sabe no podemos cumplir y despues nos castiga porque no pudimos hacerlo. Y de nuevo, tener este tipo de razonamiento es completamente absurdo y fuera de lugar. De hecho, este razonamiento nos coloca en la posicion de juzgar a Dios mismo y condenarlo *per se.*

El Juez tiene que ser alguien imparcial que sea capaz de dictar una sentencia justa y digna porque tiene toda la autoridad moral de hacerlo basado en la naturaleza perfecta de su carácter y su justicia

En otras palabras, para muchos es un acto de injusticia de parte de Dios castigar, mejor dicho 'airarse' (ORGE) en contra del pecador, porque al final de cuentas, él sabe que somos pecadores. Entonces, -razonan ellos- esto lo inabilita a él para castigarnos.

Cuando en realidad es exactamente lo opuesto. Para ser Juez, Dios tiene que ser perfecta y completamente JUSTO, de otra manera, ¿cómo va a juzgar al pecador? El Juez tiene que ser alguien imparcial que sea capaz de dictar una sentencia justa y digna porque tiene toda la autoridad moral de hacerlo basado en la naturaleza perfecta de su carácter y su justicia.

3.6 En ninguna manera, de otro modo

De nuevo la frase favorita de Pablo cuando él quiere indicar que no existe posibilidad alguna ME GENOITO. Mientras que la expresión "de otro modo" viene de EPEI, que indica 'al contrario'. Es decir, para el apóstol no existe ni la más remota posibilidad de que Dios pueda ser injusto, y las razones ya las presentamos anteriormente. Y el apóstol lo que hace en esta sección es sencillamente presentar el argumento del enemigo y demolerlo teológicamente, a través de una serie de argumentos bíblicos.

3.6 ¿Cómo juzgaría Dios al mundo?

Pablo se pregunta entonces, si Dios no puede juzgar al mundo, ¿quién podría hacerlo? ¿Quién es digno y lo suficientemente justo para juzgar al pecador? ¿Quién es lo suficientemente capaz de determinar quiénes han de vivir eternamente y quiénes han de morir por siempre? La pregunta que el apóstol hace es una pregunta que ella misma encierra la respuesta. Este un tipo de pregunta (basado en la argumentación) en la cual no existe otra respuesta posible. Solamente Dios puede juzgar al mundo, nadie más puede hacerlo. Y de hecho, como dice Rapa, su juicio es "...imparcial, e incluye a ambos, judíos y gentiles sobre la base de sus pecados".[23]

3.7 Pero si por mi mentira la verdad de Dios abundó para su gloria

'Pero si la verdad de Dios abundó (PERIZEUO) para su gloria por mi mentira (PSEUSMA)', así leería literalmente el texto..

El verbo PERIZEUO era usado para significar el hecho de una medida fija y el límite ha sobrepasado esa medida. Es decir, es como si hubiera un salón con capacidad para sentar mil personas y al final encontramos que habían dentro de aquel salón mil ochocientas personas (1800), entonces decimos que estaba repleto, colmado, sobrelleno.

Bueno, esto es lo que este verbo quiere decir. Cuando mi mentira abundó, la verdad de Dios sobre-abundó. Si este es el caso,

---

[23] Rapa, R.K. (2001). *The Meaning of "Works of the Law" in Galatians and Romans.* (Peter Lang Publishing: New York); p. 238.

entonces tenemos que concluir que el verbo es copulativo en el sentido conceptual y que este verbo no solamente está hablando de la verdad de Dios que sobre-abunda, sino también de la mentira del hombre que ha abundado.

PERIZEUO entonces viene a significar que a medida que existe más cantidad de mentira, existe más cantidad de verdad divina revelada. De hecho, encontramos una expresión similar en Rom. 5:20 donde el mismo verbo es encontrado pero en su forma superlativa (HUPER-PERIZEUO), hablando de la gracia divina que ha sido dada de manera sobre-abundante para contrarrestar la influencia del pecado. Encontramos el mismo verbo en 2Cor. 8: 2, hablando de las aflicciones y tribulaciones de las iglesias de Macedonia y cómo aún en su pobreza extrema (PERIZEUO), estas iglesias eran liberales al dar de manera sobre-abundante.

Encontramos el mismo verbo cuando el apóstol habla de la sabiduría y la inteligencia que Dios nos ha otorgado por las riquezas de su gracia (Efe. 1: 8), y dicha sabiduría ha sido dada de manera sobre-abundante (PERIZEUO). Y también habla del don más abundante que hemos recibido, mejor que cualquier otro don, y este don es Jesucristo en persona y el sacrificio que él hizo por nosotros en la cruz del calvario (Rom. 5: 15), y de esto hablaremos cuando llegue su momento.

Vemos entonces que PERIZEUO en la mente de Pablo es generalmente referido a lo que Dios hace en favor de nosotros, el nos ha dado varias cosas de manera sobre-abundante:

- La Verdad (Rom. 3: 7).
- El don (Rom. 5: 15).
- La gracia (Rom. 5: 20).
- El deseo de ofrendar (2Cor. 5: 8).
- Sabiduría y entendimiento/prudencia (Efe. 1: 8).

Entonces es necesario que empecemos a ver un principio establecido en este pasaje, y es que cuando Dios dá algo no lo dá mezquinamente… Dios lo que ofrece y otorga siempre lo hace de una forma que abunda. ¿Recuerdan los milagros de alimentación de la multitud que Jesús llevó a cabo? En una ocasión alimentó a cinco mil personas y en la otra a unas cuatro mil; sin embargo, en ambos casos la gente comió hasta saciarse y sobraron canastas llenas de comida que luego él ordenó que se recogieran para que no se perdieran (Mat. 15: 32; Luc. 9: 10)

Si Dios dá con abundante liberalidad, ¿por qué entonces somos tan mezquinos al ofrendar, al dar a otros? ¿Por qué somos tan egoistas y pensamos únicamente en nuestro interés pecúneo y egotista? Dios nos invita a que demos de manera sobre-abundante (PERIZEUO), porque al hacerlo podemos reflejar su gloria y su carácter de una manera más eficaz.

Pero el apóstol no termina allí, él dice que cuando Dios dá sobre-abundantemente, lo hace para que nosotros no tengamos necesidad de nada, pero lo hace para su gloria, es decir, es Dios quien debe recibir la gloria y no el hombre. Y de hecho, debería ser así, Dios es quien dá de manera sobre-abundante, entonces ¿por qué le quitamos lo que únicamente pertenece a él? Deberíamos darle el reconocimiento por lo que nos otorga sin medida.

3.7 ¿Por qué aún soy juzgado como pecador?

En primer lugar, es aquí por primera vez en todo el libro que Pablo introduce el epíteto "pecador" (HAMARTOLOS), y lo hace en el contexto del tipo de argumentación que está llevando a cabo. Es como si dijera: '¿Cuál es la razón de que a pesar de que Dios dá su verdad y las demás cosas buenas abundantemente, me juzgan como pecador, es decir, como un transgresor de la Ley de Dios?'.

Dicho de otro modo, si Dios ha dado su verdad, su don, su sabiduría e inteligencia de manera sobre-abundante para cubrir mi mentira, mi mezquindad, mi ignorancia y mi estupidez, ¿cuál es el punto de seguirme catalogando y juzgando como un transgresor de su Ley? Entonces, ¿para qué me otorga todas esta cosas de manera sobre-abundante?

De hecho, el adverbio "aún" (ETI) significa "todavia". Es decir, TODAVIA, después de todo lo que Dios nos dá para cubrir toda mi falsedad y pecados, todavía sigo considerado un pecador. Bueno, el hecho de que Dios otorgue sus parabienes de manera sobre-abundante, no quita en lo absoluto mi responsabilidad moral. Dentro del corazón humano debe efectuarse un arrepentimiento y un acercamiento a ese Dios que muestra su carácter al dar liberalmente. Si Dios sigue dando de manera abundante, es en parte porque yo no me he arrepentido y sigo pecando de manera abundante también. Por lo tanto, debe haber una re-generación moral dentro del corazón humano, que nos permita a nosotros pagar ese bien divino con otro bien (la obediencia).

3.8 ¿Y porqué no decir (como se nos calumnia, y como algunos, cuya condenación es justa?)

Pablo alude ahora al hecho de que habían personas que levantaban "falsos testimonios" (BLASFEMEO) acerca de la liberalidad de Dios para con el pecador. Pablo va ahora a desenmascarar la falacia de los argumentos de estos enemigos de la fe que son calumniadores. Y de ellos, el apóstol aclara de que su condenación es una realidad, y la misma es hecha con justicia, implicando la pérdida de su vida eterna.

En otras palabras, el apóstol nos desafía a que no usemos este tipo de argumentación que a continuación él ha de presentar. No usemos los métodos de los calumniadores. No vale la pena usar métodos artificios cuando la verdad de Dios se ha revelado de manera sobre-abundante.

Ahora bien, a Cristo se le blasfemó varias veces y ya hablamos en el capítulo anterior de las doce descripciones que existen en el Nuevo Testamento sobre lo que significa blasfemia. Y este es el verbo usado para hablar de calumnia aquí en este verso. Pablo se queja de que hay calumniadores o BLASFEMADORES que escucharon sus exposiciones del evangelio, pero no interpretaron correctamente lo que él estaba diciendo, y le atribuyeron a Pablo dichos y conceptos que él nunca emitió.

Hoy en día encontramos ese tipo de personas también, están en todas partes. Se sientan en la iglesia, en las reuniones y en todo lugar donde se va a presentar el evangelio con la única intención de tomar los dichos del predicador y tergiversarlos de tal forma que al ellos contar su versión, el predicador termina diciendo algo que nisiquiera pasó por su mente. La naturaleza del hombre no ha cambiado, el hombre, al igual que en tiempos de Pablo, sigue siendo un BLASFEMADOR o calumniador de los dichos de otros.

3.8 Hagamos males para que vengan bienes?

Esta calumnia es muy seria, porque hace ver al apóstol como un promotor del mal, en lugar de un predicador del bien. Le hace ver como un pregonero del pecado, en lugar de ser un pregonero de justicia. La blasfemia es tan seria, que Pablo la incluye en su carta con la intención, como dije antes, de desenmascarar a estos blasfemos.

La expresión dice en el original: 'Practiquemos el mal para [que] nos venga el bien'. La palabra traducida como "mal" es KAKOS. Y la misma se refiere al mal que es de carácter moral. El mal moral, y no el mal como castigo.

Pablo es acusado de enseñar que la razón primaria de la manifestación de la gracia de Cristo de manera sobre-abundante es la sobre-abundante pecaminosidad del hombre. Y tal enseñanza está muy lejos de ser genuina, es espúrea y sin ningún fundamento biblico. De hecho, dicha teología es totalmente opuesta y contraria al evangelio porque nulifica y neutraliza el poder de Dios de transformar seres humanos a la imagen y semejanza de su gloria. En realidad, la razón primaria de la sobre abundante gracia divina es el AMOR y no el pecado. Si fuera el pecado, entonces el pecado tendría razón de ser y justifica su existencia.

Por otro lado, la expresión indica que el ser humano debiera entonces convertirse en un ente lleno de pecaminosidad para que la gracia de Dios pueda obrar en él; y nada está tan lejos de la verdad. En realidad, si se siguiera este consejo, nosotros caeríamos en un círculo vicioso de pecado, engañados por una falsa asunción y entendimiento de la gracia divina.

La expresión "judíos y gentiles", puede tomarse literal o figuradamente; y que la misma es una forma de decir "creyentes y no creyentes".

3.9 ¿Qué pues? ¿Somos nosotros mejores que ellos?

Literalmente diría: '¿Qué pues? ¿Somos mejores (PROEXOMAI)?'. Es decir, ¿tenemos alguna mejor virtud que otros? Si sentimos que somos superiores, no hay razón, ni tampoco debiera haber arrogancia de nuestra parte.

Si pensamos que Pablo se está refiriendo a los judíos únicamente, entonces la respuesta obvia de esta pregunta es aplicable a ellos exclusivamente. Si al contrario pensamos que la pregunta es para aquellos que son instructores de la Ley (Rom 2: 17-20), los elegidos de Dios para enseñar los oráculos divinos, entonces tenemos que concluir como Pablo, de que ninguno de nosotros es mejor o superior o de más excelente virtud que algún otro mortal (Rom. 3: 9).

Por tal razón, la arrogancia de poseer el conocimiento de las cosas divinas, y la jactancia de sentirse superior debido al llamado y a la elección de Dios, es contraproducente a la naturaleza misma de la responsabilidad para la cual fuimos llamados. Todo aquél que ha sido llamado y elegido por Dios, debería andar en humildad de espíritu y corazón, estimando a los demás como si fueran superiores a él mismo. Bajo la sombra de la cruz de Cristo dicho espíritu de superioridad no debería hallar cabida en ninguna forma. El texto bíblico es bien explícito, "*Nada hagáis por contienda o vanagloria, antes bien en humildad de corazón, considerad a los otros como superiores*" (Fil. 2: 3).

3.9 En ninguna manera, pues ya hemos acusado a judíos y a gentiles , que todos están bajo pecado

Más claro que nunca, el apóstol Pablo aclara que toda la raza humana está bajo pecado, y que por lo tanto, no debe existir ningún tipo de jactancia, pues tanto unos como otros están bajo la misma condena.

Ya vimos en el análisis del primer capítulo de Romanos, que la expresión "judíos y gentiles", puede tomarse literal o figuradamente; y que la misma es una forma de decir "creyentes y no creyentes". Si este es el caso, lo que Pablo está diciendo es que tanto el incrédulo como el creyente está bajo la maldición de pecado. La diferencia entre uno y otro, es la ESPERANZA que el creyente tiene de que un día Dios ha de eliminar el pecado con los pecadores de la faz del universo, y de que Dios ha de restaurar todas las cosas. El no creyente en cambio, no tiene esa bendita ESPERANZA, el mismo ha de morir sin ella.

Por otro lado, el verbo "acusado" es PROAITIAOMAI, que es el verbo usado 'cuando alguien se le quiere probar algo', es por eso que algunas versiones traducen PROBADO o DEMOSTRADO en lugar de "acusado". Es el verbo usado cuando algún abogado tiene que presentar las evidencias delante del Juez. En otras palabras, no es una acusación en el sentido estricto de la palabra, sino que es el acto cuando el Juez pide a alguna de las partes que presente las evidencias de su caso.

Ahora nos resta por saber qué significa la expresión "todos están bajo pecado" (PAS HUPO HAMARTIA EIMI) quiere significar cuando alguien está bajo el control de otra entidad o persona. Es decir, la preposición BAJO, es el que indica la condición en la cual estamos todos y debajo de cuál poder nos encontramos. Esta palabra es usada en nueve ocasiones en el libro de Romanos, y en cada instancia que aparece, lo hace para ejemplificar la posición y la condición en la cual se encuentra el pecador, o está "bajo la Ley", ó está "bajo" la gracia de Dios.

Ahora bien, en su carta a los Gálatas Pablo aclara: "*Pero las escrituras a todos los ha confinado BAJO pecado, para que la promesa que es por fe en Cristo pueda ser dada a todo aquél que cree*" (Gal. 3: 22). Es decir, Pablo entendía que la Biblia establece de que todos estamos bajo la guillotina del pecado, por tal razón, la FE es dada a todos en Cristo, pero únicamente LOS QUE CREEN se benefician de este don divino. Luego dice: "*Pero antes que viniese la fe, estábamos BAJO la ley, reservados hasta que la fe que habría de venir fuese revelada*" (Gal. 3: 23).

Existen unas 349 referencias a esta preposición en toda la Biblia, sin embargo, si la expresión "BAJO PECADO" es una expresión literaria sin ningún significado intrínseco más allá de la mera frase, entonces, ¿para qué usarla? Dicha expresión debe significar y/o debe referirse a la maldición del pecado. En Rom. 6: 23 se nos dice "*Porque la paga del pecado es MUERTE, más la dádiva de Dios es vida eterna en Cristo Jesús Señor nuestro*".

Es Decir, cuando la Biblia habla de que estamos BAJO PECADO (HUPER HAMARTIA), quiere decir, bajo la condenación que el pecado trae. En otras palabras, estamos destinados a morir, estamos condenados a muerte por la razón de que nacimos siendo pecadores y el pago que el pegado otorga a sus esclavos es la muerte. Hablaremos más en detalle sobre esto en los subsiguientes capítulos, y haremos un análisis gramatical de esta frase y cómo es usada en el Nuevo Testamento.

3.10 Como está escrito: No hay justo, ni aún uno

Nos preguntamos, ¿Por qué Pablo alude al Antiguo Testamento después de haber probado su punto? ¿Cuál es la intención primaria de introducir ciertas citas directamente de los Salmos en la secuencia en que lo hace y dentro del contexto sobre el cual lo dice? ¿Qué es lo que él quiere decir?

En primer lugar, dirigir la mente del lector o del oyente hacia el Antiguo Testamento es algo muy común en la teología argumentativa de Pablo. El mismo es un teólogo consumado que domina bien la hermeneútica del Antiguo Testamento. Como todo un Doctor en Teología, graduado de la mejor escuela teológica de su tiempo, y posiblemente conocía de memoria la Torah y los Salmos, no es para menos esperar que él utilice estos recursos tan asiduamente como lo hace. Mas, ¿Por qué? ¿Por qué aquí precisamente?

Las citas a las que él alude son diez, y a continuación voy a poner la referencia de dónde Pablo está citando:

- No hay justo ni aún uno (Sal. 14: 1; 53: 1).
- No hay quien entienda, no hay quien busque a Dios (Sal. 14: 2; 53: 2).
- Todos se desviaron, a una se hicieron inútiles. No hay quien haga lo bueno, no hay nisiquiera uno (Sal 14: 3; 53: 3?).
- Sepulcro abierto es su garganta, con su lengua engañan (Sal. 5: 9).
- Veneno de áspides hay debajo de sus labios (Sal. 140: 3).
- Su boca está llena de maldición y de amargura (Sal. 10: 7).
- Su pies se apresuran para derramar sangre (Prov. 1: 16).
- Quebranto y desventura hay en sus caminos (Prov. 24: 2?).
- Y no conocieron camino de paz (Isa. 59: 8).
- No hay temor de Dios delante de sus ojos (Salm 36: 1).

Si observamos cuidadosamente, las primeras tres citas que el apóstol inserta en su alocución, tienen que ver con la responsabilidad del hombre para con Dios (Rom 3: 10-12). Las siguientes cuatro citas, tienen que ver con mi relación con el prójimo, es decir mi trato hacia mis congéneres (Rom. 3: 11-15). Y las siguiente dos tienen que ver con mi relación conmigo mismo (Rom. 3: 16-17); mientras que la última cita regresa de nuevo a nuestra relación individual con Dios (Rom. 3:18).

Y todo esto parece indicar el resultado de mi reticencia a aceptar los designios divinos y mi trato con el prójimo se traduce en una vida espinosa y difícil, porque "*No os engañéis, Dios no puede ser burlado, pues todo lo que el hombre sembrare, esto también segará*" (Gal. 6: 7).

Si este es el caso, entonces tenemos que concluir que Pablo lo que está haciendo es sumarizando la desgracia del ser humano en tres dimensiones que nos afectan a todos, y estas dimensiones son:

1. Dios
2. El prójimo
3. Yo

Por lo tanto, antes de sugerir alguna solución al trágico problema humano, el apóstol quiere asegurarse de que todos entendamos que en algún momento de nuestras vidas (por no decir toda la vida, si alguno se cree muy santo), hemos estado en falta sea con Dios, con el prójimo o con nosotros mismos.

Sin embargo, existe una paradoja en lo que el apóstol acaba de mencionar. Veamos, si tomamos la expresión "No hay justo ni aún uno" fuera de su contexto inmediato, tendríamos que concluir que tampoco no existe nadie en esta tierra que ande buscando de Dios o que tenga la intención de hacer el bien, o que nunga tenga paz. Entonces las palabras de Cristo: "*Mi paz os dejo, mi paz os doy...*", no tendrían ningún significado si tomamos esta frase y la aplicamos arbitrariamente como hacen muchos predicadores.

Si tomáramos esta frase fuera de contexto tendríamos que concluir que la Biblia nos ha engañado cuando habla de que hubo personas justas y perfectas en la Biblia, mucho antes de que Cristo llegara a ser nuestra propiciación (perdón). Por ejemplo:

- "*Hijitos, nadie os engañe, <u>el que hace justicia es</u>*

justo, como él es justo" (1 Juan 3: 7).

- "Si sabéis que él es justo, sabed también que todo el que hace justicia es de él" (1 Juan 2: 29).
- "*Ambos (Zacarías y Elizabeth), eran justos delante de Dios, y andaban irreprensibles en todos los mandamientos y ordenanzas del Señor*" (Luc. 1: 6).
- "*...La oración eficaz del justo puede mucho*" (Stgo. 5: 16).
- "*Porque de cierto os digo que muchos profetas y justos desearon ver lo que veis, y no lo vieron; y oir lo que oís, y no lo oyeron*" (Mat. 13: 17).

Estos textos indican que la Biblia reconoce que en la tierra han existido, existen y existirán personas que de acuerdo a las normas divinas son justas. Por tal razón, debemos entender que lo Pablo está haciendo es un resumen de que nosotros, de alguna manera, hemos fallado, sea con Dios, con el prójimo o con nosotros mismos. Y es aquí donde existe la gran paradoja de la virtud cristiana a la que el apóstol quiere aludir.

> Si la justicia que Dios nos imparte o nos imputa es forénsica, es decir, declarativa, entonces no es un tipo de justicia capaz de transformar y re-generar al scr humano.

Es por eso que con toda autoridad decimos que la sangre de Cristo debe ser lo suficientemente poderosa como para ir dentro del corrompido corazón humano y hacerlo justo en Cristo. Bunyan dice que "...la justicia de un hombre carnal, ciertamente es llamada por Dios "justicia"; pero [ésta] debe ser entendida como si hablara en el dialecto del mundo, o en referencia a las cosas mundanas",[24] pero en lo que se refiere a la salvación del hombre, su justicia no es capaz ni de hacerle justo ni tampoco de salvarle.

Particularmente no creo que exista una justicia forénsica. Soy

[24] Bunyan, J. (1997). *Bunyan's Practical Works, Vol. 5*. (The Ages Digital Library Commentary: Albany); p. 233.

de la opinión de que si la justicia que Dios nos imparte o nos imputa es forénsica, es decir, declarativa, entonces no es un tipo de justicia capaz de transformar y re-generar al ser humano. Pienso que es posible para el hombre ser justo como menciona Bunyan, pues en el mismo capítulo (3) donde se habla de la corrupción de estas personas, es el mismo capítulo donde éstas pueden llegar a ser justas a través de la gracia y justicia de Dios;[25] y quizás como habla Bunyan, el punto principal es que no es correcto para un hombre que no ha sido primero hecho justo por el Dios del cielo, hacer nada, en el sentido de la Ley del evangelio, que lo amerite ser llamado justo.[26]

Ser hecho justo no significa en lo absoluto que se es PERFECTO, sino que me parece a mí, está hablando de la posición de aceptación legal como hijo adoptivo delante del Dios del universo. En ninguna medida esto significa perfección de un momento o instantánea, sino que este hacer justo es una obra constante de toda la vida, y a esto es que me estoy refiriendo; pero hablaremos de esto a su debido momento en detalles.

El punto a colación en este texto, es que la explosión de gracia que ocurrió en el calvario debe tener suficiente poder de cambiar seres humanos pecadores a la imagen y semejanza de Dios que reflejen su carácter dentro de su propia esfera de acción. En realidad, es como dice Ridderbos: "...Cristo, muriendo por los pecados de su pueblo; y ellos muriendo a sus pecados en Cristo, son inseparables en la predicación de Pablo, no meramente como indicativo o imperativo, sino en primer lugar como dos realidades coincidiendo en la muerte y resurrección de Cristo".[27] Es interesante también lo que menciona McDonald: "El fue hecho pecado al tomar nuestros pecados; de modo que, nosotros somos hechos justos al tomar su justicia".[28]

---

[25] Edwards, J. (1997). *The Works of Jonathan Edwards, Vol. 2*. (The Ages Digital Library Commentary: Albany); p. 581.
[26] Bunyan, Ibid.
[27] Ridderbos, H. (1975). *Paul: An Outline of His Theology*. (Eerdmans: Grand Rapids); p. 179.
[28] McDonald, H.D. (1962). *Justification By Faith: A Basic Christian Doctrine*. (Rinehart & Winston: New York); p. 216.

Y esto nos indica que la muerte y la resurrección del crucificado son corolarios imponentes en el sentido que nosotros tomemos de lo que es la gracia de Dios. Y como dijera Denney, para nosotros morir al pecado puede ser visto de una manera distinta; pues no solo es un descargo de las responsabilidades del pecado lo que se persigue, sino también una liberación de su poder,[29] lo cual es el fin último de la gracia divina.

Si la sangre de Cristo no tiene poder para desarraigar el pecado de nuestras vidas, entonces tenemos que concluir como los calumniadores/blasfemadores (que habla Pablo) que Dios nos está pidiendo hacer cosas imposibles y luego nos castiga porque no alcanzamos lo que él nos pide. Y este concepto es diabólico, no bíblico y fuera del evangelio que Pablo predica en su carta.

> El desvío y el desconocimiento del verdadero camino es producto de una decisión individual y no necesariamente de un colectivismo crónico patogénico.

Y este razonamiento es tan sutil, que millones de personas lo predican como si fuera una de las grandes verdades del evangelio, cuando en realidad es una contradicción directa al sacrificio expiatorio de Cristo. Este tipo de razonamiento presenta a nuestro a Dios amoroso como un Dios tirano, cruel y caprichoso que anda buscando alguna excusa para destruirnos. Y este razonamiento es diametralmente opuesto a la evidencia presentada por Cristo en la cruz del calvario cuando derramó su sangre para salvarte a ti, para salvarme a mí, para salvarnos a todos.

3.11 No hay quien entienda, no hay quien busque a Dios

El ser humano se ha desbocado a vivir una vida disipada, centrada en su propio pensar y sentir egoísta, sin tener en cuenta a

[29] Denney, J. (1997). *The Death of Christ*. (The Ages Digital Library Commentary: Albany); p. 124.

Dios. Es por eso que el apóstol alude a estos dos verbos, "entender" (SUNIEMI), que tiene la idea de organizar las ideas dentro de la mente como si fuera un rompecabezas. El otro verbo es "buscar" (EKZETEO), es el acto de 'hacer una investigación profunda y detallada para arrivar a una conclusión definida'.

Si este es el caso, entonces los seres humanos no están tratando de entender el complejo y vasto campo de la creación con la intención de probar o reconocer que tiene un Creador, sino que se estudia con la intención de quitarle la autoridad que es única y exclusivamente de él.

3.12 Todos se desviaron, a una se hicieron inútiles

El verbo 'desviar' (EKKLINO) aquí está en pasado, y el mismo presenta la idea de haber estado en un camino recto, pero el individuo decidió tomar un atajo, un desvío para llegar a su destino, y en su intención se extravió. Sin embargo, aunque la expresión dice "todos se desviaron", hay una palabrita pequeña en el griego que no está traducida, la cual es 'PAS'. Esta palabrita puede tener la idea de individualidad, de una acción aislada y singular, y la misma está incluida en la frase pero no está traducida explícitamente en esta primera frase, sino que fue atribuida a la segunda parte de la oración cuando dice: "a una se hicieron inútiles".

Soy de la opinión de que la frase debería traducirse de esta manera "individualmente todos se desviaron". Si este es el caso, entonces podemos llegar a la conclusión de que el desvío y el desconocimiento del verdadero camino es producto de una decisión individual y no necesariamente de un colectivismo crónico patogénico.

Por otro lado, la expresión "a una se hicieron inútiles" tiene lo opuesto a la primera frase, pues tiene el adverbio HAMA, que significa "TODOS". Es decir, si yo fuera a traducir esta segunda frase diría: "todos se hicieron inútiles". También, el verbo usado para copular toda la frase es ACHREIOO, que es exactamente 'llegar ser a ser un inútil', 'un parásito social', pero dentro del ámbito moral. Es decir, esta inutilidad e inservibilidad es de carácter estrictamente moral.

Comentando sobre esto, Murray nos recuerda que la palabra

para 'inútil' en el Hebreo significa "corrupción", mientras que el mismo vocablo en el idioma griego significa "inutilidad".[30] En cualquiera de los casos, el vocablo significa ambas cosas en el contexto en el cual está usado, y a lo mejor quiere decir que la inutilidad del hombre se ha debido a la corrupción interna del corazón debido a su esclavitud en el pecado.

3.12 No hay quien haga lo bueno, no hay nisiquiera uno

Literalmente leería: 'No hay quien practique el bien, no hay uno'. El verbo "hacer" es POIEO, que tiene un sentido de carácter pragmático, está hablando de la praxis humana. La palabra traducida como "bueno" (CHRESTOTES) se refiere al bien moral, la amabilidad, la gentileza, la afabilidad. El apóstol está haciendo fuertes acusaciones en contra del ser humano para cerrar cualquier otra posibilidad para la salvación que no sea Jesucristo. Y como mencionamos anteriormente, estas primeras tres alocuciones del Antiguo Testamento, son una referencia directa al hecho de que le hemos fallado a Dios de alguna manera.

3.13 Sepulcro abierto es su garganta; con su lengua engañan

Al introducir esta frase, Pablo se introduce en una nueva dimensión que ya mencionó anteriormente en el capítulo uno de manera general, pero ahora él es más específico, que es nuestra relación con el prójimo. No sé si usted ha tenido que estar cerca de algún animal muerto en la carretera. La carne ya putrefacta hiede e invade el aire y lo vicia con su hediondez; la metáfora usada es difícil de olvidar.

Ahora bien, cuando dice: "Sepulcro (TAPHOS) abierto (ANOIGO) es su garganta (LARUGX)", está diciendo que las palabras de estos individuos son hediondas, viven siempre criticando todo. Son criticones especialistas en encontrar faltas y fallas en los demás. El verbo "es" no existe en el original, por lo tanto, podríamos traducir "sepulcro abierto su garganta".

A propósito, el problema de Lucifer fue parecido. El chisme, el hablar mal de Dios a los ángeles bajo su mando, fue lo

[30] Murray, J. (1960). *The Epistle to the Romans, Vol. I chapters 1-8*. (Marshall, Morgan & Scott: London); p. 103.

que le hizo ganarse a la tercera parte de los ángeles. El texto de Ezequiel 28 es bien interesante, porque lee de la siguiente manera: "*Con la multitud de tus maldades y con la iniquidad de tus contrataciones profanaste tu santuario…*". La palabra usada para "iniquidad" aquí viene del Hebreo 'EVEL, que tiene la idea o intención de ser 'malicioso con la lengua'. Es el acto de actuar injustamente hablando mal de otro. Es por eso que en la Ley levítica, Dios tajantemente prohíbe el chisme cuando dice: "*No andarás chismeando entre tu pueblo; no atentarás contra la vida de tu prójimo, yo Jehová*" (Lev. 19: 10).

Es decir, el chisme era equiparado o igualado con el homicidio, y por esta razón las palabras de Jesús concerniente a Satanás (antiguamente Lucifer) tienen que ver con esta porción de la Ley levítica, cuando Jesús dijo: "*Vosotros sois de vuestro padre el Diablo, y los designios de vuestro padre queréis hacer. El ha sido homicida desde el principio, y no permanece en la verdad, porque no hay verdad en él. Cuando habla mentira, habla de sí mismo, porque es mentiroso y padre de la mentira*" (Juan 8: 44).

Estas palabras dichas por Jesús, reflejan fielmente la naturaleza y el carácter del archi-enemigo de las almas. Además, Jesús compara homicidio con hablar mentira, y lo remonta al principio, aludiendo a la frase del profeta Ezequiel.

3.13 Veneno de áspides hay debajo de sus labios

La metáfora es bien cautivadora, porque implica que quien engaña a otros y anda chismeando refleja fielmente la naturaleza de la "*…serpiente antigua que se llama Diablo y Satanás, el cual engaña al mundo entero*" (Apoc. 20: 2), pues tiene en sí mismo el veneno de la serpiente o del 'aspid' (AZPIDON)[31] con el cual envenena la vida de otros, y la mordida de esta serpiente es una mordida fatal.

Por otro lado, la palabra traducida como "labios" (XEILE) también significa "discurso"; "alocución". Wilson ve este texto como una referencia a la enseñanza y ministerio de los falsos

[31] Quizás la referencia de la serpiente aquí se refiera a la 'Cobra Egipcia' (Naja), la cual es sumamente venenosa. Favor ver la obra de Easton, G. (1997). *Eastons Bible Dictionary*. (The Ages Digital Library Reference: Albany); p. 96.

maestros y religiosos cuyas doctrinas son diabólicas.[32] Es decir, el "veneno" ('IOS) al cual se alude aquí, no es otra cosa más que las palabras o discursos con la intención específica de engañar y dañar a otros.

3.14 Su boca está llena de maldición y de amargura

La palabra traducida como "amargura" (PIKRIA), tiene el significado de una iniquidad e impiedad extremas. Es decir, la boca (el corazón) de estos individuos está "lleno" (GEMO) o repleto, rebosante de "maldición" (ARA) e iniquidad en grado superlativo.

3.15 Sus pies se apresuran para derramar sangre

El paralelismo que existe entre el uso de la lengua, y el derramamiento de sangre, no puede ser soslayado; Pablo está hablando del mismo concepto. La expresión "sus pies" (AUTOS POUS) debe ser entendida como "sus pasos", "sus caminos". Cuando en la Biblia encontramos expresiones como: "*...instruido a los pies de Gamaliel*" (Hech. 22:3), significa también 'bajo su tutela'; 'dirigido por'. Por lo tanto, cuando el apóstol cita a Salmos dentro del contexto sumarizado como lo hace, está hablando de las intenciones, motivaciones y caminos que toma el hombre destruyendo al otro con su lengua.

Además, el verbo "apresuran" (OXEIS) dá la idea de que es algo rápido, pero efectivo. Es decir, este tipo de personas es muy ligera con su lengua, no se detienen a pensar ni a meditar en las consecuencias que el efecto de sus palabras puedan traer, es por eso, que Santiago dice: "*Por lo demás amados hermanos, sean prestos para oir, lento para hablar y lento para airarse*" (Stgo. 1:19). Es imperativo seguir este consejo dado por Santiago; y también otra indicación divina que el mismo autor nos ofrece cuando dice: "*Hermanos no os murmuréis uno al otro para que no seáis condenados: He aquí el Juez está a la puerta*" (Stgo. 5: 9).

3.16 Quebranto y desventura hay en sus caminos

[32] Wilson, W. (1997). *A Dictionary of Bible Types*. (The Ages Digital Library Commentary: Albany); p. 32.

Obviamente el que usa mal su lengua caerá en su propia red. Salomón expresó el mismo concepto con diferentes palabras cuando dijo: "*El perverso de corazón nunca hallará el bien, y el que revuelve con su lengua caerá en el mal*" (Prov. 17:20). Es decir, aquél que no tiene cuidado con su lengua, ha de cosechar lo que él/ella mismo/a ha sembrado, porque la palabra es clara cuando añade: "*No os engañéis, Dios no puede ser burlado, pues todo lo que el hombre sembrare eso también segará*" (Gal. 6: 7).

Ahora bien, los vocablos "quebranto" (ZUNTRIMMA) y "desventura" (TALAIPORIA), no tienen mucho sentido si la expresión "hay en sus caminos" es tomada literalmente. Digo esto porque la palabra traducida como "caminos" (HODOS), significa 'senda', 'vía', 'vereda'; mas también tiene el significado explícito de tener una 'forma de pensar'; 'un patrón de pensamiento'.

Por lo tanto, la expresión debería ser "destrucción e infelicidad hay en su mente". Y no es para menos, porque el que vive hablando mentiras, me parece a mí que debe estar viviendo en un estrés constante, tratando de mantener todas sus mentiras como verdad. ¡Qué triste y lamentable que mucha gente en este mundo es infeliz sencillamente porque siempre quiere o tienen algo que ocultar!

A propósito, la inspiración bíblica nos dice que Dios aborrece (odia) la lengua mentirosa (Prov. 6: 17). Y también el sabio Salomón hablando de este problema de la lengua expresó lo siguiente: "*La muerte y la vida están en el poder de la lengua, y el que la ama, comerá de sus frutos*" (Prov. 18: 21).

3.17 Y no conocieron camino de paz

Esta expresión es como un corolario a lo que se viene diciendo. No puede existir paz interior ni paz mental mientras el ser humano está ocultando algo o mintiendo a propósito con la intención de engañar a otros. La mentira es pecado, y es un mal moral. Y todo aquél que no confiesa su pecado comienza a sufrir de enfermedades psicosomáticas, es decir, del cuerpo y de la mente.

La frase misma en el original dice: "*Y no conocieron* (GUINOZCO) *camino* (HODOS) *de paz* (EIRENE)". En otras palabras, el problema de estos individuos, es que nunca podrán tener paz interior, mientras estén ocultando y mintiendo. El salmista ofrece parte de la solución a esta problema cuando añade: "*Porque mi vida se va gastando de dolor, y mis años de suspirar; se agotan mis fuerzas a causa de mi iniquidad, y mis huesos se han consumido*" (Sal. 3: 10). El salmista ve un problema psicosomático causado por el problema del pecado y su reconocimiento del pecado es a lo que me refiero como parte de la solución. El hombre necesita reconocer primero que la causa de muchas de sus enfermedades se debe sencillamente a la presencia del pecado en su vida, especialmente los pecados no confesados.

> El hombre necesita reconocer primero que la causa de muchas de sus enfermedades se debe sencillamente a la presencia del pecado en su vida

Luego en otro lugar dice: "*Mientras callé se envejecieron mis huesos... Mi pecado te declaré y no encubrí mi iniquidad. Dije: confesaré mis transgresiones a Jehová, y tú perdonaste la maldad de mi pecado*" (Sal. 32: 3, 5). El autor del Salmo entendía que existe una íntima conexión entre el el cuerpo y la mente de tal forma que si la mente se ponía en la posición de negación completa de la realidad, o negación abierta del pecado interno, entonces el cuerpo sufre las consecuencias, porque es mucho para el cuerpo humano cargar con la tamaña responsabilidad de estar ocultando las cosas todo el tiempo. Este tipo de conducta, me imagino, debe ser muy difícil de manejar, ya que la persona está viviendo una doble vida y no quiere que los demás conozcan la realidad, y en el peor de los casos, no aceptan su propia realidad.

3.18 No hay temor de Dios delante de sus ojos

Esta expresión es usada con cierta frecuencia en la Biblia para referirse a la falta de conocimiento que los individuos poseen acerca del carácter de Dios. Por ejemplo, "*El principio de la sabiduría es el temor de Jehová; buen entendimiento tienen todos los que practican sus mandamientos; su loor permanece para siempre*" (Sal. 111: 10). Esto quiere decir que la obediencia, en este caso, viene por un conocimiento intrínseco o extrínseco de la persona a quien se obedece. También aclara: "*El principio de la sabiduría es el temor de Jehová; los insensatos desprecian la sabiduría y enseñanza*" (Prov. 1: 7). Y con esta aclaración de la frase, el sabio Salomón quiere intimar que el insensato es insensato (bruto, necio), sencillamente porque desprecia a la Fuente de toda buena sabiduría (Stgo. 1: 5).

Por lo tanto, lo que Pablo está intentando decir aquí, en mi opinión, es que las personas que manifiestan este tipo de conductas, no solamente lo hacen porque son pecadores innatos, sino también porque son desconocedores del verdadero carácter de Dios. El apóstol, al igual que en el Antiguo Testamento está usando una metáfora para describir y enseñar una verdad. La verdad de que sabiduría divina es sinónimo con temor de Jehová, y que este temor nada tiene que ver con MIEDO. Pablo no está hablando de miedo aquí, porque entonces estaría distorsionando el verdadero carácter de Dios implicando que para servir a Dios hay que hacerlo por y con miedo, lo cual no es cierto. Resumamos los puntos expuestos en este capítulo…

- Si tomamos la expresión "No hay justo, ni aún uno" fuera de su contexto, entonces tendríamos que concluir que todos los seres humanos son maldicientes, que nadie está buscando de Dios, que nadie está interesado en las cosas divinas, lo cual no puede ser estrictamente cierto, cuando a diario escuchamos de miles de personas que andan buscando de la verdad y del poder transformador de la cruz de Cristo.
- Esta frase: "No hay justo, ni aún uno", debe ser vista en el contexto en el cual está puesta. Pablo acaba de presentar pruebas convincentes de que todos los seres humanos seremos juzgados, de que todos merecemos la muerte, y de que todos tenemos el mismo problema, tanto creyentes como no creyentes.
- Sin embargo, sabemos que la Biblia reconoce que han

existido, existen y existirán personas justas. Por lo tanto, esta expresión no debe ser tomada sola, fuera de su contexto para enseñar (lo que yo llamo) "La Teología de la Desobediencia" que dice: 'La Ley de Dios no puede ser guardada. Es imposible obedecer cabal y fielmente a Dios en todos los aspectos. Dios pide una obediencia que él sabe no podemos cumplir'.

- La expresión "No hay justo, ni aún uno", debe ser entendida como el corolario o sumario de lo que él viene diciendo sobre la precaria condición del ser humano delante de Dios.
- "No hay justo, ni aún uno" y las subsequentes expresiones están divididas en tres partes: a) La responsabilidad con Dios; b) la responsabilidad con el prójimo; c) la responsabilidad con nosotros mismos.
- Por último, al ver el análisis de cada una de las expresiones, nos encontramos con una paradoja teológica-conceptual. Y cada expresión aunque es cierta y verdadera *per se*, debe ser vista y analizada en su propio contexto.

3.19 Pero sabemos que todo lo que la ley dice, lo dice a los que están bajo la ley

Muchos toman esta frase fuera de su contexto, sin ver primero el análisis que hicimos en uno de los capitulos anteriores sobre el significado de la expresión "bajo la ley", y desafortunadamente concluyen que Pablo está hablando aquí de judíos (los que están bajo la Ley) y gentiles (los que no están bajo la Ley). Y nada puede estar más lejos de la verdad que esto. Y como bien dice Bence: "En lugar de *exonerar* a los judíos, la Ley de Dios los hace a ellos iguales, si no más *responsables* por su fallo de alcanzar la medida del carácter santo de Dios".[33] Es más, de acuerdo a Kasemann, en la tradición Judía, la única función de la Ley era acallar los reclamos piadosos y mostrar que el hombre está bajo acusación sin posibilidad de defensa.[34]

---

[33] Bence, C.L. (1996). *Romans: A Bible Commentary In The Wesleyan Tradition.* (Wesleyan Publishing House: IN); p. 65.

[34] Kasemann, E. (1980). *Commentary on Romans.* (William B. Eerdmans

Cuando el apóstol usa el verbo "sabemos", ¿a quién se refiere? ¿A los judíos? ¿A los gentiles? ¿De quién está hablando el apóstol? Soy de la opinión de que Pablo está hablando de toda la humanidad. Ese "sabemos" se refiere al ser humano en general. ¿Por qué?

Veamos, él dice que los judíos recibieron la Palabra de Dios escrita y encarnada (Rom. 3: 2). El dice también que los gentiles tienen la Ley de Dios escrita e impresa en sus corazones de manera natural y que ellos hacen por naturaleza las cosas de la Ley (Rom. 2: 14-15). Y además nos aclara más este punto de que Dios se ha revelado asimismo a todo ser humano a través de la más indeleble prueba de su poder, que es a través de la creación (Rom. 1: 18-20), de modo que ningún ser humano tiene excusa alguna (Rom. 2: 1).

Por lo tanto, este "sabemos" se refiere a la raza humana. El hombre sabe lo que la Ley dice, sea de manera natural como los gentiles, o sea de forma escrita como los judíos. En cualquier forma en que Dios se ha manifestado, el hombre ha entendido la importancia de la Ley. Sin embargo hoy, como ayer, el problema del ser humano es su falta de reconocimiento de la revelación divina y su negación a aceptar los hechos fehacientes que Dios mismo ha provisto (Rom. 1: 21).

> Todos somos culpables, por lo tanto todos estamos bajo la condenación del pecado que es la MUERTE.

De modo que, nosotros los seres humanos SABEMOS que lo que la Ley dice, lo dice para nosotros. Nosotros, aún de una manera primitiva somos capaces de entender que mentir es malo, que robar es malo, que tomar la mujer de otro es malo, que tener un dios diferente no es bueno, que ultrajar a los padres es malo, etc… Es decir, lo que la Ley enseña, nosotros SABEMOS que lo enseña para nosotros quienes estamos bajo la maldición de la Ley

Publishing Company: Grand Rapids); p. 88.

(muerte). Por lo tanto, no tenemos desconocimiento de estas cosas.

3.19 Para que toda boca se cierre, y todo el mundo quede bajo el juicio de Dios

Esta expresión confirma lo que acabo de afirmar en los párrafos anteriores, de que el SABEMOS se refiere a toda la raza humana. Ahora bien, Pablo quiere que de una vez y por todas, todos los labios de los mentirosos, blasfemadores y calumniadores sean cerrados de una vez y por todas, y que únicamente Dios sea vindicado. Y la expresión es la misma usada para hablar del acto cuando los leones rugen y se les obliga a callar.

Esta expresión es muy interesante, porque dice: "para que toda (PAS) boca (STOMA) se cierre (PHRASO)". De este último verbo viene el vocablo 'frase'. Y los traductores lo tradujeron literalmente. Que los labios inquinos e inmundos dejen de vilipendiar el nombre de Dios al poner un muro, una cerca, de modo que los labios aunque hablen, no puedan ser escuchados porque la verdad ha de salir a flote.

¿Por qué toda boca tiene que cerrarse? Dos razones, "*Jehová está en su santo templo, CALLE delante de él toda la tierra*" (Sal. 11: 4; Habac. 2: 20). A veces tomamos estos versos fuera de su contexto para enseñar reverencia, y está bien enseñar la reverencia dentro del templo. Sin embargo, este no es el uso primario básico de los autores bíblicos. Ambas frases son dichas <u>dentro de un contexto de juicio</u> al ser humano.

En ambos textos la expresión está dicha de tal forma que dá la impresión de que todas las partes han tenido su tiempo y momento de hablar y de presentar toda la evidencia. El Juez está a punto de hablar, y la sala o audiencia se mantiene en completo silencio y suspenso para escuchar la sentencia final de parte del Juez de toda la tierra (Sal. 50: 7).

Ahora bien, la expresión "bajo el juicio de Dios" es una pobre traducción que intenta presentar a todos los seres humanos siendo juzgados por Dios. Y aunque es cierto de que todos seremos juzgados por Dios, no es menos cierto de que la frase en el griego no lee así. En lugar de traducir juicio, deberíamos traducir 'condenación' o 'culpabilidad". ¿Por qué esto? Por la sencilla razón de que la palabra traducida como "juicio" en este versículo es HUPODIKOS literalmente significa "CONDENACION" "CULPA".

Es decir, HUPODIKOS se usaba para referirse a alguien que en un juicio había perdido su caso, que no había manera de que él pudiera salir libre después de que toda la evidencia había sido presentada en el juicio. En otras palabras, la raza humana perdió su caso ante Dios.

No había manera de que el ser humano pudiera salir de su estado de culpabilidad por ninguno medio, excepto el medio provisto por el Juez mismo, y de eso hablaremos más adelante. Por tal razón, si fuéramos a re-considerar el texto, tendríamos que decir: 'Para que toda boca se cierre, y todo el mundo quede bajo la condenación divina'.

En conclusión, esta frase indica dos asuntos básicos: a) Los mentirosos en cualquier forma ellos tomen tendrán un día que callar ante la presencia divina; b) Todos somos culpables, por lo tanto todos estamos bajo la condenación del pecado que es la MUERTE.

3.20 Ya que por las obras de la ley ningún ser humano será justificado delante de él

Es decir, si los gentiles piensan que por tener la Ley de Dios escrita en sus corazones o que por ser Ley para sí mismos eso les otorga el perdón o la salvación automáticamente, entonces no había necesidad de que Cristo muriera. Por otro lado, si los judíos piensan que por ser depositarios de los oráculos divinos eso los califica para recibir el perdón de Dios, entonces, por demás murió Cristo.

Debemos mirar también el otro lado de la moneda, pues el perdón implica que la culpa por el pecado ha sido removida del corazón del pecador; pero esto no implica en lo absoluto la remoción de la naturaleza pecaminosa, pues esto es una obra, aparte de la misericordia de Dios.[35] Y precisamente en este concepto es donde los judíos siempre fallaron, pues ellos pensaban

[35] Clarke, A. (1997). *Clavis Biblica.* (The Ages Digital Library Theology: Albany); p. 50.

que la remoción del pecado de la naturaleza humana podía ser posible únicamente cuando la Ley de Dios fuera guardada fielmente.

"Las obras de la Ley" (ERGON NOMOU) de las que Pablo habla aquí, se refieren a un código externo de conducta. Las obras de la Ley son el resultado de una asimilación interna de los preceptos de la Ley de Dios en el corazón de una forma u otra. Pero el apóstol es bien claro y específico al decir que "ningún ser humano será justificado (DIKAIOTHEZETAI) delante de él". Es decir, no hay manera, no existe ninguna fórmula humana que permita al hombre salir de la condena en la cual se encuentra. El ser humano está bajo la condena de la Ley de Dios, y la misma, no tiene poder para librarle.

¿Cómo es posible conocer el pecado a través de un instrumento de justicia que es santo, bueno y justo como lo es la Ley (Rom. 7: 12)?

Los teólogos judíos nunca han podido comprender este concepto a cabalidad, pues el rabino Akiba decía: "Todo es de acuerdo a la cantidad de obras", mientras que el rabino Hananias Ben Akashya dijo: "Le plació a Dios habilitar a Israel a adquirir méritos; por lo tanto, él multiplicó la ley y los mandamientos".[36]

Sin embargo, nada está más lejos de la verdad, porque esta condición humana no tiene que ver con nacionalismo ni religión ni posesión de los oráculos divinos. Esta condición humana no reconoce judío, griego o gentil, simplemente reconoce seres humanos pecadores que necesitan de una persona divina que pueda darles la mano para salir del atolladero en el cual se han metido.

3.20 Porque por medio de la ley es el conocimiento del pecado

¿Cómo es posible conocer el pecado a través de un instrumento de justicia que es santo, bueno y justo como lo es la

[36] Citado por Barclay, W. (1963). *Many Witnesses, One Lord.* (S.C.M. Press: London); pp. 57-58.

Ley (Rom. 7: 12)? La respuesta a esta pregunta es obvia, únicamente algo que es santo, justo y bueno, puede revelar el pecado que es impuro, malo e injusto.

La expresión traducida como "Porque por medio" (GAR DIA) sería lo mismo que 'A través de', lo que significa que la Ley es un instrumento mediador, si se quiere, no en el sentido de hacer mediación, sino en el sentido de que logra establecer la diferencia, la marca entre lo que es bueno y lo que es malo; entre lo que es santo y lo que es impuro; entre lo que limpio y lo que es inmundo; entre lo justo y lo injusto.

Además, el texto dice que a través de la Ley es el "conocimiento (EPIGNOSIS) del pecado" (HAMARTIA). Lo interesante es que el apóstol Pablo usa una palabra específica para referirse a "conocimiento", y es que esta palabra a diferencia de GUINOZCO (que también significa "conocer"), aquí tiene el sentido de tener el conocimiento correcto de las cosas divinas, éticas y morales.

En otras palabras, este conocimiento que la Ley provee, no es un conocimiento experimental o experiencial, es más bien un conocimiento de tipo logístico, teórico, pero preciso y acertado. No es que al aprender o practicar la Ley, la persona entra en contacto con el pecado, sino que la Ley llega a ser un instrumento para decirnos lo que es el pecado, lo que es malo, lo que es injusto, etc.

Es por eso que el apóstol Santiago, hablando sobre la Ley de Dios dice que esta Ley es como un espejo. El texto dice literalmente: "*Porque si alguno es oidor de la palabra pero no hacedor de ella, éste es semejante al hombre que considera en un espejo su rostro natural... Mas el que mira atentamente en la perfecta ley, la de la libertad, y persevera en ella, no siendo oidor olvidadizo, sino hacedor de la obra, éste será bienaventurado en lo que hace*" (Stgo. 1: 23, 25).

Dicho de otra manera, la Ley de Dios se convierte en un espejo que nos muestra las imperfecciones que podamos tener en nuestro rostro. Sin embargo, imaginemos que nos ensuciamos la boca comiendo o se nos quedó comida entre los dientes. Cuando nos miramos en un espejo, el mismo nos va a decir que tenemos la boca sucia o que tenemos residuos de comida entre los dientes. No fue el espejo el que nos ensució la boca, pero tampoco el espejo puede limpiarnos. Es por eso que la Ley es un instrumento de conocimiento que nos permite ver nuestra condición y entonces considerar qué pasos vamos a seguir para limpiarnos .

3.21 Pero ahora, aparte de la ley, se ha manifestado la justicia de Dios

Ya hablamos bastante en los capítulos primeros sobre el significado de la palabra "manifestado" (FANEROO). Aquí, al igual que en otros lugares, este vocablo tiene la idea concreta de dar a conocer algo que es tangible físicamente. A diferencia de APOKALUPTOS que es una revelación o manifestación de carácter cognitivo, FANEROO tiene la idea de revelar algo de manera fisica, real y tangible, lo cual puede incluir también lo cognitivo.

Con esto en mente, analicemos la frase del apóstol. "Pero ahora" (DE NUNI), que indica 'en este mismo momento'. La expresión "aparte de la Ley" (XORIS NOMOU) señala a una manifestación que viene "en adición a", mas con una identidad y propósitos únicos. Es decir, esta manifestación tangible, física y real de la justicia (DIKAIOZUNE) de Dios, viene en adición a la Ley, pero con identidad y propósitos únicos y específicos.

Por lo tanto, la expresión "la justicia de Dios" debe ser entendida en este contexto como la aparición física, tangible y real de nuestro Señor Jesucristo. "La justicia de Dios" no es otra cosa sino la manifestación en carne de la Deidad con toda su plenitud en Cristo (Col. 1: 19). Es por esto que la expresión de 1Cor. 1: 30 es valedera cuando señala: "*Mas por él estáis vosotros en Cristo Jesús, el cual nos ha sido hecho por Dios sabiduría, JUSTIFICACION* [DIKAIOZUNE], *santificación y redención*".

Jesucristo es la Justicia de Dios encarnada; él es aquella manifestación, tangible, física y real del carácter de Dios. Nada es tan cierto como esto, únicamente en Cristo encontramos esta Justicia que fue revelada o manifestada <u>en adición</u> a la Ley, sin eliminarla. De hecho, en ninguna parte de la Biblia encontramos la expresión: "la justicia de Cristo", de lo que realmente se habla es de "la justicia de Dios" que es EN Cristo.[37]

---

[37] Lockyer, H. (1964). *All the Doctrines of the Bible*. (Zondervan Publishing

Sería una de las contradicciones más lamentables de la Divinidad, revelar (APOKALUPTOS) una Ley para después eliminarla con la manifestación (FANEROO) de Jesucristo. Sencillamente no habría manera de medir siquiera si Cristo Jesús fue justo y perfecto él mismo. La Ley de Dios incluso sirve como un espejo para ejemplificar qué tipo de carácter nuestro Creador posee.

3.21 Testificada por la ley y los profetas

De nuevo vemos que la manifestación de la Justicia de la cual está hablando es lo que los antiguos profetas testificaron de muchas formas y de diversas maneras (Heb. 1:1-2). Si nos pusiéramos a analizar cada una de las profecías concernientes a Jesús en el Antiguo Testamento, podríamos escribir un libro nada más sobre ese tópico, pues los eruditos han calculado que hay unos 300 nombres, títulos y/o atributos por los cuales Jesús es llamado en el Antiguo Testamento.

Solamente voy a mencionar algunos, por ejemplo, es llamado "El Profeta" (Deut. 18: 15); "*...Yo sé que mi redentor vive, y que al fin me levantará...*" (Job 19: 25); "*Nuestro Dios vendrá y no callará...*" (Sal. 50: 3); "*Viene el Señor con sus millares...*" (Jud. 1: 14-15). Y podríamos pasarnos el resto de este libro explicando cada una de las profecías concernientes a Jesucristo y cómo ellas se han cumplido al pie de la letra.

> Para ser beneficiario de tantas bendiciones, existe una condición que debe ser alcanzada: DESEARLO.

Ahora bien, cuando dice que fue "testificada" (MARTUREO) por la Ley (NOMOS) y los profetas (PROPHETES), está queriendo decir que a estos hombres Dios les dio pinceladas del plan de redención que íba a llevar a cabo en Cristo, cuando la Justicia divina habría de manifestarse de forma tangible, física y real.

La expresión la 'ley y los profetas', se refiere a todo el

House: Grand Rapids); p. 209.

conjunto de libros del Antiguo Testamento, y esto de por sí representa la importancia y validez que los escritos del Antiguo Testamento poseen para nosotros hoy, porque ellos nos ayudan a entender mejor el plan de salvación como fue predicho por Dios a través de los profetas. De modo que, cualquier persona que intente decir que el Antiguo Testamento no es válido para nuestras vidas hoy, está negando la veracidad de la historia de la redención en Cristo, porque está negando la historia predictiva del evento más importante de la historia, la encarnación de Dios en la persona de Cristo.

3.22 La justicia de Dios por medio de la fe en Jesucristo

¿Cómo es posible que Cristo es la "Justicia de Dios", y al mismo tiempo debemos ejercer fe en Jesucristo? Bueno, la respuesta a esta interrogante reside en el significado explícito de justicia (DIKAIOZUNE). Ya dijimos que la Justicia era Cristo mismo de manera tangible, física y real, pero también incluye todas las bendiciones que vinieron del Padre con él; es decir, un sentido de equidad, igualdad, de santidad para su pueblo.

Cristo vino no sólo físicamente, sino también a hacer las obras de bien de su Padre, a sanar, ayudar, corregir, redimir, morir, resucitar y reinar. Visto de esta manera, todos los atributos divinos estaban conjugados en su persona. Por lo tanto, para ser beneficiario de tantas bendiciones, existe una condición que debe ser alcanzada: DESEARLO. El instrumento para alcanzar estas bendiciones es la FE. Es por eso que la FE llega a ser el único instrumento establecido y otorgado por Dios para recibir la Justicia (Cristo) y los atributos o bendiciones que vienen con él. El apóstol dijo: "por medio de" (DIA).

Por otro lado, el acto de justificar al pecador o mejor dicho de salvarlo, no puede estar separado de la conversión, del nuevo nacimiento y del subsecuente crecimiento en la santificación.[38] Esta es la gran realidad que muchos no quieren admitir, pues cuando se acepta a Cristo, las "cosas viejas pasaron, he aquí todas son hechas nuevas".

---

[38] The Seventh-day Adventist Bible Commentary. (1957). (Review and Herald: Washington); p. 509.

Entonces la fe se convierte en la vía o el instrumento de trabajo para el creyente; es la fe que nos permite ser co-partícipes de la Justicia divina y de las bendiciones que aceptar la Justicia acarrea. Es la fe el instrumento dado por Dios para allegarnos a él, pues la fe es un DON, un regalo de Dios la raza humana (Efes. 2: 8).

3.22 Para todos los que creen en él

Si bien es cierto que Cristo murió por todo el mundo, no es menos cierto que las bendiciones que conlleva el aceptar la Justicia de Dios que es Cristo son dadas únicamente al que ejercita el don de la fe, y el don de la fe es ejercitado únicamente cuando creermos en Jesucristo. Es por eso que aunque suena muy bonito decir que esa fe es la fe de Cristo[39] en realidad, no es apropiado; debemos recordar que nosotros tenemos que ejercitar y poner a funcionar lo que Dios nos ha dado, de otra manera, ¿cuál es el valor de nuestra creencia y de nuestra aceptación?

Si decimos que únicamente es la fe DE Cristo la que vale, y no la fe EN Cristo ejercida por el pecador, tendríamos que concluir entonces que todos los seres humanos han de salvarse, porque si Cristo murió por todo el mundo, el tiene FE de que puede salvarlos a todos, pero la realidad del caso, es que Dios no fuerza a nadie a aceptarle, por lo tanto, el ser humano tiene que desear ser salvo ejercitando el don que Dios nos otorgó que es la FE.

Digo esto porque personalmente hubo un tiempo que yo mismo no entendía este concepto tan claramente como ahora. Incluso, en uno de mis libros que escribí hace un tiempo yo expliqué este concepto de la fe DE Cristo y concluía diciendo que la fe de Abrahám y de todos los santos era la fe DE Cristo, y en un sentido sí, es la fe de él porque PROVIENE de él, es un REGALO de él. Sin embargo, cuando en teología se habla de la fe DE Cristo, no se está pensando en el regalo, sino en la acción que Cristo

---

[39] De hecho, en uno de mis libros: "Jesús: Nombres, Títulos y Atributos, vol. 2", yo escribí y enfatizé el hecho de que la expresión debe ser entendida como 'la fe DE Cristo', en lugar de 'la fe EN Cristo'. Admito que como era un tema secundario que estaba tratando en ese capítulo, no me tomé el tiempo de hacer una exégesis articulada y por esta razón no presenté ambas posiciones en aquella ocasión.

mismo está ejerciendo en nuestro favor. ¡Cuánto me hubiera gustado haber entendido mejor este concepto en aquél tiempo! Pero como en todo caso, la revelación es progresiva y Dios quería llevarme paso a paso.

Por lo tanto, yo creo que si la persona quiere recibir las bendiciones, tiene que ejercitar la fe DE Cristo (porque viene de él), de una manera tangible que el individuo pueda llegar a confiar, a tener esa fe inquebrantable EN Cristo para permanecer en él.

3.22 Porque no hay diferencia

En otras palabras, Dios no hace acepción de personas. No existe diferencia o discriminación alguna al momento de recibir las bendiciones divinas manifestadas en la persona encarnada de Cristo o en cualquiera de sus atributos o poder; no, para Dios todos somos pecadores en necesidad de un Salvador. De hecho, la palabra traducida como "diferencia" (DIASTOLE) era usada para marcar el timbre de distintos instrumentos. Lo cual indica que para Dios no existe tal distinción cuando viene al punto de la salvación de la raza humana pecadora. Todos recibieron la misma condena, todos reciben el mismo perdón. Todos recibieron la misma muerte (eterna), todos reciben la misma vida (eterna). Todos recibieron la incredulidad por el pecado, ahora todos reciben la misma fe EN Cristo.

3.23 Por cuanto todos pecaron,

Todo ser humano es hallado culpable a los ojos de Dios. Tanto el judío como el griego es culpable de traición, sedición y rebeldía en contra del gobierno de Dios. por tal razón, todos los seres humanos merecemos en realidad la muerte; no hay diferencia entre uno y otro.

O como dijera Archer: "Si los paganos pudieran ser salvos por vivir a la altura de la luz que se les ha dado, entonces necesariamente sigue que pueden ser salvos por sus propias obras. Si este es el caso, entonces Cristo murió innecesariamente en la cruz…"[40]

---

[40] Archer, G.L. (1982). *Encyclopedia of Bible Difficulties*. (Zondervan Publishing House: Grand Rapids); p. 387.

Cuando Adán y Eva pecaron, transmitieron a toda la raza humana el legado de su rebeldía contra Dios, y las consecuencias no se hacen esperar. Nosotros los seres humanos en nuestro interior queremos llegar a ser dioses; por naturaleza estamos en abierta rebeldía contra Dios, y no queremos hacer lo que a Dios le agrada.

3.23 Y están destituídos de la gloria de Dios

La expresión "están destituídos" (HUZTEROUNTAI), es una expresión muy única y singular en esta carta. La misma tiene que ver con la idea de 'fallar en alcanzar la meta'; pero también es ser 'rebajado o denigrado a una posición inferior'. Es interesante notar que el apóstol presenta esta idea para indicar cómo el ser humano al pecar se puso en un estado que le confinó a ser rebajado, denigrado de la "gloria de Dios". ¿Qué es en sí la gloria de Dios? ¿En qué consiste?

El hecho mismo de responder a esta pregunta se presta para especulaciones, sin embargo, podemos tener algunas pinceladas de cuál es el significado del término "la gloria de Dios" (TES DOXE TOU DEOU).

En el Antiguo Testamento la frase aparece únicamente dos veces, "*Los cielos cuentan <u>la gloria de Dios</u>, y el firmamento anuncia la obra de sus manos*" (Sal. 19: 1). Es decir, la naturaleza habla del poder creativo de Dios, y esto significa que la expresión "la gloria de Dios" tiene que ver con la capacidad divina de crear. El término tiene que ver también con el atributo divino de siempre tener algo que aprender de él, y que el ser humano debe encontrar (Prov. 25: 2). La expresión la encontramos varias veces en el Nuevo Testamento, veamos algunos ejemplos:

La expresión fue usada por Cristo para hablar del poder de resucitar y de volver a la vida a los que están muertos (Juan 11: 4, 40). La frase es muy usada por Pablo para referirse a varias cosas, por ejemplo, aquí en Romanos 3 tiene el significado de la pureza y la santidad divinas (Rom. 3: 23).

Más adelante tiene el significado de la manifestación de la gracia divina en Cristo Jesús, y a esa manifestación de gracia Pablo lo incluye dentro del término "la gloria de Dios" (Rom. 5: 2). También indica de cómo Dios nos recibe en Jesucristo (Rom. 15:

7). Hablando a los Corintios, el término tiene que ver con con traer honor y gloria con nuestras acciones y motivaciones a Dios (1Cor. 10: 31). Y como dice Edwards, que en realidad el fin último o bien moral de la justicia, es que se encuentra únicamente en la búsqueda de la gloria de Dios.[41]

Es también la capacidad de Dios de cumplir sus promesas a pesar de todos los obstáculos que el enemigo pone para que éstas no se cumplan (2Cor. 1:20). En su segunda carta a los Corintios, el significado tiene que ver con el interés divino en que Cristo sea conocido por cada ser humano (2Cor. 4: 6), así como también, el dar honra y gloria a través de la acción de gracias (2Cor. 4: 15). La expresión tiene que ver también también con el reconocimiento de todo ser creado en el universo de la soberanía y supremacía de Jesucristo (Filip. 2: 11).

"La gloria de Dios" tiene que ver también con su presencia misma (Apoc. 15: 8). Se habla de la ciudad que "tiene" la "gloria de Dios"; y dicha expresión está en el contexto del descenso de la ciudad desde el cielo a esta tierra. Algunos creen que tiene que ver con la estructura y la belleza de la ciudad misma, sin embargo, soy del pensamiento que tiene que ver con la presencia de los santos y la Deidad juntos por primera vez después que el pecado creó una separación entre ellos (Apoc. 21:11). También tiene que ver de nuevo con la presencia misma de la Deidad (Apoc. 21:23).

En conclusión, el término puede tener muchos significados, pero todos ellos se resumen a algo muy simple, el reconocimiento de que Dios es quien merece la honra y la gloria. Es por eso que ese pensamiento y esa esperanza que predicamos de su segunda venida, es respaldada con la

Re-instaurarnos a esa gloria que una vez tuvimos, ha sido un proceso muy doloroso para la Deidad, tanto así, que costó la muerte de su Hijo.

[41] Edwards, J. (1997). *The Works of Jonathan Edwards, Vol. 2*. (The Ages Digital Library Commentary: Albany); p. 332.

conducta cristiana que refleje el amor de Cristo en el corazón.

Entonces el apóstol quiere que nosotros entendamos que la expresión "están destituídos de la gloria de Dios" tiene que ver con una separación entre lo divino y lo humano. Tiene que ver con una separación no solamente de carácter físico, sino de carácter espiritual; una separación que ha afectado la soberanía de Dios y le ha negado el derecho a ser reconocido, alabado y adorado como Dios. Por lo tanto, re-instaurarnos a esa gloria que una vez tuvimos, ha sido un proceso muy doloroso para la Deidad, tanto así, que costó la muerte de su Hijo, y de eso hablaremos en breve.

3.24 Siendo justificados gratuitamente por su gracia,

Esta expresión "siendo justificados (DIKAIOUMENOI) gratuitamente (DOREAN) por su gracia (XARITI)". Todo es importante en esta frase, pero al decir "gratuitamente", quiere decir, 'sin merecerlo'. Es un acto de bondad divina salvarnos (justificarnos) sin que nosotros lo merezcamos.

En realidad, es como menciona Bunyan: "Los hombres no deben ser juzgados o justificados de acuerdo a lo que ellos mismos piensan, sino de acuerdo al veredicto y sentencia que sale de la boca de Dios sobre ellos".[42] La justificación gratuita que Dios ofrece no es por veredicto humano, sino que es más bien una iniciativa divina, basada en un decreto divino.

3.24 Mediante la redención que es en Cristo Jesús

Mejor traducido sería 'A través de (DIA) la compra (APOLUTROZEOS) en Cristo Jesús'. Hablemos un poco de la acción principal encontrada en esta frase (LA REDENCION). Este palabra griega, viene del verbo LUTRON, que literalmente tiene el significado de comprar a un esclavo en la plaza del mercado (AGORA) pagando un precio establecido. Easton nos ilumina cuando bien señala que la deuda del hombre es representada no como "cancelada", sino como "pagada totalmente". El esclavo o

---

[42] Bunyan, J. (1997). *Bunyan's Practical works, Vol. 5.* (The Ages Digital Library Commentary: Albany); pp. 168-169.

cautivo no es liberado por un mero favor gratuito, sino que se pagó un precio para que éste pudiera ser dejado en libertad.[43] Sobre este concepto hablaremos en detalle cuando analicemos el capítulo seis. Por ahora solamente nos limitaremos a decir que Cristo nos compró con su sangre y nos libertó de la esclavitud del pecado, y que si las Escrituras representan a toda la humanidad en su primer estado, y ellos son partícipes de los beneficios de la redención de Cristo, esto significa que son impíos por naturaleza que necesitan la gracia de Dios para ser liberados.[44]

Cristo entonces pasó a ser el PERDON, la Propiciación, la única expiación para un mundo pecador.

3.25 A quien Dios puso como propiciación por medio de la fe en su sangre

Antes de entrar en un análisis más detallado sobre esta aseveración, es necesario establecer algunas cosas que el texto de por sí dice:

- Es Dios quien ofrece la solución al problema del hombre ("a quien Dios puso").
- Aunque el sacrificio de Cristo fue para todo el mundo (Juan 3: 16), no es aplicable a aquél que no ejercita la fe que también es dada por Dios.
- La fe tiene que ser ejercitada basada en lo que Cristo Jesús hizo en la cruz del calvario.
- Cristo llega a ser el único perdón para el ser humano.

Con estos conceptos en mente, analicemos entonces la expresión del apóstol con más lujo de detalles.

Cuando el apóstol dice que "Dios puso" (PROTIDEMI HO DEOUS), está hablando de que Dios se EXPUSO a la merced de los poderes del mal para vencerlos con el bien. El hecho de que Dios se expuso asimismo en la persona de Jesucristo, indica el tipo de amor que el Creador siente por nosotros.

---

[43] Easton, G. (1997). *Eastons Bible Dictionary*. (The Ages Digital Library Reference: Albany); p. 903.

[44] Edwards, J. (1997). *The Works of Jonathan Edwards, Vol. 2*. (The Ages Digital Library Commentary: Albany); p. 600.

Pero también dice que Jesucristo es nuestra "propiciación" (ILAZTERION). Este término literalmente se refería al lugar donde los pecados eran perdonados. En la tipología del santuario, se le llamaba PROPICIATORIO a la cubierta que tenía el arca del pacto dentro del lugar santísimo. En ese lugar el Sumo Sacerdote entraba tres veces un mismo día una vez al año; esto ocurría durante la celebración del Yom Kippur o 'Dia de la Expiación'.

Era sobre este propiciatorio que los querubines de oro estaban mirándose a la cara, y sus alas cubriendo el propiciatorio (Exo. 25: 20). Y de este lugar Dios hablaba directamente con el Sumo Sacerdote desde una nube (v. 22; Lev. 16: 2). Y cuando el Sumo Sacerdote entraba a oficiar sobre el propiciatorio, tenía que cubrir el propiciatorio en una nube de humo de incienso, de otra manera podía morir (Lev. 16: 13). Pero también al entrar la primera vez en lugar santísimo en el Día de la Expiación para ofrecer la sangre del becerro por él mismo y su familia (Lev. 16: 11), tenía que asperjar la sangre con su dedo hacia el lado este del arca siete veces (v. 14).

Luego el Sumo Sacerdote tenía que salir y sacrificar el macho cabrío y entrar de nuevo en el lugar santísimo y hacer la misma manipulación de la sangre que hizo con la sangre del becerro (v. 15), y esta sangre servía para expiar los pecados del pueblo y santificar el lugar santo (v. 16). Lo interesante de esto es que a ningún hombre se le permitía estar en el santuario mientras todo este proceso ocurría (v. 17).

¿Cuál es la enseñanza de todo esto? Manipulación de la sangre en el lugar santísimo, y la expiación (el perdón) era realizado simbólicamente sobre la cubierta del arca por él mismo, por el pueblo y por último por el lugar (santuario) donde la expiación era llevada a cabo. Recordemos que la sangre era ASPERJADA sobre esta tapa del arca llamada propiciatorio. Esta sangre simbólicamente TRANSFERIA los pecados confesados del penitente al lugar santísimo, y específicamente los colocaba sobre el propiciatorio. Era el propiciatorio el que recibía los pecados del pueblo.

Ahora bien, en la tipología del santuario con la muerte de Cristo, el apóstol está usando un lenguaje cúltico sacado directamente de Levíticos 16 para ilustrar su punto y la línea de su argumentación. En la mente del apóstol, esa pieza del tabernáculo del desierto halla su cumplimiento en Cristo, pues el apóstol entendía que con el sacrificio de Cristo en la cruz, Dios cargó sobre él el pecado de todos nosotros.

Dicho de otra forma, Cristo pasó a ser el cumplimiento vivo y literal de aquella cubierta del arca enchapada en oro llamada Propiciatorio. Entonces el perdón es otorgado a nosotros gracias a que Cristo recibió simbólicamente todos nuestros pecados y la expiación es realizada en Cristo.

Por otro lado, hay que recordar lo que dice Pablo, que aunque Jesús es nuestro perdón o Propiciación, no es menos cierto que el penitente debe ejercer fe en la sangre, es decir, en el sacrificio expiatorio de Cristo. Lo interesante del santuario es que la sangre del becerro, del macho cabrío y del carnero, las cuales representaban los pecados del sacerdote y su familia, los pecados del pueblo y la contaminación misma del santuario, todos estos pecados eran simbólicamente puestos sobre el Propiciatorio.

¿Qué quiere decir el apóstol? Cristo llevó en si mismo el pecado de TODOS, pues Jesús pasó a ser el "*Cordero de Dios que quita el pecado/los pecados del mundo*" (Juan 1: 29). Cristo entonces pasó a ser el PERDON, la Propiciación, la única Expiación para un mundo pecador. Pero el pecador tiene que ejercer fe en la sangre de Cristo. Tiene que confiar y creer que Cristo es NUESTRA PROPICIACION.

3.25 Para manifestar su justicia

De nuevo tenemos que lidiar con el verbo "manifestar" (ENDEIXIN) que literalmente significa DEMOSTRAR. Y el mismo era usado cuando había algún tipo de acusación donde el acusado tenía que PRESENTAR las evidencias para salir inocente. Pero estas evidencias tenían que ser presentadas con ACTOS tangibles, palpables, reales y visibles y no necesariamente con documentos. Pues eso exactamente es lo que Pablo quiere decir, Dios fue acusado de ser el originador del mal, por lo tanto, Dios tiene que DEMOSTRAR que no, que él es el Originador del bien y de la justicia. Torrey identifica siete elementos de la manifestación de la justicia de Dios:

1. Ama al justo y aborrece la iniquidad.

2. Otorga al pecador su castigo correspondiente.
3. Da al justo la recompensa por su fidelidad.
4. Protege y libra a su pueblo de todos sus adversarios.
5. Cumple sus promesas.
6. Provee una propiciación (perdón), al mismo tiempo que justifica (salva) a quien ejercita fe en el Sustituto.
7. Perdona los pecados del creyente cuando éstos son confesados.[45]

¿De qué otra manera Dios ha manifestado su justicia? Y si lo hizo, ¿cómo lo hizo? Dios ha manifestado su justicia a través de la muerte expiatoria de su Hijo Jesucristo, quien murió por nosotros siendo nosotros "pecadores" y enemigos" de él. De modo que, si Dios tiene que demostrar su "justicia" (DIKAIOZUNE), ¿qué es la justicia que hay necesidad de exhibirla ante todo el universo? ¿No es suficiente lo que Dios hace por sus criaturas? ¿Es necesario hacer un despliegue completo de la justicia de Dios? ¿Cuál fue el propósito de la muerte de Cristo?

Hablemos del término "justicia" (TSADAQ) y cómo era entendido por los profetas del Antiguo Testamento, especialmente por Isaías. Este término en el Antiguo Testamento tiene una connotación muy particular. Por ejemplo, "justicia" en el Antiguo Testamento casi siempre estaba conectada a una de estas dos palabras: a) Juicio (SAPH –en Hebreo); b) Salvación (YESHA). Veamos algunos ejemplos donde el vocablo "justicia" está conectado a Juicio:

"*No harás injusticia en el juicio, ni favoreciendo al pobre ni complaciendo al grande; con justicia juzgarás a tu prójimo*" (Lev. 19:15). Se le ordena al ciudadano común a llevar a cabo sus juicios con justicia. También en la oración de Salomón, él asevera que Dios ha de escuchar desde el cielo y actuaría con justicia y juicio cuando juzgare la tierra (1Rey. 8:32). Lo mismo es aplicable en 2Cron. 6:23, donde se establece que Dios habría de juzgar a sus siervos con justicia.

Por otro lado, el salmista pide que Dios le juzgue con justicia (Salm. 7:8). Y asegura que Dios ha de juzgar a las naciones

[45] Torrey, R.A. (1997). *What The Bible Teaches.* (The Ages Digital Library Commentary: Albany); pp. 44-48.

en justicia y equidad (Salm. 9:8). A diferencia del Salmo 7, donde el salmista pide que Dios le juzgue de acuerdo a la justicia que el salmista había demostrado, en este Salmo, él rectifica su posición y pide que Dios le juzgue de acuerdo la justicia divina (Salm. 35:24).

Se habla también de que los Cielos habrían de declarar la justicia de Dios, porque Dios es el Juez (Salm. 50:6). David preguntaba si la congregación (pueblo) hablaba y juzgaba con justicia (Salm. 58:1). Y luego asevera de que Dios habría de juzgar a su pueblo, de manera especial al pobre con justicia (Salm. 72:2). La misma idea es presentada en Salmos 96:13, pero esta vez es asociada con la venida del Señor, lo mismo es aplicable a Salmos 98:9.

El juicio para que sea un verdadero juicio, tiene que ser hecho con justicia y equidad, de otra forma, el juicio sería un partido, donde las partes se confabulan para oprimir al pobre y al menesteroso.

En la pictografía de la tierra nueva que el profeta Isaías hace, encontramos que él asegura de que Dios ha de juzgar la causa del pobre y de los pueblos con justicia y equidad, e incluso su descripción de la tierra nueva es más bien una descripción del resultado de ese juicio (Isa. 11: 4-9). Y en el mismo libro, Dios nos insta a través del profeta a que tengamos esperanza, pues cuando él regrese, nos habrá de otorgar su justicia al juzgarnos (Isa. 51:5).

Y Pablo, disertando acerca de la seguridad del juicio venidero, indica que Dios ha de juzgar al mundo con justicia a través de su Hijo, Jesucristo (Hech. 17:31). Y también nos indica que la "corona de justicia" un día sería puesta sobre su cabeza por el Juez justo, gracias a su justicia manifestada en Jesucristo (2Tim. 4: 8). Y por último, "El Verbo de Dios" pelea por su pueblo para impartir justicia y equidad, y su juicio final parece ser uno hecho con guerra (Apoc. 19: 11-15).

Por lo tanto, vemos una íntima conexión entre el juicio y la justicia. No era posible aplicar justicia sin que hubiera un juicio previo. En el lenguaje bíblico, el juicio para que sea un verdadero juicio, tiene que ser hecho con justicia y equidad, de otra forma, el juicio sería un partido, donde las partes se confabulan para oprimir al pobre y al menesteroso, y es por eso que Dios toma carta en el asunto y nos asegura que cuando él juzgue, él lo hará con justicia. Nos queda por analizar ahora el enlace que existe entre justicia y salvación.

Aquél que es limpio de manos y puro de corazón ha de recibir la bendición del Señor con justicia, pues él es el Dios de la salvación (Salm. 24: 5). El salmista hablaba también de que no había guardado para sí la justicia de Dios, sino que declararía la salvación de él (Salm. 40:10). En el famoso Salmos 51, David suplica a Dios que le ayude a no pecar quitando la vida a otros, e invoca al Dios de su salvación, y al hacerlo, su lengua cantaría la justicia de Dios (v. 14).

El Dios de la salvación habría de contestar en justicia (Salm. 65: 5). Y el salmista se declara desconocedor de las innúmeras ocasiones en que el Dios de justicia le había salvado (Salm. 71:15), y por eso su lengua declararía su justicia y salvación. Y también declara que el Señor ha manifestado públicamente su justicia y salvación a la vista de todos los paganos e impíos (Salm. 98:2). Luego se dice que los ojos y la boca del salmista anhelan, buscan, inquieren por la justicia y la salvación de Dios (Salm. 119:123). El profeta Isaías, por ejemplo, dice:

> "*Publicad, y haced llegar, y entren todos en consulta: ¿quién hizo oir esto desde el principio, y lo tiene dicho desde entonces, sino yo Jehová? Y no hay más Dios que yo; Dios JUSTO y SALVADOR: ningún otro fuera de mí. Mirad á mí, y sed SALVOS, todos los términos de la tierra: porque yo soy Dios, y no hay más. Por mí hice juramento, de mi boca salió palabra en JUSTICIA, y no será revocada. Que á mí se doblará toda rodilla, jurará toda lengua. Y diráse de mí: Ciertamente en Jehová está la JUSTICIA y la fuerza: á él vendrán, y todos los que contra él se enardecen, serán avergonzados. En Jehová*

será justificada y se gloriará toda la generación de Israel" (45:21-25).

Dios se auto-declara "Justo y Salvador", y pide a que los individuos le miren para que puedan ser "salvos", porque solamente en él está la "justicia". Más el profeta no para allí, de hecho, el 98% de las ocasiones en que Isaías usa el vocablo justicia, lo usa en conexión con SALVACION, el otro 2% es usado en conexión con JUICIO:

> *Haré que se acerque mi JUSTICIA, no se alejará: y mi SALVACION no se detendrá. Y pondré SALVACION en Sión, y mi gloria en Israel"* (Isa. 46:13).

Dios nos asegura que la entrada de la justicia en la tierra tiene que ver con la capacidad divina de salvar. Pero sigamos viendo otros ejemplos de esto en lo que es conocido como el Proto-evangelio, es decir, el primer evangelio como lo entendió el profeta Isaías:

> *"Cercana está mi JUSTICIA, salido ha mi SALVACION, y mis brazos juzgarán á los pueblos: á mí esperarán las islas, y en mi brazo pondrán su esperanza"* (Isa. 51:5).

La misma idea es expresada nueva vez aquí, solamente que el concepto de justicia es introducido también. Pero hay más todavía, Isaías nos insta a guardar el derecho, es decir, a actuar correctamente, pues lo dice de esta manera: *Asi dijo Jehová: "Guardad derecho, y haced JUSTICIA: porque cercana está mi SALVACION para venir, y mi JUSTICIA para Manifestarse"* (Isa. 56:1). En otras palabras, Dios nos pide que velemos porque nuestra justicia o mejor dicho salvación está punto de ser una realidad.

"Por amor de Sión no callaré, y por amor de Jerusalem no he de parar, hasta que salga como resplandor su JUSTICIA, y su SALVACION se encienda como una antorcha" (Isa. 62:1). Aquí

justicia y salvación son tomados como símbolos de la llegada de una nueva vida, pues en tiempos antiguos, la luz era símbolo de la vida.

¿Cuál es la conclusión de todo esto? Bueno, después de haber visto la evidencia bíblica de la conexión que los escritores bíblicos hicieron entre justicia, juicio y salvación, es necesario que saquemos una conclusión satisfactoria al uso indistinto de estos vocablos o la combinación de ellos.

- Justicia + Juicio = Salvación.
- La justicia de Dios no se revela o manifiesta a menos que haya un acto de Dios, donde éste SALVE al hombre, y el acto mismo de salvarle es un acto de JUSTICIA.
- Dios salva a los seres humanos para demostrar con hechos y evidenciar su justicia.
- El juicio de Dios (en este contexto en particular) no es otra cosa que la intervención (salvación) divina hecha con justicia.
- Por lo tanto, la "evidencia" (ENDEIXIN) o manifestación de la cual Pablo habla, no es otra cosa que el despliegue divino de su salvación en un acto de justicia.
- Podemos concluir entonces que la aparición de Cristo en la carne y su sacrificio expiatorio en la cruz del calvario, fue la evidencia mostrada por el cielo para revelar y manifestar el juicio inminente de Dios y su salvación.

Muchas veces ocurre también que asociamos justicia divina con el castigo de los pecadores, y si bien es cierto puede tener esa connotación, no es el sentido primario de la misma; Torrey, por ejemplo, nos dice: "En discusiones teológicas modernas, escuchamos más de la justicia de Dios relacionada con el castigo de los pecadores, pero en la Biblia, leemos que está más relacionada con la protección de su pueblo".[46]

Entonces vemos que la manifestación de la justicia divina es con el fin primario de salvar a su pueblo que está cautivo, y esto

[46] Ibid., p. 46

es consistente con el resto de las enseñanzas paulinas y de las Escrituras.

3.25 A causa de haber pasado por alto, en su paciencia

> Cristo veía que con su sacrificio él juicio a Satanás sería consumado.

Esta expresión es rica en significado, porque admite que aunque nosotros hemos sido hallados culpables, Dios no ha tomado en cuenta nuestra culpabilidad para perdonarnos. Cuando el texto dice "A causa de (DIA) haber pasado por alto (PAREZIN)", quiere decir que Dios ha guiñado el ojo (si se quiere decir) al problema del pecado, pero no en el sentido de dejarlo pasar sin que alguien recibiera castigo, sino que fue él mismo en la persona de Jesucristo quien sufrió la penalidad por el problema del pecado del hombre.

Dios, "en su paciencia" (ANOCHE –en griego) no nos castigó como merecíamos, es decir, con una separación completa y eterna de su presencia, sino que en Jesucristo él estableció nuestro Sustituto, y lo hizo porque es tolerante, paciente (ANOCHE) con nosotros, porque no quiere que ninguno de nosotros perezca, sino que todos procedamos al arrepentimiento (2 Ped. 3: 9).

Entonces fue la "paciencia" (ANOCHE) de Dios la que hizo que él buscara otra forma de resolver el problema del pecado del hombre. Fue su paciencia, producto de su amor por nosotros lo que le hizo "pasar por alto" (PAREZIN) o como se dice, guiñar el ojo a nuestros pecados, que él entonces buscó a alguien que tomara nuestro lugar.

La implicación de esto es que nosotros, al pecar, nos separamos eternamente de Dios, esta es una de las razones por la cual se requirió un sacrificio divino-humano de alguien que fuera inmortal, en este caso, pre-existente, como lo fue Cristo para que el resultado de dicho sacrificio pudiera traer de nuevo la inmortalidad perdida por el ser humano. La vida que Cristo nos ofrece, no es una mortal de 0-80 años cuando mucho, sino que la vida que él nos ofrece es una vida inmortal, pues esto corruptible se vestirá de incorrupción; y esto mortal se vestirá de inmortalidad, entonces se dirá: "*Sorbida es la muerte en victoria*" (1Cor. 15: 55).

3.25 Los pecados pasados

¿Cuáles pecados? ¿Por qué los pasados? Porque Pablo está hablando de los pecados cometidos hasta el momento cuando reconocemos que nosotros en realidad merecemos la muerte y sentimos la necesidad de arrpentirnos de nuestro pecado, porque entendemos que ha sido nuestro pecado el que ha causado la muerte de Jesucristo.

Esa expresión, "los pecados pasados" (TON PROGENOTON HAMARTEMON), tiene que ver con los pecados o los actos moralmente incorrectos que ocurrieron en nuestra vida anterior, previo al conocimiento de la gracia de Cristo. Pero como dice el Comentario Bíblico Adventista, "Hamartema se refiere a los actos individuales de pecado y desobediencia".[47]

3.26 Con la mira de manifestar en este tiempo su justicia

Mejor traducido sería: 'Para evidenciar (ENDEIXIN) en este tiempo (EN NUN KAIROS) su justicia' (DIKAIOZUNE). En otras palabras, Dios, en la persona de Jesucristo hizo un despliegue y mostró con evidencias palpables, tangibles y fehacientes su capacidad salvífica y al mismo tiempo juzgó y condenó al pecado y al originador del pecado. Entonces las palabras de Cristo, en referencia al Espíritu Santo, toman significado: "*Y cuando él venga, convencerá al mundo de pecado, de justicia y de juicio. De pecado por cuanto no creen en mí; de justicia por cuanto voy al Padre, y no me veréis más; y de juicio, por cuanto el príncipe de este mundo ha sido ya juzgado*" (Juan 16: 8-11).

En otras palabras, Jesús veía su propio sacrificio como la única manera de salvar a esta raza de la culpabilidad y del castigo que el pecado pedía (muerte eterna); al mismo tiempo, Cristo veía que con su sacrificio él juicio a Satanás sería consumado, y que su muerte le otorgaría el derecho de eliminar y aniquilar el pecado y al pecado personificado de una vez y para siempre cuando él lo deseara.

[47] The Seventh-day Adventist Bible Commentary. (1957). (Review and Herald: Washington); p. 507.

3.26 A fin de que él sea el justo

Uno de los propósitos principales de toda la apologética paulina en el libro de Romanos, es vindicar el nombre de Dios, y que éste a su vez sea reconocido como un Dios justo, bueno y misericordioso que actúa con equidad y justicia. Por eso la expresión misma "A fin de que" (EIS EINAI), o, mejor dicho, con el propósito primario de que Dios sea vindicado. La palabra griega para "justo" (DIKAIOS) aplicada a Dios, es la palabra que encierra un significado muy particular en el idioma original.

Esta era la palabra usada por el capitán de una compañía de soldados que al final del día pasaba revisión, y el soldado que había cumplido con todos sus deberes de manera intachable, era declarado DIKAIOS (justo) enfrente de todos, porque su conducta había sido impecable. Aplicada a Dios la palabra adquiere un significado muy único, porque entonces es todo el universo que declara a Dios "justo". De hecho, este es el canto de alabanza que los ángeles y redimidos entonan en el cielo "*Justos y verdaderos son tus juicios, Dios de los santos; ¿Quién no te temerá y glorificará tu nombre? Porque solo tú eres Santo*" (Apoc. 15: 4).

Por lo tanto, este animoso deseo paulino de que Dios sea vindicado y reconocido como Justo por todo el universo, se deja percibir claramente en esta sentencia. Así que el hecho de que Dios pasa por alto (guiña el ojo) al problema del pecado humano y en su lugar carga el pecado nuestro sobre sí mismo en la persona de Jesucristo, nos indica que en gran medida uno de sus objetivos es que todo el universo vuelva en sus cabales y le reconozca como el único Soberano Dios y Rey.

3.26 Y el que justifica al que es de la fe de Jesús

Literalmente diría en el original, 'Y quien justifica al que cree en Jesús'. Si este es el caso, entonces el objetivo principal de todo el despliegue y manifestación divinas en Cristo en el evento del calvario, no es únicamente que el universo le reconozca como Justo y Soberano Rey, y la cosa se quede allí nada más, sino que el pecador entienda que él es único autorizado a JUSTIFICAR (SALVAR, JUZGAR) al que cree en Jesucristo. En otras versiones dice "al que es de la fe de Jesús". En cualquiera de los casos, el significado primario sigue siendo el mismo. Dios el único Justo, es el único ser que puede impartir justicia a todo el que la necesite; y sin temor a equivocarme, creo que todos necesitamos esa justicia.

"La fe de Jesús es lo que hace posible para Dios ser justo y quien justifica al que es de "la fe en Jesús" (Rom. 3:26). "fe en Jesús", es el canal a través del cual el individuo viene a una posesión de las bendiciones de la justificación".[48]

De hecho, el título de esta obra es precisamente ése, "Justicia: ¿Quién la Necesita?", y la portada tiene esa connotación tan particular, porque el mensaje sigue siendo el mismo, todos necesitamos justicia (perdón/salvación), y ésta se encuentra únicamente en Cristo otorgada por Dios. El mundo está en bancarrota moral y solamente el poseedor de la Justicia, la Justicia viviente (Cristo) es el único capaz de otorgarla a todos aquellos que no la poseemos inherentemente.

Esta justicia es dada a aquellos que ejercen FE en Jesús. Es por eso que una traducción más literal debería ser "al que CREE EN Jesús" (TON EK PISTEO). En otras palabras, el poner nuestra confianza en Jesucristo nos abilita a recibir esa justicia o perdón, salvación que se nos ha otorgado únicamente a través de Cristo.

3.27 ¿Dónde, pues, está la jactancia?

Más literalmente, 'Por lo tanto (OUN), ¿dónde está la jactancia? (KAUCHESIS)'. El apóstol hace una pregunta de carácter retórico. Después de haber hecho su explicación del papel del hombre y del rol de Dios y de la naturaleza del carácter de ambos, la respuesta a la pregunta es obvia. El hombre no tiene de qué gloriarse, el hombre está condenado a muerte por el pecado. Por lo tanto, si ha de haber alguna gloria, tiene que ser hecha en relación con el conocimiento de la salvación de Dios (Jer. 9: 23-24).

¿Cuál es la vanidad del ser humano, cuando en realidad si tenemos algún valor es gracias a la manifestación visible, tangible, física y real de Jesucristo en la cruz del calvario? Por tal razón, gloriarse de algo, o jactarse de alguna cosa, cualquiera que fuere, sería la actitud más necia (por no decir estúpida, no vaya a ser que algunos lectores se ofendan) que un ser inteligente pueda hacer.

[48] Ibid., p. 502.

3.27 Queda excluida

La respuesta a esta pregunta retórica es tan categórica, tan simple y tan directa, que interpretarla podría hasta convertirse en un adefesio. En el original leería así: 'Quedó afuera' (EKKLEIO). Este verbo era usado para hablar de alguien que deseaba entrar a un sitio y era dejado afuera voluntariamente por aquél que estaba dentro de la casa. De hecho, es esta palabra en su forma verbal la que es usada en la parábola de las 10 vírgenes, donde el escritor nos dice que el Novio cerró las puertas y cinco de las vírgenes quedaron AFUERA, EXCLUIDAS de la fiesta (Mat. 25: 10).

Por lo tanto, Pablo quiere decir que el glorificarse, la jactancia, la vanagloria por cualquier cosa que el ser humano se sienta tentado a gloriarse debe quedar AFUERA, EXCLUIDA del corazón humano y no debe hallar cabida de ninguna clase.

> Llegamos a ser como aquello que contemplamos. A través de la contemplación somos transformados.

Cuando es Dios quien aparece como el único Justo entre miles de millones de personas que han vivido en este planeta, y es el único capaz de salvar y perdonar nuestros pecados, entonces la puerta de nuestro corazón debe cerrarse firmemente para no dar paso a la vanagloria, y a la jactancia.

3.27 ¿Por cuál ley?

La pregunta parece una disgresión del texto, pero no es así. La pregunta implica que debe haber una causa motivadora o un motor causante que cierre esa puerta a la jactancia y conscientemente le deje fuera del corazón. Y es aquí donde metafóricamente el apóstol personifica a la ley por primera vez (no la ceremonial, ni tampoco la moral), atribuyendo a dicha ley la capacidad de cerrar o abrir puertas. Sin embargo, el mensaje es claro, debe existir un agente motivador que permita a la jactancia entrar o ser excluida del corazón. Por lo tanto, la pregunta (DIA POIOS NOMOS;) "¿Por cuál ley?", debe ser entendida de la siguiente manera, '¿A través de cuál Ley?'.

3.27 ¿De las obras?

La pregunta subsecuente en el argumento lógicamente desarrollado, implica que las obras que realizamos obedecen a un patrón o a una ley dentro de nosotros que nos ordena sea para bien o sea para mal. Esta expresión debe ser entendida como una conclusión lógica de la serie de argumentos presentados. Llegamos a ser como aquello que contemplamos. A través de la contemplación somos transformados.

Si esto es así, el texto me está diciendo que en mi cuerpo existe una fuerza a la que Pablo llamó "ley de las obras" (sin especificar si las obras son malas o buenas) que me induce a realizar las cosas. La única facultad que el ser humano en realidad ejerce es la facultad de decidir a cuál de las fuerzas o leyes va a obedecer.

3.27 No; mas por la ley de la fe

El NO es categórico, definitivo y no deja espacio para una respuesta alternativa. Si no es uno es lo otro; "*El que no es conmigo, contra mí es; y el que no recoge, desparrama...*" (Mat. 12: 30).

Si la ley de las obras no es capaz de hacer justo a nadie o de impartir justicia a cualquier nivel, y no tiene poder para "abrir o cerrar puertas", entonces tiene que ser obligatoriamente a través de la "ley de la fe". La fe llega a ser entonces, el instrumento a través del cual el penitente se apropia de esa justicia. Y en última instancia, es la fe la que permite que la gracia de Dios (vida eterna, salvación y perdón en Cristo = JUSTICIA) fluya hasta nosotros de manera directa, inequívoca y uni-direccional.

3.28 Así que, concluimos que el hombre es justificado por fe sin las obras de la ley

Alguien una vez dijo: "Si al leer a Pablo no le encontramos lógica, entonces no estamos leyendo bien".[49] Y esta es una gran verdad, porque después de haber hilvanado una serie de pensamientos y expresado su entendimiento del propósito de algunas cosas, Pablo concluye que si el hombre no tiene de qué

[49] Autor anónimo hasta donde sé.

gloriarse, y al hombre se le dio la Ley, entonces la justificación (perdón, salvación) del hombre no puede llegar a través de las obras de la Ley, sino a través de la fe.

El adverbio "sin" (CHORIS) tiene el significado de "aparte de". En otras palabras, el guardar la Ley de Dios no añade ni un ápice a la salvación o perdón del ser humano. La razón es muy sencilla, la función de la Ley no es, nunca ha sido, ni será perdonar, salvar o justificar al pecador, sino más bien MOSTRARLE como si fuera un espejo moral la ruín condición del corazón humano y por contraste evidenciar que Dios sí es el único que es Justo. La justificación entonces no puede ser ganada, únicamente puede ser recibida por el penitente cuando éste ejerce fe en el sacrificio expiatorio de Cristo.[50]

3.29 ¿Es Dios solamente Dios de los judíos?

Lo que esta pregunta implica en sí misma, es que los judíos pensaban que porque ellos habían recibido la Ley directamente de Dios a través de Moisés, esto les hacía ser un pueblo único, especial y superior a todos los demás pueblos; y en verdad lo eran. El problema residía entonces en la opinión que ellos tenían del carácter de Dios, de sí mismos, y su idolatría de la Ley misma. En lugar de adorar al Dador de la Ley, comenzaron a idolatrar la Ley.

Pero la pregunta de Pablo implica también que si Dios es el único Justo, y que si todos los seres humanos son pecadores que necesitan de alguien que les perdone y les salve, y Dios envió a su Hijo para morir por el mundo, no únicamente por los judíos, entonces lógicamente Dios tiene que ser Dios de otra gente aparte de los judíos; y de hecho, él es el Dios de la raza humana, le aceptemos o no.

El verbo copulativo "Es" no aparece en el original y fue añadido por los traductores para que estuviese más claro en nuestro idioma. El adverbio "solamente" (MONON) indica uni-direccionalidad, y podría traducirse como '¿Es Dios únicamente de los judíos?', obviamente no.

[50] The Seventh-day Adventist Bible Commentary. (1957). (Review and Herald: Washington); p. 509.

3.29 ¿No es también Dios de los gentiles?

De nuevo, el verbo "es" fue suplido, pues no aparece en el original. Pero la pregunta literalmente leería en griego así: OUXI KAI ETHNOS?. La expresión "No [es] también" es la que mejor parece indicar el sentido. Pablo está diciendo con la pregunta que en realidad, Dios el Creador es el Dios de todos los seres humanos, aunque éstos no le reconozcan como Dios como ocurre en el capítulo uno donde señala que los hombres rechazaron la revelación de Dios y no les dieron honra ni gracias como a Dios (vv. 18-22).

3.29 Ciertamente, también de los gentiles

En el griego original diría así: 'Ciertamente (NAI) y (KAI) de los gentiles (ETHNOS)'. Lo cual indicaría un sí enfático y categórico e inequívoco. En la mente de Pablo no había ninguna duda de que Dios siempre había tenido en cuenta la inclusión de los gentiles en su plan de salvación. Nisiquiera tenía sentido el pensamiento de que Dios se haría carne (1Tim. 3:16) para morir únicamente por los judíos, cuando todos los seres humanos estaban perdidos y sin ninguna esperanza. Si Dios los creó, y él los reconoce como sus criaturas, es de esperarse que si él lleva a cabo un plan de salvación, los va a incluir a todos (Juan 3:16), y que para salvarlos tiene que usar la misma metodologia, es decir, que el hombre ejerza fe en el único medio provisto, Jesucristo.

3.30 Porque Dios es uno

Esta inclusión o aseveración indica claramente que en el pensamiento del apóstol, Dios no estaba dividido; que la encarnación de Cristo, fue en realidad la encarnación de Dios; que Cristo era y es todavía Dios hecho carne, que en él habita toda la plenitud de la Deidad corporalmente.

Pero también implica esta aseveración, que la visión de los judíos acerca de Dios estaba tan distorsionada, que ellos habían llegado al punto de creer que a Dios no le importaba en lo absoluto el destino de las demás personas, porque él los había pasado por alto a todos ellos, y los había elegido (a los judíos) para que fueran su pueblo.

La expresión “Porque Dios es uno” debería ser mejor traducida así: ‘Siendo [así] (EPEIPER) un (HEIS) Dios (DEOUS)’. Es decir, es un sólo Dios el que salva al judío y al no judío o gentil.

3.30 Y él justificará por la fe a los de la circuncisión

Dios hará justos a aquellos que estén circuncidados literalmente si creen en él. Y también hará justos a aquellos que han sido circuncidados del corazón, es decir, que son creyentes.

La expresión “Y él…”, literalmente sería un adverbio que diría así: “el cual” (HOS), queriendo intimar que el mismo Dios de los judíos que salva a los circuncidados físicamente y del corazón, es el mismo Dios que salva a los que están en una condición opuesta a esta.

3.30 Y por medio de la fe a los de la incircuncisión

De nuevo, el instrumento para ambos grupos es la fe. Y esta dicotomía racial o espiritual, esta distinción marcada de creyentes e incrédulos, circuncisos e “incircuncisos” (AKROBUSTIA), malos y buenos, justos y pecadores, indica una sola cosa: desde el principio han habido dos grupos de personas en este mundo, los que tratan de servir a Dios y buscarle, y los que le rechazan abierta y/o solapadamente. En ambos casos, el Dios de ambos es el mismo, y si el incrédulo, incircunciso, gentil, malo y pecador ejerze FE en Cristo y en su sangre, Dios ha de tomarle eso en cuenta para salvarle. Si por el contrario, el creyente, circunciso, judío, bueno y justo quiere salvarse, tiene que usar el mismo instrumento y medio de salvación provisto, FE en Cristo. Por lo tanto, ambos grupos tienen la misma enfermedad, están destinados a la misma condena, a menos que usen la única vía de escape provista por Dios.

> Algunos quieren usar la misma fe que es un don de Dios para DESTRUIR o ABOLIR otro don de Dios que es la Ley

3.31 ¿Luego por la fe invalidamos la ley?

Alguien podría concluir que si la fe es lo importante en todo este proceso de salvación, entonces hay que deshacerse de la Ley, pues ella no tiene ninguna función. Pablo pone un alto a este argumento de una forma categórica. Primero pregunta si lo uno invalida a lo otro. A esto tenemos que tener en cuenta algunas consideraciones.

La fe no fue dada para invalidar o nulificar lo que Dios ha establecido, sino para confirmarlo. De otra manera, ¿para qué tener fe? La pregunta implica la inmutabilidad de la Ley y la continuidad de la misma. Implica también que nisiquiera la fe es suficientemente poderosa para invalidar o nulificar la Ley.

En el mundo espiritual, las cosas espirituales no pueden ser nulificadas o intercambiadas por otras. Es decir, la fe es un don de Dios, y los dones son dones espirituales y por ende irrevocables. La Ley es espiritual, por lo tanto es un don espiritual también. En ambos casos proceden de la misma persona (Dios), y ambos son dones espirituales. Un don espiritual no nulifica a otro don. Y me parece a mí que esto es lo que el apóstol tiene en mente, pues cuando él habló sobre los dones espirituales, lo hizo algunos años antes de escribir esta carta a los Romanos, quizás unos 7-8 años previo a esta epístola.

Por otro lado, la pregunta "¿Luego por la fe invalidamos la Ley?". Ese verbo griego traducido como "invalidar" (KARGOUMEN), también significa "abolir", "nulificar", "destruir". Pero tenemos un problema, y es con la preposición "POR" (DIA), esta preposición usualmente es traducida 'a través de'.[51] Por lo tanto, si fuéramos a reconstruir el texto, podría leerse así: 'Entonces, ¿a través de la fe abolimos la ley?'. Si este es el sentido que Pablo quiere darle, significa entonces que no es un trueque lo que se está llevando a cabo, sino que se usa uno (la fe) para abolir lo otro (la ley). Y como vimos anteriormente, los dones

[51] No estoy de acuerdo con Clarke de que EK PIZTEOS (por fe) y DIA TES PIZTEOS (a través de la fe) debieran ser entendidas en el mismo sentido. La construcción gramatical misma impide arrivar a esa conclusión. Favor ver a: Clarke, A. (1997). *Clarke's Commentary on the New Testament, Vol. 7, Romans Through Colossians*. (The Ages Digital Library Commentary: Albany); pp. 141-142.

no se SUSTITUYEN uno por otro, pero tampoco un pretendido don NO DESTRUYE a otro para establecerse él.

Lo que el texto parece indicar entonces es que algunos quieren usar la misma fe que es un don de Dios para DESTRUIR o ABOLIR otro don de Dios que es la Ley, y Pablo habla categóricamente sobre esto en la siguiente frase…

3.31 En ninguna manera

ME GENOITO (no hay forma). Es decir, no existe ni la más remota posibilidad de que lo argumentado pueda llegar a ser realidad. No existe manera de que exista un trueque de uno por otro, o que la fe sea usada como el arma para destruir a la Ley. Dos razones podemos añadir a esta imposibilidad: a) la Ley de Dios es eterna, por lo tanto es inmutable, y esto quiere decir que no puede ser destruida; b) La fe no es un arma de destrucción, sino un don de bendición que nos permite agarrarnos de la gracia de Dios y recibir sus bendiciones.

3.31 Sino que confirmamos la ley

En la mente del apóstol está ocurriendo exactamente lo contrario a lo que muchos exégetas argumentan. Él mira a la fe como un instrumento que 'confirma' la inmutable Ley de Dios. De hecho, el verbo "confirmamos" (IZTANOMEN) está en primera persona del singular en presente activo, eliminando la posibilidad de que al recibir la fe como un don divino, entonces ocurre el desplazamiento, aniquilación de la Ley o su destrucción.

El hecho de que este verbo IZTANOMEN está en presente activo, indica que el recibimiento de la fe, o el ejercicio de la misma, lo que hace más bien es establecer, confirmar, sellar, validar la Ley.

Por lo tanto, la aseveración "Sino que confirmamos la Ley" indica establecimiento y confirmación de un don a través de otro. En otras palabras, el don espiritual de la fe, en lugar de invalidar o destruir la Ley, la confirma y la establece. "Si la justicia personal y vicaria por guardar la Ley o [ser] obediente en la vida pudiera ser nuestra, la justificación por la sangre es nula".[52] Y si ese pensamiento queda fijado de una vez por todas en nuestra mente, no tendremos ningún problema en nuestra interpretación en entender la función de la Ley en el proceso de salvación.

Bonar nos ilumina cuando dice: "La vida de fe no es una vida contraria a la Ley; no es una vida sin Ley, ni por encima de la Ley..."[53] La aseveración implica también que es responsabilidad de todo creyente que dice tener fe, vivir una vida de fe y obediencia a la Ley, pues la fe, como vimos, no elimina ni sustituye a la Ley. Por lo tanto, la aseveración evangélica de que lo único necesario es la fe, no tiene ningún apoyo bíblico. El verdadero creyente ha de vivir en obediencia y sujección a la Ley de Dios y lo ha de hacer únicamente por fe; "*El justo vivirá por fe...*".

[52] Lockyer, H. (1964). *All the Doctrines of the Bible*. (Zondervan Publishing House: Grand Rapids); p. 208.

[53] Bonar, H. (1970). *God's Way of Holiness*. (Moody Press: Chicago); p. 106.

COMENTARIO DEL CAPITULO CUATRO

1 ¿Qué, pues, diremos que halló Abraham, nuestro padre según la carne?

2 Porque si Abraham fue justificado por las obras, tiene de qué gloriarse, pero no para con Dios.

3 Porque ¿qué dice la Escritura? Creyó Abraham a Dios, y le fue contado por justicia.

4 Pero al que obra, no se le cuenta el salario como gracia, sino como deuda;

5 mas al que no obra, sino cree en aquel que justifica al impío, su fe le es contada por justicia.

6 Como también David habla de la bienaventuranza del hombre a quien Dios atribuye justicia sin obras,

7 diciendo: Bienaventurados aquellos cuyas iniquidades son perdonadas, Y cuyos pecados son cubiertos.

8 Bienaventurado el varón a quien el Señor no inculpa de pecado.

9 ¿Es, pues, esta bienaventuranza solamente para los de la circuncisión, o también para los de la incircuncisión? Porque decimos que a Abraham le fue contada la fe por justicia.

10 ¿Cómo, pues, le fue contada? ¿Estando en la circuncisión, o en la incircuncisión? No en la circuncisión, sino en la incircuncisión.

11 Y recibió la circuncisión como señal, como sello de la justicia de la fe que tuvo estando aún incircunciso; para que fuese padre de todos los creyentes no circuncidados, a fin de que también a ellos la fe les sea contada por justicia;

12 y padre de la circuncisión, para los que no solamente son de la circuncisión, sino que también siguen las pisadas de la fe que tuvo nuestro padre Abraham antes de ser circuncidado.

13 Porque no por la ley fue dada a Abraham o a su descendencia la promesa de que sería heredero del mundo, sino por la justicia de la fe.

14 Porque si los que son de la ley son los herederos, vana resulta la fe, y anulada la promesa.

15 Pues la ley produce ira; pero donde no hay ley, tampoco hay transgresión.

16 Por tanto, es por fe, para que sea por gracia, a fin de que la promesa sea firme para toda su descendencia; no solamente para la que es de la ley, sino también para la que es de la fe de Abraham, el cual es padre de todos nosotros

17 (como está escrito: Te he puesto por padre de muchas gentes) delante de Dios, a quien creyó, el cual da vida a los muertos, y llama las cosas que no son, como si fuesen.

18 El creyó en esperanza contra esperanza, para llegar a ser padre de muchas gentes, conforme a lo que se le había dicho: Así será tu descendencia.

19 Y no se debilitó en la fe al considerar su cuerpo, que estaba ya como muerto (siendo de casi cien años), o la esterilidad de la matriz de Sara.

20 Tampoco dudó, por incredulidad, de la promesa de Dios, sino que se fortaleció en fe, dando gloria a Dios,

21 plenamente convencido de que era también poderoso para hacer todo lo que había prometido;

22 por lo cual también su fe le fue contada por justicia.

23 Y no solamente con respecto a él se escribió que le fue contada,

24 sino también con respecto a nosotros a quienes ha de ser contada, esto es, a los que creemos en el que levantó de los muertos a Jesús, Señor nuestro,

25 el cual fue entregado por nuestras transgresiones, y resucitado para nuestra justificación.

Introducción

Pablo acaba de demostrar la culpabilidad de todos los seres humanos, tanto gentiles como judíos en los capítulos previos. Al mismo tiempo que inserta la única cura para un mundo moribundo en el pecado. En la interpretación paulina, Jesucristo pasa a ser el corolario de la manifestación física, tangible y real de la justicia de Dios. Y para darle fuerza a su argumento, introduce el ejemplo de Abraham como el epítome más plausible de la forma en que Dios justifica al hombre.

El apóstol veía en Abraham el ejemplo clásico de cómo Dios justifica a cualquier ser humano. Dios salva a los seres humanos pecadores e idólatras que creen en él, y después que los salva, les proporciona una señal de pertenencia, que en el caso de Abraham y sus descendientes, fue la circuncisión. Pablo demuestra que la salvación no es un despliegue externo en la carne o de actos conductuales, sino que es un don de Dios otorgado al hombre a través del vehículo provisto para la misma, el cual es la fe.

En realidad, la fe bíblica auténtica es un atributo de Dios, no nuestro. El foco de nuestra fe es la gracia de Dios, el poder de Dios, no nuestro esfuerzo personal.[1*] No se puede pretender que se tiene fe, a menos que reconozcamos al Dador de la misma, Dios. Se hace imperante que veamos este asunto a la luz de la realidad de que al poner nuestra fe en Dios, "…Confiamos en un Dios de realidad objetiva…".[2]

Al pecador que escucha la voz de Dios se le atribuye algo que no posee inherentemente ni que tampoco puede producirlo. Es por eso que cuando Abraham puso su fe en Dios, no la puso en alguna cosa impersonal y etérea. De hecho, su fe no se basó en un credo, o una doctrina, sino en una persona,[3] y esto hace un mundo de diferencia. O como creía Beet, que Pablo citó el texto del

---

[1] Davis, R. L. (1990). *Becoming A Whole Person in a Broken World.* (Discovery House Publishers: Grand Rapids); p. 75.

[*] Las notas bibliográficas para este capítulo empiezan en la página 247.

[2] Ibid., p. 77.

[3] The Seventh-day Adventist Bible Commentary. (1955). *Acts to Romans*, vol. 6. (Review and Herald Publishing Association: Maryland); p. 519.

Antiguo Testamento más importante (Gen. 15:5-6), porque Romanos explica que fue lo que este llamado divino produjo en el corazón de Abraham,[4] en la interpretación paulina, produjo fe genuina.

4.1 ¿Qué, pues, diremos que halló Abraham nuestro padre según la carne?

Pablo quiere probar su argumentación ya presentada en el capítulo tres con un ejemplo irrefutable; un ejemplo que deje boquiabiertos a todos los que escuchen la concatenación de sus ideas e interpretación del plan de salvación como está delineado en el Antiguo Testamento.

La frase leería así: 'Por lo tanto, ¿qué diremos pues que halló (HEURISKO) Abraham nuestro padre (PATER) según (KATA) la carne (SARKA)?'. Pablo introduce el ejemplo de Abraham para establecer sólidamente el punto que introdujo en el capítulo tres del proceso y de la razón por la cual Dios justifica y sobre cuáles bases salva al pecador.

El verbo "halló" (HEUREKENAI) tiene una connotación muy interesante, el mismo tiene dos significados: a) encontrar algo como fruto de una experiencia, de una larga e incesante búsqueda; b) hallar de manera casual, por accidente, sin querer. Si este es el caso, entonces queda por demostrar cómo fue que Abraham encontró lo que encontró, si fue porque él lo halló como producto de su propia experiencia o búsqueda, o fue únicamente por iniciativa divina.

La pregunta levantada por Pablo implica que hubo algo que Abraham encontró que puede ser hallado por cada pecador que se encuentra en la "tierra de los caldeos"

En realidad no sabemos a ciencia cierta si en su corazón él anhelaba un cambio de vida y de dioses cuando aún estaba en la

[4] Beet, J. (1997). *Beet's Notes on Romans Through Colossians and Philemon, vols. 3-4*. (The Ages Digital Library Commentary: Albany); p. 107.

tierra de los caldeos y Dios le llamó. Obviamente Dios fue en su búsqueda porque el relato del Génesis explica claramente que Dios se le apareció a él cuando aún estaba en su tierra, y le dijo que saliera y que le daría una tierra por heredad junto con una gran bendición.

Por otro lado, la pregunta levantada por Pablo implica que hubo algo que Abraham encontró que puede ser hallado por cada pecador que se encuentra en la "tierra de los caldeos" (espiritualmente hablando). Y al llamar a Abraham "nuestro padre", quiere significar que él no fue solamente padre de la nación judía, sino padre ancestral de todos los creyentes que aceptan a Cristo como su Salvador. La expresión "según la carne (KATA ZARKA)", en lugar de indicar su origen judáico, expresa más bien, el sentido de padre terrenal, humano en la fe, pues a Abraham fueron dadas las promesas. No estoy de acuerdo con Hays en este particular que afirma que esto se refiere estrictamente al aspecto biológico y no necesariamente ancestral de Abraham.[5] Pablo entiende que nuestro verdadero Padre es Dios, es por eso que él hace la aclaración "según la carne" para referirse a Abraham, no vaya a ser confundido por sus lectores y oyentes.

4.2 Porque si Abraham fue justificado por las obras, tiene de qué gloriarse

Pablo introduce un elemento condicional "si" (EI) que implica un sentido de posibilidad. La aseveración incluye también que si existe alguien que pudo "gloriarse" (KAUCHEMA) de todo fue Abraham, pues a él fueron dadas las promesas.

Iniciar el capítulo 4 con esta frase indica también que en la mente del apóstol, obviamente Abraham NO fue justificado por obras, pero lo presenta como una posibilidad. Y la aseveración misma implica que Abraham nunca se jactó o glorió de nada, lo cual parece indicar que no fue justificado por las obras. En realidad, al introducir a Abraham después de decir que el evangelio confirma la Ley en la última parte del capítulo tres, Pablo admite que la justificación por las obras le hubiera dado a Abraham una

[5] Hays, R.B. (1989). *Echoes of Scripture In the Letters of Paul.* (Yale University Press: New Haven); p. 34.

jactancia que ningún ser humano tiene. El apóstol ha implicado que la justificación de Abraham derivó de una fuente diferente a las obras.[6]

4.2 Pero no para con Dios

Lo que Pablo está diciendo es: 'Mira, si existe alguien en esta tierra que pueda jactarse de algo por lo que él haya hecho, esta persona fue Abraham. Incluso, él estuvo dispuesto a sacrificar a su hijo Isaac. El obedeció a todo lo que Dios le mandó, pues Dios le decía: "muévete para aquí o para allí" y él lo hacía. Pero cuando viene a la presencia de Dios, nisiquiera su obediencia vale nada'.

Y sobre esta base el apóstol va a demostrar cómo fue que Dios justificó a Abraham. Y lo va a hacer de una manera muy única y particular. Pablo va a tomar los eventos trascendentes en la vida de Abraham (circuncisión, sacrificio de Isaac), y asumiendo que el lector conoce la historia, él va a demostrar poderosamente que no hubo nada que Abraham pudo haber hecho para ganar el favor de Dios.

4.3 Porque ¿qué dice la Escritura?

Pablo inmediatamente nos refiere a las Escrituras. ¡Es una forma muy interesante de probar los argumentos teológicos! El interés del apóstol es que el lector u oyente entienda que lo que viene a continuación no es producto de su propia imaginación, sino que tiene base escritural. Todo buen soldado de Jesucristo ha de usar las Escrituras como su única arma para derrumbar fortalezas teológicas del error. Por lo tanto, usar las Escrituras debiera ser una práctica común en todos los creyentes.

4.3 Creyó Abraham a Dios y le fue contado por justicia

Pablo está haciendo una referencia directa al llamado de Abraham, y la reacción de Abraham a lo que Dios le dijo. Sin embargo, Pablo introduce aquí la base de todo lo que va a decir a continuación. "Creyó (PISTEUO) Abraham a Dios y le fue contado (LOGIZOMAI) por justicia (DIKAIOZUNE)".

El verbo "contado" (LOGIZOMAI), es un verbo que tiene una connotación comercial. Era la palabra usada cuando alguien

---

[6] Idem.

debía algo y no tenía con qué pagar y otra persona pagaba su deuda. Es decir, se le ACREDITABA el dinero de la otra persona a la deuda de quien debía. De hecho, este verbo es el equivalente al Hebreo CHASHAB, y tiene un sentido estrictamente de carácter comercial. Y como ya explicamos, es cuando alguien tiene una deuda que es pagada por otra persona, entonces el dinero de quien paga la deuda se le ACREDITA al que debe.

Dios habló con Abraham, y le hizo varias promesas. Abraham pudo haber hecho caso omiso de las palabras de Dios, sin embargo, él hizo exactamente lo contrario, él CREYO a..., y en Dios, y el hecho de que Abraham creyó lo que Dios le dijo, por eso nada más, por CREER la palabra de Dios, su creencia (FE) le fue contada, es decir atribuída por justicia.

En otras palabras, al creer en su palabra, Dios le acredita (a la cuenta de la vida de Abraham) lo que éste no tiene JUSTICIA. Eso indica que si Dios le acredita justicia, significa que Abraham era lo opuesto, de otra manera, ¿cuál era el propósito de dar justicia a quien ya la tenía? Pero antes de llegar a ese punto y desarrollarlo en su plenitud, Pablo introduce otros elementos.

4.4 Pero al que obra, no se le cuenta el salario como gracia, sino como deuda

Cuando una persona trabaja y recibe su pago al final de su trabajo, este pago hecho en forma de cheque o dinero en efectivo o algún servicio, la persona se dice que se ganó dicho dinero. El salario que recibimos es un pago por algo que nosotros hicimos, y nunca decimos que nos dieron un regalo.

La misma figura es usada aquí, "Pero al que obra (ERGAXOMENO), no se le cuenta (LOGIZETAI) el salario (MISTHOS) como gracia (XARIN), sino como deuda (OFEILEMA)".

Todas las palabras usadas en esta declaración, tienen un sentido estrictamente numérico y/o comercial. ERGAZOMENO se refiere al trabajo que una persona hace para ganar algo. Pero la misma es usada en singular, y como dice Hodge, es posible que la intención de Pablo es darnos a entender que Dios justifica a la persona individualmente, no a la comunidad colectivamente.[7]

Por otro lado, LOGIZETAI ya dijimos se refiere al acto de acreditar dinero en la cuenta de alguien que debe. MISTHOS es el salario ganado después de haber cumplido con la parte del trabajo especificada. XARIS tiene que ver con regalos recibidos por los cuales no hemos hecho nada, especialmente aquellos que recibimos de nuestros amigos durante los aniversarios especiales. OFELEIMA tiene que ver con la deuda en que incurrimos, especialmente si alguien trabaja para mí, yo tengo que pagarle a esa persona que trabajó, en ese sentido, se dice que el patrón le debe dinero al trabajador o peón. Con esto en mente, sigamos la línea de argumentación del apóstol.

> La razón por la cual Dios apareció a Abraham y le hizo promesas, fue con la intención expresa y única de salvarle.

4.5 Mas al que no obra, sino cree en aquél que justifica al impío

Por contraste a lo dicho anteriormente, Pablo establece esta analogía del trabajo, salario y deuda. La intención es demostrar que en el momento en que Dios llamó a Abraham, éste todavía no había hecho nada que mereciera que Dios le pagara con justicia, pues hasta este momento, Dios no le debía nada a Abraham, pues el mismo no había trabajado para Dios todavía.

Sin embargo, el apóstol introduce una nueva palabra aquí en el contexto de Abraham; y la misma no había sido usada antes en los capítulos anteriores, y es la palabra "impío" (AZEBE). Esta palabra era usada para referirse a personas que eran 'irreverentes', 'profanas', 'maldicientes', 'ateas', 'sensuales', etc…

¿Qué quiere decir todo esto? Quiere decir que cuando Abraham fue llamado, él era todo esto que mencionamos y que

[7] Hodge, C. (1997). *Commentary On the Epistle to the Romans*. (The Ages Digital Library Commentary: Albany); p. 176.

está incluido en la palabra AZEBE. En la mente de Pablo, Abraham era un perdido pecador sin Dios, a quien Dios le ACREDITO su justicia simplemente porque Abraham CREYO lo que Dios dijo. De hecho, la razón por la cual Dios le llamó, fue precisamente por esto, porque Abraham era un pobre impío, pecador e ignorante de las cosas de Dios. Incluso, el libro de Josué llama a Abraham "idólatra" (Josué 24:2). White, comentando sobre este pasaje dice que Abrahám no llegó a ser idólatra y que no estaba avergonzado de su fe.[8]

Si entendiéramos que Dios vino a buscar a pecadores para que se arrepientan, que Cristo Jesús vino a morir por los pecadores "de los cuales yo soy el primero"; "que los sanos no tienen necesidad de médico, sino los enfermos". Si lográramos fijar este concepto en nuestra mente, no tendríamos ningún problema en aceptar que la razón por la cual Dios apareció a Abraham y le hizo promesas, fue con la intención expresa y única de salvarle. Ahora bien, la promesa hecha a nosotros es diferente en principio, pero no en esencia. La promesa hecha a nosotros es que escaparemos de la íra de Dios y recibiremos la vida eterna, si aceptamos su gracia.[9]

4.5 Su fe le es contada por justicia

El acto de creer en la palabra de Dios nos abilita para recibir la justicia divina. El mismo proceso que Dios llevó a cabo con Abraham, es el mismo proceso por el cual a los pecadores se les ofrece el plan de salvación de Jesucristo. Ya dijimos que el verbo usado para decir que su fe le fue "contada", es LOGIZETAI; y decíamos que este es un término de carácter comercial y/o de negocios. Al usar este verbo en su forma futura, Henry ve en esto una continuación de la misericordia divina en la iglesia y en el mundo.[10] "El hecho de que la fe de Abraham le fue contada por justicia, no significa que la fe posee en sí misma algún merito que pueda ganar la justificación".[11]

---

[8] White, E. (1953). The Seventh-day Adventist Bible Commentary: Albany, Vol. 1. Citado de la revista "The Youth Instructor"; March 4, 1897.

[9] Beet, p. 109.

[10] Henry, M. (1997). *Commentary On the Whole Bible, vol. 9 Acts-2Cor.* (The Ages Digital Bible Commentary: Albany); p. 869.

[11] The Seventh-day Adventist Bible Commentary, p. 512.

Otros ven la fe únicamente como un proceso mental (por lo menos en este capítulo 4 de Romanos), sencillamente porque el Espíritu Santo no ha sido introducido en la ecuación salvífica.[12] Godbey en cambio, ve la fe como el esfuerzo humano trabajando en conjunto con la gracia divina en el maravilloso plan de la salvación.[13] Henry ve la fe que salva no necesariamente como una fe perfecta, sino la fe que prevalece en las promesas del Señor.[14] Para Sampley la fe es la manifestación del amor y viceverza, y dice: "Porque la fe varía en proporción de persona a persona y porque el amor es fe en obras, uno puede amar en proporción a su fe".[15] Lockyer en cambio, ve la fe como la capacidad de penetrar en el velo que marca el límite de los sentidos y entra en la región de las cosas no vistas, haciéndolas reales.[16] Machen por otro lado, ve la fe como el acto de "...recibir algo, no hacer algo, nisiquiera ser algo".[17] Sin embargo, dada la variedad tan grande de definiciones que encontramos de los eruditos, tenemos que describir dos cosas: fe y justicia.

La palabra fe, como tal, de las 247 ocasiones en que es mencionada, solamente aparece dos (2) veces en el Antiguo Testamento; por ejemplo, cuando Dios habló de la idolatría del pueblo de Israel dijo: "*...Esconderé mi rostro de ellos, y veré cuál será su fin, porque son una generación perversa, hijos en quienes no hay FE* ['EMUWN]" (Deut. 32:20). Es decir, Dios dice al pueblo de Israel que no tiene fe, no ejerce confianza en él como Dios, y a Dios no le gusta eso, y les dá una profecía, donde él promete esconder su rostro de ellos y observar el destino final de sus hijos que no querían confiar en su Padre.

La segunda ocasión en que aparece la palabra fe en el Antiguo Testamento, es en Hab. 2:4, y dice: "*He aquí que aquél*

---

[12] Beet, p. 124.

[13] Godbey, W.B. (1977). *Commentary On the New Testament, vol. 5, Acts-Romans.* (The Ages Digital Library Commentary: Albany); p. 232.

[14] Henry, p. 859.

[15] Sampley, J.P. (1991). *Walking Between the Times: Paul's Moral Reasoning.* (Fortress Press: Minneapolis); p. 50.

[16] Lockyer, H. (1964). *All The Doctrines of the Bible.* (Zondervan Publishing House: Grand Rapids); p. 193.

[17] Machem, J.G. (1965). *What Is Faith?* (Wm. B. Eerdman's Publishing Company: Grand Rapids); p. 173.

cuya alma no es recta, se enorgullece, mas el justo por la fe vivirá". La expresión misma está dicha en un contexto de apostasía general, donde pareciera que nadie quiere saber de Dios y el pueblo se ha dedicado a seguir a sus dioses y a seguir los caminos de sus reyes perversos. En ese estado de cosas, Dios declara a través del profeta que solamente al justo se le daría la oportunidad de vivir, lo que implica que los demás morirían a manos del enemigo o de enfermedades.

En el Nuevo Testamento la palabra FE es usada de diferentes maneras, pero en todas las ocasiones está relacionada con una confianza de carácter moral y religioso en Dios. Por ejemplo, se dice que muchos de los sacerdotes que habían sido convertidos "*eran obedientes a la fe*" (Hec. 6:7), intimando que eran obedientes al evangelio de Jesucristo o mejor dicho al cristianismo.

Elimas el mago buscaba la manera de socavar la confianza del Pro-cónsul en Jesucristo (Hech. 13:8). Se habla de que Dios abrió la puerta de la fe entre los gentiles, queriendo decir que los gentiles aceptaban el evangelio de Jesucristo (Hech. 14:27). Incluso las iglesias eran establecidas en la fe, es decir en la enseñanza de la iglesia apostólica, y como resultado, crecían en número (Hech. 16:5).

fe también parece que es equiparada con conocimiento (1 Cor. 2:5); la fe es también vista como un don espiritual otorgado por el Espíritu Santo a la iglesia (1 Cor. 12:9). Se nos insta a examinarnos a ver si "estamos en la fe", lo cual implica observarnos y probarnos a ver si realmente estamos serios en el negocio de lo que es la vida cristiana.

En fin, hay múltiples usos de la palabra fe, pero en todos los casos, sea la fe un conocimiento, obediencia al evangelio o enseñanza, la fe viene únicamente por escuchar, oir la palabra de Dios, "...La fe viene por el oir, y el oir la palabra de Dios" (Rom. 10:17). Pero la fe misma, como mencionamos, es un don espiritual y es otorgado a la iglesia por el Espíritu Santo a quién él quiere (1 Cor. 12:9).

La fe también es dada en proporción o en la medida en que podemos recibirla (Rom. 12:3); y si se nos ha dado el don de profecía, hay que profetizar de acuerdo con la proporción de fe que

Dios nos otorga (Rom. 12:6). Y se nos insta a colocarnos la armadura de la fe para poder resistir los embates del enemigo (Efes. 6:16).

Hay mucho que decir sobre la fe, y podríamos escribir varios volúmenes únicamente sobre esta palabra, pero en lo que concierne a nosotros aquí, queremos solamente extraer algunos detalles relevantes concerniente a la fe, con el propósito de que podamos entender qué fue lo que ocurrió con Abraham.

Algunos teólogos modernos creen que la fe de Abraham fue sencillamente la fe de Cristo[18] que fue acreditada a él. El problema mayor con este argumento, es que cuando Dios apareció a Abraham, Cristo no estaba en el panorama como tal, es decir, como el Dios encarnado. Por lo tanto, decir que la fe de Cristo fue acreditada a Abraham parece no tener mucho sentido y exime al pecador de ejercer confianza/fe en Dios. Si la justicia viniera únicamente por la "fe de Cristo", tendríamos que imaginar que la perfecta fe de Cristo podría salvar al pecador impenitente, pues a eso vino él, a buscar y a salvar lo que se había perdido. Pero la realidad del asunto es otra, millones de personas se perderán, y la fe de Cristo no será suficiente para salvarlos, a menos que ellos ejerzan "fe en Cristo".

> La fe también es dada en proporción o en la medida en que podemos recibirla.

Esto nos indica que si bien es cierto, la fe es un don de Dios, no podemos decir exclusivamente que es la fe de Cristo, porque entonces estaríamos eximidos de ejercer nuestra fuerza de voluntad y nuestro deseo en confiar y desarrollar por voluntad propia una relación de amor con nuestro Salvador.

En conclusión, la fe de Abraham se generó al escuchar la palabra de Dios, y al generarse la fe dentro de él, esa misma fe opera en él para que confíe, crea y obedezca lo que Dios está diciendo. Dicho de otra manera, el proceso de la fe tiene su origen en Dios, pero una vez que nosotros entramos en contacto con esa

---

[18] Dupertuis, A.R. (2001). *El Carpintero Divino.* (NA: Michigan); p.

Palabra de vida del Creador, la fe es producida dentro de nosotros y comenzamos a ejerzer confianza en quien nos habla, en este caso, Dios.

El otro vocablo que debemos definir es "justicia", porque el texto dice que "su fe le fue contada [acreditada] por justicia". Ya vimos en el capítulo anterior que en el Antiguo Testamento el término "justicia" era usado siempre concomitantemente con "Juicio" y "Salvación". El uso que el apóstol le dá es ése, pero añade un significado más amplio, pues "justicia" en términos paulinos no solamente es el acto divino de salvarnos y dejarnos libres en el juicio, es también el acto misericordioso de la Deidad de PERDONAR nuestros pecados y restaurarnos a una relación de amor con él. Es por eso que Dios está preocupado no solamente con que obtengamos el perdón, sino también con nuestra restauración.[19]

El acto de perdonar la ofensa, es producto de un juicio que se establece al pecador, donde el acusador (Satanás) presenta su caso, pero nuestro Abogado Defensor (Cristo) nos libra de la condena del juicio. El resultado final de ese litigio judicial es el PERDON, pues Cristo nos perdonó ya en la cruz.

Por lo tanto, cuando la Biblia dice que la fe de Abraham le fue contada por justicia, está diciendo, Dios le salvó, pero también le perdonó cuando Abraham creyó en la palabra de Dios. Y este mismo proceso debe ocurrir en la vida de todo creyente, el pecador al escuchar la palabra divina, si la acepta, esa misma palabra genera, produce confianza, fe, y el deseo de obedecer a quien habla, y el resultado es una relación de confianza y obediencia entre el pecador arrepentido y su Creador. De esta manera, Dios le acredita su justicia, es decir, perdona y salva al pecador, pero también le otorga el derecho a Dios de trabajar en el corazón del individuo para transformarlo y en el proceso de la vida HACERLO justo, y de este concepto hablaremos más adelante.

4.6 Como también David habla de la bienaventuranza del hombre a quien Dios atribuye justicia sin obras

[19] The Seventh-day Adventist Bible Commentary, p. 514.

Para darle énfasis a su argumento, Pablo introduce una cita del salmista David, donde el salmista habla de la felicidad o bienaventuranza que recibe el hombre a quien Dios atribuye justicia sin obras. Lo interesante del caso, es que la cita de Salmos explícitamente tiene que ver con el perdón de los pecados cuando se mira en su contexto. Beet dice que el hecho de que Pablo cita a Salmos 32, no es con la intención de probar que la fe apoya a la Ley, sino con la intención de probar que la fe tiene la autoridad de la Ley. Por consiguiente, esto confirma el origen divino de ambos.[20]

4.7 Diciendo: Bienaventurados aquellos cuyas iniquidades son perdonadas y cuyos pecados son cubiertos

Esta es la razón primaria por la que personalmente pienso que al término justicia Pablo lo re-interpreta y le dá una connotación mucho más amplia que salvar y o juzgar, en la mente del apóstol, justificar es también perdonar.

Por otro lado, el hecho de que Pablo alude a esta expresiónd del salmista es muy significativa, porque la misma es un paralelismo donde INIQUIDADES = PECADOS, y PERDONADAS = CUBIERTOS. En otras palabras, nuestra transgresión ha sido perdonada o cubierta por la sangre de Cristo, y el resultado es que nosotros somos bienaventurados, llegamos a un estado de felicidad y paz que el salmista llamó "Bienaventurado".

4.8 Bienaventurado el varón a quien el Señor no inculpa de pecado

La bienaventuranza del salmista es doble, primeramente se es bienaventurado cuando nuestros pecados son perdonados o cubiertos, pero también se es bienaventurado cuando el Señor no nos atribuye o acredita ningún pecado. De hecho, el verbo "inculpa" (CHASHAB) en el Hebreo es el equivalente a LOGIZOMAI en el griego, y tienen una connotación de carácter estrictamente comercial. Por lo tanto, es bienaventurado el hombre a quien el Señor, después de haber sido perdonado, NO le ACREDITA ningún pecado. Esa es la obra única y exclusiva de

[20] Beet, p. 110.

Dios, pues él es quien ha llevado y cubierto nuestros pecados con la sangre de Cristo, perdonándonos todos nuestros pecados (Col. 2: 14).

4.9 ¿Es, pues, esta bienaventuranza solamente para los de la circuncisión, o también para los de la incircucisión?

La pregunta no establece que un grupo particular recibe el perdón, sino que el ser humano, sin distinción, recibe el perdón de Dios. La bienaventuranza es para los circuncidados (físicamente) y/o creyentes, pero también para los incircuncisos (no físicamente) y/o no creyentes. Pablo aclara que la bienaventuranza, es decir, esta bendición divina es para todo aquél a quien Dios le muestra su favor y su gracia, sin importar quién sea, pues Dios no hace acepción de personas.

4.9 Porque decimos que a Abraham la fe le fue contada por justicia

Esta forma argumentativa indica que Pablo repite su argumento justo antes de ofrecer una respuesta, para que el lector u oyente no pierda de vista cuál es el punto principal que se ha estado discutiendo. Si Dios no hace acepción de personas, y no le importa si estamos circuncidados o no para perdonarnos, y después de haber hecho esa declaración nos dice, enfatiza y recuerda que nosotros repetimos el texto bíblico cuando decimos que la fe de Abraham fue contada {acreditada) por justicia, el resultado de esto es que automáticamente la mente humana comienza a hacer una conexión importante en la lógica argumentativa, y es exactamente eso lo que Pablo va a señalar a continuación.

4.10 ¿Cómo, pues, le fue contada?

El apóstol quiere llevarnos a un climax conceptual. El quiere que sepamos o que entendamos qué fue exactamente lo que ocurrió con Abraham cuando Dios se le apareció y le habló. Y para esto nos cuestiona para ver si sabemos la respuesta; él tiene la respuesta, pero quiere saber primero si nosotros entendemos la profundidad de la aseveración bíblica de que la fe de Abraham fue contada por justicia.

4.10 ¿Estando en la circuncisión o en la incircuncisión?

La pregunta socrática que Pablo acaba de hacer no hay manera de evitar responderla; tendríamos que contestar uno o lo otro. Pero la respuesta es obvia, si decimos en la circuncisión, entonces no hemos leído el texto bíblico correctamente y estamos haciendo disgresión al texto. Si decimos en la incircuncisión, entonces es obvio que cuando Dios llamó a Abraham y éste creyó en Dios, su fe le fue contada por justicia.

4.10 No en la circuncisión, sino en la incircucisión

Y el mismo apóstol contesta, porque no hay otra respuesta que sea más coherente que esa, porque la historia nos confirma que cuando Abraham fue llamado por Dios, todavía no había sido circuncidado, la circuncisión vino mucho después de haber entablado una relación con Dios, después que Abraham desarrolló una confianza genuina en su Hacedor, y como menciona Clarke, "Dios es el objeto de la confianza y dependencia más apropiados".[21]

4.11 Y recibió la circuncisión como señal

Pablo introduce un elemento histórico que muchos pasan por alto de la historia de Abraham, y que incluso los judíos mismos lo confundieron. En la mentalidad judía la circuncisión era más que la señal, era el pacto mismo, y no entendían que una señal no constituye la esencia. Es decir, un simbolismo no constituye la realidad más allá de lo que el símbolo representa.

Un simbolismo no constituye la realidad más allá de lo que el símbolo representa

Los rabinos judíos enseñaban que el rito de la circuncisión era la prueba tangible de la obediencia Abrahámica. "Dios le dijo a Abraham, voy a sellar tu carne"[22] También encontramos

---

[21] Clarke, A. (1997). *Clarke's Commentary TheOld Testament, Volume 1 Genesis Through Deuteronomy*. (The Ages Digital Library Company: Albany); p. 152.

[22] Sohar Levit. Fol. 6.

expresiones como: "No comerás la Pascua a menos que el sello de Abraham esté en tu carne".[23] "El sello de la circuncisión está en tu carne".[24] O también, "La circuncisión es una señal divina que Dios ha puesto sobre el miembro de la concupiscencia, con el fin de que nosotros podamos vencer los malos deseos".[25]

La palabra para señal es ZEMEION que indica la tangibilidad y visibilidad de una cosa. El verbo "recibió" (ELABEN), tiene la connotación de tomar a alguien de la mano para enseñarle algo que nunca ha visto. Si este es el caso, entonces Dios le dió la circuncisión a Abraham como una muestra visible, tangible y fisica de lo que ocurrió en el corazón de Abraham.

Algunas consideraciones podemos señalar sobre esto. a) la circuncisión no fue dada antes de haber sido perdonado; b) la señal física de la circuncisión fue un resultado de la justificación y no lo opuesto; c) Dios nunca trató de colocar la circuncisión como el pacto mismo, porque el pacto no es algo visible y/o exterior, sino algo del corazón.

Ahora bien, nos preguntamos ¿por qué Dios eligió esta señal y no otra? ¿Por qué la circuncisión? ¿Por qué no eligió una marca sobre la frente como hizo con Caín, o , una plaquita de metal sobre la frente como hizo con el sumo sacerdote que dijera "santidad a Jehová"? ¿Por qué no poner una lesna o arete en la oreja de aquellos que habían sido justificados o a lo menos algún collar en su cuello o algún anillo en su dedo; o pudo haber sido una corona o algún tipo de vestidura determinada. ¿Por qué precisamente la circuncisión? Para esto quiero mencionar algunos aspectos que considero relevantes en el porqué.

- La circuncisión era celebrada al octavo (8) día.
- Solamente los varones eran circuncidados (las niñas no era permitido).
- Había que cortar el prepucio de la carne.
- Una vez que se cortaba el prepucio de la carne, la parte interna del órgano viril salía y nunca más regresaba a su estado anterior.

---

[23] Yalcut Rubeni, Fol. 36.

[24] Cant. iii. 8.

[25] Shemoth Rabba, sec. 19, fol. 118. Estas últimas cuatro citas fueron citadas por Adam Clarke en su comentario sobre este pasaje.

- En la mentalidad semítica antigua, el número ocho (8) era el símbolo de la resurrección.
- Dios quería ejemplificar la resurrección a una nueva vida donde la carne sufría un desprendimiento y la parte interior (el hombre interior) salía a relucir y nunca más volvía a su antiguo estado.
- Circuncisión es equiparado con bautismo en el Nuevo Testamento y con la nueva vida, por ejemplo: "*En él también fuistéis circuncidados con circuncisión no hecha a mano, al echar de vosotros el cuerpo pecamino carnal, en la circuncisión de Cristo; sepultados con él en el bautismo, en el cual fuistéis también resucitados con él, mediante la fe en el poder de Dios que le levantó de los muertos*" (Col. 2: 11-12).
- Dios utilizó la metáfora de la circuncisión para ejemplificar la renovación del hombre interior y el nuevo nacimiento.

4.11 Como sello de la justicia de la fe que tuvo estando aún incircunciso

Aquí el apóstol introduce otro nuevo elemento, la palabra "sello" (SPHRAGIDA), esta palabra era usada para hablar de cuando los reyes sellaban sus documentos oficiales o cuando ocurría una transacción comercial en que las partes involucradas corroboraban los compromisos y responsabilidades que cada uno habría de tomar; en ambos casos, se sellaba.

Pablo está enseñando una idea similar aquí, pues Abraham fue sellado por Dios en el pacto a través de la circuncisión, pero lo hizo después que él creyó en Dios cuando aún estaba incircunciso. Esto indica que el pecador que escucha la palabra de Dios y se arrepiente (como lo hizo Abraham), Dios promete darle un nuevo nacimiento, una nueva vida en Cristo, pues esto es lo que la circuncisión significa. Todo el plan de salvación debe ser ratificado por la encarnación de Cristo, y este pacto debe ser sellado con su sangre preciosa.[26]

4.11 Para que fuese padre de todos los creyentes no

[26] Godbey, p. 234.

circuncidados

Pablo amplía el concepto de la bendición que fue dada a Abraham. Aquí se establece que Abraham es también el padre de los creyentes que no son circuncidados físicamente. La palabra para "creyente" (PISTEUO) indica que Abraham en realidad es también el padre de los gentiles que creen en Jesucristo como veremos más adelante en la argumentación paulina.

4.11 A fin de que también a ellos, la fe les sea contada por justicia

Todo el propósito de Dios al acreditar justicia a Abraham, fue con el propósito único y exclusivo de salvarlo a él, pero también crear el antecedente para incluir la salvación a todos los gentiles. Por otro lado, Clarke dice algo interesante con respecto a la imputación de la justicia divina.

> "Decir que la justicia personal de Cristo es imputada a cada creyente verdadero, no es bíblica. Decir que él ha cumplido toda justicia por nosotros o en nuestro lugar, si con esto queremos decir, su cumplimiento de todos los deberes morales, no es bíblico, ni tampoco es verdad... Hay una multitud de deberes que la Ley moral demanda que Cristo nunca cumplió en nuestro lugar".[27]

Realmente, cuando un pecador es justificado, esta imputación de la justicia divina no es ficticia, sino real.[28] Si decimos que la salvación divina hacia el pecador es real, entonces la imputación de la justicia tiene que ser algo tangible, real, verificable por los seres inteligentes que miran con admiración el desenlace del drama cósmico. Haldane añade más a esto cuando dice: "El pecador no es aceptado como si fuera justo, sino porque

---

[27] Clarke, A. (1997). *Clarke's Commentary The New Testament, Volume 7 Romans Through Colossians*. (The Ages Digital Library Commentary: Albany); p. 156.

[28] Haldane, R. (1997). *Exposition to the Epistle to the Romans*. (The Ages Digital Library Company: Albany); p. 232.

en Cristo Jesús él lo es. La majestad de la Ley no es sacrificada...".[29]

Nunca fue, ni es ni será la intención de Dios salvar únicamente a los que están circuncidados físicamente. En todo momento la intención fue salvar al pecador, independientemente de su estado o condición física. Arminio tenía unas ideas curiosas con respecto a este fenómeno de la justificación, por ejemplo, él creía que los pecadores eran contados como justos únicamente por la obediencia de Cristo. Mientras que en cambio, Dios imputa la justicia de Cristo a los creyentes. En su mente la justificación para el pecador y el creyente eran aspectos diferentes y se manifestaba de forma distinta.[30] Haldane se opone a esta idea vigorosamente cuando aclara que Pablo enfatiza el hecho de que la forma de Dios justificar ha sido la misma desde el principio, bajo la vieja y ahora en la nueva Dispensación.[31]

El propósito de las promesas de Dios hechas a Abraham fue presentar el trasfondo histórico que sirviera de telón a la inclusión masiva de los gentiles en el plan de la predicación del evangelio. Esto significa que cuando Dios llamó a Abraham estaba pensando en tí y en mí. ¡Qué maravilloso es Dios!

4.12 Y padre de la circuncisión, para los que no solamente son de la circuncisión

Al darle la señal de la circuncisión a Abraham, Dios le hizo padre de aquellos que serían cinrcuncidados como pueblo para señal de haber sido justificados, salvados, perdonados. Sin embargo, al llamarlo antes de que fuera circuncidado, Dios lo hizo padre de los que no necesitan circuncidar el prepucio de la carne para que Dios los perdone/justifique y los salve. Con esta doble acción y sabiduría divinas, Dios enmarca al mundo entero y cumple las promesas hechas a Abraham, pues ahora no necesitamos (nosotros los gentiles) ser circuncidados en la carne para ser llamado pueblo de Dios.

---

[29] Ibid., p. 230.

[30] Favor ver la obra de Arminius, J. (1997). *The Works of James Arminius, Vol. I.* (The Ages Digital Library Commentary: Albany); p. 228.

[31] Haldane, p. 218.

4.12 Sino que también siguen las pisadas de la fe que tuvo nuestro padre Abraham antes de ser circuncidado

Así que el asunto es mucho más que no circuncidarse en lo que refiere al gentil; hay que seguir las pisadas de la fe... La frase "sino que también" (ALLA KAI TOIS) indica que al igual que Abraham, es privilegio nuestro tener el tipo de relación de fe que Abraham tuvo con Dios. El verbo "siguen" (STOIXOUZIN) literalmente significa "caminar", pero no un caminar de cualquier índole, es un andar y/o caminar ordenadamente y de forma próspera. El verbo era usado para hablar del soldado que junto a otros soldados marchaban al unísono, en perfecta sincronía. Nosotros podemos caminar en perfecta sincronía con Dios y hacerlo de una manera próspera, es decir, creciendo en la gracia y en el conocimiento de su voluntad.

"Pisadas" (IXNEZIN) debería ser traducido como "huellas", pero también significa "ejemplo". Es cuando alguien no sabe donde pisar, y otro le sirve de guía para que le imite y pónga su pie exactamente donde el otro lo puso primero. Es la misma imagen que Pablo usa aquí para decirnos que nosotros necesitamos IMITAR el ejemplo de Abraham en lo que se refiere a la fe que él ejerció en Dios. Es decir, al igual que Abraham, deberíamos creer lo que Dios dice.

El adverbio "antes" no existe en el original y fue añadido por el traductor; sin embargo, es una inclusión que a mi entender fue sabia, porque hubo un período de tiempo considerable entre el momento del llamado y el evento de la circuncisión. Por ejemplo, Dios llamó a Abraham como está presentado en el capítulo 12 de Génesis, pero no fue hasta el capítulo 17 que Dios le pidió a Abraham que se circuncidara, específicamente cuando le dijo que al cabo de un año tendría un hijo con Sara, e incluso le cambia el nombre a su esposa de Sarai = Princesa, a Sara = Mujer noble. El tiempo transcurrido entre el capítulo 12 y el 17 es de 24 años. Y pareciera que incluso en esta numerología 24, Dios estaba hablando de ambos grupos, los judíos y los gentiles, pues pareciera que el número doce (12) representaba a la nación de Israel, lo mismo que a los doce (12) apóstoles. También por esta razón, algunos ven en el doble milagro de Cristo con la mujer enferma con flujo de sangre por doce (12) años y minutos más tarde con la niña de doce (12) años que fue resucitada, una prefiguración del cese de los sacrificios y el derramamiento de sangre de parte del pueblo de Israel, y la resurrección a la vida de la nueva iglesia, naciente, joven.

El punto principal es éste, en esos 24 años que transcurrieron entre las promesas hechas y el cumplimiento de la misma, Abraham tuvo que caminar en las pisadas de la fe, y no fue hasta que dio evidencias de su fe que entonces y solo entonces, Dios le pidió que se circuncidara, y que circuncidara a todos los varones que había en su casa (Gen. 17).

4.13 Porque no por la ley fue dada a Abraham o a su descendencia la promesa de que sería heredero del mundo

El punto principal del apóstol es que la promesa que Dios hizo no fue basada en la obediencia de Abraham a la Ley de Dios, sino basada en el deseo y la voluntad divinas de salvar al pecador de Abraham y a su descendencia. Si hubiese sido por la Ley, entonces la "promesa" (EPANELIA) ya no es promesa, entonces no es por don, sino por salario. Entonces lo que Dios dice que nos dá, en realidad habría que ganarlo.

Pablo circunscribe aquí de manera general la promesa de que Abraham sería "heredero [KLERONOMON] del mundo". Hay que notar también, que esta expresión: "heredero del mundo" no ocurre en ninguna otra parte, y que posiblemente es parte de la interpretación paulina del pasaje de Genesis.[32] La palabra "heredero" es consistentemente usada en el Nuevo Testamento para indicar el derecho de alguien a recibir una herencia que le corresponde por derecho. Es la misma

Si la herencia de la vida eterna viene por la obediencia a la Ley, la promesa no tiene ningún valor.

[32] The Seventh-day Adventist Bible Commentary, p. 516.

palabra usada para referirse a Cristo como el Heredero de todas las cosas (Heb. 1:1). Queriendo intimar que Abraham recibió un derecho que no le correspondía al CREER en la palabra de Dios.

Esta declaración paulina implica que cuando Abraham recibió las promesas o el anuncio de lo que Dios había planificado hacer con él y con su descendencia, Abraham estaba muy al margen de la Ley de Dios, y muy de seguro que nisiquiera sabía los pormenores de que Dios tenía una Ley para juzgar al mundo. Por tal razón, el argumento de Pablo es que Dios nos dá la promesa de la salvación cuando CREEMOS en lo que él nos dice y nunca como resultado de haber seguido una serie de reglas. Sin embargo, al CREER lo que él nos dice, automáticamente caminamos en FE, seguimos la palabra de Dios y OBEDECEMOS naturalmente, pero nunca con el fin de ganar la promesa, sino porque YA hemos recibido la promesa.

4.13 Sino por la justicia de la fe

Esta declaración implica varias posibilidades: a) Implica que el ejercicio de la fe produce justicia; b) implica que la fe en sí misma posee justicia intrínseca; c) no es mi obediencia la que asegura la promesa de Dios en nuestra vida, sino el ejercicio de la fe que Dios nos otorga a través de su palabra. Si yo tuviera que elegir entre esas tres posibilidades, eligiría la última, porque la misma envuelve el concepto de que para que la promesa de Dios se haga efectiva en mi vida, yo debo CREER lo que él me está diciendo o prometiendo.

4.14 Porque si los que son de la ley son los herederos

El apóstol establece aquí un condicional "SI", indicando que la promesa no tiene sentido si la misma incluye únicamente a aquéllos que fueron depositarios de la Ley de Dios. Pero también la declaración implica que si la herencia de la vida eterna viene por la obediencia a la Ley, la promesa no tiene ningún valor.

4.14 Vana resulta la fe, y anulada la promesa

La palabra para "vana" (KEKENOTAI) significa "vacío". Es decir, la pretendida fe resultaría vacía y desprovista de signficado, porque entonces no necesitaríamos ejercer fe alguna, sino sencillamente OBEDECER a la Ley. Y al decir "anulada" (KATERGETAI) está queriendo decir sin ningún efecto, sin validez.

Por lo tanto, si la herencia de la salvación fuera sencillamente por obediencia a la Ley, no habría necesidad de prometer un regalo si al final de cuentas hay que ganarlo a través de la obediencia, y la realidad es que Dios no funciona de esa manera. Si Dios prometió algo, eso supersede a nuestra obediencia, y la misma no podrá añadir un ápice a la promesa, porque son dos cosas indistintamente opuestas.

4.15 Pues la ley produce ira

Muchos toman este texto para indicar que no necesitamos la Ley de Dios para nuestro diario vivir. Sin embargo, la frase está en un contexto muy único y muy particular, la Ley está siendo puesta con la PROMESA DE DIOS como telón de fondo. Si ese es el caso, entonces tratar de ganar algo imposible tiene que producir frustración y como resultado "ira".

¿Cómo algo santo, justo y bueno puede producir íra, a menos que no sea por nuestro irregenerado corazón que rechaza la norma divina como guía segura para el hombre?

El verbo "produce" (KATERGAZETAI) tiene que ver con generar, extraer algo desde adentro. Y no solamente íra, tiene que producir más que esto (digo yo); ¿por qué? Porque si nosotros tendríamos que ganar las cosas que Dios ha prometido a través de nuestra obediencia, estaríamos enojados con Dios por darnos una serie de reglas para cumplir que él sabe en nuestro cuerpo carnal no podemos cumplirlas. Es por eso que necesitamos un poder exterior (divino) que nos abilite y nos energize de tal forma que la Ley de Dios pueda ser obedecida. Es en este contexto que la expresión está dicha, y es en este contexto que esta expresión adquiere significado, de otra manera, sería una contradicción decir que la Ley es santa, justa y buena. ¿Cómo algo santo, justo y bueno puede producir íra, a menos que no sea por nuestro irregenerado corazón que rechaza la norma divina como guía segura para el hombre?

Henry decía que la Ley produce íra únicamente en la mente carnal, irregenerada la cual está en completa enemistad con Dios.[33] Haldane en cambio, enfatiza el hecho de que Dios no solamente nos perdona, sino que también nos bendice dándonos el derecho al Reino. "No solamente nos libra de ser hijos de la íra, sino que nos adopta en su familia".[34]

Por otro lado, no estoy de acuerdo con Godbey ni con la mayoría de los exégetas en la idea de que "lo único que la Ley puede hacer es condenar al criminal",[35] no lo creo, porque esa misma Ley que parece condenar es la misma Ley que valida el carácter justo ante Dios.

4.15 Pero donde no hay ley, tampoco hay transgresión

Esta declaración implica varios supuestos: a) si Adán y Eva pecaron, significa que tenían una Ley que debían obedecer; b) si ellos no tenían ninguna Ley, ¿por qué son culpados de transgresión y expulsados del Edén?; c) sin Ley no hay pecado; d) esto significa que si Lucifer pecó transgredió la Ley de Dios.

¿Conclusión? La Ley de Dios ha existido desde la eternidad, de otra manera nadie en el universo ha pecado y Dios no tiene que salvar a nadie del pecado porque no ha habido "transgresión" (PARABASIS), es decir, no ha habido violación, y creo que ninguna persona con sentido común básico se atrevería a hacer esta declaración última.

Literalmente diría 'Pero donde no hay ley, no transgresión'. El adverbio "tampoco" no está en el original, pero está tácitamente incluido en la frase misma, por eso el/los traductor/res añadieron el adverbio para más claridad en el idioma.

[33] Henry, M. (1997). *Commentary On the Whole Bible, vol. 9 Acts-2Cor.* (The Ages Digital Bible Commentary: Albany); p. 864.
[34] Haldane, p. 235.
[35] Godbey, p. 232.

4.16 Por tanto, es por fe, para que sea por gracia

Imagínese el estrés al cual Dios nos estaría sometiendo si la salvación tendríamos que ganarla. Por eso el apóstol indica aquí que no es por obediencia a la Ley, sino por el ejercicio de la fe, de CREER en la palabra de Dios, para que entonces sea contado como "gracia", es decir como regalo. Porque todo revuelve alrededor de la premisa original que él presentó, si un trabajador recibe su salario, entonces él se ganó el salario. Pero si no es trabajador y le REGALAN el salario, entonces no fue que él/ella trabajó, sino que recibió algo que no merecía y por lo cual no hizo nada.

Visto así, la implicación de este tipo de argumentación es que entonces Cristo murió de más, Cristo no tenía que morir por nosotros, porque de una manera u otra, nosotros podríamos llegar al Cielo a través de nuestra obediencia, lo cual es un imposible.

4.16 A fin de que la promesa sea firme para toda su descendencia

'Con el propósito de que la promesa sea "firme" (BEBAIAN) para "toda" (PAS) su "descendencia" (SPERMATI)'. En otras palabras, si los descendientes de Abraham, los cuales nos incluye a nosotros los gentiles (al decir "toda") no recibimos la misma promesa, entonces nosotros tendríamos que GANARLA a través de la obediencia.

Esto implicaría que Dios tendría más de una manera de salvar al ser humano, lo cual es totalmente una imposibilidad. Entonces a unos los salvaría a través de la promesa, mientras que a otros a traves de la obediencia, entonces Dios sería un Dios injusto que ofrece a un grupo ciertos privilegios, mientras que el otro grupo tiene que buscar la manera de llegar al cielo por su propia obediencia.

4.16 No solamente para la que es de la ley

La promesa no es únicamente para aquellos que fueron los receptáculos de la Ley de Dios, sino que también es para nosotros. Al decir "no solamente" (MONON ALLA KAI) está indicando que la promesa incluye a otros. Y lo que el apóstol Pablo está tratando de clarificarnos es que en la PROMESA misma estaba contemplada la INCLUSION de los gentiles en el plan de salvación.

4.16 Sino también para la que es de la fe de Abraham

En otras palabras, la promesa fue dada para ambos grupos: judíos y gentiles. Y el propósito de esto es simplemente SALVAR a todo el MUNDO, pues Abraham ha llegado a ser el padre de muchedumbre, es decir, de los creyentes judíos, y de los creyentes gentiles. Por lo tanto, se nos insta a tener y ejercitar la fe de Abraham, y a seguir sus huellas en sus 24 años de caminar de fe con Dios antes de recibir la circuncisión como una prueba de que ya había sido justificado/salvado/perdonado; y después de haber recibido la circuncisión, Abraham siguió caminando en el camino de la fe con Dios para ejemplificar a ambos grupos de creyentes: los que son circuncidados físicamente, y los que no son circuncidados físicamente.

4.16 El cual es padre de todos nosotros

Este es el corolario de su argumentación sobre la inclusión de los gentiles en el plan de salvación y el derrumbamiento del concepto teológico judío de que solamente ellos podían ser salvos, porque a ellos fueron dadas las promesas y ellos recibieron la circuncisión.

Y Pablo nos acaba de indicar que cuando Abraham recibió las promesas divinas, no era nisiquiera judío, sino gentil. Y lo hizo de esa manera para ejemplificar el llamado de Dios a los gentiles. Pero una vez que aceptó el llamado y las promesas divinas, Dios le pidió que se circuncidara para ejemplificar el pacto que tendría con la nación judía. Lo cual en conclusión, nos pone a todos bajo la misma sombrilla, y al final de cuentas todos los creyentes somos parte del pueblo de Dios, y la expresión "no hay judío, ni griego" entonces adquiere verdadero significado.

Pablo nos acaba de indicar que cuando Abraham recibió las promesas divinas, no era nisiquiera judío, sino gentil

4.17 (Como está escrito: Te he puesto por padre de muchas gentes)

De nuevo, la referencia de Pablo es las Escrituras. El apóstol es como un cirujano que toma el bisturí y comienza la operación, pero a medida que procede con todos los detalles, nos va refiriendo al libro de texto, las Sagradas Escrituras. El no está tratando de probar su propia teoría, sino que bajo inspiración divina está re-interpretando los oráculos divinos concernientes a Jesucristo y el destino de la raza humana.

La referencia es a Génesis 17:5, donde Abraham todavía no ha recibido la promesa esperada. Y como menciona Hodge, Génesis 15:5 y 17:5 no deben ser entendidos como limitante únicamente a los descendientes naturales de Abraham, sino los espirituales "todos vosotros" incluido en este versículo.[36] Otros en cambio, creen que Pablo está citando una confesión o credo de la iglesia cristiana primitiva.[37]

De hecho, todos los verbos en el relato del Génesis están en el futuro, con excepción del verbo "te he puesto" (NATHAN –en Hebreo) que se encuentra en el tiempo pasado perfecto; lo que indica que Dios decretó que Abraham sería padre de muchas gentes. De hecho, esta es la idea del verbo, 'he establecido'; 'he ordenado' TIDEMI (en el griego) que tú Abraham, seas padre de muchedumbre.

4.17 Delante de Dios a quien creyó

El vocablo traducido como "delante" (KATENANTI), en realidad es una preposición genitiva que parece no tener mucho sentido con el resto de la oración en el lugar donde está colocada. Otro sentido que esta preposición tiene en el griego es el de ser JUZGADO. Si tomáramos este último significado y lo aplicáramos, la traducción parafraseada diría: 'Creyó en Dios en el juicio'. Si esta última opción es el significado, entonces nos encontramos delante de un fenómeno muy interesante, porque el texto estaría sugiriendo que el pecador, al igual que el justo puede llegar a creer en Dios, y que el acto de juzgar tiene la sóla

---

[36] Hodge, p. 187.
[37] Hays, p. 54.

intención de salvar al pecador de su pecado y hacerle justo delante de Dios y de los hombres.

4.17 El cual dá vida a los muertos

Uno de los mayores atributos de la divinidad, es el poder de resucitar a los muertos. Solamente el Dador de la vida es el único capaz de resucitar a los muertos. Aquí la metáfora es interesante, porque no solamente se le llama a Abraham "impío" en este capítulo, sino que también se dice que estaba "muerto" (NEKROS). Pero aunque el apóstol quizás se estaba refiriendo a la esterilidad viril de Abraham, lo cual puede ser el caso aquí, no es menos cierto que NEKROUS es usado metafóricamente para designar el estado de una persona que está **muerta espiritualmente.** Es muy posible entonces que el apóstol se esté refiriendo a la condición espiritual de Abraham en el momento en que Dios le encontró. La palabra de Dios fue lo que trajo a la vida, pues estaba muerto sin el Autor de la vida.

Por otro lado, la expresión "dá vida" (ZOOPOIUNTOS), tiene la connotación de levantar algo que yace inerte, sin respiración. Pero metafóricamente se usa para designar el acto de traer esperanza, paz y seguridad a alguien que no la tiene, como lo fue el caso del paralítico de Betesda (Juan 5:1-15). Es en este contexto que Jesús declara que el Padre resucita y que con esa misma autoridad Cristo también resucita a los muertos, refiriéndose al paralítico de Betesda (v. 21), quien físicamente estaba más vivo que cualquier vivo, pero la expresión es usada en referencia a él de manera metafórica.

4.17 Y llama las cosas que no son, como si fuesen

Y "llama" (KALOUNTOS) lo que no es, como si fuera". En otras palabras, para Dios no es problema decretar algo en su presciencia que él sabe se va a cumplir en transcurso de la Historia. Cuando era un niño, mi maestra de 6to. grado acostumbraba a decirme: "Dios no te mira como tú eres, sino lo que vas a ser algún día". Y saben, detrás de esta declaración de aquella maestra, hay mucha sabiduría. De hecho, esta maestra jugó un papel trascendente en mi devoción y amor a Dios, porque supo inculcar en mi corazón el deseo de que algún día se pudiera cumplir el sueño de Dios de verme como él quería.[38]

El hombre pelea con Dios, le insulta (a veces), le traiciona; y pocas veces coopera con sus designios divinos. Finalmente el hombre muere, pero al final él es Dios. Y si tuviéramos eso en mente, entenderíamos que Dios cumple sus designios divinos, y llama a lo que no es, lo que no existe, lo inexistente, lo trae a la vida, como si siempre hubiera existido. Esa es una de las grandezas del poder de Dios. Hodge piensa que esta es la razón por la cual "llamar" a menudo es usado para expresar la energía creativa de Dios.[39]

4.18 El creyó en esperanza contra esperanza

La frase no parece muy clara, porque la preposición "contra" (PARA) puede tener otros significados: 'por'; 'al lado de'. Además, tengo dos sustantivos colocados de esta manera: SUSTANTIVO + PREPOSICION + SUSTANTIVO + PREPOSICION. Esta construcción parece sugerir que uno de los sustantivos es producto del otro. Si me tocara reconstruir el texto yo lo diría de esta manera: '<u>Quien por esperanza creyó en esperanza</u>'. Si este es el caso, lo que Pablo parece estar diciendo de Abraham es que cuando Dios le habló y Abraham creyó lo que Dios dijo, la esperanza nació en su corazón; sin embargo, una vez que nació la esperanza, él continuó creyendo en Dios en la esperanza que se le había otorgado con la promesa.

Esto indica que es necesario aferrarse a las promesas de Dios, y vivir creyendo que él cumplirá todo lo que ha prometido. Hay que creer en Dios, y en esa esperanza bendita que él mismo ha puesto en nuestros corazones.

4.18 Para llegar a ser padre de muchas gentes

Para que Abraham pudiera llegar a ser padre de muchedumbre, tenía necesariamente que vivir una vida de esperanza. De hecho, eso es lo que se dice de él en el libro de

---

[38] Me refiero a Daniela Castillo, Maestra del Colegio Adventista en 6to. Grado, quien me enseñó en mucho a cómo confiar en Dios, aún a mi tierna edad.
[39] Hodge, p. 192.

Hebreos cuando menciona: "*Por la fe habitó en la tierra prometida como en tierra ajena...Porque esperaba* [EKDECHOMAI] *la ciudad que tiene fundamentos, cuyo arquitecto y constructor es Dios*" (Heb. 11: 9-10). El tenía que mantenerse DENTRO de la esperanza que se le había dado y/o generado en el corazón; y su vida, tenía que ser una vida que reflejara la esperanza que él tenía.

4.18 Conforme a lo que se le había dicho: Así será tu descendencia

La esperanza de Abraham estaba sometida a la palabra de Dios. Abraham no alimentaba falsas esperanzas, sino que sencillamente CREYO lo que Dios le dijo, lo que le prometió. En su infinita misericordia, Dios le había dicho que su descendencia sería como "las estrellas del cielo" y como "la arena del mar". ¿Saben qué? A pesar de todos sus errores, se mantuvo creyendo y esperando en la promesa de Dios.

4.19 Y no se debilitó en la fe al considerar su cuerpo

Aquí Pablo va a usar la técnica de escribir llamada contraste. Él va a contrastar los verbos DEBILITO vs FORTALECIO, y más adelante va a explicar cómo fue que él se fortaleció en la fe.

El verbo "debilitó" (AZTHENEZAS) es un verbo que implica llegar a ser impotente y débil por voluntad propia como resultado de nuestras propias acciones y/o convicciones. Parece que ese es el uso del verbo aquí, porque sugiere que Abraham pudo haberse debilitado en la esperanza y en la fe observando la realidad de su vida que era un hombre viejo y su esposa era estéril, y ya le había "cesado la costumbre de las mujeres", es decir, ya había entrado en la menopausia, lo cual biológicamente hacía imposible concebir.

De hecho, el verbo "considerar" (KATENOEZEN) conlleva la idea de fijar los ojos en algo. Es decir, Abraham no se puso a mirar, a observar su imposibilidad física, porque al hacerlo él entendió que su fe, su confianza en quien le había prometido se debilitaría y lo haría un hombre impotente por su mirar.

4.19 Que estaba ya como muerto (siendo de casi cien años)

El adverbio "como" que indica una comparación, no existe en el idioma original. El griego es mucho más enfático cuando dice que estaba "ya muerto" (EDE NENEKROMENON). Lo cual implica que es muy difícil que los espermas a esa edad sean lo suficientemente fuertes como para traspasar la membrana vaginal y hacer que la mujer ovule.

Por otro lado, el hecho de que Pablo aclara el asunto de la edad, es importante notar que el apóstol seguramente no estaba tan interesado en dar una cifra exacta de la edad de Abraham, aunque sabemos que cuando esto ocurrió, Abraham tenía 99 años.

4.19 O la esterilidad de la matriz de Sara

Hoy por hoy, parejas invierten cientos de miles de dólares para lograr hacer reversible la esterilidad de uno de los cónyuges; y la esterilidad no es mal vista por la sociedad, aunque afecta a la pareja directamente. No era así en tiempos de Abraham…

Se consideraba que la esterilidad era una maldición de los dioses, y que la misma debía ser apaciguada con algún tipo de penitencia o sacrificio. En la mentalidad hebrea, en cambio, se consideraba una mala suerte, porque el no tener hijos significaba que la tribu estaba destinada a perecer, y en medio de una cultura guerrera, los hijos eran sumamente necesarios.

Por otro lado, es interesante hacer notar que las madres de la nación hebrea (Sara, Rebeca y Raquel) eran las tres estériles, es decir, no podían de forma natural concebir; y el autor del libro de Génesis hace hincapié en estos datos para que el lector entienda que en los tres casos hubo una intervención divina. La fertilidad era una bendición muy especial de Dios para con su pueblo, por ejemplo: "*No habrá mujer que aborte, ni estéril en tu tierra; y yo completaré el número de tus días*" (Exo. 23:26). Y luego dice más: "*Bendito serás más que todos los pueblos; no habrá en ti varón ni hembra estéril, ni en tus ganados*" (Deut. 7:14). Y no solamente Dios se limita a decir esto, sino que añade: "*El hace habitar en familia a la estéril que se goza en ser madre de hijos; Aleluya*" (Salm. 113:9).

Es decir, que parte de las bendiciones de Dios era ser fértil y no estéril. Y el hecho de que fue Dios quien intervino en estas tres mujeres, madres de la nación judía, es muy significativo, porque indica que fue Dios quien les dio la bendición de ser mujeres fértiles. Así que cuando Pablo habla de la esterilidad de Sara, está hablando de un problema y de un fenómeno real.

Ahora bien, la palabra usada para 'esterilidad', no existe en el original, fue realmente traducida de esa manera, ya que tiene ese sentido, pero la palabra original es NEKROZIN, que significa MUERTE. En otras palabras, literalmente el texto diría '...O la muerte de la matriz de Sara'. Pablo es muy explicito al establecer que la esterilidad es también símbolo de muerte. Por lo tanto, en aplicación espiritual sería que si no damos frutos, si somos estériles, es porque necesitamos que Dios nos resucite a una nueva vida para que podamos llevar mucho fruto.

4.20 Tampoco dudó, por incredulidad, de la promesa de Dios

Literalmente diría: 'No dudó de la promesa de Dios por incredulidad'. Hay dos consideraciones que hacer sobre esta declaración. a) El adverbio "tampoco", que indica una continuación de algo anterior, no existe en el original; b) el verbo "dudar" (DIEKRITHE) mal entendido, puede indicar aquí que es posible dudar por otra causa que no sea incredulidad.

La primera consideración es posible, porque sencillamente el adverbio "tampoco" simplemente no está en la frase original. Con respecto al inciso b, tendríamos que decir que es IMPOSIBLE dudar por otra causa que no sea incredulidad. DIEKRITHE implica la idea más bien de analizar cuidadosamente, ponderar una situación determinada. Si este es el verdadero significado, entonces la expresión paulina adquiere sentido, porque sí es posible examinar, analizar y ponderar las diferentes situaciones de la vida, y no necesariamente que éstas vienen como producto de la duda.

Reconstruyendo el texto sería: 'No analizó con incredulidad la promesa de Dios'. Es decir, el apóstol no se puso a sobre-analizar lo que Dios le había dicho, sino que sencillamente lo aceptó sin inquirir cómo Dios íba a cumplir su promesa dadas las circunstancias reinantes en su vida y en la de Sara.

4.20 Sino que se fortaleció en fe

'Al contrario, se fortaleció en fe'. Así diría una traducción literal del texto. Ahora bien, el verbo "fortaleció" (ENEDUNAMOTHE) significa literalmente 'incrementar la fuerza interna'. Este verbo viene de la raíz DUNAMIS, que es el mismo verbo que Pablo usa para hablar de la potencia del evangelio que es DINAMITA. Al agregarle el prefijo EN, el verbo entonces toma otra forma verbal llamada "aoristo pasivo", que es sencillamente el pasado. Sin embargo, al estar en el tiempo "pasivo", el prefijo indica dos cosas: a) que la fuerza es de carácter moral e interna; b) que el acto de fortalecerse no es producto del individuo, sino que la fuerza es depositada por otro dentro de él.

En otras palabras, fue Dios quien puso la fuerza DENTRO de Abraham. Fue Dios quien le fortaleció en esa esperanza. Esa es la responsabilidad divina, fortalecer la fe de los creyentes. No obstante, hay algo que el ser humano tiene que hacer po sí mismo, y que Dios no lo va a hacer ni a fortalecer a menos que el ser humano haga esto, y es lo que vamos a discutir en el siguiente párrafo.

4.20 Dando gloria a Dios

El dar la gloria a Dios, el darle el honor y la honra que él merece es responsabilidad nuestra, no de Dios. Por otro lado, el verbo "Dando" (DOUS) está también en aoristo, pero en lugar de ser un Aoristo Pasivo, es un "Aoristo Activo", lo cual indica claramente que la acción es llevada a cabo por el sujeto involucrado.

Es decir, es Abraham quien debe llevar a cabo la acción de glorificar a Dios y no Dios. Es el hombre quien realmente si quiere que Dios le fortalezca internamente para creer en esperanza las promesas divinas, tiene que vivir una vida de alabanza. Pero esta alabanza no es necesariamente verbal, sino más bien, de carácter conductual.

Damos gloria a Dios cuando nuestras vidas viven en armonía con la esperanza que él puso en nosotros. Damos gloria a Dios cuando nuestra conducta testifica de nuestra fe interna y de la esperanza que hay dentro de nosotros. Damos gloria a Dios cuando le obedecemos con todo nuestro corazón. Y como resultado de muestra vida de alabanza y de glorificación a Dios, él fortalece el hombre interior para que se mantenga creyendo en las promesas divinas.

4.21 Plenamente convencido de que era también poderoso para hacer todo lo que había prometido

Abraham estaba "convencido" (PLEROFORETHEIS); en otras palabras, persuadido hasta lo sumo, por eso el verbo "plenamente" (PLEROS) que era usado para designar algo que estaba lleno. Pablo quiere decirnos que Abraham estaba lleno de la convicción del poder de Dios, y él creía que Dios era sumamente "poderoso" (DUNATOS) para "hacer" (POIEZAI) o llevar a cabo lo prometido.

> Es el hombre quien realmente si quiere que Dios le fortalezca internamente para creer en esperanza las promesas divinas, tiene que vivir una vida de alabanza.

En la mente de Abraham no había ninguna duda con respecto al poder de Dios y a su capacidad de cumplir lo que él promete, aunque las circunstancias del momento indiquen todo lo contrario. Es por eso que nosotros debemos confiar plenamente en el poder divino, y aunque pareciera que todas las circunstancias, la realidad y la evidencia presentes parecen estar en tu contra, Dios promete lo que él cumple cuando nosotros vivimos vidas de alabanza a su nombre.

4.22 Por lo cual también su fe le fue contada por justicia

Lo más importante de esta declaración es el adverbio "también" (KAI). Por tal razón, la expresión debería leer: 'Por lo que [también] su fe fue acreditada por justicia'. Si este es el caso, entonces debemos concluir que el acto de dar gloria a Dios no hace justo a nadie, porque no hizo justo a Abraham, el hecho de que creer en esperanza, dar gloria a Dios, etc..., es un resultado directo de la acreditación de la justicia en nuestra vida.

Obviamente que el apóstol quiere hacer una marcada distinción, Pablo no quiere que en su lenguaje, el lector o el oyente interprete que cuando Dios acredita su justicia al pecador lo hace sobre la base de una vida de glorificación a Dios, sino lo contrario, que Dios perdona/salva/justifica al pecador cuando este está todavía en su vida de pecado como un AZEBE, un impío, irreverente, profano y sin Dios.

El acto de glorificar a Dios con las palabras y con la conducta, será un resultado de la justificación divina, y no lo opuesto. Nosotros glorificaremos y daremos gracias y honra a Dios únicamente cuando le reconocemos como tal, y cuando confiamos en sus promesas que son seguras.

4.23 Y no solamente con respecto a él se escribió que le fue contada

Esta declaración indica a lo menos tres asuntos: a) lo que está escrito sobre Abraham no fue con la UNICA intención de dejarnos saber lo que Dios ha hecho en el pasado, sino con la intención explícita de hacernos entender lo que Dios hace en el presente; b) al decir "y no solamente... le fue contada [la justicia], indica claramente que hay otro grupo de personas que han de ser involucradas en este acto salvífico y de perdón de Dios en la justificación misma; c) cuando en la Biblia se escribe sobre alguien o algo, se hace con la clara intención de proporcionar al lector una enseñanza para fortalecer su fe presente.

En otras palabras, la expresión implica que Dios estaba pensando no solamente en la salvación de Abraham cuando le llamó siendo él un pecador, sino que estaba pensando en todos los pecadores del mundo que habrían y que han de ser llamados por Dios para que él pueda hacerlos justos y acreditarle su justicia.

Por otro lado, con respecto al inciso "c", Pablo lo dice de esta otra manera: "*Porque las cosas que se escribieron antes, para nuestra enseñanza se escribieron, a fin de que por la paciencia y la consolación de las Escrituras, tengamos esperanza*" (Rom. 15: 4).

En otras palabras, cuando Dios ordenó a estos hombres y les inspiró para que escribieran estas cosas, lo hizo pensando en nosotros, porque sabía que nosotros, hoy, en el siglo veinte, necesitaríamos este apoyo moral y espiritual de la fidelidad divina para fortalecernos espiritualmente.

4.24 Sino también con respecto a nosotros a quienes ha de ser contada

Pablo nos aclara al decirnos que en la presciencia de Dios, nosotros, los gentiles, estábamos incluidos. Al decir "…a quienes ha de ser (MELLEI) contada", el apóstol indica que Dios nos tenía en mente cuando hizo lo que hizo con Abraham, pues este es el sentido del verbo "ha de ser" (MELLEI). Tener en cuenta a alguien para una futura referencia, tener algo destinado para alguien.

En palabras simples, si ves que Dios parece haberse olvidado de ti, no te desanimes, él tiene un plan específico para tu vida. Puede que no lo veas de inmediato, pero él te tiene presente, y a su debido momento, él ha de incluirte dentro de su plan. Por lo tanto, confía, "*…espera en Dios y él hará*", pues al final de todo, él es Dios y cumplirá sus designios y lo que ha prometido.

4.24 Esto es, a los que creemos en el que levantó de los muertos a Jesús, Señor nuestro

Esta justificación/salvación/perdón que Dios tenía en mente cuando lo hizo con Abraham, y que ahora es extensiva a nosotros, es basada únicamente en nuestra fe, nuestra creencia en Dios que resucitó a Jesucristo. A su debido momento hablaremos del fenómeno de la resurrección, seguramente cuando analicemos el capítulo cinco (5) y el ocho (8).

Es la resurrección de Cristo la que ofrece la seguridad de que su muerte realmente sirvió como expiación para todo el mundo

Si creemos que Dios tuvo el poder de resucitar el cuerpo y la vida de pecados de Abraham, y Sara, debemos creer que Cristo resucitó por el poder de Dios, y como dice el apóstol en otro lugar: "*Y si Cristo no resucitó, vana es vuestra fe, aún estáis en vuestros pecados*" (1 Cor. 15:17). Entonces el asunto es si nosotros creemos o no creemos en el poder de Dios y en su palabra. Esa es la pregunta crucial en todo esto, si nosotros creemos en la palabra de Dios y en su poder, entonces podemos estar seguros de que seremos co-partícpes con Abraham de la justificación/salvación/perdón divinos. ¡Qué maravilloso es nuestro Dios!

4.25 El cual fue entregado por nuestras transgresiones

La expresión es con la finalidad de llevarnos de vuelta a la razón original de ser de nosotros, el sacrificio expiatorio de Cristo. Su muerte fue producto de mi pecado. Sus sufrimientos fueron el resultado final de "nuestras transgresiones" (PARAPTOMATA HEMON).

Este sustantivo pluralizado (PARAPTOMA) literalmente significa 'desviación'; 'salir del camino'. Lo que Pablo quiere decirnos es que por nuestra DESVIACION del plan de Dios y de su verdad, Cristo "fue entregado" (PAREDODE). Lo que indica que Cristo fue dejado a la merced del enemigo, fue puesto en las manos mismas del Diablo, sencillamente por nuestra desviación de la verdad divina.

4.25 Y resucitado para nuestra justificación

Lo interesante de esta última expresión del capítulo 4, es que la razón de la resurrección de Cristo se debió al hecho de que era necesario justificarnos/salvarnos/perdonarnos. Si esto es así, la resurrección de Cristo es la seguridad de la salvación del cristiano, y el sacrificio expiatorio de Cristo no tendría ninguna validez si la resurrección no se hubiera llevado a cabo. Es la resurrección de Cristo la que ofrece la seguridad de que su muerte realmente sirvió como expiación para todo el mundo, y que el cristiano puede también resucitar; si la resurrección no se hubiera efectuado, eso hubiera significado, entre otras cosas, que el imperio de la muerte había sido tan poderoso que Cristo no había podido salir de él venciendo la muerte. Es por eso que al apóstol termina diciendo en su primera carta a los Corintios: "*Sorbida es la muerte en victoria...*" (1 Cor. 15:57). Cristo venció a la muerte en su propio terreno, únicamente con las armas del AMOR.

COMENTARIO DEL CAPITULO CINCO

1 Justificados, pues, por la fe, tenemos paz para con Dios por medio de nuestro Señor Jesucristo;
2 por quien también tenemos entrada por la fe a esta gracia en la cual estamos firmes, y nos gloriamos en la esperanza de la gloria de Dios.
3 Y no sólo esto, sino que también nos gloriamos en las tribulaciones, sabiendo que la tribulación produce paciencia;
4 y la paciencia, prueba; y la prueba, esperanza;
5 y la esperanza no avergüenza; porque el amor de Dios ha sido derramado en nuestros corazones por el Espíritu Santo que nos fue dado.
6 Porque Cristo, cuando aún éramos débiles, a su tiempo murió por los impíos.
7 Ciertamente, apenas morirá alguno por un justo; con todo, pudiera ser que alguno osara morir por el bueno.
8 Mas Dios muestra su amor para con nosotros, en que siendo aún pecadores, Cristo murió por nosotros.
9 Pues mucho más, estando ya justificados en su sangre, por él seremos salvos de la ira.
10 Porque si siendo enemigos, fuimos reconciliados con Dios por la muerte de su Hijo, mucho más, estando reconciliados, seremos salvos por su vida.
11 Y no sólo esto, sino que también nos gloriamos en Dios por el Señor nuestro Jesucristo, por quien hemos recibido ahora la reconciliación.
12 Por tanto, como el pecado entró en el mundo por un hombre, y por el pecado la muerte, así la muerte pasó a todos los hombres, por cuanto todos pecaron.
13 Pues antes de la ley, había pecado en el mundo; pero donde no hay ley, no se inculpa de pecado.
14 No obstante, reinó la muerte desde Adán hasta Moisés, aun en los que no pecaron a la manera de la transgresión de Adán, el cual es figura del que había de venir.

15 Pero el don no fue como la transgresión; porque si por la transgresión de aquel uno murieron los muchos, abundaron mucho más para los muchos la gracia y el don de Dios por la gracia de un hombre, Jesucristo.
16 Y con el don no sucede como en el caso de aquel uno que pecó; porque ciertamente el juicio vino a causa de un solo pecado para condenación, pero el don vino a causa de muchas transgresiones para justificación.
17 Pues si por la transgresión de uno solo reinó la muerte, mucho más reinarán en vida por uno solo, Jesucristo, los que reciben la abundancia de la gracia y del don de la justicia.
18 Así que, como por la transgresión de uno vino la condenación a todos los hombres, de la misma manera por la justicia de uno vino a todos los hombres la justificación de vida.
19 Porque así como por la desobediencia de un hombre los muchos fueron constituidos pecadores, así también por la obediencia de uno, los muchos serán constituidos justos.
20 Pero la ley se introdujo para que el pecado abundase; mas cuando el pecado abundó, sobreabundó la gracia;
21 para que así como el pecado reinó para muerte, así también la gracia reine por la justicia para vida eterna mediante Jesucristo, Señor nuestro.

Introducción

Pablo presenta el único medio y vía de cómo el hombre puede alcanzar la justificación/salvación que es atribuída o dada al hombre a través de la fe. La paz, la fe y la esperanza son agentes indisolubles en esta ecuación soteriológica, no se puede tener uno sin recibir concomitantemente el otro.

La muerte de Cristo en la cruz del Calvario es la señal clara e inequívoca de un Dios que expresa y muestra el amor que siente por sus hijos caídos. Este capítulo expresa el corolario de ese amor, que Cristo murió cuando aún éramos pecadores y enemigos de Dios, alienados de su gloria. Los cargos no pueden ser menos, pues ellos sumarizan nuestra verdadera condición y ejemplifican vívidamente el verdadero carácter de Dios.

> La salvación al igual que la paz, no está en el futuro, sino que puede ser una realidad aquí y ahora para el creyente que acepta el sacrificio de Cristo para recibirlos

Si analizamos en detalle la estructura literaria del capítulo cinco, nos daremos cuenta de que éste se mueve de lo particular a lo universal.[1] De lo humano a lo celestial. Y en lugar de iniciar una nueva sección como muchos suponen, en realidad es más bien la <u>conclusión</u> de todo el argumento presentado en los capítulos 1-4.[2]

Entonces vemos que la intención del apóstol en este capítulo es recoger, resumir, sumarizar los argumentos expuestos en su diatriba argumentativa de los primeros capítulos con el fin de que nosotros entendamos que la paz es posible alcanzarla únicamente por la compra que Cristo realizó allí en favor nuestro. Por esta misma razón no estoy de acuerdo con Bultmann cuando

[1] Dunn, J. (1988). *Word Biblical Commentary, Vol. 38a, Romans 1-8.* (Word Books Publisher: Dallas); p. 243.

[2] Ibid., P. 242.

señala que la relación dialéctica entre el imperativo y el indicativo se ha perdido de vista, y la salvación, por consiguiente, está en el futuro.[3] No, la salvación al igual que la paz, no está en el futuro, sino que puede ser una realidad aquí y ahora para el creyente que acepta el sacrificio de Cristo para recibirlos. Estaría de acuerdo con Bultmann si él estuviera hablando de la redención de los justos.

Además, como dice Bruce, Cristo murió para darle poder al hombre, pues el hombre bajo la Ley vive en un estado de tensión. "El sabe lo que es correcto; aprueba lo que es correcto, pero le falta el poder de hacer lo que es correcto".[4] Entonces una de las razones primarias de la muerte de Cristo es otorgar al hombre no solamente la paz y la reconciliación con Dios, sino también el poder que éste necesita para vivir a la altura del sacrificio que se hizo por él en el Calvario. La muerte expiatoria de Cristo es el único concepto consistente con el verdadero evento del monoteísmo. El pecado humano es indivisible y único; y existe solamente un medio de lidiar con él, el cual es el mismo tanto para judíos como para los gentiles.[5] La clasificación de los pecados hecha por los judíos no tiene ninguna validez; en realidad la misma parece ser una respuesta al concepto de que ellos se sentían privilegiados y por lo tanto, sus pecados eran tratados diferente (sustitución) a los gentiles. Pablo argumenta que la posición especial de los judíos no les dá derecho a sentarse a juzgar al resto de la humanidad.[6]

Otro elemento que recibimos con el sacrificio de Cristo, es la expiación y el perdón de nuestros pecados. Pues en realidad, expiación no es necesariamente propiciación. La expiación elimina y remueve el pecado, mientras que la propiciación aplaca la íra y disuelve la hostilidad al aplacar al agraviado.[7] De modo que, ambas cosas ocurrieron simultáneamente con la muerte vicaria de Cristo. Al tomar sobre el mismo el pecado de todos nosotros,

---

[3] Bultmann, R. (1955). *Theology of the New Testament, Vol. II.* (Charles Scribner's Sons: USA); p. 168.

[4] Bruce, F.F. (1977). *Paul, Apostle of the Heart.* (W.B. Eerdman Publishing Company: Grand Rapids); p. 331.

[5] Manson, T.W. (1982). *Peake's Commentary On the Bible.* (Van Nostrand Reinhold: London); p. 943.

[6] Ibid., p. 942.

[7] Keck, L.E. (1979). *Paul And His Letters.* (Fortress Press: Philadelphia); p. 35.

Cristo remueve el pecado y apacigua la íra divina. Uno es resultado del otro.

Y este conocimiento o entendimiento de la muerte vicaria de Cristo es lo que fortalece nuestra fe y nos ayuda en las luchas diarias de cada día, y esto es lo que Pablo quiere nosotros comprendamos. A esto es que Bultmann dice que en la mente de Pablo "fe y conocimiento son indisolubles".[8]

Sin embargo, debemos de ser cuidadosos de no hacer decir al texto lo que éste no dice. Por ejemplo, ciertos comentaristas argumentan de que la paz que Dios ha ofrecido al ser humano en Cristo a través de la fe, ha efectuado algún cambio en Dios mismo en relación con la raza humana.[9] Si decimos que Dios ha cambiado su actitud "airada" hacia nosotros, estamos acusando a Dios de ser volátil, cambiante y que nuestras acciones determinan la forma como él nos ama, lo cual parece casi un absurdo.

Por otro lado, cuando Pablo habla de la paz que adquirimos, hay quienes piensan que esta paz en su propio contexto, es producto de la fabricación social de la comunidad.[10] Nada es menos cierto que esto, pues el texto dice claramente que la paz que recibimos es un don divino únicamente atribuído al hombre a través del vehículo de la fe.

Entonces concluimos que la paz, el poder, el conocimiento, el perdón, la expiación y la salvación son todos elementos resultantes de la muerte de Cristo. Pues Dios no solamente usó a Cristo como una forma de transferir la vieja vida a la nueva para aquellos que ejercitan fe en él en este mundo, sino también para la destrucción final de todos los poderes de las tinieblas.[11] En realidad, la cruz fue el pretexto justificado y legal divino de poder eliminar el pecado del universo. Sin embargo, más de dos mil años después, Dios deja que el pecado se manifieste y se desarrolle más

---

[8] Bultmann, R. (1955). *Theology of the New Testament, Vol. II.* (Charles Scribner's Sons: USA); p. 165.

[9] Jamieson, R.; Fausset, A.R.; Brown, D. (sf). A Commentary Critical And Explanatory On the Old And New Testaments. (The S.S. Scranton Company: Hartford); p. 230.

[10] Bassler, J. (1991). *Pauline Theology, Vol. I.* (Fortress Press: Minneapolis); p. 84.

[11] Sanders, E.P. (1991). *Paul.* (Oxford University Press: Oxford); p. 82.

con el fin de que el universo vea lo que Satanás es capaz de hacer a aquellos que desean servir a Dios a toda costa por la fe y la esperanza en el sacrificio vicario del Señor Jesucristo.

El capítulo cinco es la más detallada explicación teológica de la transacción que hubo entre el bien y el mal para liberar al hombre, y cómo los poderes del bien chocaron de frente con los poderes del mal. Y el resultado de ese choque fue una "explosión de gracia"[12] que se traduce como salvación en todo el sentido de la palabra. Quizás por esto cabría decir aquí que la esperanza no es un grado menor de fe o seguridad, sino la expectación confiada del bien futuro.[13] De modo que a través de la fe esperamos y confiamos, pero al mismo tiempo tenemos la seguridad de la salvación en Cristo.

La libertad comprada por la muerte de Cristo no es solamente libertad del castigo, sino libertad de aquellos "poderes" (el pecado y la muerte);[14] y por lo tanto, libertad no solo de la culpa del pecado, sino sobre todas las cosas, de cualquier pecado como poder subyugante de la voluntad humana. El capítulo cinco habla de la liberación, de la fe, la esperanza, la salvación y el perdón entre otras cosas como dones dados por un Dios infinitamente amoroso a sus criaturas perdidas.

> El acto de usar nuestra libertad o derecho de allegarnos a Dios a través de Cristo no nos dá ninguna prerogativa o superioridad sobre otros que no han aceptado a Cristo

[12] Idea tomada de Angel M. Rodriguez, apuntes de clases verano 2002, Orlando, Florida.

[13] Jamieson, R.; Fausset, A.R.; Brown, D, p. 231.

[14] Bultmann, R. (1955). *Theology of the New Testament, Vol.I.* (Charles Scribner's Sons: USA); p. 297.

5.1 Justificados, pues, por la fe

El "pues" (OUN) quiere decir 'consecuentemente'; 'por consiguiente', y conlleva la idea de que se ha llegado a una conclusión concreta con respecto al asunto de la salvación. El apóstol aclara que una vez hemos sido justificados/perdonados/salvados por él a través del único instrumento que tiene su origen en Dios, es decir, la FE, entonces debe haber algo más que viene como resultado natural de haber recibido la justificación. Sanday nos recuerda que ejercitar la fe nos coloca dentro del rango de la justificación, y que ésta se haya inseparablemente conectada con la ratificación de la misma en el bautismo.[15]

5.1 Tenemos paz para con Dios por medio de nuestro Señor Jesucristo

El apóstol se incluye al decir "tenemos" (EXOMEN); queriendo significar que se posee algo que se ha recibido como producto y resultado de haber sido justificado. Stott bien indica que al final del capítulo cuatro y al comienzo del cinco, hay un cambio de pronombres en el estilo literario paulino; el cambio es de "yo" hacia "nosotros" incluido en las formas verbales "averguenzo" ("porque no me averguenzo del evangelio") y "tenemos" (nosotros).[16] Hay quienes piensan que la frase debería ser traducida como "tengamos" en lugar de "tenemos".[17] El razonamiento detrás del "tengamos" es que esta interpretación anima a los hombres a tener lo que únicamente pertenece a Dios darlo.[18] En cualquier caso, creo que no afecta en nada una

[15] Sanday, W. (1896). *A Critical And Exegetical Commentary On the Epistle to the Romans.* (Charles Scribner's Sons: New York); p. 123.
[16] Stott, J.R.W. (1994). *The Message of Romans: God's Good News For the World.* (Inter-varsity Press: Leicester); p. 138.
[17] Ibid., p. 139. Este autor piensa que a pesar de toda la evidencia interna de los manuscritos, la mayoría de los teólogos han preferido traducir EXOMEN en su forma indicativa, en lugar de la forma subjuntiva en como está el manuscrito griego. Según él, la serie de afirmaciones del primer párrafo del capítulo cinco, no contiene ninguna otra exhortación, que sería el sentido que tiene traducido como EXOMEN. Para él, contexto ha tomado precedencia al igual que la Teología sobre la Gramática.
[18] Jamieson, R.; Fausset, A.R.; Brown, D, p. 230.

interpretación u otra, porque el punto principal no es en el verbo "tenemos" o "tengamos", sino a través de Quién se recibe dicha paz.

Lo que se posee aquí es "paz" (EIRENEN), que tiene que ver con un estado de armonía interna y también entre dos partes que habían roto su relación, pero ahora se ha renovado. Plumer piensa que este verso es tautológico,[19] es decir, que la justificación en sí misma incluye todos los elementos que mencionamos anteriormente en la introducción.

Pero el apóstol es explícito al declarar que la paz que tenemos es "para con Dios" (PROS TON DEOUS), es decir, el ser justificados/salvados/perdonados de nuestros pecados, restablece la relación rota entre Dios y la criatura, y el resultado es opuesto a la íra, existe entonces paz.

Observe usted que el texto no dice que tenemos paz con Dios por medio de la fe. No, se tiene paz a través de Jesucristo. Primero se recibe la justificación a través de la fe en Cristo, pero una vez esa justificación es recibida y aceptada en el corazón, viene la paz como resultado no de nuestra fe, sino de la presencia de Cristo en el corazón. Y esta paz es esencial para la simetría del carácter cristiano.[20]

En conclusión, la fe sóla no puede producir paz, sino que sencillamente ayuda a establecer una relación con Cristo, y es Cristo quien entonces crea ese estado de paz y armonía entre Dios y el penitente, colocando a Cristo en una posición intercesora entre Dios y el hombre.

Por otro lado, Pablo llama a Jesús "nuestro Señor" (KURIO HEMON), lo cual indica claramente que el apóstol reconocía a Cristo como su Señor, y el nuestro, únicamente cuando le aceptamos como nuestro Patrón o Amo, entonces podemos reconocerle.

---

[19] Plumer, WM.S. (1971). *Commentary On Romans.* (Kregel Publications: Grand Rapids); p. 194.
[20] Ibid., p. 195.

5.2 Por quien también tenemos entrada por la fe a esta gracia en la cual estamos firmes

Al decir que tenemos "también" (KAI) entrada a la gracia divina, quiere decir: a) que aparte de nosotros estar en paz y armonía con Dios a través de Cristo, tenemos acceso directo a la presencia de Dios en Cristo; b) o que aparte de recibir la justificación, Cristo llega a ser parte de nuestra vida y la "entrada" misma al Padre; c) la suma de a + b.

El vocablo traducido como "entrada" (PROZAGOGE) literalmente significa 'libertad', 'derecho a'. Es decir, en Cristo, el creyente tiene la libertad, el derecho y el privilegio de allegarse a la más alta autoridad del universo, Dios. Y de nuevo, el instrumento sigue siendo la Fe. Esta libertad de entrar en la gracia divina, es producto de la aceptación de Cristo en la vida del ser humano, de modo tal que Cristo pasa a ser el acceso, la "entrada" misma a Dios. Este acto de Cristo de introducirnos o darnos entrada, significa que Cristo nos ha hecho experimentar la gracia divina y conocer cuán bueno Dios es.[21]

Por otro lado, el acto de usar nuestra libertad o derecho de allegarnos a Dios a través de Cristo no nos dá ninguna prerogativa o superioridad sobre otros que no han aceptado a Cristo. Lo que esto significa más bien es lo que el apóstol dice: "en la cual estamos firmes", refiriéndose a la gracia,[22] el estar firme está supeditado a la sujección del alma a los deseos de Dios. Esa palabra traducida como "firmes" (EZTEKAMEN) era usada para referirse al acto de una persona de 'sostener su posición enfrente de otros', especialmente frente a un concilio.

Si este es el caso, entonces significa que nosotros pasamos a ser testigos enfrente del universo que observa cuál es nuestra posición frente a Dios. Todos alrededor nuestro observan si nosotros elegimos cooperar con Dios o si rechazamos la gracia divina otorgada en Cristo. Sin embargo, la palabra misma está

---

[21] Newman, B.M.; Nida, E.A. (1973). *A Handbook On Paul's Letter to the Romans.* (United Bible Societies: New York); p. 93.

[22] Ziesler piensa que esta expresión es el resultado de la presencia de Cristo en el corazón, y que el significado es muy cercano al concepto de "paz" que solamente Cristo dá. Favor ver: Ziesler, J. (1989). *Paul's Letter to the Romans.* (Trinity Press International: Philadelphia); p. 137.

condicionada por un verbo "estamos", queriendo decir que esa testificación nuestra es en este tiempo, en el momento, en el presente. No es una testificación del pasado ni de eventos futuros, sino del ahora y del presente.

Todo esto es posible únicamente cuando se recibe y se ejercita el don de la fe que nos es dado en Cristo. Y aunque la expresión "por la fe", no es apoyada por la mayoría de los manuscritos griegos,[23] fue introducida por el traductor por el entendimiento que él tenía de que todo es posible solamente a través del vehículo de la fe.

5.2 Y nos gloriamos en la esperanza de la gloria de Dios

El hecho de que los verbos tienen sus pronombres inclusivos: "estamos"; "gloriamos", etc..., es un claro indicador de que el apóstol está incluyéndose en el grupo de aquéllos que si se glorían en algo, es en la esperanza de la gloria de Dios. Lo interesante de este texto, es que parece dar licencia para algún tipo de glorificación humana.

El verbo "gloriamos" (KAUCHOMAI) es el mismo usado para hablar de la jactancia de aquéllos que se creen superiores a otros o más santos que los demás. Pero el apóstol aclara que es posible que nos gloriemos, pero no en nuestra habilidad o conocimiento humanos, sino en la "esperanza" (ELPIS).

Esta "esperanza" (ELPIS) es una que no puede probarse como ilusoria,[24] porque como veremos más adelante, el Espíritu Santo es traído en contacto personal con el hombre. Y como dice Dunn, La esperanza del creyente para el futuro está basada no solamente en un Dios fiel y poderoso, sino en lo que hemos recibido y experimentado de ése Dios.[25]

Por otro lado, al analizar la preposición "en" (EPI), encontramos que la misma debería traducirse "acerca de"; "en relación con". De ser así, entonces es correcto gloriarse ACERCA DE lo que esperamos de Dios. En otras palabras, deberíamos estar

---

[23] Walvoord, J.F.; Zuck, R. (1983). *The Bible Knowledge Commentary*. (Victor Books: USA); p. 456.

[24] Sanday, p. 118.

[25] Dunn, J. (1988). *Word Biblical Commentary, Vol. 38a, Romans 1-8.* (Word Books Publisher: Dallas); p. 266.

gozosos de que muy pronto Dios ha de restaurar todas las cosas, y todo esto es parte de la gloria de Dios.

5.3 Y no sólo esto, sino que también nos gloriamos en las tribulaciones

Algunos piensan que Pablo cometió un error al insertar esta frase que parece contradictoria. Al decir "Y no solo esto", el apóstol quiere indicar un aspecto sumativo que viene como resultado de ser justificados en Cristo. El dice que nos gloriamos, nos sentimos gozosos, satisfechos "en" (EN) las "tribulaciones" (THLIPSIS).

El vocablo THLIPSIS está relacionado con el acto de 'poner a una persona en una posición difícil en relación con los demás y consigo misma.'[26] Pablo nos señala que el creyente se gloría en las tribulaciones, de modo que no se siente estrechado, o al menos, si es puesto en una relación difícil consigo mismo y con sus congéneres, puede soportarla bien si es por la causa de Cristo. Y este es el mensaje que el apóstol quiere dejar claro en nuestra mente.

5.3 Sabiendo que la tribulación produce paciencia

En lo que el apóstol va a comentar a continuación, hay un claro indicador que uno es resultado del otro. Explícitamente él nos dice que la tribulación produce paciencia, y la paciencia a su vez produce prueba, etc... Por lo tanto, debemos analizar tres vocablos claves que aparecen en esta oración; el primero es el verbo traducido como "sabiendo" (EIDO). El segundo es el verbo "produce" (KATERGAZOMAI); y el tercero es el sustantivo "paciencia" (HUPOMONE).

> La paciencia es hija legímita de la tribulación y la angustia

[26] Algunos como Ziesler, piensan que estas tribulaciones se refieren más bien a las persecusiones que los cristianos sufren a manos de los paganos. Ziesler, J. (1989). *Paul's Letter to the Romans*. (Trinity Press International: Philadelphia); p. 138.

Hablemos primeramente del verbo "sabiendo" (EIDO). Este verbo no significa "sabiendo", sino que literalmente quiere decir 'percibir'; 'poner atención'; 'analizar'; 'discriminar'. El verbo "produce" (KATERGAZOMAI) quiere decir 'obrar'; 'trabajar'; 'llevar a cabo'.

Entonces es claro que Pablo nos está diciendo claramente "poniendo atención al hecho de que la tribulación obra, produce, elabora "paciencia" (HUPOMONE) para referirse 'al hombre que no pierde de vista su objetivo y su meta a pesar de todos los desafíos y obstáculos que éste pueda afrontar.' En fin, la paciencia es el inequívoco resultado de la tribulación. La paciencia es hija legímita de la tribulación y la angustia.

No podemos confundir la tribulación debido a causas naturales con la tribulación que Pablo está enfatizando aquí; realmente, se está hablando de la tribulación como resultado directo de la profesión de ser cristianos.[27] En realidad, el sufrimiento en el creyente debería ser visto como el potencial para el crecimiento positivo. "Estas pruebas nos sacan de nuestros viejos caminos y nos fuerzan a encontrar nuevas maneras de vivir".[28]

5.4 Y la paciencia prueba

De nuevo KATERGAZOMAI aparece en relación con el resultado de la paciencia que es la "prueba" (DOKIME). Este vocablo traducido como "prueba", puede significar también EXPERIENCIA. En otras palabras, la tribulación engendra paciencia, y la paciencia a su vez engendra experiencia. Porque este es el significado de esta palabra DOKIME, el cual es resultado de un carácter que ha sido probado en todas las circunstancias adversas y adquiere una experiencia única por la circunstancia misma que ha atravesado. Y en palabras de Moule, esta prueba se refiere también a la evidencia interna que nosotros recibimos de

---

[27] Murray, J. (1960). *The Epistle to the Romans*. (Marshall, Morgan & Scott, LTD: London); p. 165.

[28] Hughes, R.K. (1991). *Romans: Righteousness From Heaven*. (Crossway Books: IL); p. 108.

que en Cristo somos individuos diferentes, de que no somos lo que antes éramos, porque Cristo nos ha hecho diferentes.[29]

5.4 Y la prueba esperanza

Ya que aprendimos que "prueba" = experiencia, entonces deberíamos decir: "y la experiencia esperanza". El vocablo usado para "esperanza" (ELPIS) tiene que ver con la expectación de lo que Dios ha de hacer en la historia humana.

5.5 Y la esperanza no averguenza

Pareciera que el apóstol estuviera mirando hacia adelante en el futuro, específicamente en nuestros días cuando mucha gente se siente avergonzada de la bendita esperanza en Cristo. La parte corolaria de la cadena de sustantivos que son producidos como resultado de la tribulación, es que al final el creyente no siente "verguenza" (KATAIZCHUNO), es decir, el creyente no piensa que es una desgracia sufrir tribulaciones por la causa de Cristo, porque la tribulación misma en lugar de traer verguenza hacia la causa, lo que hace es que nos confirma en esa esperanza bendita.

No hay de qué avergonzarse cuando Cristo ha entrado en el corazón humano. Puede que la sociedad te rechaze, y los entendidos del mundo también, pero Cristo nunca nos rechaza si estamos dispuestos a sufrir por su nombre. La esperanza que tenemos en él no produce verguenza, sino que produce amor y fe en él, porque al final de cuentas, él es la "Esperanza de gloria" (Col. 1: 27) cuando habita EN nosotros.

Me fascina la forma en que Johnson lo presenta: "Estoy aquí por designio de Dios, en su cuidado, bajo su entrenamiento y para su tiempo. De modo que la fe, en lugar de desestabilizarse debido a las pruebas, en realidad, usa el sufrimiento para fortalecer nuestra esperanza en la futura esperanza de la gloria de Dios."[30]

---

[29] Moule, H.C.G. (1992). *The Classic New Testament Commentary: Romans*. (Marshall Pickering: London); p. 93.

[30] Johnson, A.F. (2000). *Everyman's Bible Commentary: Romans*. (Moody Press: Chicago); p. 97.

5.5 Porque el amor de Dios ha sido derramado en nuestros corazones por el Espíritu Santo que nos fue dado

Pablo nos dá la razón de este contraste y de por qué no existe verguenza en el corazón humano, es "porque (HOTI) el amor (AGAPE)[31] de Dios ha sido derramado (EKKECHUTAI) en nuestros corazones (KARDIA) por (DIA) el Espíritu Santo que nos fue dado (DODENTOS)". Negar esta confianza en el amor de Dios, es negar la veracidad de Dios mismo.[32]

Hay varios detalles que observar aquí, primero veamos el verbo principal de la oración: "ha sido derramado" (EKKECHUTAI), el mismo es un indicativo perfecto pasivo, lo cual indica que ocurrió un evento anterior que permitió que esto pasara y que sus efectos se dejan sentir en el presente. Pero al estar en su forma pasiva, indica también que nosotros somos los que recibimos la acción, y que no hay nada que podamos hacer para añadirle algo. Este verbo literalmente significa 'derramar'; mas no un derramar cualquiera, sino que es el acto de verter líquido en un recipiente hasta que el mismo se llena y rebosa de tal forma que el líquido empieza a salir por los bordes del recipiente.

En lenguaje figurado quiere decir que cuando nosotros recibimos el Espíritu Santo que se nos dá, éste nos llena internamente, pero el acto de llenar no es hasta que llegamos al límite, sino que continúa hasta que rebosa y los demás ven que existe en nosotros algo que ellos no poseen porque se desborda aún fuera de nosotros.

Aquí el apóstol introduce al Espíritu Santo y lo dice de forma similar "que nos fue dado" (DODENTOS). La forma del verbo es también pasiva, lo cual indica que nosotros, los

---

[31] Hay quienes ven este amor como Objetivo Genitivo, es decir, "amor para Dios" como pensaba Agustin. Ni tampoco significa "Caridad insuflada" en palabras de Kirk y Gutjahr. En realidad, este amor tiene que ser visto como el "amor de Dios", es decir que proviene de él hacia nosotros los recipientes. Este amor tampoco es el que justifica, como piensan Lagrange, Dodd, Dibelius y otros; más bien, este amor puesto en el corazón del creyente, es el resultado de la justificación que se efectuó primero en la reconciliación con Cristo y en nuestra aceptación de la muerte vicaria del Hijo de Dios. Este amor no debe ser equiparado al amor puro e incontaminado que existe en el corazón de Dios.

[32] Murray, J. (1960). *The Epistle to the Romans*. (Marshall, Morgan & Scott, LTD: London); p. 165.

recipientes, sencillamente nos colocamos en una actitud de recibir. Es responsabilidad nuestra entonces, recibir lo que se nos ofrece. O como dice Ironside que no somos salvos por lo que ocurre dentro de nosotros, somos salvos por lo que el Señor ha hecho EN nosotros, y el Espíritu Santo entonces nos sella cuando creemos en el evangelio.[33]

En resumen de cuentas, es obra divina darnos el amor de Dios de manera sobreadundante a través del Espíritu Santo. Entonces significa que si existe algo de amor en nosotros por los demás y/o por nosotros mismos, es gracias a la intervención directa del Espíritu de Dios que nos fue dado. Y una vez que ese amor ha sido derramado y nosotros hemos aceptado a Cristo junto con su amor, ya no nos pertenecemos, sino que "un cambio de la existencia ha tomado lugar.[34] De hecho, el amor humano necesita alguna base para basamentar su realidad objetiva; el amor de Dios no necesita ninguna, pues "Dios no nos ama porque somos buenos, sino que somos buenos porque Dios nos ama".[35]

5.6 Porque Cristo, cuando aún éramos débiles, a su tiempo murió por los impíos

La palabra para "débiles" es AZTHENON, la cual tiene la connotación de ser moralmente débil e impotente. Y nos dice el texto que Cristo murió por los "impíos" (AZEBON), la misma palabra para referirse a Abrahám cuando Dios le llamó en el capítulo 4. Pero el apóstol no nos deja allí nada más, él literalmente llama a todo el mundo IMPIO, porque dice que Cristo murió por los "impíos", eso entonces lo incluía a él mismo (a Pablo).

Por otro lado, la preposición "por" (HUPER) significa más bien "en lugar de", o "en favor de" en este contexto en particular.[36] Queriendo decir aquí específicamente que Cristo sufrió en nuestro lugar y en nuestro favor.

---

[33] Ironside, H.A. (1998). *Romans*. (Loizeaux: New Jersey); p. 61.

[34] Kasemann, E. *Commentary On Romans*. (William B. Eerdman Publishing Company: Grand Rapids); p. 135.

[35] Maly, E.H. *Romans*. (Michael Glazier, Inc.: Delaware); p. 38.

[36] Walvoord, J.F.; Zuck, R. (1983). *The Bible Knowledge Commentary*. (Victor Books: USA); p. 457.

Pero existe una claúsula aquí y la misma es "a su tiempo" (KATA KAIRON). Esta expresión indica que el tiempo de Cristo morir fue pre-señalado, de otra manera no lo diría en su forma acusativa, sino en la forma dativa. Es decir, al señalarnos que Cristo murió a su tiempo por los impíos nos indica que este momento estaba programado, fijado en la historia de antemano por la providencia divina.

5.7 Ciertamente, apenas morirá alguno por un justo

El adverbio "apenas" (MOLLIS) quiere decir 'con mucha dificultad'; lo cual en el contexto significa que "alguno" (TIS) "podría morir" (APOTHANEITAI) por un "justo" (DIKAIOU) queriendo intimar la posibilidad que dentro de nuestra esfera exista alguna persona que esté dispuesta morir por otra que es justa.

5.7 Con todo, pudiera ser que alguno osara morir por el bueno

Aquí el apóstol está tratando de presentar la posibilidad de que corazones irregenerados como el nuestro sientan compasión por otra persona y estemos dispuestos a morir en favor de alguien. 'Aún así', "pudiera ser (TACHA) que alguno osara (TOLMAO) morir por el bueno (AGATHOS)". La idea es paralela a la primera y conllevan el mismo significado: 'es posible que exista alguien que esté dispuesto a morir por otra persona 'justa' y 'buena'. Aunque Schlatter piensa que en este texto Pablo pone al "bueno" por encima del "justo".[37]

Por otro lado, TOLMAO se refiere al acto de 'ser bravo', 'temerario', 'sin cobardía'. Es decir, puede que haya alguna persona tan valiente que no tema ir a la muerte para morir por una persona justa y buena. AGATHOS en cambio, se refiere a la persona que es de un 'carácter excelente', 'un individuo de virtudes y cualidades personales que por sí mismas son excepcionales'.

---

[37] Schlatter, A. *Romans: The Righteousness of God.* (Hendrickson Publishers: MA); p. 123.

5.8 Mas Dios muestra su amor para con nosotros

La frase es adversativa o contrastante, pues usa la preposición adversativa "mas" (DE). El uso de esta preposición establece que existe otra posibilidad que ha de ser introducida en la explicación o en la argumentación más adelante.

Al decir que "Dios muestra (ZUNIZTEZIN) su amor (AGAPEN) para con nosotros". La expresión es muy clara para ser pasada por alto, pero existe un verbo que debemos analizar, y es el verbo "muestra" (ZUNIZTEZIN). El mismo literalmente significa 'comendar', 'demostrar'. Más que mostrar, Dios DEMUESTRA su amor. Esto nos lleva a pensar en varias ideas:

a) El amor tiene que ser demostrable en actos tangibles.
b) Si alguien pretende amarnos, debe demostrarlo con algo más que palabras.
c) Dios quiere demostrar cuánto nos ama, por eso el verbo está en presente, es decir, el apóstol no se limita al evento de la cruz, sino que trasciende hasta el día de hoy.

Ciertamente, Dios sigue demostrando su amor con hechos innegables en nuestro favor. La muerte de Cristo en favor nuestro y en nuestro lugar, viene al final de esta alocución con un mensaje impresionantemente simple. "Es una suscinta declaración de la esencia del mensaje cristiano".[38]

5.8 En que siendo aún pecadores, Cristo murió por nosotros

El contraste está claramente delineado, Cristo no murió por gente justa ni buena; él murió por "pecadores"

La íra tiene que ver con la demostración de la indignación justa de Dios sobre el pecador impenitente al destruirlo para siempre

[38] Morris, L. (1984). *The Epistle to the Romans.* (Inter-varsity Press: Leicester); p. 224.

(HAMARTOLON), queriendo exaltar el hecho de que esta es la manera primaria como Dios demuestra su amor, dando la vida de Su Hijo por gente rebelde que no lo merece.

El adverbio "aún" (ETI) conlleva la idea de un estado o condición actual. Es decir, cuando Dios decide mostrar su amor en la cruz del Calvario a través de Jesucristo, el estado o condición del ser humano era de rebeldía en contra del gobierno de Dios (pecadores). Y los pecadores son los quebrantadores de la Ley de Dios, los que con su vida diaria admiten el hecho de que no desean que Dios gobierne en sus vidas ni rija su existencia.

Es de este tipo de personas que estamos hablando aquí, Dios murió por nosotros, aunque estamos en rebeldía abierta en contra de él. De hecho, es como dice Brown, que este versículo prueba que Dios y Cristo no estaban en desacuerdo o en desarmonía en el evento del Calvario, sino lo contrario.[39]

5.9 Pues mucho más, estando ya justificados en su sangre

La justificación viene como producto irreductible del sacrificio expiatorio de Cristo. Al decir: "Pues mucho más" (POLUS MALLON OUN), el apóstol quiere decir: 'consecuentemente, cuánto más'. Al continuar con su explicación usa el verbo copulativo con una frase adverbial "estando ya" (NUN DIKAION), el apóstol quiere intimar que este proceso ocurrió; por lo tanto, el creyente DEBE ESTAR justificado/perdonado/salvado en Cristo.

No cometamos el error de los judíos al interpretar que la justicia dirige hacia la salvación o que el justo es el único que puede buscar la salvación y encontrarla (Sir. 34:13; Wisd. Sol. 5:2; Enoch 1:1; 5:6). Quien realmente necesita la salvación y debe buscarla es aquél que no tiene ni posee ningún tipo de justicia, es decir, el pecador.

Por otro lado, al decir: "en su sangre",[40] Pablo usa una preposición que es usada en innúmeras ocasiones en el Nuevo

---

[39] Brown, R.; Fitzmyer, J.; Murphy, R. (1968). *The Jerome Biblical Commentary, Vols. 1-2, The Old And New Testaments*. (Prentice Hall: NJ); p. 306.

[40] O'Neil sugiere que el pasaje debe ser traducido: "Ahora somos encontrados justos en su sangre, y seremos salvos al recibir su vida". Favor ver a: O'Neil,

Testamento, la misma es "en" (EN). Lo que quiere decir es que Pablo está usando una metáfora para referirse a nuestra aceptación del sacrificio de Cristo y a la aplicación de dicho sacrificio a nuestra vida diaria.

Esto no quiere decir en lo absoluto que la sangre de Cristo está en algún lado y que debemos estar bañándonos en ella, no. Lo que quiere decir es que nosotros nos beneficiamos de lo que ocurrió en la cruz del Calvario, y por consiguiente, recibimos la justificación por permanecer en Cristo.

5.9 Por él seremos salvos de la íra

Al establecer que seremos salvos de la íra por Cristo, el apóstol indica claramente que la función primaria de Cristo es SALVAR. Sin embargo, el verbo principal está en futuro indicativo pasivo "seremos" (ZOTHEZOMEDA), lo cual significa que es una acción hecha en favor nuestro, y que no hay nada que podamos hacer (hasta este punto) que ser redimidos o salvados por alguien más, en este caso Cristo. Pero el apóstol nos dice más, nos señala que seremos rescatados de la "ira" (ORGES). Esto nos lleva a varias conclusiones:

a) la íra tiene que ver con la demostración de la indignación justa de Dios sobre el pecador impenitente al destruirlo para siempre;

b) el sacrificio de Cristo ofrece la posibilidad (si lo aceptamos) de que no tengamos que morir eternamente en la destrucción final;

c) es Cristo el único que puede librarnos de tal fatalidad.

Por lo tanto, es necesario que revisemos nuestras prioridades, porque el texto nos indica que Cristo vino a morir por pecadores de modo tal que los mismos no tengan que sufrir las consecuencias de la íra venidera, o mejor dicho, la destrucción y aniquilación total del pecado y los pecadores.

5.10 Porque si siendo enemigos, fuimos reconciliados con Dios por la muerte de su Hijo

Pablo es aún más explícito en su aserción, pues establece que nosotros somos "enemigos" (ECHTHROS). Primero nos dijo

J.C. (1975). *Paul's Letter to the Romans*. (Penguin Books: England); p. 95.

"pecadores" en los versos anteriores, y ahora nos dice que somos enemigos, es decir, 'alguien que odia a Dios y a su gobierno' (ese es el significado de la palabra griega).

Mas el apóstol nos señala que "fuimos reconciliados" (KATELLAGEMEN), y el verbo está en pasado pasivo, lo que indica claramente que es una acción divina, y que no hay posibilidad de intervención humana en este acto de reconciliación. La reconciliación que hubo en la cruz no fue producto de la iniciativa del hombre, sino de Dios. Stuhlmacherbien muy interesantemente señala que en literatura extra-bíblica, la palabra "reconciliación" se refería a la paz entre dos pueblos que eran enemigos; por lo tanto, la reconciliación es el fin de la enemistad.[41]

Además, el verbo KATELLAGEMEN implica que hubo una ruptura entre dos partes y que fue necesario suturar, empatar, unir las dos partes de nuevo. Bueno, ese proceso ocurrió en la cruz, allí Cristo derribó la pared de separación entre Dios y el hombre (2 Cor. 5:18-20), y nos abrió acceso, camino, entrada a la presencia misma de Dios, de modo tal, que ahora existe unidad y unión[42] entre Dios y el hombre a través de Jesucristo.

5.10 Mucho más, estando reconciliados, seremos salvos por su vida

Esta expresión indica varios detalles que debemos ponderar:

- El verbo "seremos salvos" está en futuro, queriendo indicar que existe algo que Cristo no hizo al morir en la cruz.
- Es la resurrección, y no necesariamente su muerte, la seguridad de la salvación.
- Debe existir algo en la vida de Cristo misma que nos permite a nosotros ser salvos.

[41] Stuhlmacher, P. (1994). *Paul's Letter to the Romans: A Commentary.* (John Knox Press: Westminster); p. 81.

[42] Cuando digo "no completas", me refiero a que todavía no hemos recibido la inmortalidad esperada, y por lo tanto, no podemos gozar de la presencia divina como está estipulada en las promesas del mundo venidero en las profecías apocalípticas.

- La reconciliación fue hecha en la cruz (en su muerte), pero la re-generación del corazón humano está siendo hecha en la vida de Cristo.

Con esto en mente, analicemos la expresión... "Mucho más (POLO MALON) estando reconciliados (KATALLAGENTES) seremos salvos (ZOZTHEZOMEDA) por su vida (EN TE HOE AUTOU)".

El verbo "estando reconciliados", indica que hubo una acción pasada que logró la reconciliación entre Dios y el hombre. Obviamente se refiere a la muerte de Cristo en la cruz del Calvario. No obstante, el verbo "seremos salvos" es una acción futura pasiva, lo cual indica que es la intervención divina la que actúa en la salvación del ser humano.

Ahora bien, la expresión "por su vida", no conlleva el significado aparente de la traducción, porque como vimos en la transliteración, existe una preposición EN que modifica todo el significado de la frase. Por lo tanto, deberíamos decir: "en su vida". Dicho de otro modo, cuando el pecador se arrepiente, los beneficios de la reconciliación hecha en la cruz, son acreditados al pecador arrepentido, pero el ahora creyente tiene que vivir su vida EN la vida de Cristo para que la salvación se mantenga. Lo cual parece indicar que Cristo continúa haciendo algo mientras vive (y vivirá para siempre) en favor del creyente. Y lo que creo que Cristo hace es INTERCEDER por el creyente para habilitarlo a recibir el cielo, la vida eterna, la salvación.

¡Pero, un momento! Podría alguien decir, ¿en la cruz Cristo no lo hizo todo? La respuesta a esta pregunta es SI y NO. Decimos que sí porque el precio total de la vida eterna fue pagado en la muerte eterna de Cristo (es decir, la muerte por nuestros pecados). Decimos no, porque si todo fue completado en su muerte, entonces ¿para qué resucitó Cristo? ¿Resucitó nada más para demostrar que él podía vencer a la muerte? No necesariamente, Cristo resucitó para, no solo vencer la muerte en su propio terreno, sino también para interceder por

Es la intercesión de Cristo a través del Espíritu Santo la que nos dirige a la cruz nosotros, de modo que nosotros los creyentes, podamos tener acceso a la vida de Cristo.

Es la intercesión de Cristo a través del Espíritu Santo la que nos dirige a la cruz. Es la intercesión de Cristo la que nos hace reconocer que debemos cambiar nuestro estilo de vida y nuestros hábitos de pensamiento. Es la mediación de Cristo la que nos HABILITA y nos SANTIFICA diariamente.

Por lo tanto, la cruz no lo hizo todo, porque entonces tendríamos que decir que Cristo solamente necesitaba morir para salvarnos. La evidencia indica lo contrario, Cristo necesitaba no solamente morir, sino también RESUCITAR, y no solamente resucitar, también necesita INTERCEDER por nosotros para que los beneficios de la cruz puedan ser una realidad en nuestras vidas hoy en términos prácticos.

5.11 Y no solo esto, sino que también nos gloriamos en Dios por el Señor nuestro Jesucristo

La expresión es sumamente similar a la del v. 3, donde allí Pablo señala que los creyentes nos gloriamos en las tribulaciones. Aquí el apóstol añade que también nos "gloriamos en Dios" (KAUCHOMENOI). Entonces el problema de los que se jactan en el capítulo 1 es un problema que la jactancia es basada en sus propios esfuerzos y en sus propias obras. Pero este verso indica, al igual que el versículo tres, que es posible gloriarse, o mejor dicho, REGOCIJARSE en lo que Dios ha hecho en Cristo en favor de nosotros. Y además, si existe alguna gloria, es "a través de" (DIA TOU) Cristo. Por lo tanto, no existe jactancia alguna porque es hecha a través de aquél que sí podría jactarse de todo, pues él venció al imperio de la muerte en nuestro lugar y por nosotros.

5.11 Por quien hemos recibido ahora la reconciliación

De nuevo, la cruz apunta abrumadoramente a la reconciliación. Por lo tanto, cuando dice: "Por quien (DIA HOS) hemos recibido (ELABOMEN) ahora (NUN) la reconciliación (KATALLAGEN)", quiere decir que la reconciliación fue hecha en Cristo en su muerte.

Ahora bien, el verbo "hemos recibido", en la forma griega está en pasado activo, lo que implica claramente que existe una acción de parte del ser humano que permite apropiarse de dichos beneficios. En contraste con la reconciliación misma de los versos anteriores, donde el verbo está en pasivo, indicando que el ser humano no hizo nada para mover el corazón de Dios a entregar a su Hijo en nuestro favor. Sanday nos explica que en el contexto es el hombre quien necesita ser reconciliado con Dios, y no lo opuesto. Y que si acaso usa expresiones que parecen indicar que Dios es enemigo del hombre, sencillamente "son expresiones antropomórficas que implican un cambio de actitud de parte de Dios".[43]

Aquí nos indica objetivamente que es responsabilidad del ser humano CREER en lo que Cristo hizo, para que podamos recibir los beneficios de la misma. Lo cual es un claro indicador de nuestra responsabilidad en todo este proceso salvífico. Es nuestra responsabilidad CREER para que podamos ser partícipes de esta bendición divina impartida a nosotros en Cristo.

5.12 Por tanto, como el pecado entró en el mundo por un hombre

La frase es concluyente e irrebatible. Es un axioma o paradigma, pues el hombre aunque no es el originador del pecado en el universo, gracias al hombre tenemos pecado en esta tierra. Algunos piensan que en realidad el culpable es Dios[44] al permitir que las cosas siguieran su curso, especialmente después del pecado de la primera pareja. En la opinión de muchos, nosotros sus descendientes hemos recibido una herencia de la cual no somos culpables, gracias a la transgresión de la primera pareja.

La realidad del asunto es que cuando nacemos, nos ponen un nombre y nisiquiera nos preguntan; mucho menos nos preguntan si queremos nacer. Por lo tanto, es una ley del universo que las decisiones que a diario tomamos, pueden afectar las vidas de otras personas a corto o a largo plazo.

El texto es explícito al decir que el pecado "entró"

---

[43] Sanday, p. 129.

[44] Así se expresaba un fallecido profesor de Teología cuando estudiaba Teología en el Seminario en Rep. Dominicana. Para una idea más clara de lo que él expresaba, favor ver el último capítulo de la obra: Luna, J. (1999). *Jesús: Nombres, Títulos y Atributos, Vol. I.* (L. Brown & Sons Printing: Vermont).

(EIZERCHOMAI) en el mundo por un hombre, refiriéndose a Adán. Ese verbo, está en su forma activa, lo cual indica que hubo una acción del ser humano que permitió la entrada del pecado. Ahora bien, hay tres posibilidades que podemos mirar para el concepto de que el pecado "entró" en el mundo:

1. El pecado se refiere a una persona, Satanás. Cuando Juan el Bautista dijo: "*He aquí el Cordero de Dios que quita el Pecado del mundo*" (Juan 1: 29), lo dijo de manera metafórica para referirse a Cristo. En un simple análisis literario, si decimos que 'Cordero' = Cristo, entonces 'Pecado' debe ser igual a Satanás,[45] porque las ideas están siendo contrastadas una con la otra.
2. Por otro lado, cuando se habla de "pecado" en singular, seguramente se está hablando de la condición del ser humano y no de los actos pecaminosos del mismo. Está hablando de la separación del hombre de su Creador. Esto quiere decir que el pecado ha traído una separación entre Dios y el hombre.
3. Puede también referirse a una combinación del inciso 1 y 2. Es decir, que cuando la frase paulina dice que por un hombre el pecado "entró" en el mundo, se refiere a que por la desobediencia de Adán, Satanás entró en este mundo usurpadamente a reinar, pero que también su misma desobediencia nos trajo como consecuencia separación de Dios.

En teología se le llama el sistema 'Deuteronómico', al acto de que un hombre peca, y todos recibimos la condenación. Un hombre obedece, y todos recibimos la bendición eterna. En ambos casos, sigue siendo por causa de la decisión de una persona; y analizaremos este concepto más adelante en este mismo capítulo.

5.12 Y por el pecado la muerte

La muerte es un nuevo fenómeno en el universo, el cual Dios mismo nunca había visto hasta que apareció pecado en el universo. De hecho, Jesús dijo que Satanás es el padre de la mentira y que peca desde el principio porque es homicida. No

[45] Ibid., favor ver el capítulo titulado "El Cordero de Dios" de la misma obra.

había dudas en la mente de Cristo que el acto de hablar mentiras es un pecado criminal, es quitar la vida (Lev. 19:16).

Además, cuando decimos que la muerte es un nuevo fenómeno, queremos decir que el resultado del pecado es la muerte: "*Porque la paga del pecado es muerte, mas la dádiva de Dios es vida eterna en Cristo Jesús Señor nuestro*" (Rom. 6: 23). Donde quiera que hay pecado, existe la muerte, porque la muerte no se limita a la desaparición física, sino que la muerte aquí es equivalente a la muerte espiritual. La muerte física es un resultado directo de la muerte espiritual o separación de Dios.

La muerte es un fenómeno que tocó al Dios hecho carne. De paso, la divinidad no muere. Si la divinidad pudiera morir, entonces Cristo no tenía que hacerse hombre. Es el cuerpo de la carne del pecado el que muere. Y aunque Cristo NUNCA pecó, no es menos cierto que Dios cargó en él el pecado de todos nosotros, y por nosotros lo hizo pecado, para que nosotros pudiéramos experimentar la vida eterna. Es por eso, que cuando Cristo resucitó, él dijo que ahora tenía toda la autoridad y toda potestad, indicando su poder de resucitar a los muertos para darles a cada uno conforme a sus obras.

5.12 Así la muerte pasó a todos los hombres, por cuanto todos pecaron

De la misma manera que el pecado entró en el mundo, entonces la muerte es introducida en el mundo por un hombre. Pero, el apóstol nos dice que la razón por la que morimos es que todos pecamos, es decir, todos estamos separados de Dios. Schreiner ve una contradicción directa entre este verso y Rom. 2:12-16. Para él, aquí los pecadores son juzgados y condenados en el pecado de Adán, mientras que en el capítulo dos (2), son juzgados y condenados por su propio pecado personal.[46]

> Soy responsable ante Dios por mis actos, así como tú eres responsable ante Dios por tus actos

[46] Schreiner, T.R. (1990). *Interpreting the Pauline Epistles: Guide to the New*

Obviamente se puede percibir que Schreiner no ha leído bien el texto, pues este mismo versículo dice que "todos pecaron". Nada puede ser más claro que eso. Si bien es cierto que a Adán se le atribuye el "pecado original", no es menos cierto que Pablo admite que "todos pecaron".

De hecho, la teología católica interpreta este pasaje (v.12) como que el pecado es hereditario, y concluyen que por esta razón los infantes debieran ser bautizados.[47] Y en realidad, la implicación de dicha aserción es que al final de cuentas nosotros no somos responsables por nuestras acciones, pues toda la culpa es de Adán. Sinclair se alínea con este pensamiento también, y dice: "Pablo asume que el pecado no es primariamente un juego de decisiones sin ética, sino una fuerza supra-humana trabajando en la Historia".[48] Este pasaje (Rom. 5:12) es altamente debatido, pero en realidad hay tres grandes corrientes en donde se alínean la mayoría de los eruditos.

- Primero, la expresión "todos pecaron", se refiere a que todos los hombres han pecado independientemente de Adán. De hecho, la mayoría de los comentaristas antiguos así lo creían, tales como Teodoreto, Pelagio y otros. El problema con esta posición es que en realidad la muerte es resultado del pecado, ¿y qué hacemos con los infantes que mueren y todavía no han cometido ningún acto pecaminoso?
- Segundo, la expresión "todos pecaron", se refiere a que todos los hombres han pecado como resultado de la naturaleza corrupta heredada de Adán. Entre sus proponentes está Cranfield, Sanday, Headlam y otros. El problema con esta posición, es que parece disgredir el texto y pensamiento paulinos. Algo para pensar en aposición a esto es, ¿será que en la obediencia de Cristo, todos somos

---

Testament Exegesis. (Baker Book House Company: USA); p. 145.

[47] Brown, R.; Fitzmyer, J.; Murphy, R. (1968). *The Jerome Biblical Commentary, Vols. 1-2, The Old And New Testaments.* (Prentice Hall: NJ); pp. 306-307.

[48] Sinclair, S.G. (2000). *A Study Guide To St. Paul's Letter To the Romans.* (Bibal Press: Texas); p. 53.

hallados obedientes? Y si es así, ¿para qué se me requiere obediencia?

- Tercero, la expresión "todos pecaron", se refiere no a nuestros pecados en nosotros mismos, sino a nuestros pecados en nuestro representante Adán. Es decir, en Adán, todos pecamos. Y pareciera que este punto de vista es más consistente con el sistema deuteronómico. Entre sus proponentes está Barclay, Murray, Lagrange, Bruce y muchos otros. El único problema con esta posición, es que parece darnos licencia para culpar a Adán por todos nuestros maladíes y no tomar responsabilidad por nuestras propias acciones.

En realidad no sé la respuesta final a estas interrogantes, y creo que no es relevante saber una cosa o la otra; lo que creo que sí es importante, es poder entender que independientemente de lo que hizo Adán, yo he de comparecer ante el tribunal de Dios y he de ser juzgado de acuerdo con mis propias acciones deliberadas y voluntarias; por lo tanto, soy responsable ante Dios por mis actos, así como tú eres responsable ante Dios por tus actos.

De paso, existe un principio en la naturaleza y en la creación que ejemplifica lo que quiero decir: a) todos las plantas de banana estaban en la planta original de banana en el Edén. b) Todos los árboles frutales estaban EN el fruto original de esos árboles en Edén; c) Todos los animales estaban EN los animales originales en el Edén; d) Todos los levitas que estaban EN los lomos de Abrahám pagaron sus diezmos a Melchisedec; e) Toda la raza humana pecó EN Adán.

El verbo "pasó" (DIERCHOMAI), es un verbo usado para hablar del caminante que debe atravesar cierto camino o cierto sendero, tiene que ir a través de él, y pasar cierto tiempo en el mismo. Por tal razón, la muerte debe permanecer con nosotros por cierto tiempo aunque no querramos, porque la misma es resultado de nuestro pecado y de nuestra desobediencia para con Dios.

5.13 Pues antes de la ley, había pecado en el mundo

Ahora Pablo está haciendo una referencia al Sinaí, donde las tablas de la Ley fueron dadas de manera explícita. De hecho, no puede referirse a otro evento aquí, porque está hablando de que "había" (EN) pecado en el mundo. Pero la realidad es que los mandamientos de Dios siempre han existido, mucho antes que el Sinaí.

Y aquí sería bueno hacer una inferencia que podría ayudarnos en nuestro entendimiento y tratamiento de la Ley en lo subsecuente. Cuando Pablo dice en Gálatas 3: 19, "*Entonces, ¿para qué sirve la ley? Fue añadida a causa de las transgresiones, hasta que viniese la simiente a quien fue hecha la promesa; y fue ordenada por medio de ángeles en mano de un mediador*"; quiere decir que la Ley fue introducida en el mundo a causa de las transgresiones.

No obstante, hay algo aquí que debemos ponderar, y es la frase "*y fue ordenada por medio de ángeles en mano de un mediador*". Los comentaristas no dicen qué ocurrió aquí realmente, y me gustaría ofrecer una perspectiva que a mi juicio es muy atractiva y va en acuerdo con el resto de las Escrituras.

Por ejemplo, se habla en la Biblia de los concilios divinos, donde Dios se reúne con sus súbditos para discutir diferentes asuntos y tomar decisiones que afectan las vidas de los seres humanos. Estos concilios divinos, no son otra cosa que sesiones de juicio que ocurren en el cielo. Por ejemplo, en Daniel 7, Dios es presentado como un Juez llamado "El Anciano de Días", porque eso tipifica la justicia y la sabiduría de quien preside el juicio. En la misma escena se abren libros que indican los registros; hay millares de millares de ángeles, lo cual indica claramente la cantidad de miembros del concilio divino.

En Daniel 4 por ejemplo, Nabucodonosor es desterrado a vivir con las bestias y ser semejantes a ellas por siete tiempos. La orden vino directamente de los "vigilantes santos", el decreto del destino de Nabucodonosor fue dado por ellos, y no directamente por Dios. Usualmente los profetas que veían y describían estas sesiones de juicio, eran invitados a participar de ellas, y siempre un ser angelical explica al profeta lo que está ocurriendo en el mismo (Apoc. 4-5; Isa. 6; Jer. 23: 18, etc.).

Incluso, hubo ocasiones en que Satanás también participaba de estos eventos en el cielo como representante usurpador de la tierra. Encontramos esto en la historia de Job, donde enfrente del concilio divino (los hijos de Dios que vinieron a presentarse),

Satanás acusa a Dios, porque éste se siente satisfecho de la fidelidad de Job (Job. 1-2).

En tiempos antiguos los cortesanos discutían los asuntos del imperio entre ellos, mientras el rey escuchaba cuidadosamente; cuando éste veía que habían llegado a un acuerdo, entonces tomaban una decisión. Hay tres elementos que el concilio divino o Gran Jurado decide siempre:

- El destino, en términos de la vida o la muerte.
- La herencia que corresponde a cada uno.
- El dominio.[49]

Este concilio divino o Gran Jurado se reunía en varios lugares, que en la Biblia los nombres posiblemente son usados de manera metafórica.

- En Isaías 13: 12-13 se le llama "monte de la congregación".
- Cielos (Apoc. 4-5).
- Tierra (Isa. 6: 1-7).

A los miembros de este Gran Jurado o concilio divino se les llama de diferente maneras en la Biblia, por ejemplo:

- Santos (Deut. 33:2; Job 5: 1).
- Hijos de Dios (Job 1: 6; 2:1).
- Dioses (Salm. 82: 1).
- Ángeles (Salm. 103: 20; 148: 2).
- Estrellas (Job 38: 7).
- Espíritus (1 Rey. 22: 21).

Cuando Pablo dice que la Ley fue ordenada por ángeles en las manos de un Mediador, parece que está hablando de lo siguiente:

- La Ley de Dios ha existido desde siempre, encontramos a José preocupado porque no quiere "pecar" contra Dios durmiendo con la esposa de Potifar (Gen. 39: 9). Lo mismo podemos decir de Abrahám, quien guardó los mandamientos, los estatutos y preceptos del Señor (Gen. 26: 5); por esta razón podemos decir que desde siempre ha existido una Ley por la cual los hombres han sido

---

[49] Idea tomada del Dr. Dean Davis, quien me dio la clase de Daniel en el programa de Maestría, Verano del 2001.

juzgados como pecadores, como fue el caso de Adán (Gen. 3).

- La Ley escrita fue introducida en el Sinaí con la clara y firme intención de que sirviera de monumento perpetuo.
- Lo que creo que ocurrió es que el concilio divino o Gran Jurado, se sentó a deliberar, y pidió (ordenada) a Dios que pusiera por escrito de manera suscinta y breve esas reglas llamadas los 10 Mandamientos, para que sirvieran de punto de referencia a la nueva nación que acababa de formarse.
- Siempre que surge una nueva nación o independencia de un país, la primera cosa que se hace para mantener a todos unidos y tener un punto de referencia en común, es escribir una CONSTITUCION. Pues exactamente eso lo que parece haber ocurrido en el Sinaí con la Ley de Dios. La misma fue escrita a petición del concilio divino, y entregada a Moisés a través de un Mediador, que era Cristo antes de la encarnación.

> Lo que ocurrió en el Sinaí sencillamente fue una promulgación oficial a petición del Gran Jurado...

Por lo tanto, cuando Pablo dice que "antes de la Ley HABIA pecado en el mundo", no exime en lo absoluto la razón por la cual la Ley fue introducida: "a causa de las transgresiones", pero también como una constitución para la nueva nación, y para hacer resaltar lo vil del pecado.

5.13 Pero donde no hay ley, no se inculpa de pecado

La frase es concluyente e indica la relación entre el pecado y la Ley. El pecado no contamina la Ley ni ésta elimina el pecado; sin embargo, co-existen. Aunque espero que nadie vaya a mal interpretar lo que estoy diciendo, pues en nada me estoy refiriendo a que la Ley de Dios por ser eterna ha sido co-existente con el pecado, no, pues el pecado no es eterno. Lo que acabo de decir debe ser visto en el contexto después de la aparición del pecado en el universo y hasta que no se consume la eliminación del pecado del universo, la Ley y el pecado co-existirán.

Sencillamente, es la Ley la que **señala** y **define**[50] el pecado. Por lo tanto, si Adán y Eva son encontrados culpables de haber pecado incluyendo a toda la raza humana, entonces significa que esa Ley existía de manera natural, escrita en el corazón, y que lo que ocurrió en el Sinaí sencillamente fue una promulgación oficial a petición del Gran Jurado para que no hubiese forma de debatir y argumentar qué era pecado y qué no era pecado de manera subjetiva. Otros comentaristas piensan que la introducción de la Ley fue con un propósito subordinado o secundario: "revelar lo cruel del pecado".[51]

Por lo tanto, si no existe Ley, no hay pecado. Pero, como siempre ha habido una Ley en esta tierra que nos gobierna y que Dios estableció por su palabra en Edén (Gen. 2), y luego escribió de manera detallada en el Sinaí, entonces si la raza humana ha quebrantado esta Ley y ha sido hallada culpable, es razonable que seamos contados y juzgados como pecadores, porque hemos sido nosotros los que hemos violado el Pacto, la Ley divina. Y es también como menciona Nygren, "A través del hecho mismo de que la Ley enactó el pecado a mobilizar todos sus poderes, lo hizo en una forma que contribuye a su ruina total [del pecado] y le dio a la gracia las mayores posibilidades de triunfar".[52]

5.14 No obstante, reinó la muerte desde Adán hasta Moisés

Para ejemplificar su caso de manera más convicente, Pablo

---

[50] Conner, K. J. (1999). *The Epistle To the Romans: A Commentary*. (City Bible Publishing: Oregon); p. 186. Aunque no estoy totalmente de acuerdo con su posición de que la Ley de la Consciencia es diferente a la Ley de los Diez Mandamientos. En su opinión, Dios juzgó a las personas antes del Sinaí sobre la base de la Ley de la Consciencia, pero yo pienso que como dice Romanos 2, esta Ley que Conner llama la Ley de las Consciencia es la misma Ley de los Diez Mandamientos que fue escrita en el corazón de todos los seres humanos.

[51] Jamieson, R.; Fausset, A.R.; Brown, D, p. 233.

[52] Nygren, A. (1949). *Commentary On Romans*. (Muhlenberg Press: Philadelphia); p. 227.

alude al hecho de que el fenómeno de la muerte ha existido desde Adán, por lo tanto, la Ley ha existido desde el Edén a lo menos.

De hecho, aquí Pablo introduce un verbo que va a expandir en el capítulo seis, y es el verbo "reinar" (EBAZILEUZEN). El mismo tiene que ver con el acto de ejercer autoridad y prerogativas de rey soberano y absoluto. Así que, cuando Pablo dice que la muerte reinó desde Adán hasta Moisés, está queriendo decir que la Ley NO tiene su origen en el Sinaí, sino mucho antes.

El pecado de Adán creó y nos legó la corruptibilidad para toda la raza humana

Si no hay Ley, no hay pecado; y si no hay pecado, no existe muerte. Es tan simple como eso. Por lo tanto, la lógica argumentativa del apóstol es que no podemos limitar la Ley al evento del Sinaí, ni tampoco enmarcarla únicamente para el pueblo judío, porque no solamente los judíos han muerto, sino que toda la raza humana muere. Y de hecho, no habían judíos en tiempos de Adán. Por lo tanto, los reclamos de aquellos que la Ley de Dios fue dada únicamente para la nación Judía, son sin fundamento alguno, dado el caso que en todos los seres humanos mueren, porque la muerte está ejerciendo su régimen autoritativo sin importar si somos judíos o no.

5.14 Aún en los que no pecaron a la manera de la transgresión de Adán

El examen para Adán fue simple, si se quiere ver así, pues solamente se le prohibió no comer del árbol de la ciencia del bien y del mal. Pero la frase tiene una claúsula interesante: "a la manera" (HOMOIOMATI), que también puede ser traducido como 'semejante. También existe otro problema, pues como bien señala O'Neill, la partícula negativa "no" fue agregada por el amanuense y no es parte del manuscrito original.[53] entonces, ¿qué puede significar esta frase en este contexto en particular? Bueno, puede significar varias cosas:

[53] O'Neil, J.C. (1975). *Paul's Letter to the Romans*. (Penguin Books: England); p. 103.

- ✓ Que solamente Adán fue el único ser no nacido, sino creado, por lo tanto, su pecado es el de un ser creado, no nacido.
- ✓ Que la prueba para Adán fue una sóla: no comer del árbol prohibido (no desobedecer).
- ✓ Que el pecado de Adán no fue hecho en ignorancia, él sabía que estaba pecando; lo cual no ocurre con muchos de nosotros que podemos estar violando la Ley de Dios y nisiquiera saberlo. En otras palabras, Adán no estaba ignorante del pecado cuando transgredió la palabra de Dios.
- ✓ El pecado de Adán creó y nos legó la corruptibilidad para toda la raza humana. A diferencia nuestra, que nuestro pecado no necesariamente afecta a todo el mundo, pero el pecado de Adán sí afectó a todo el mundo, porque en él estábamos todos nosotros en potencia.
- ✓ Adán no tenía pecado ni tampoco una naturaleza pecaminosa cuando pecó; nosotros sí hemos heredado una naturaleza pecadora como resultado del pecado de Adán.

Cualquier punto que usted elija puede que esté bien, pero lo más importante es que ninguno de nosotros ha tenido la facultad de ver a Dios cara a cara en un estado de perfección, solamente Adán tuvo el privilegio de experimentar esa dicha, y en ese sentido, él en cierta manera es completamente diferente a nosotros.

5.14 El cual es figura del que había de venir

Al insertar esta frase en su línea de argumentación, Pablo nos permite entender lo que dijo anteriormente en el mismo verso sobre la manera de la transgresión de Adán. Adán fue un ser que salió directamente de las manos de Dios. Jesús fue "engendrado del Espíritu Santo" (Mat. 1:18). Adán entonces, se convierte en la "figura" (TUPOS); y esta palabra, entre otras cosas, tiene la idea de que se ha hecho una maqueta pequeña de acuerdo con el modelo original. Si es así, entonces Adán encaja perfectamente con la descripción paulina, pues el mismo fue hecho a imagen y semejanza de su Creador como figura (maqueta/modelo) del que había de venir, es decir, Cristo. Lloyd-Jones piensa que ambos, Cristo y Adán fueron:

- ✓ Elegidos por Dios para ser representantes de la raza humana;
- ✓ Ambos fueron apartados y sellados por Dios para su obra;
- ✓ Ambos pasan a ser la cabeza de la raza humana.[54] Adán quien perdió dicho derecho y Cristo quien lo ganó de vuelta.

5.15 Pero el don no fue como la transgresión

El apóstol inserta un nuevo elemento para ponernos a pensar, pues establece que ambos: el "don" (CHARISMA) y la "transgresión" (PARAPTOMA) son diferentes en su alcance y en su naturaleza, y el apóstol explica porqué a continuación.

Muy interesante es la iluminación que Lloyd-Jones nos provee, pues él dice que la diferencia mayor entre Adán y Cristo, aunque no está explícitamente delineada, obviamente está implícita. La misma es que la relación nuestra con Adán es de carácter físico. Nosotros heredamos una naturaleza pecaminosa porque recibimos eso de la semilla corruptible de Adán. Mientras que con Cristo, nuestra relación debe ser de carácter espiritual y mística, y no necesariamente física. De modo que todo aquél que anda buscando de Cristo, debe hacerlo en y con el Espíritu.[55]

5.15 Porque si por la transgresión de aquél uno murieron los muchos

Pablo alude aquí al hecho de que el pecado de Adán trajo como consecuencia la muerte de muchos, para no decir todos nosotros. Ahora bien, sería bueno echar un vistazo más de cerca al numeral "uno" (HEIS), el mismo parece indicar una de dos cosas o quizás ambas: a) "uno" se refiere a Adán, pues así fue traducido; b) "uno" se refiere al pecado de Adán; c) "uno" se refiere a las dos cosas: Adán y su pecado, porque dejarían de ser "uno" para convertirse en dos, el pecado y Adán.

---

[54] Lloyd-Jones, D.M. (1972). *Romans: An Exposition of Chapter 5, Assurance*. (Zondervan Publishing House: Grand Rapids); p. 223.
[55] Ibid., p. 227.

En cambio, si "uno" se refiere al pecado, entonces la frase debe re-formularse para que tenga el sentido correcto. Este numeral está antecedido por un artículo definido masculino (HO) y seguido por un sustantivo neutro singular (PARAPTOMA) que es traducido como "transgresión" y en Español le cambia el género de neutro a femenino, por eso decimos "la transgresión".

Cuando encontramos este tipo de construcciones gramaticales tan específicas, hay varias opciones de cómo puede traducirse la frase, porque el artículo definido (HO) traducido como "la", puede referirse a algo que se mencionó anteriormente, en este caso, el "uno" podría referirse a Adán que fue mencionado en el verso anterior.

Sin embargo, ya que el artículo está en su forma genitiva que indica explícitamente posesión y está precedido por un sustantivo neutro singular, entonces debería leerse como 'una transgresión'. La traducción diría así: "Porque si por una transgresión murieron los muchos…". Esto entonces cambiaría el sentido de lo que está diciendo, porque entonces el foco sería sobre la transgresión misma y no sobre la persona de Adán.

Aunque sé que posiblemente esta posición puede que no sea popular, me identifico con ella, y me parece sumamente atractiva, porque esto significa que cada decisión que tomamos puede tener consecuencias eternas. Adán, de seguro, nunca se imaginó que UN SOLO PECADO traería tanta desgracia, y que UN sólo pecado afectaría a toda la humanidad. Kirk también piensa que se refiere a un pecado, y que el mismo está contrastado con "muchas transgresiones".[56] Hay otros comentaristas que se alínean con Kirk y conmigo en esta idea de que el texto se refiere a un pecado.[57]

5.15 Abundaron mucho más para los muchos la gracia y el don de Dios por la gracia de un hombre, Jesucristo

El verbo principal aquí es "abundaron" (PERIZEUO) que tiene la idea específica de exceder el número establecido o fijado

---

[56] Kirk, K.E. (1937). *The Epistle to the Romans in the Revised Version.* (Clarendon Press: Oxford); p. 197.
[57] Jamieson, R.; Fausset, A.R.; Brown, D, p. 232.

en una medida determinada. En otras palabras, si tenemos un envase con capacidad para diez (10) galones, este verbo era usado para referirse al acto de llenar dicho envase y hacerlo de tal manera que fluya y corra por doquier después de haberse llenado.

Es decir, la "gracia" (XARIS) y el "don" (DOREA)[58] de Dios han llegado al hombre de manera super-abundante, sobre-rebosante a través de un "hombre" (ANTHROPOS), Jesucristo. Es interesante notar que Pablo aquí no se refiere a Cristo como el Dios-hombre, sino como hombre, dando a entender una verdad implícita en la declaración: Dios manifiesta muchas de sus bendiciones a través de sus hombres y mujeres escogidos.

Esto significa que no tenemos necesariamente que esperar un milagro del cielo, porque en muchos casos, por no decir la mayoría, Dios hace fluir sus bendiciones a través de su pueblo que él tiene escogido en la tierra. Es a través de hombres que Dios se ha propuesto ganar a otros hombres; Dios en realidad se contextualiza de acuerdo con el pensamiento de los individuos. Dios ha establecido que sean seres humanos como nosotros que sirvamos de agentes proclamadores de su evangelio. Y de hecho, a los ángeles les gustaría tener parte en esta bendita obra en que los hombres están involucrados (1 Ped. 1:12), pero la función de ellos es otra; su función es ministrarnos a nosotros para que seamos buenos ministros de la gracia de Dios a otros seres humanos.

5.16 Y con el don no sucede como en el caso de aquél uno que pecó

Ahora el apóstol procede a explicar el contraste entre el "don" (DOREA) y el pecador. Para lograr eso, Pablo usa una construcción gramatical similar a la que vimos hace poco, pero con cierta diferencia.

En el caso anterior "uno" estaba precedido por un artículo definido (HO). En este caso, "uno" está precedido por una preposición genitiva, es decir que tiene un agente causante, en este

[58] Vaughan, C.; Corley, B. (1976). *A Study Guide Commentary: Romans*. (Zondervan Publishing House: Grand Rapids); p. 68. Este autor habla de que el pecado de Adán trajo una expansión de un pecado a muchos; mientras que en Cristo trajo una contracción, de muchos pecados a una gracia. No sé si estoy completamente de acuerdo, pero suena interesante la manera de verlo.

caso, Adán quien pecó. Y además, la palabra que sigue al numeral es un verbo en pasado en el modo indicativo, lo cual establece claramente que una acción fue llevada a cabo por alguien. Lo que estoy diciendo es que aquí "uno" no puede referirse al pecado mismo, sino a QUIEN cometió el pecado, por lo explicado anteriormente.

> La explosión de gracia que hubo en el Calvario, es capaz de cubrir y perdonar no únicamente un pecado, sino TODOS los pecados del mundo entero por todas las generaciones

Si este es el caso, entonces, Pablo está igualando el sustantivo DON con JESUS; mientras que a su vez, iguala PECADO con UNO (Adán). Dado que esto es lo que parece estar ocurriendo aquí, nos encontramos con un paralelismo de carácter sintáctico, donde podemos ver claramente la comparación metafórica.

Es decir, traducido a nuestro lenguaje diría así: 'Y con Jesús no sucede como en el caso de Adán que pecó'. Al decir que "uno" (Adán) pecó, está queriendo intimar que por contraste Cristo NO pecó. Y esto nos lleva a pensar claramente que Cristo vence donde Adán falló.

5.16 Porque ciertamente el juicio vino a causa de un solo pecado para condenación

El análisis del numeral "uno" que mencionaba anteriormente es claramente delineado por Pablo en esta frase, pues él aquí explícitamente habla de "un pecado" (HO EIS PARAPTOMA), y usa la misma construcción gramatical que analizamos anteriormente. Ahora bien, esta frase indica varias cosas:

- Un solo pecado trajo el juicio.
- Un solo pecado trajo la condenación.
- Entonces, la condenación por el pecado es producto directo del juicio y no de otra cosa.

Si es así que el juicio (KRIMA) vino a causa de un pecado, y como consecuencia trajo la condenación (KATAKRIMA); entonces, la condenación es el resultado directo del juicio y esto significa que todos estamos siendo juzgados. El juicio entonces es para todos aquellos que han pecado o nacido en la condición de pecado.

5.16 Pero el don vino a causa de muchas transgresiones para justificación

Con esta frase, Pablo establece el corolario de su argumento y nos deja saber la gran diferencia que existe entre Adán y Cristo. La expresión paulina indica que así como vino el juicio, también vino el don. Carson indica que Pablo constantemente hace una demarcación entre "pecado" y "transgresión". Según este autor, un hombre puede pecar en ignorancia, pero cuando él transgrede la Ley de Dios consciente del conocimiento de la Ley, es cuando él ha reconocido un estándard de lo que es bueno y/o malo.[59]

Pero tenemos varios asuntitos que resolver con el texto. En primer lugar, el verbo "vino", no existe en el original en ningún lugar en este versículo, y fue añadido por el traductor para darle un sentido supuestamente más claro. Sin embargo, la realidad del asunto es que al usar el verbo "vino", pareciera dar la impresión que los mismos son consecuencias naturales de y que no existe un juicio como tal, donde existe un Juez, testigos y se lleva a cabo todo un proceso.

Entonces tendríamos que modificar la traducción para que esté más acorde con el idioma original: "*Porque ciertamente el juicio es a causa de un sólo pecado para condenación; pero el don a causa de muchas transgresiones para justificación*".

Si es así, el sentido cambia completamente, pues entonces el contraste sería más bien sintáctico, porque UN SOLO PECADO de Adán trajo la condenación a toda la raza humana. Y por contraste, el don a causa de LAS MUCHAS TRANSGRESIONES de los hombres trajo la justificación; que en resumen de cuentas, Cristo llevó mucho más responsabilidad de la que imaginamos, porque si él hubiese muerto únicamente por Adán y su pecado tan único y

[59] Carson, D.A. (1992). *Right With God.* (The Paternoster Press: UK); p. 58.

singular, aunque todavía era pecado, alguien podría argumentar que posiblemente no era necesario hacer tanto derroche de gracia. No estoy seguro si estoy de acuerdo con Morris en su aserción de que "Dios no siempre ha castigado al pecado con toda severidad en el pasado".[60]

En cambio, cuando Cristo padeció por nosotros, lo hizo después que las transgresiones o pecados se acumularon de manera quizás incontable, y eso lo convierte en algo único, especial y singular, porque indica que la explosión de gracia que hubo en el Calvario, es capaz de cubrir y perdonar no únicamente un pecado, sino TODOS los pecados del mundo entero por todas las generaciones, y es a esto que Pablo se refiere cuando dice que la gracia y el don ABUNDARON, queriendo intimar claramente que éstos sobrepasaron la medida fijada.

Nos queda analizar entonces la razón por la cual el don nos fue dado. El texto dice simplemente "para justificación" (EIS DIKAIOMA), estableciendo un contraste marcado entre el don y el pecado y condenación vs justificación. En otras palabras, el pecado por consecuencia establece que en el juicio la sentencia sea CONDENACION. A diferencia del pecado, el don establece que la sentencia en el juicio sea JUSTIFICACION/SALVACION/PERDON. En palabras de Zeisler, "La reconciliación, redención y justificación todos nos conducen a la cruz".[61]

5.17 Pues si por la transgresión de uno solo reinó la muerte

El numeral "uno" aparece más de una vez en este versículo. Literalmente el "solo" se refiere al numeral "uno". Ahora bien, debería decir: 'Pues si por una transgresión de uno reinó la muerte', lo cual está en acuerdo con todo lo que hemos analizado hasta aquí del numeral "uno". Además, es como dice Schreiner, la dimensión subjetiva del pecado no está descrita en este verso, sino más bien que "lo que recibe atención es la realidad objetiva del pecado..." Por lo tanto, la Ley en lugar de incrementar el número

[60] Morris, L. (1965). *The Apostolic Preaching of the Cross*. (Eerdmans: Grand Rapids); p. 278.
[61] Ziesler, J.A. (1990). *Pauline Christianity*. (Oxford University Press: Oxford); p. 91.

de pecados, lo que hace es que incrementa "la seriedad" o "gravedad" del pecado mismo.[62]

Por otro lado, Pablo parece guardar silencio cuando viene a la pregunta de nuestra responsabilidad individual con el pecado de Adán.[63] No obstante, hay algo más que debemos analizar en la frase, y es el verbo "reinó" (EBAZILEUZEN). El mismo fue introducido en los capítulos primeros del libro, aquí es introducido específicamente relacionado con la autoridad y dominio de la muerte. Es decir, la muerte comenzó a gobernar en el mundo como resultado de la intromisión del pecado en este planeta. Este verbo reinar, aparece por primera vez en la Biblia en Génesis 36, y casi siempre está ligado a otro verbo muy importante también: "murió".

En otras palabras, casi siempre que en el Antiguo Testamento se habla del verbo reinar, se hace en el contexto del rey que MUERE y en su lugar REINA otro. Es interesante notar esta co-rrelación entre el uso de estos dos verbos. Bueno, Pablo habla aquí del reinado de la muerte, y nos señala que el mismo vino como consecuencia de la muerte espiritual de Adán al desobedecer la palabra de Dios.

Si este es el caso, entonces podemos ver que aún metafóricamente, el principio se cumple: la muerte reina en el mundo de los muertos. El que está en Cristo no está muerto porque "*El que tiene al Hijo tiene la vida, el que no tiene al Hijo de Dios no tiene vida*". Por lo tanto, la muerte *per se* NO reina sobre el cristiano, sino que es la Vida misma quien reina en nosotros, es decir, Jesucristo.

Y al final de cuentas es como aclara Stott cuando dice: "Sea que seamos condenados o justificados; sea que estemos espiritualmente vivos o muertos, depende [en gran medida] de la naturaleza a la cual pertenezcamos, a la vieja humanidad iniciada por Adán, o a la nueva humanidad iniciada por Cristo".[64]

---

[62] Schreiner, T.R. (1998). *Romans*. (Baker Books: Grand Rapids); p. 295.

[63] Hagner, D.A. (1980). *Pauline Studies: Adam and Christ According to Paul*. Ensayo presentado por Swee-Hwa Quek. (The Paternoster Press: Grand Rapids); p. 73.

[64] Stott, J.R.W. (1966). *Men Made New*. (Inter-Varsity Fellowship: London); p. 28.

5.17 Mucho más reinarán en vida por uno solo, Jesucristo

La expresión es enfática, pues la misma establece el reinado y la victoria final de aquellos que aceptan a Jesucristo como su Salvador. En esta sentencia el apóstol indica de manera suscinta el destino final de los creyentes con dos expresiones que parecen contraproducentes "mucho más" (POLLUS MALLON).

La primera de estas dos palabras (POLLUS) se refiere a la calidad, mientras que la segunda (MALLON) se refiere a la cantidad de esa calidad mencionada, y la misma hace la función de un adverbio comparativo, que puesto de manera simple significa que, por el hecho de que Jesucristo venció, el creyente puede tener la seguridad de que ha de reinar con Cristo de manera objetiva real. La aparente duplicación de "mucho" y "más", es sencillamente para indicar la objetividad y tangibilidad de lo ofrecido. Se podría decir en otras palabras: "Cuánto más".

El verbo "reinarán" (BAZILEUO), tiene que ver con el acto de ejercer autoridad y poder. Sin embargo, el evento de reinar es circunscrito por una preposición "en" (EN), indicando el lugar y la posición. Por lo tanto, lo que vemos aquí es que Pablo asegura al creyente en Cristo que el acto de vivir es en sí mismo un acto de reinar con Cristo, porque el verbo "reinar" está aplicado a la muerte, por lo tanto, es lógico pensar que en su contraparte está siendo aplicado a la vida eterna que Dios nos dá.

Esto de por sí no descarta la posibilidad de que literalmente compartamos atributos del reinado de Dios. Pero, me parece a mí que el sentido primario en este versículo es que Pablo iguala el verbo reinar con el acto de vivir en Cristo. Si este es el caso, entonces lo que nos está diciendo es que llegará el día que verdaderamente hemos de vivir como Dios diseñó el plan; y el acto de vivir eternamente, es la prueba más gloriosa de que se ha vencido a la muerte, y que la VIDA reina para siempre, que el imperio de la muerte ha sido destruido para siempre, y nosotros podremos atestiguar sobre eso. De hecho, esta es la idea de Apocalipsis 2:10: "Y yo te daré la corona [que es] de la vida".

5.17 Los que reciben la abundancia de la gracia y del don de la justicia

De nuevo, el acto de reinar es limitado ahora no solamente

para los creyentes, sino para los que aparte de creer, "reciben" (LAMBANO). Este verbo es usado para indicar el acto de apropiarse de algo legítimamente o que corresponde por derecho. La realidad del asunto es que si nosotros recibimos lo que el cielo nos ofrece, los resultados no se hacen esperar.

El texto menciona que recibimos la "abundancia" (PERIZZEIA) de la gracia. Y como mencionamos anteriormente, esta abundancia es de manera extra y por encima de toda medida. De hecho, esta palabra está compuesta de dos palabras más: PERI (alrededor) y ZZEIA (lugar). De la misma viene la palabra "periferia", que quiere decir lo que está por afuera. Sin embargo, esta abundancia de gracia es de tal magnitud que excede los límites del lugar y se desborda para alcanzar a toda la humanidad de todos los tiempos y de todas las edades en el pecado más grotesco y más vil que se haya cometido, y de esto es que Pablo está hablando.

Pero esa abundancia no se limita a la gracia, el apóstol la une a otra cosa tan importante como la gracia misma, y esto es el "don de la justicia" (DOREA HO DIKAIOZUNE). Si la gracia es un don inmerecido que se otorga al pecador, ¿por qué el apóstol pareciera repetir la idea al mencionar "don de la justicia? Parece no tener sentido, porque en realidad estaría utilizando un pleonasmo conceptual con palabras distintas.

Sin embargo, soy de la opinión, que la expresión "don de la justicia", es usado aquí de manera metafórica para referirse a Cristo. En otras palabras, Jesucristo es el verdadero DON de la justicia (Dios). Si este es el caso, entonces la frase tiene mucho más sentido porque está diciendo que Dios en su infinito amor por el pecador no solo hizo un acto de amor inmerecido por nosotros, pero el acto de amor mismo fue haber dado el mayor y el mejor don que el cielo poseía que era Cristo, con la finalidad de traer salvación a una raza perdida y sumida en su transgresión.

> Jesús murió como hombre, pues la divinidad no puede morir

5.18 Así que, como por la transgresión de uno vino la condenación a todos los hombres

El "Así que" (ARA OUN) es equivalente a 'Ya que...', pues la partícula ARA conlleva esa idea de secuencia en la argumentación presentada. Ahora bien, hay algunos problemitas con este texto, los traductores quisieron añadirle algunas palabras para que tuviera el sentido que el apóstol originalmente estaba hablando, dada la secuencia lógica de su argumentación.

Aquí de nuevo, vamos a apelar al análisis que hicimos anteriormente sobre el numeral UNO. Todas las traducciones lo traducen como si se refiriera a Adán, pero la realidad es que puede también referirse al pecado mismo. Es decir, re-construyendo el texto podríamos encontrar lo siguiente: "Ya que por UN pecado vino la condenación a todos los hombres".

Pero aún tenemos otros problemas, el verbo "vino" no está en el original, y obviamente tuvo que ser suplido por el traductor para indicar la idea que tenemos en nuestro idioma. Así que literalmente el texto diría más o menos así: "*Ya que como a través de un pecado sobre todo hombre en condenación*". Así es como leería el texto literalmente del griego, entonces nos corresponde a nosotros reconstruirlo de tal forma que nos haga sentido en nuestro idioma. Por esa razón estoy sugiriendo que el texto lea de la siguiente manera: "*Ya que como a través de un pecado [vino] sobre todo hombre [la] condenación*".

Y de hecho, "condenación" (KATAKRIMA) se refiere a la sentencia que el juez dicta después de haber concluido todos los pormenores del juicio, y el juez o Gran Jurado llegan a una decisión final, y la misma fue negativa, entonces se dice que fueron 'condenados'. Si es así, entonces significa que el pecado de Adán, nos condenó a todos a vivir bajo el imperio de la muerte hasta que llegó Jesucristo y nos liberó de ese amo.

No obstante, la implicación de esto es que en realidad Jesús murió como hombre, pues la divinidad no puede morir; y si Jesús murió como hombre, entonces Dunn tiene razón cuando sugiere que Cristo el postrer Adán aceptó la muerte eterna del primer Adán.[65] Cristo re-vivió (en el sentido de volver a vivir) y reversó la

[65] Dunn, J. (1981). *Christology In the Making.* (Westminster Press:

experiencia de Adán y consecuentemente nos trajo las riquezas de la justicia y de su vida.

Por otro lado, no estoy de acuerdo con Pate cuando señala que la restauración de la gloria de Adán es hecha únicamente a través de una "obediencia sufrida", lo cual, en su opinión, "cristianiza el motivo".[66] La razón por la que no estoy de acuerdo es simple, la restauración de Adán halla su motivo únicamente en el amor que Dios ha derramado y demostrado a todo el universo, cualquier aserción fuera de este axioma atenta nulificar los efectos y la realidad objetiva del poder del amor y los verdaderos motivos que Dios ha tenido en su corazón para salvar a la raza humana.

5.18 De la misma manera por la justicia de uno vino a todos los hombres la justificación de vida

En esta parte del versículo ocurre algo similar a la primera, pues hay que reconstruir el texto, porque el original tiene otro sentido que no lo tiene la traducción nuestra. Por ejemplo, el numeral "uno" (ENOS) tiene que ver no tanto con el individuo, sino con la justicia misma.

Es decir, el texto debe leer así: 'De la misma manera, por una justicia…'. Y obviamente está contrastando UN PECADO con UNA JUSTICIA. Ahora bien, el término "justicia" (DIKAIOMA) como es usado aquí, es diferente, pues DIKAIOMA se refiere a la conducta impecable del soldado griego durante el día, y al final del mismo su capitán lo declaraba "justo", porque había cumplido con una conducta externa impecable.

Aplicando ese concepto aquí lo que Pablo está tratando de señalarnos es que la vida impecable de Cristo, incluyendo su sacrificio expiatorio y su resurrección, fue lo que nos trajo a nosotros la salvación. Si el apóstol estuviera refiriéndose a DIKAIOMA como a Jesucristo mismo, entonces la frase no tendría sentido en absoluto, porque si bien es cierto que la vida de Cristo fue una vida DIKAIOMA, es decir impecable, no es menos cierto que él mismo está por encima de esa impecabilidad, porque él es la

---

Philadelphia); p. 111.

[66] Pate, C.M. (1993). *The Glory of Adan and the Afliction of the Righteous: Pauline Suffering in Context.* (Mellen Biblical Press: Lewiston); p. 149.

Justicia personificada, es decir, el Salvador o la salvación del hombre, y en este caso sería DIKAIOZUNE y no DIKAIOMA.

De nuevo, el verbo "vino" no aparece en el original, y tuvo que ser suplido para aclararnos la idea en nuestro idioma. Pero en ambos casos, porque este versículo es completamente contrastante, un resultado específico es legado a todos los hombres. En el caso de "Un pecado", el resultado fue la CONDENACION. En el caso de "Una justicia", el resultado ha sido SALVACION.

Ahora bien, el término "justicia" (DIKAIOSIS) en el sentido en que está aquí es muy particular, porque no se refiere al acto de salvar propiamente dicho, ni tampoco al acto de perdonar, sino que se refiere al acto de hacer una DECLARACION en favor de alguien, en este caso el penitente arrepentido.

Muchos han visto en este texto una declaración forénsica de parte de Dios para indicar cómo es que Dios justifica al pecador. El debate siempre ha sido si Dios solamente DECLARA o HACE justo al pecador. Bueno, la expresión está aquí ligada a la frase "de vida". En otras palabras, el texto lee: "justificación de vida".

El hecho de que justificación está ligado a otra expresión indisoluble y limitante, si se quiere, no permite ir más allá de lo que el texto está diciendo. Dicho de otra forma, no podemos interpretar el término justificación de manera forénsica o factual, sin primero analizar porqué está ligado a esa expresión "de vida".

Pero tenemos un problema, no hay ninguna expresión similar con la cual podamos compararla, por lo tanto, tiene que ser vista exclusivamente en el contexto en el cual está. Si es así, entonces tenemos que concluir que no puede ser una declaración estrictamente de tipo forense, porque entonces tendríamos que concluir que la vida que se trae, el acto de reinar, el perdón o salvación también son de carácter forenses.

Es decir, como la frase está siendo usada por contraste con la primera parte del versículo que ya analizamos en los párrafos anteriores, y en el mismo se dice que la "condenación vino a todos los hombres". Entonces si decimos que la justificación es de carácter forense, tenemos que decir también que la CONDENACION es de carácter forense por igual, y eso en realidad no tendría ningún sentido.Y es por eso que yo creo que el apóstol cambió la forma de la palabra de DIKAIOZUNE a

DIKAIOZIS (en su forma acusativa) y la unió a la frase "de vida" (ZOE), tratando de evitar que los lectores u oyentes de su carta tomaran la idea de que el acto de declaración de Dios es un acto forense. La condenación no es de carácter forense, sino literal, tangible y real; y lo mismo tiene que ser para la justificación, no hay manera de llegar a otra conclusión siendo fieles y responsables con el texto.

5.19 Porque así como por la desobediencia de un hombre los muchos fueron constituidos pecadores

De nuevo el concepto es el mismo, pero cada vez el apóstol introduce un nuevo elemento, en este caso, que todos los hombres fueron constituídos pecadores por el pecado de Adán. La palabra "desobediencia" (PARAKOE) es una palabra con un significado interesante, porque aparte de que significa desobediencia, la misma era usada para ejemplificar el caso de aquél hombre que rehusaba escuchar los consejos antes de tomar una decisión importante.

Por otro lado, el texto nos señala que los muchos fueron "constituídos (KATHISTEMI) "pecadores" (HAMARTOLOS). Obviamente el énfasis es que llegamos a ser pecadores por el legado de Adán. No obstante, el verbo principal de la oración está en pasado y en voz pasiva, lo cual indica que algo ocurrió que yo no tuve nada que ver con eso, pero el resultado de esa decisión me hizo, me constituyó en pecador al separarme de Dios.

Eso fue lo que que pasó con Adán, el evento del Edén no solamente lo constituyó a él en pecador, sino que consecuentemente a todos nosotros, es por eso que todos nosotros somos los "muchos" (POLUS). Pero el acto de constituir a alguien era usado cuando se elegía a una persona para que ocupara algún cargo público o puesto de reconocimiento. Es muy interesante que una vez Adán peca, este mundo se convierte en el punto de atención del universo y obviamente el cielo no pasa por alto la ofensa, sino que buscó la manera de resolver el problema para poder salvar a todos aquellos que hemos sido designados o constituídos en pecadores.

5.19 Así también por la obediencia de uno, los muchos serán constituídos justos

El apóstol realmente está haciendo ahora un paralelo entre

Adán y Cristo; el pecado de Adán y la vida impecable de Cristo; entre la desobediencia de Adán y la obediencia de Cristo. Pero también está haciendo un paralelo entre los resultados de cada uno de ellos y las decisiones que cada uno tomó.

Aquí tenemos un problema con el numeral, y es que el contraste es hecho entre la desobediencia de Adán y UNA obediencia, cuando debería ser entre la 'desobediencia de Adán vs la obediencia de Cristo'. Vemos claramente que aquí se rompe el patrón de paralelos que el apóstol ha venido haciendo. Pero no tenemos que atribularnos, porque aunque no esté explícitamente dicho, el contraste o paralelismo entre uno y otro es claro.

El verbo principal es de nuevo "constituídos" (KATAZTATHEZONTAI), pero esta vez el mismo está en voz pasiva y en futuro, lo cual parece indicar varias cosas: a) la acción de la cruz no constituyó a nadie en justo, la acción misma de constituirnos en justos está en el futuro por aquél que murió en la cruz; b) el hecho de que está en voz pasiva apunta a la idea de que no es una acción humana, sino divina; c) el acto de constituirnos en justos es un acto completamente divino que no se limitó al evento de la cruz, sino que adquiere su significado en la cruz.

Algo interesante de este verbo es que cuando está en su forma acusativa y de manera doble, como en 2 Ped. 1: 8 "... no os dejarán...", significa que alguien nos ayudó o nos colocó en cierta posición que antes no teníamos. Pero cuando el verbo esta en su forma indicativa pasiva como aparece en este texto, significa que el individuo 'llega a ser'.

Y de hecho, esto es consistente con lo analizado anteriormente, porque la declaración de justicia de Dios no puede ser de carácter forense, porque si así lo fuera, entonces la condenación, el juicio, la muerte, todo eso sería también de carácter forense, lo cual no es real.

Por lo tanto, el paralelismo aquí es de carácter sintáctico; más que de carácter estructural, el paralelismo es de carácter conceptual y no necesariamente gramatical. Pablo está comparando cómo la desobediencia de Adán constituyó o colocó a los seres humanos en la posición de pecadores, con la obediencia de Cristo que constituirá o mejor dicho 'que hará' a muchos justos. Lo cual indica un acción futura. ¿Será que el apóstol estaba señalando al ministerio intercesor de Cristo? Obviamente que sí, porque ya analizamos que en la muerte de Cristo no terminó el plan salvífico. Es su resurrección y su VIDA la que nos permite a nosotros vivir, y creo que esto va mucho más allá de nuestra limitada comprensión humana.

5.20 Pero la ley se introdujo para que el pecado abundase

Este "pero" (DE) es una partícula adversativa o de continuidad. Y me parece que aquí está haciendo el papel de ambas, porque el continúa con la argumentación para introducir un nuevo elemento en la temática que es la Ley. Pero al mismo tiempo va a contrastar lo que acaba de decir con la introducción de la Ley. Recuerde que él acaba de decir que "muchos serán constituídos justos", hablando de una acción futura. El apóstol no remitió al oyente o lector al pasado de la cruz, sino que orienta su mente a la vida presente y futura del creyente EN Cristo.

Ahora bien, el verbo "introdujo" (PAREISERCHOMAI) tiene el sentido primario de introducir algo de manera secreta, privada, a escondidas. Obviamente que no puede tener ese significado porque el relato del Exodo nos indica que hubo truenos, sonidos fuertes y TODO el pueblo estaba temeroso de la presencia de Dios, y pidieron a Moisés que él hablara con Dios y no que Dios hablara directamente con ellos porque estaban temerosos (Exo. 20: 18-19).

Este verbo también tiene el sentido de introducir algo para que 'esté al lado de…' Podría ser que este sea el sentido del uso aquí. Pero también el verbo puede significar sencillamente "introducir" algo, y no necesariamente a escondidas. Entonces me parece que es la combinación de las dos últimas. ¿Por qué?

> Ese derrame de gracia no solamente nos llena por completo, sino que excede nuestra habilidad de comprenderlo, captarlo y/o contenerlo

Analizamos antes que la Ley de Dios y el pecado CO-EXISTEN, que el pecado NO contamina a la Ley, pero la Ley NO elimina el pecado, sino que MUESTRA el pecado. Si este es el caso, entonces vemos que sí que la Ley está 'al lado de', corriendo paralela al pecado para mostrar lo pecaminoso del pecado; pero además de eso la Ley fue sencillamente introducida.

Tenemos otro problema que resolver, y que el texto dice "para que el pecado abundase". Esto parece una contradicción, porque pareciera indicar que si se quiere más pecado, sencillamente hay que introducir la Ley que lo prohibe. Dicho de otra manera, esto justificaría la presencia eterna del pecado, porque la Ley de Dios no cambia, y entonces tenemos que mirar detenidamente lo que Pablo quiere decirnos.

El verbo importante sería "abundase" (PLEONAZO). Este verbo significa primariamente 'sobre-abundar', 'incrementar', pero también el uso es de EXAGERAR. En otras palabras, como la Ley de Dios lo único que hace es MOSTRAR el pecado, ella no puede ser culpable de la cantidad de pecado que hay en el mundo, porque esa no es la función de la Ley.

Si el rol de la Ley es MOSTRAR como en un espejo, entonces cuando decimos EXAGERAR, lo que queremos decir es que el pecado sin un espejo en que se pudiera ver, no podía apreciarse (si se quiere) la magnitud de la ofensa de la separación de Dios que el pecado trajo al ser humano. Pero una vez que el espejo (la Ley) fue introducido, entonces es claro y evidente que el pecado es grotesco, sin sentido, que desfigura, desvirtúa y denigra a la raza humana y el carácter de Dios.

En resumida cuenta, Pablo indica que el espejo de la Ley fue introducido para que el pecador viera la enormidad de su pecado y de su separación de Dios, y nunca fue la Ley introducida para que el pecado abundara en el sentido numérico, sino para que se viera lo grotesco y vil del pecado en el espejo de la Ley.

5.20 Mas cuando el pecado abundó, sobreabundó la gracia

Los dos verbos traducidos como "abundar" en su forma simple y en su forma superlativa en la lengua original tienen usos diferentes. Por ejemplo, se dice que el pecado "abundó" (PLEONAZO), pero cuando habla de que la "gracia" (XARIS) "sobreabundó", debería decir HUPERPLEONAZO. Pero la realidad del asunto es que no usa este verbo para "sobreabundó", sino HUPERPERIZZEUO, el cual tiene el significado de indicar algo más que un concepto. Es el verbo usado cuando se llena un envase con líquido y se llena hasta que se derrama y nunca se vacía, aunque continúa derramándose.

La gracia de Dios manifestada en Cristo fue de esta forma. Los pecados incontables de los seres humanos, tenían que ser expiados o perdonados por una explosión de gracia que llenara la medida requerida para perdonar el pecado, pero que también continuara fluyendo sin vaciar el envase. Esta es la idea primaria que el apóstol nos presenta aquí. Dios ha mostrado su amor de manera que excede nuestra medida o capacidad de comprensión, ese derrame de gracia no solamente nos llena por completo, sino que excede nuestra habilidad de comprenderlo, captarlo y/o contenerlo. Es por eso que para el cristiano que ha sido tocado por la gracia de Cristo, la misma no solamente es suficiente para él, sino que sirve para ser bendición a los otros que están alrededor nuestro; y esa es la gran verdad de lo que Pablo está tratando de enseñarnos.

5.21 Para que así como el pecado reinó para muerte

Todo esto tiene un propósito definido, y es explicar cómo la justicia reina para darnos vida. Pero antes de introducir la justicia en este nuevo rol, Pablo la contrasta con el pecado y su reinado.

Dice el texto que el "pecado reinó" (BAZILEUO), y analizamos también que este verbo indica ejercicio de la autoridad y el poder en sus formas más primitivas y también más complejas. Ahora bien, hay un pequeño problema con la traducción, la Reina Valera traduce "reinó para muerte", y personalmente no creo que ese sea el significado.

> La representación tangible de la autoridad del pecado que es la muerte, tiene que ser destruida para siempre

La preposición "para" en el original es realmente EN. Y esta preposición puede tener varios significados y es el contexto inmediato el que determinará su uso. Por ejemplo, si nos quedamos con "para", entonces el significado es que la muerte se alimenta del pecado; que el pecado reina PARA complacer o servir a la muerte. Y aunque podría tener este significado, la realidad es que esa no es la preposición usada en el texto, por lo tanto, pienso que hay que descartarla.

Por otro lado, uno de los significados de la preposición EN, es "dentro de". Podríamos decir propiamente dicho que el pecado reinó "dentro de" la muerte, o mejor dicho "en" la muerte. El problema con esta definición es que no dá cabida para que los "vivos" puedan pecar, porque dice que reinó "en" la muerte. La tercera definición de "EN" es para indicar el punto intermedio entre dos partes. Pero no creo que ese sea el concepto aquí porque no tendría sentido en lo absoluto decir que el reinado fue entre el pecado y la muerte, dando la idea de que se alternaban el trono o de que había una co-regencia.

El cuarto significado de la preposición "EN" es cuando sirve como un instrumento de algo o alguien. Y me parece que este es el significado aquí porque el texto dice que el pecado reinó "a través de" la muerte. Es decir, la muerte es el símbolo inequívoco de que el pecado gobierna y tiene autoridad sobre los hijos de los hombres. Pero gracias a Dios que esa fase ya pasó, el verbo "reinó" está en pasado activo lo cual indica que fue una acción del pasado real tangible y evidente; y aunque la muerte física está presente hoy, es Cristo y su vida los que gobiernan. Y aquellos que mueren físicamente tienen la seguridad y el privilegio de ser arrancados de las garras de la muerte si han creido en el bendito Jesucristo nuestro Señor.

Por lo tanto, re-construyendo el texto tendríamos que decir: "*Para que así como el pecado reinó 'a través de' la muerte...*", lo cual ahora tiene mucho más sentido que decir que el pecado reinó para muerte, lo cual no es muy factible dado el contexto y la evidencia linguística. De hecho, esa es la idea primaria cuando Pablo habla de la destrucción final de la muerte cuando pregunta: "*¿Dónde está, oh muerte, tu aguijón? ¿Dónde , oh sepulcro, tu victoria? Ya que el aguijón de la muerte es el pecado, y el poder del pecado, la ley*" (1 Cor. 15:55-56).[67]

---

[67] Pero existe un problema gramatical aquí. Observe cuidadosamente toda la

Bueno la palabra traducida como "aguijón" (KENTRON), y la muerte aquí es animalizada como si tuviera un aguijón igual que los animales que inyectan sus aguijones en sus víctimas y les quitan la vida. El versículo 56 es más claro y explícito, porque enfáticamente dice que el "aguijón de la muerte ES el pecado".

De hecho, esto explica porqué el apóstol dice que el último enemigo que ha de ser destruido es la muerte: "*Y el postrer enemigo que será destruido es la muerte*" (1 Cor. 15: 26). Lo

---

construcción en griego (KENTRON HO THANATOS HO HAMARTIA). Mire usted que en el idioma original al igual que en el Español, las palabras y los artículos tienen género, y los mismos pueden ser masculinos, femeninos o neutros.

Ahora bien, usted observará que KENTRON (aguijón) está antes de los dos sustantivos con sus respectivos artículos. Una mirada superficial permite asignar KENTRON al primer sustantivo que aparece, pero no se puede por varias razones:

- KENTRON es un sustantivo NEUTRO NOMINATIVO singular.
- HO es un artículo definido MASCULINO GENITIVO singular.
- THANATOS es un sustantivo MASCULINO GENITIVO singular.
- HO aunque es un artículo definido masculino genitivo singular, pero, como está precedido por otro sustantivo de género femenino nominativo singular que es "hamartia", entonces pasa a ser FEMENINO NOMINATIVO singular.
- HAMARTIA es un sustantivo FEMENINO NOMINATIVO singular.

El análisis es simple, KENTRON (aguijón) es NEUTRO, y por ser neutro puede aplicarse tanto a un femenino como a un masculino, pero la realidad es que está en NOMINATIVO, no puede ser aplicado a THANATOS (muerte) porque es GENITIVO.

Entonces el único camino a seguir es asignar KENTRON (aguijón) al único NOMINATIVO que existe en la construcción gramatical que es HAMARTIA (pecado). Si es así, entonces el texto debería leer de la siguiente manera: "***Porque el aguijón*** [KENTRON] ***del pecado*** [HAMARTIA] ***es la muerte*** [THANATOS].

El único problema con esta interpretación o uso del texto, es que el Genitivo siempre debe estar ligado a algo, en este caso, THANATOS (muerte) debe estar ligado a KENTRON (aguijón). Sin embargo, ya que la construcción gramatical es como sigue: sustantivo + artículo + sustantivo + artículo + sustantivo, ¿podrá ser que KENTRON (aguijón) pueda ser asignado a cualquiera de los siguientes sustantivos por el carácter sumativo del mismo? De hecho, pareciera que cuando encontramos esta construcción gramatical, los extremos se suman, y el sustantivo del centro, en este caso es THANATOS (muerte) es el resultado de la suma de KENTRON (aguijón) + HAMARTIA (pecado).

interesante de esto es que no dice que el último en ser destruido es el pecado, sino la muerte, porque en la realidad, el rey (el pecado) puede morir, pero si su aguijón (la muerte) sigue vivo, él sigue viviendo con él (el pecado). Por lo tanto, el símbolo del pecado, la representación tangible de la autoridad del pecado que es la muerte, tiene que ser destruida para siempre por el verdadero Rey, Jesucristo, estableciendo la vida.

5.21 Así también la gracia reine por la justicia para vida eterna mediante Jesucristo, Señor nuestro

El contraste y el paralelismo ha llegado a su climax; todo su razonamiento fue para decirnos que es necesario que la "gracia" (XARIS) reine. Entonces el verdadero paralelismo sintáctico es entre GRACIA y PECADO. El pecado reina a través de la muerte, mientras que la gracia reina con justicia a través de la vida. El punto tácito e implícito en esta idea es que el pecado y la muerte son INJUSTOS, no tienen razón de ser, son irrazonables y caprichosos como su creador el diablo.

Por otro lado, es interesante notar que el único NOMINATIVO FEMENINO que se encuentra en todas las palabras halladas en esta última parte de la oración es " la gracia" (HO XARIS). Y más interesante es que el único NOMINATIVO FEMENINO que se encuentra en la primera parte de la oración es "el pecado" (HO HAMARTIA); entonces podemos decir con toda propiedad que el verdadero contraste, como mencionamos en el párrafo anterior, es entre GRACIA y PECADO.

Entonces si la gracia reina por intermedio de Jesucristo, usando como instrumento la justicia y trayendo como resultado la vida (vv. 18, 21), el ser justos (v. 19). Entonces por implicación tácita, el pecado ha reinado por intermedio de Satanás usando como instrumento la injusticia y trayendo como resultado la muerte (v. 15), el juicio condenatorio (v. 16), ser constituídos pecadores (v. 19). Y Pablo nos acaba de señalar en todo el capítulo que Cristo vino para eliminar, destruir y acabar el reinado de la muerte con su sacrificio expiatorio (v. 15); para habilitarnos a nosotros a vivir en SU vida (v. 17); y que se haga justicia en este mundo lleno de injusticias como resultado del pecado (v. 21).

COMENTARIO DEL CAPITULO SEIS

1 ¿Qué, pues, diremos? ¿Perseveraremos en el pecado para que la gracia abunde?
2 En ninguna manera. Porque los que hemos muerto al pecado, ¿cómo viviremos aún en él?
3 ¿O no sabéis que todos los que hemos sido bautizados en Cristo Jesús, hemos sido bautizados en su muerte?
4 Porque somos sepultados juntamente con él para muerte por el bautismo, a fin de que como Cristo resucitó de los muertos por la gloria del Padre, así también nosotros andemos en vida nueva.
5 Porque si fuimos plantados juntamente con él en la semejanza de su muerte, así también lo seremos en la de su resurrección;
6 sabiendo esto, que nuestro viejo hombre fue crucificado juntamente con él, para que el cuerpo del pecado sea destruido, a fin de que no sirvamos más al pecado.
7 Porque el que ha muerto, ha sido justificado del pecado.
8 Y si morimos con Cristo, creemos que también viviremos con él;
9 sabiendo que Cristo, habiendo resucitado de los muertos, ya no muere; la muerte no se enseñorea más de él.
10 Porque en cuanto murió, al pecado murió una vez por todas; mas en cuanto vive, para Dios vive.
11 Así también vosotros consideraos muertos al pecado, pero vivos para Dios en Cristo Jesús, Señor nuestro.
12 No reine, pues, el pecado en vuestro cuerpo mortal, de modo que lo obedezcáis en sus concupiscencias;
13 ni tampoco presentéis vuestros miembros al pecado como instrumentos de iniquidad, sino presentaos vosotros mismos a Dios como vivos de entre los muertos, y vuestros miembros a Dios como instrumentos de justicia.
14 Porque el pecado no se enseñoreará de vosotros; pues no estáis bajo la ley, sino bajo la gracia.
15 ¿Qué, pues? ¿Pecaremos, porque no estamos bajo la ley, sino bajo la gracia? En ninguna manera.

16 ¿No sabéis que si os sometéis a alguien como esclavos para obedecerle, sois esclavos de aquel a quien obedecéis, sea del pecado para muerte, o sea de la obediencia para justicia?
17 Pero gracias a Dios, que aunque erais esclavos del pecado, habéis obedecido de corazón a aquella forma de doctrina a la cual fuisteis entregados;
18 y libertados del pecado, vinisteis a ser siervos de la justicia.
19 Hablo como humano, por vuestra humana debilidad; que así como para iniquidad presentasteis vuestros miembros para servir a la inmundicia y a la iniquidad, así ahora para santificación presentad vuestros miembros para servir a la justicia.
20 Porque cuando erais esclavos del pecado, erais libres acerca de la justicia.
21 ¿Pero qué fruto teníais de aquellas cosas de las cuales ahora os avergonzáis? Porque el fin de ellas es muerte.
22 Mas ahora que habéis sido libertados del pecado y hechos siervos de Dios, tenéis por vuestro fruto la santificación, y como fin, la vida eterna.
23 Porque la paga del pecado es muerte, mas la dádiva de Dios es vida eterna en Cristo Jesús Señor nuestro.

Introducción

El apóstol presenta de manera diáfana y cristalina el rol de la voluntad humana en el proceso de la santificación. En su entender, la santificación es el resultado directo de dos fuerzas que convergen y se únen, las cuales son: a) la voluntad divina; b) la voluntad humana. Esta ecuación parece ser lo que Pablo explica y detalla en este capítulo. Como dijera Harrisville, "El argumento de Pablo es que los creyentes han sido muertos con Cristo. La asunción aquí es que el "yo" nunca es auto-contenido, sino que tiene su identidad y vida en la comunidad".[68*]

El hecho de que este capítulo implica el esfuerzo humano, se traspasan los linderos teológicos conocidos de entonces. En el capítulo anterior Pablo prueba que la única manera de ser justificados es a través de la sangre o muerte vicaria de Jesucristo. Y esto en lo absoluto es sin controversia. Sin embargo, cuando viene al punto de la santificación, Pablo enfatiza el ejercicio de la voluntad humana en la ecuación.

Paradójicamente, la analogía usada de esclavo/siervo parece que elimina toda posibilidad del ejercicio de la voluntad; sin embargo, es como apunta Nygren: "Ser un cristiano es tener a Cristo como Señor, y por lo tanto, ser libertados de otros señores y poderes. Ciertamente esto no es nada externo".[69] Y esto a su vez indica más bien, no una compulsión a la obediencia, sino una libertad explícita de la influencia de los poderes del mal.

No es un hecho aislado el conocimiento de que la era presente es mala y que parece estar controlada por los demonios. No obstante, al final del tiempo, en su momento escatológico, Dios se manifestará de nuevo de manera poderosa y prevalecerá. La nueva era trascendental del reino de Dios está a las puertas,[70] y está

---

[68] Harrisville, R. A. (1980). *Augsburg Commentary On the New Testament: Romans*. (Augsburg Publishing House: Minneapolis); p. 89. De hecho, este autor entiende como "comunidad" al hecho de que una vez que el hombre ha muerto con Cristo, entra en una relación comunitaria con la divinidad. El "yo" no se pierde en la identidad de Dios, sino que se somete a su voluntad y soberanía.

[*] Las notas bibliográficas para este capítulo comienza en la página 345.

[69] Nygren, A. (1952). *Commentary On Romans*. (SCM Press, LTD: London); p. 383.

[70] Kümmel, W.G. (1966). *Introduction to the New Testament*. (Abingdon Press:

reservada para aquellos que voluntariamente hayan entrado en esa relación de Señor/esclavo sin necesidad de usar la fuerza.

Todo esto para decir sencillamente, que la obediencia requerida por Dios es resultado de una relación, y no necesariamente un producto del abolengo, la raza, nisiquiera del conocimiento o de las obras. A Dios le interesa brindar la santificación a todo aquél que le interese entablar este tipo de relación con él. Por la razón expuesta no concuerdo con Johnson cuando dice: "El arreglo jerárquico del universo corresponde en turno a la estructura jerárquica de la sociedad en la cual, alguien siempre era sujeto a alguien más".[71] Pareciera que esta declaración tiene mucha verdad, el problema con la misma son dos: a) implica que el orden jerárquico del universo obedece al orden social nuestro y no lo opuesto; b) implica que se debe obedecer al que está más alto por asunto de jerarquía y no como resultado de una relación pactual de amor.

Y esta idea obedece, pienso yo, al concepto Egipcio y de las religiones antiguas que creían y enseñaban que el hombre para vivir, debía apaciguar la íra de los dioses con sacrificios, y a veces hasta con su propia vida. Diferente a lo que enseña el cristianismo, donde Dios es quien viene y se humana, convive con nosotros y al final toma nuestro lugar en el patíbulo de la cruz para establecer la relación pactual de amor con su raza caída. Por eso me identifico con Morris cuando señala que lidiar con nuestros pecados significaba venir a este mundo, y entonces morir la muerte que elimina al pecado mismo; "y esa muerte, era una muerte al pecado".[72]

Entonces vemos que la obediencia es buena porque deriva de alguien que intrínsicamente es bueno

Nashville); p. 318.

[71] Johnson, L.T. (2001). *Reading Romans: A Literary and Theological Commentary*. (Smyth & Helwys Publishing, Inc.: Macon); p. 108.

[72] Morris, L. (1988). *The Epistle to the Romans*. (Wm. B. Eerdmans Publishing Co.: Grand Rapids); p. 255.

Al final, la vida eterna es la consumación tangible de esa relación entre Dios y nosotros. Barth preguntaba: "¿Por qué es buena la obediencia?" –Y él contesta- "Porque deriva del oír, porque es la acción de uno que escucha, llámese quien oye la Palabra de Dios. Es buena porque el contenido divino es bueno, porque Dios mismo es bueno".[73] Entonces vemos que la obediencia es buena porque deriva de alguien que intrínsicamente es bueno. Por lo tanto, trabajar u obrar para alguien que es intrínsicamente bueno paga sus píngues beneficios.

Esta habilidad que Dios otorga a los que entran en este tipo de relación pactual, es consecuencia directa de la muerte vicaria de Cristo. Algunos pretenden hacer una separación entre los términos Justificación y santificación, pero en realidad, estos son las dos caras de la misma moneda; no pueden ni deben separarse. Justificación y santificación deben ser distinguidos, pero nunca separados o divididos.[74]

Hay quienes hablan de una justificación forénsica, es decir, sencillamente una declaración divina que declara limpio al pecador sin habilitarle a obedecer. Pero como analizamos en el capítulo 4, la justificación es mucho más que una declaración forénsica, es un acto salvífico de Dios en favor de la humanidad, y es la capacidad y el deseo que Dios pone en cada corazón humano que lo desea para que le obedezcan. Por esta misma razón no concuerdo con Murray que hablando del término "justificado" señala que el mismo tiene que ser forénsico. No obstante, creo que se contradice unas líneas más abajo cuando habla del poder de Dios de salvarnos del pecado.[75] En realidad, la expresión "justificación" implica no solamente la muerte sangrienta de Cristo, sino también su completa obediencia sin pecado que culminó en un sacrificio sangriento.[76]

Por otro lado, el apóstol usa un lenguaje único para hablar de ese renunciamiento al pecado, y el mismo es: muerte,

---

[73] Barth, K. (1957). *The Doctrine of God.* (T&T Clarke: Edinburgh); p. 546.

[74] Barth, K. (1958). *The Doctrine of Reconciliation.* (T&T Clarke: Edinburgh); p. 505.

[75] Murray, J. (1960). *The Epistle to the Romans, Vol. 1, Chapters 1-8.* (Marshall Morgan & Scott: London); p. 222.

[76] Smeaton, G. (1988). *The Doctrine of the Atonement According to the Apostles.* (Hendrickson Publishers: Peabody); p. 151.

resurrección, sepultura, etc. Algunos han llegado al punto de decir que este morir al pecado del creyente es una muerte "ética";[77] mientras que otros argumentan que es una muerte "penal".[78] No creo que necesitamos saber si la identificación con la muerte de Cristo es de carácter penal o ética. Pienso que lo que necesitamos saber es que cuando aceptamos a Cristo voluntariamente renunciamos al pecado también, y para todo este proceso, Pablo usa lenguaje común para que sea más fácil para el lector u oyente digerir dicho concepto.

La esclavitud del pecado nos inhibe de llevar a cabo nuestras buenas intenciones. El pecado toma lo bueno que una persona hace y lo transforma en algo pecaminoso y malo. Este es el gran problema de estar esclavizados al pecado.[79] Así que se hace necesario morir al yo para que el fruto de la santificación y la consumación de ese fruto que es la vida eterna puedan lograr su climax en nosotros. El lenguaje usado es equiparado a algo común para todos: la muerte. Queriendo intimar que "muerte aquí es la negación o ausencia de una vida que es verdaderamente vida. El pecado depriva a la vida de su significado, propósito y realización".[80]

6.1 ¿Qué, pues, diremos?

La pregunta es enfática, pero también concluyente. La misma viene como resultado del análisis hecho en el capítulo cinco. En otras palabras, ya que hemos visto con cuidado lo que realmente está ocurriendo, que Cristo ha destronado al pecado y a la muerte de su puesto autoritativo que tomaron usurpadamente, ¿qué más se puede decir?

---

[77] Entre éstos están: Stuart, M. (1832). *A Commentary On the Epistle to the Romans.* (Andover: N.H.); p. 207. Newell, W.R. (1948). *Romans Verse by Verse*. (Moody Press: Chicago); p. 216. Coltman, W.G. (1950). *An Exposition of* Romans. (Designed Products: n/a); p. 122. Wuest, K. S. *"Victory Over Indwelling Sin*" In Biblioteca Sacra, A Theological Quarterly, CXVI (January, 1959). Godet, F.L. (1956). *Commentary On the Epistle to the Romans.*(Zondervan Publishing House: Grand Rapids); p. 237.

[78] Entre éstos están: Forlines, Hills.

[79] Achtemier, P.J. (1985). *Romans: Interpretation, A Bible Commentary for Teaching and Preaching.* (John Knox Press: Atlanta); p. 111.

[80] Citado por Morris en *The Epistle to the Romans;* p. 267.

Una vez que Cristo ha tomado control del mundo de nuevo, ¿cuál es la responsabilidad del cristiano? El verbo "diremos" (EREO) está en su forma futura, lo cual indica que es necesario que nosotros tengamos una palabra al respecto. Si tanto se ha hablado del pecado y sus nefastos efectos, es necesario que hablemos de Cristo y sus maravillosos resultados eliminando el pecado y devolviéndonos la vida.

6.1 ¿Perseveraremos en el pecado para que la gracia abunde?

Esta pregunta es subsecuente con la primera, pero la misma es mucho más específica. La pregunta está dirigida al aspecto epistemológico y ontológico del corazón humano pecador. Es como si preguntara, '¿cuál será nuestra respuesta al reinado de Cristo?'. La pregunta misma es hasta por momentos pícara, pues aunque no ha sido contestada todavía, el tono de la pregunta deja la respuesta sobre entendida: 'No, no perseveraremos en el pecado'. Shulam cree que en realidad Pablo estaba refutando a los de la secta de los "Libertinos".[81]

Por otro lado, no estoy de acuerdo con Bruce cuando dice: "Ahora vives bajo el régimen de la gracia, y la gracia no estimula el pecado como lo hace la Ley; la gracia libera del pecado y nos abilita a triunfar sobre él".[82] No creo que es la Ley la que estimula el pecado, porque de ser así, la implicación sería que el pecado tiene razón de ser en la Ley, lo cual es un adefesio a mi modo de ver.

> Pablo astutamente advierte a sus lectores de un mal entendido conceptual y perversión de la idea que la presencia del pecado hace que la gracia sobre-abunde

El verbo traducido como "perseveraremos" (EPIMENO) está compuesto de dos palabras: EPI = acción o efecto de; y

[81] Shulam, J. (1997). *A Commentary On the Jewish Roots of Romans*. (Messianic Jewish Publishers: Baltimore); p. 209.

[82] Bruce, F.F. (1963). *The Epistle of Paul to the Romans*. (The Tyndale Press: London); p. 137.

MENO = morar, quedar, habitar, vivir. Básicamente Pablo nos está desafiando a que NO CONTINUEMOS en el pecado, porque de hacerlo, entonces la gracia tendría que "abundar" (PLEONAZO). Y como ya explicamos anteriormente, entonces tendríamos que decir que la gracia existe gracias a la presencia del pecado, y eso sencillamente es un absurdo. Bien lo señala Paul Heil cuando dice que Pablo astutamente advierte a sus lectores de un mal entendido conceptual y perversión de la idea que la presencia del pecado hace que la gracia sobre-abunde.[83] A esto, el apóstol se opone; en realidad, tiene lógica lo que dice Gutzke, que si una persona cree en Jesucristo, ya está haciendo algo por su carne: "la está contando por muerta".[84]

Cierto caballero en uno de mis seminarios en uno de los estados de Nueva Inglaterra argumentaba lo siguiente: "La manifestación de amor que hubo en la cruz fue el resultado directo del pecado... Porque hubo pecado fue que Dios mostró su amor a los seres humanos...". Yo tuve que decirle que no, que el amor es un atributo inherente a Dios mucho antes de que el pecado existiera, de no ser así, entonces el pecado tiene por lo menos una razón de ser: 'Para que el amor de Dios se manifieste', lo cual no es posible.

Y en cierta medida es lo que Pablo quiere que nosotros entendamos de una vez y por todas: el pecado no tiene ningún tipo de justificación, nisiquiera la cruz, ni ninguna manifestación divina del amor de Dios. Nosotros no podemos negociar ni desear continuar bajo el reinado del pecado, si el mismo no tiene razón de ser. Su reinado no se justifica bajo ninguna circunstancia, porque la existencia misma del pecado es irracional.

6.2 En ninguna manera

Esta expresión es muy paulina, la encontramos un sinnúmero de veces en sus escritos, especialmente cuando él quiere intimar imposibilidad. La frase es ME GENOITO, y la encontramos unas quince (15) ocasiones en declaraciones

[83] Paul Heil, J. (1987). *Paul's Letters to the Romans: A Reader Response Commentary*. (Paulist Press: Mahwah); p. 67.
[84] Gutzke, M.G. (1976). *Plain Talk On Romans*. (The Zondervan Corporation: Grand Rapids); p. 57.

radicales, donde el apóstol está hablando de una manera enfática y tajantemente prohibitiva.

6.2 Porque los que hemos muerto al pecado

La declaración es enfática e inclusiva. Pablo no se excluye como si el mismo no hubiese sido partícipe de la gracia divina; es decir, él se incluye entre los que han muerto al pecado. La pregunta que nos hacemos es: ¿cómo es posible morir al pecado si mientras vivimos llevamos una naturaleza intrínsicamente pecaminosa?

Gill identifica tres tipos de muerte: a) la muerte POR el pecado; b) la muerte EN pecado; c) la muerte AL pecado.[85] Pablo expande el último de estos tres. Morir al pecado significa SUJETAR los deseos carnales y las pasiones pecaminosas a la voluntad de Cristo, el nuevo Amo.

El verbo "hemos muerto" (APOTHNESKO) es el mismo verbo usado para referirse a la muerte física de alguien. Aquí está siendo usado para hablar metafóricamente del arrepentimiento y del abandono del pecado. Es básicamente dejar a un lado todas las cosas que a nuestra naturaleza pecaminosa naturalmente le gusta, éstas se ponen a un lado para dar paso a Cristo. El pecado entonces no tiene ningún poder de hacernos vivir para él, una vez que hemos muerto al mismo.

6.2 ¿Cómo viviremos aún en él?

Una vez que nos hemos arrepentido y hemos abandonado el pecado, no es posible seguir viviendo en él, por la razón sencilla de que la persona que muere, ya no es miembro del grupo de los vivientes en el pecado. Su estado es otro, ya pasó de la vida a la muerte, y nunca más, a menos que se efectúe la resurrección, toma parte de esta dimensión. Por lo tanto, una vez que hemos muerto al pecado, se hace imposible vivir en él.

6.3 ¿O no sabéis que todos los que hemos sido bautizados en Cristo Jesús, hemos sido bautizados en su muerte?

Hay varias cosas que Pablo introduce en su alocución. Primero nos pone a reflexionar sobre el conocimiento que tenemos

---

[85] Gill, J. (2002). *Romans*. (Particular Baptist Press: Springfield, MA); p. 168.

de lo que hemos hecho. Pablo alude al conocimiento que poseemos del bautismo. Cuando él dice: "¿O no sabéis?" (HE ANOEITE) apela a nuestra experiencia cuando una vez sellamos nuestras vidas con Cristo a través del santo bautismo. Pero también la frase es inclusiva, "todos los que hemos sido bautizados" (EBAPTIZTHEMEN) lo incluye a él mismo. Pablo una vez fue bautizado (Hec. 9:18), y no solamente fue bautizado así por así, sino que fue bautizado EN Cristo Jesús, lo cual indica claramente pertenencia a Cristo; Pablo pasó a ser posesión de Cristo cuando se bautizó.

Por otro lado, este bautismo tiene que ser visto no estrictamente como el bautismo de agua, sino como el bautismo en Cristo; en realidad es testificar de nuestro afecto por Cristo.[86] Es decir, conversión a la persona de Cristo. Hay muchos que se bautizan en agua, pero nunca se manifiesta la conversión genuina a Cristo que él espera de todos los que creen en él. "La realidad de la muerte y resurrección de Cristo, determina toda nuestra existencia… Nuestra vida presente toma carácter, dirección y propósito del hecho que viviremos con el que vive una vida más allá de la muerte".[87]

Aquí hay una comparación muy interesante entre el bautismo y la muerte. De hecho, la palabra para bautismo (BAPTIZO) literalmente significa "sepultar". Y la realidad del asunto es que nosotros sepultamos únicamente a los que han muerto. No podemos sepultar a los vivos, porque entonces estaríamos torturando y matando, lo cual no es lícito hacer y es un pecado.

Su propia resurrección es la garantía y la seguridad de que el imperio de la muerte fue vencido

Por lo tanto, la comparación no es necesariamente que cuando nos bautizamos estamos muriendo; no hasta este punto. La comparación es que

[86] Ibid., p. 169.

[87] Franzmann, M. (1968). *Concordia Commentary: Romans*. (Concordia Publishing House: London); p. 111.

cuando nos bautizamos estamos siendo 'sepultados' y se espera que la sepultura ocurra como resultado natural de una muerte al pecado.

Por otro lado, cuando Cristo murió, su muerte sirvió como el motor de arranque que me mueve a mí a bautizarme. En otras palabras, si Cristo no hubiese muerto, el pecador no sentiría ningún deseo de bautizarse. Es por eso que la preposición "en" (EIS) literalmente significa "dentro de"; en la muerte de Cristo se encuentra el móvil que permite que millones de seres humanos hoy en día quieran y anhelen entregar sus vidas a Cristo a través del bautismo.

Es muy interesante la aplicación hecha por Edwards indicando el hecho de que cuando menciona lenguaje cúltico como "bautismo", inmediatamente está hablando de un sacramento o rito de la iglesia. Y esto podría indicar claramente que la muerte del creyente al pecado en Cristo, es atestiguada por la comunidad de creyentes llamada iglesia.[88]

6.3 Porque somos sepultados juntamente con él para muerte por el bautismo

Obviamente que el apóstol está hablando de manera metafórica, porque no es cierto que cuando nos bautizamos Cristo es sepultado. No, lo que quiere decir es que cuando somos sepultados, símbolo del bautismo, estamos pasando a ser pertenencia de él, sencillamente por la muerte que él murió en nuestro lugar. Es la muerte de Cristo lo que nos permite ser propiedad de él cuando nos bautizamos.

La construcción gramatical es un poco compleja, pero el significado no lo podemos perder de vista. Por ejemplo, "sepultados" (SUNTHAPTO) literalmente significa 'sepultados con'. Y aunque el traductor le añadió "juntamente" porque la forma original es muy descriptiva en sí misma, no es menos cierto que en realidad lo que está ocurriendo es que el creyente al bautizarse por inmersión está públicamente abandonando el pecado y apropiándose de los beneficios del sacrificio expiatorio de Cristo

[88] Edwards, J.R. (1992). *Romans*. (Hendrickson Publishers, Inc.: Peabody); pp. 159-160.

en la cruz del Calvario para el perdón de sus pecados, y consecuentemente la remoción de los pecados de los registros divinos para siempre con el fin de que nosotros resucitemos a una nueva vida. Pero esta nueva existencia no es posible apartada de Cristo, en realidad, "la nueva existencia es Cristo".[89]

6.4 A fin de que como Cristo resucitó de los muertos por la gloria del Padre

"Cristo resucitó de [entre] los muertos" (EK EGEIROS NEKROS), dejando a entender claramente que Cristo gustó la muerte ciertamente, y una vez que probó los efectos de la muerte, la misma no pudo retenerle en la tumba.

Ahora bien, la preposición "por" (DIA) para referirse a la gloria del Padre, tiene otros significados también. Por ejemplo, esta preposición puede significar "a través de"; "durante"; "por"; "con", etc. Y aunque el uso primario de DIA es "a través de", por alguna razón me resulta atractiva la idea de traducirlo "con", sin perder el significado de "por", por las razones siguientes:

- La muerte no pudo retenerlo en la tumba.
- Él dijo que podía poner su vida para volverla a tomar, hablando en el contexto de su muerte y resurreción.
- Solamente alguien que ha salido vencedor puede salir de la muerte CON la gloria del Padre.

Si este es el significado aquí en este texto, entonces podemos entender claramente porqué la muerte no podrá retener a los que él resucite, porque él mismo cuando salió lo hizo CON la gloria del Padre.

De hecho, antes de morir, Jesús oró a su Padre para que le glorificara con aquella gloria que juntos tenían antes que el mundo fuese. ¿Estaba Jesús hablando de su muerte? ¿Estaba hablando de la transfiguración? Quizás. Pienso que Jesús estaba hablando de su vida eterna inherente en el contexto de su futura resurrección y de su autoridad sobre el imperio de la muerte, pues su propia resurrección es la garantía y la seguridad de que el imperio de la muerte fue vencido.

[89] Ibid., p. 161.

6.4 Así también nosotros andemos en vida nueva

El propósito de la resurrección de Cristo y el hecho de que él vive, es con la finalidad inherente de que nosotros "andemos" (PERIPATEO) en vida nueva. Ahora bien, este verbo significaba en la mentalidad griega 'andar'; 'caminar de un lugar a otro'; 'desplazarse'. Sin embargo, en la mentalidad Hebrea, el verbo literalmente significa 'regular la conducta'; 'cambiar el estilo de vida'; y me parece a mí que ese es el sentido primario aquí.

Por otro lado, la expresión "vida nueva" (KAINOTES ZOE) es una expresión muy única que indica la incepción del Espíritu Santo en el corazón del creyente que le permite pasar de vivir una vida común y corriente a vivir la vida eterna. Eso es lo que significa KAINOTES, usar algo que nunca habiamos usado; experimentar algo que no se había experimentado. Y obviamente, cuando somos resucitados por el Espíritu Santo para cambiar nuestro estilo de vida y conducta, todo es nuevo; todo resulta novedoso, interesante, y para algunos, difícil, porque siempre que hay algo nuevo en nuestras vidas, nos corresponde a nosotros aprender a usarlo o manejarlo. Para muchos, explorar nuevos territorios y nuevas fronteras puede ser una empresa altamente riesgosa y temeraria.

> Nosotros en cambio, nacimos, nos criamos y pensamos en esta vida porque no tenemos otra para compararla

Por lo tanto, la razón última y primaria de la resurrección de Cristo no es únicamente para él mostrar que tiene poder sobre la muerte. Esto lo sabía él mucho antes de venir a la tierra; su poder es mucho más amplio que el poder de la muerte. Entonces, si esa no es la razón, tiene que ser exclusivamente para que nosotros podamos experimentar eso nuevo que se llama vida, porque la realidad es que la "vida" que vivimos no es vida, porque está vieja, en realidad "vivimos" o mejor dicho existimos dentro del imperio de la muerte. Vaughan lo explica diciendo que esta novedad es una manera enfática de decir "vida nueva".[90]

El punto focal es el siguiente, Cristo nos libertó del imperio de la muerte para que nosotros podamos disfrutar de la verdadera vida. Es como aquél que ha estado en prisión por tanto tiempo, mirando el toilet, las rejas de enfrente y las cuatro paredes, que no tiene ninguna esperanza, y tampoco puede imaginar algo mejor. Una vez que se le dá la libertad, y lo llevan en la presencia de los grandes, le bañan, le ponen la ropa, lo arreglan, lo perfuman, él pensará que está soñando, que no puede ser verdad, y a eso es que Pablo se está refiriendo en este texto.

Cristo nos sacó del imperio de la muerte, y lo hizo para que nosotros pudiéramos disfrutar de algo que nunca hemos visto ni disfrutado que es la vida eterna. El único que pudo ver en realidad las diferencias entre el imperio de la vida y el imperio de la muerte fue Adán porque él vivió en ambos. Nosotros en cambio, nacimos, nos criamos y pensamos en esta vida porque no tenemos otra para compararla porque no hemos participado de la verdadera vida eterna en Cristo. Y Cristo nos invita a que de alguna manera sellemos nuestras vidas con él a través del bautismo y como resultado comenzaremos a experimentar lo que él nos dice en su palabra.

6.4 Porque si fuimos plantados juntamente con él en la semejanza de su muerte

La expresión tiene un condicional "si" (EI) indicando que existe la posibilidad de que ese no sea el caso. Ahora bien, el verbo "fuimos plantados" (ZUNFUTOI GEGONAMEN) conlleva la idea de estar tan identificado uno con otro, que los dos son tan semejantes que llegan casi al punto de ser iguales.

Sin embargo, esta identificación tan estrecha entre Cristo y nosotros, no se debe a algo que el ser humano haya hecho *per se*, sino a la obra de Cristo en el corazón humano a través del Espíritu Santo. De paso, la idea misma indica que se presentaron una serie de circunstancias que permitieron llegar a esa homogenización de

---

[90] Vaughan, C. (1976). *Romans: A Study Guide*. (The Zondervan Publishing House: Grand Rapids); p. 75.

personalidades y de caracteres. La unión en la muerte presupone la unión en la resurrección.[91]

Y Pablo explica que esta homogenización se llevó a cabo en la "semejanza" (HOMOIOMATI), es decir, en una similitud concreta entre el creyente y Cristo, pero hecha en SU muerte. Como el creyente fue sepultado (bautizado) después de haber muerto al pecado (arrepentido y abandonado el pecado), la muerte de Cristo es lo que permite al creyente encontrar una similitud de su propia experiencia de forma paralela en el sacrificio de Cristo.

Es decir, cuando nosotros seguimos estos pasos de arrepentimiento, confesión de pecados y abandono del mismo, no estamos haciendo otra cosa más que reflejando lo que Cristo hizo cuando estuvo en esta tierra, especialmente en su muerte vicaria. Así como Cristo murió, el creyente debe morir al pecado; así como Cristo fue sepultado, el creyente debe ser sepultado (bautizado) en las aguas; así como Cristo resucitó, el creyente debe resucitar a una vida nueva en Cristo; el evangelio es tan simple como eso... En palabras de Cottrell: "En nuestra relación con Cristo no podemos separar la muerte y la resurrección".[92]

6.5 Así también lo seremos en la de su resurrección

No cabe duda que el apóstol está haciendo una afirmación categórica basada en el condicional anterior. Si es cierto que nosotros hemos ido a través de las mismas vicisitudes de Cristo (en relación con el pecado), entonces tenemos que resucitar a una vida nueva. Cristo resucitó una sóla vez y ya no vuelve a morir. El cristiano debe morir una sóla vez al pecado y vivir siempre para Dios en Cristo.

Por otro lado, el verbo "seremos resucitados" (ANASTHAZEOS EZOMETHA) está en futuro porque el condicional "si" lo modifica. En la primera parte de la oración el verbo estuvo en pasado perfecto, indicando una acción que ocurrió una vez y no vuelve a repetirse ni se repite en la historia. En cambio esta segunda sección que es el resultado de la primera (si

---

[91] Maly, E.H. (1979). *Romans: A Biblical Theological Commentary*. (Michael Glazier, Inc.: Wilmington); p. 48.

[92] Cottrell, J. (1996). *The College Press NIV Commentary: Romans*. (College Press Publishing House: Joplin); p. 392.

se dieron las condiciones) está en futuro, intimando claramente que el evento no ha ocurrido. En otras palabras, la transformación completa de nuestros cuerpos está en el futuro. Mientras que el destierro y aniquilamiento final del pecado y de nuestras naturalezas pecaminosas también están en el futuro.

6.6 Sabiendo esto, que nuestro viejo hombre fue crucificado juntamente con él

Hay varios detalles que analizar en esta declaración. Primero debemos analizar qué entendía Pablo por "nuestro viejo hombre" (PALAIOS HEMON ANTHROPOS); además cómo fue que yo, viviendo en el siglo XXI, fuí crucificado con Cristo hace cerca de dos mil años...

- Observe usted que este "crucificado juntamente con" en el capítulo 5 implica sustitución. Cristo tomó mi lugar y padeció por mi pecado. Sin embargo, en el capítulo 6 implica identificación. Nosotros pasamos a estar relacionados con Cristo por la muerte que él toma en nuestro lugar.

Analicemos ahora el término "sabiendo esto" (TOUTO GINOZKONTES), puede ser una alusión directa y un desafío intelectual de Pablo a nosotros. La invitación es a analizar el evento del Calvario que me afecta directamente a mí en mi vida presente.

Segundo, cuando habla del viejo hombre, sencillamente se refiere a nuestra conducta, forma de pensar y actuar que teníamos cuando no conocíamos a Cristo. Es mas bien una expresión sencilla para indicar la diferencia entre el estilo de vida y de pensamiento antes y después de encontrarnos con el Salvador.

Tercero, al decir que fuimos 'crucificados juntamente' (ZUNESTAUROTHE), está intimando que de forma mística, yo padecí con Cristo cuando él padeció físicamente en el Calvario. ¿Cómo es esto posible? Una vez que el penitente arrepentido ha aceptado a Cristo como su Salvador, los beneficios de la muerte de Cristo son traspasados al pecador arrepentido. ¿Por qué? Porque la muerte que Cristo padeció, fue la muerte que me tocaba a mí. Esa muerte no es la muerte física. La muerte de Cristo fue la segunda muerte o muerte eterna o la muerte que trae separación eterna de Dios; por lo tanto, cuando Cristo padeció mi muerte, místicamente yo también padecí con él únicamente si soy creyente en su muerte vicaria. Además hay algunas consideraciones que hacer con respecto al concepto de morir "crucificado juntamente con".

- La crucifixión es una muerte innatural. El que muere crucificado no muere de vejez o de muerte natural.
- La crucifixión es una muerte criminal. Quien es crucificado sufre la agonía, la verguenza y el juicio de otros.
- La crucifixión es una muerte dolorosa. No puede haber crucifixión sin dolor. Mientras más se resiste a la muerte, más dolorosa será.
- La crucifixión es una muerte lenta. Los romanos declaraban muerto al individuo el día que era crucificado, no el día que moría.[93]

Cuarto, el apóstol está hablando de una manera figurada, por ejemplo: él dice que Dios nos resucitó con Cristo y nos hizo sentar en los lugares celestiales con Cristo (Efes.2:5-8). No es que literalmente eso ocurrió, porque obviamente ese no puede ser el caso, pero si le hemos aceptado como nuestro Señor, entonces Dios muestra su amor compartiendo sus riquezas dándonos misericordia, permitiéndonos místicamente haber resucitado la muerte que nos correspondía morir (segunda muerte o muerte eterna); y no sólo eso, resucitándonos en Cristo de una muerte que nos corresponde a nosotros. ¿Cuáles son las implicaciones teológicas de dichas aserciones?

- Bueno, nosotros pasamos a ser uno en Cristo.
- Cristo pasa a ser nuestro representante, y en él hallamos cabida y entrada al cielo.
- La realidad es que nosotros nacimos muertos. ¿Razón? Nacer en pecado es nacer separado de Dios.
- Cuando el apóstol dice que Dios nos dió vida en Cristo cuando estábamos "muertos" en pecados (Efe. 2: 5), esa vida es una referencia directa a la vida que recibimos

---

[93] Conner, K. J. (1999). *The Epistle to the Romans: A Commentary.* (City Bible Publishing: Portland); pp. 210-211.

después de haber resucitado de la segunda muerte o muerte eterna que es separación eterna del Padre.

- Lo que Cristo ha hecho sencillamente es SACARNOS de la maldición de haber nacido muertos, y realmente nos ha dado vida eterna.
- Esa vida se nos otorga únicamente cuando aceptamos a Cristo como nuestro Señor y Salvador.
- La vida de Cristo es la garantía de que el creyente vivirá eternamente.

6.5 Para que el cuerpo del pecado sea destruido

El hecho de que Cristo fue crucificado y murió en nuestro lugar, pero místicamente nosotros fuimos crucificados con él, todo eso tiene un objetivo definido y concreto: Para que el "cuerpo" (ZOMA) del pecado sea "destruido" [KATARGETHE]. ¿Por qué Cristo quiere destruir el cuerpo del pecado, es decir, el objeto por el cual el pecado se manifiesta?

Esta es una pregunta difícil, porque la realidad es que Dios no quiere la muerte del que muere. Y el hecho de que él ha dilatado su venida es porque es paciente para con nosotros no queriendo que ninguno de nosotros perezca, sino que todos procedamos al arrepentimiento (2 Ped. 3:9).

Entonces, ¿qué quiere decir esta expresión? El cuerpo del pecado se refiere al viejo hombre del cual habló en el verso anterior, es la vieja naturaleza pecaminosa, es la antigua forma de vivir que teníamos antes de conocer a Cristo. O como dice Boice: "El cuerpo del pecado es el viejo yo que ha muerto".[94] No vayamos a confundirnos con la idea de que lo pecaminoso es únicamente el cuerpo, por lo tanto, no somos responsables por nuestros pecados. O con la idea de que el cuerpo es intrinsicamente malo; estas son ideas Hindúes y Greco-romanas.[95]

Pero también, metafóricamente Jesús, hablando de la semilla dijo que si esta no cae y muere (es sembrada/enterrada en la tierra), no lleva fruto. También nos dijo que no se pone vino nuevo en odres viejos porque se pueden echar a perder el vino y el

[94] Boice, J.M. (1992). *Romans.* (Baker Book House: Grand Rapids); p. 668.
[95] Idem.

odre; sino que se pone vino nuevo en odres nuevos. Bueno, el principio es el mismo, para que la infusión del Espíritu Santo sea una realidad tenemos que ser despojados del viejo hombre. Es decir, el cuerpo del pecado, el objeto por el cual el pecado se hace patente y se manifiesta en nuestra vida debe ser destruido.

6.6 A fin de que no sirvamos más al pecado

El fin último está especificado en esas nueve (9) palabras. El propósito de la cruz es que nosotros podamos ser liberados de la esclavitud del pecado, del imperio de la muerte. De hecho, el verbo "sirvamos" (DOULEUIN) literalmente significa 'ser esclavizado por'. Cristo vino a darnos libertad del pecado, porque en la realidad, todos nosotros nacimos siendo esclavos; nacimos bajo la maldición de la muerte; nacimos bajo el yugo de la esclavitud del pecado.

Por lo tanto, Cristo nos libera de ese yugo esclavizante y nos permite cambiar de amo. Así que cuando dice que nosotros fuimos crucificados con él, lo que está diciendo es, que de la misma manera como Cristo crucificó al pecado en la cruz, es decir lo venció; en Cristo, nosotros también crucificamos nuestro pecado (nuestra separación de Dios) y hemos vencido en Cristo y sólo en Cristo.

6.7 Porque el que ha muerto ha sido justificado del pecado

La explicación no se hace esperar, Pablo indica la causa de su razonamiento tan abstracto, pero a la vez muy tangible. El verbo importante en esta oración es "ha sido justificado" (APOTHANON DEDIKAIOTAI) que literalmente significa: 'ha sido perdonado'; 'ha sido re-instalado'; 'ha sido salvado'.

El punto principal hasta aquí es que una vez que el esclavo muere, se justifica que no trabaje más para su amo. De acuerdo con la ley levítica, el esclavo era liberado cuando era comprado por otro; comprado por el mismo; al final del Jubileo o cuando moría (Lev. 25:28-51).

En el caso de Cristo y nosotros, se cumplieron tres de estas cuatro especificaciones, es decir: Cristo nos compró cuando murió en la cruz; el Jubileo de la liberación del pecado de todo el planeta y de todos los seres humanos creyentes en Cristo de todas las edades fue una realidad; fue en la muerte de Cristo y en nuestra muerte mística con él que nosotros fuimos liberados del pecado.

Por lo tanto, una vez que el esclavo muere, está EXENTO de servir, de trabajar, de obrar para el pecado, que en este caso era el amo. Cristo nos permite con su muerte cambiar de amo, cambiar de vida, cambiar de actitud, y ya no tenemos que estar esclavizados por el tirano y cruel amo del pecado. Por esta misma razón no comparto la idea de Murray que entiende "justificado" como una acción divina de carácter forénsico. En realidad creo que él mismo se contradice unas líneas más adelante en su comentario cuando habla del poder de Dios de salvar al hombre del pecado.[96] Si Dios nos salva forénsicamente del pecado, entonces su salvación es una farsa.

6.8 Y si morimos con Cristo, creemos que también viviremos con él

Tres verbos importantes existen en esta declaración: "morimos" (APETHANOMEN); "creemos" (PIZTEUOMEN); "viviremos" (SUSEZOMEN), pero la cosa interesante de estos tres verbos es que los tres están limitados por una partícula condicional "si" (EI).

No podemos creer que viviremos si primero no morimos con Cristo. Debe haber una muerte al yo y al pecado en Cristo que nos permita a nosotros tener la seguridad, la fe, la creencia, la confianza de que hemos de vivir en, con y para Cristo. Esta resurrección sería en palabras de Perkins: "Dios no condona el pecado. Dios no permite el pecado; Dios no pasa por alto el pecado. Dios, sin embargo, perdonará el pecado cuando el pecador obedece de su corazón el evangelio de Jesucristo".[97] Cristo no nos redimió del sufrimiento de la muerte física, sino de la penalidad de la muerte eterna.[98] Casi todos los creyentes tendrán que sufrir en su cuerpo la muerte física, pero con la esperanza de que un día Cristo ha de resucitarlos a una vida nueva y eterna. Digo "casi todos",

---

[96] Murray, pp. 222-223.

[97] Perkins, T.C. (1997). *A Commentary On the Book of Romans*. (Star Bible: Fort Worth); p. 90.

[98] Gifford, E.H. (1886). *The Epistl of St. Paul to the Romans With Notes and Introduction*. (John Murray: London); p. 130.

porque muchos seremos "transformados" en un abrir y cerrar de ojos a la final trompeta (1 Cor. 15:51-53).

6.9 Sabiendo que Cristo, habiendo resucitado de los muertos

No cabe duda alguna que en la mente de Pablo primero hay que entender y reconocer que Cristo resucitó de los muertos. La expresión "sabiendo que" (EIDO HOTI) tiene la idea primaria de 'reconocimiento'; la misma es diferente a GINOZKO (saber, conocer íntimamente). Esta expresión tiene que ver con nuestro reconocimiento y correcta aceptación de que Cristo resucitó de los muertos.

"Dios no condona el pecado. Dios no permite el pecado; Dios no pasa por alto el pecado...

Este conocimiento no minimiza a la fe en lo absoluto, como bien señaló E.J. Carnell: "La fe cristiana está construida sobre el conocimiento. La fe no es un "salto en la oscuridad", sino el descanso de la mente en lo suficiente de la evidencia".[99] Queriendo decir con esto que nosotros necesitamos conocer todo lo referente a la muerte vicaria y expiatoria de Cristo en la cruz, y esto hace que nuestra fe nos ilumine mucho más.

6.9 Ya no muere

El expresar que Cristo "ya" (OUKETI) no gusta de la muerte es sin parangón en la historia del mundo y del universo. Cristo es el único ser que ha venido del mundo de ultra-tumba por su propio poder gracias a que él venció al pecado en la carne, y una vez que resucitó, Jesús no participa de ese imperio porque salió victorioso del mismo.

De hecho, la muerte fue un fenómeno nuevo para Dios. Si decimos que Dios estaba en Cristo (2 Cor. 5:19) y que en Cristo habita corporalmente toda la plenitud de la Deidad (Col. 2:9); pero al mismo tiempo decimos que la divinidad NO muere, entonces tenemos que reconocer que de alguna forma <u>la muerte alcanzó a</u>

[99] Citado por Mounce, R. H. (1995). *The New American Commentary: Romans*, vol. 27 (Broadman & Holman Publishers: Bend); p. 152.

Dios en la persona humana de Jesucristo. Pero la misma no le alcanzó porque hubo algún pecado en él, no. Le alcanzó porque Dios cargó EN Cristo el pecado de todos nosotros, y la muerte que debimos haber muerto (2da. muerte o muerte eterna) él la pagó en nuestro lugar. Barth entendía que si nosotros morimos con Cristo, entonces ya no estamos bajo nuestra propia responsabilidad, sino bajo la de Cristo; ni tampoco estamos bajo nuestra propiedad, sino bajo la suya;[100] y yo añadiría, si le aceptamos.

6.9 La muerte no se enseñorea más de él

El verbo interesante aquí es "enseñorea" (KURIEUEI), y el mismo era usado para hablar del patrón que tenía esclavos y ejercía su autoridad sobre ellos. Estos esclavos eran propiedad de su amo y debían hacer lo que el amo dijera.

Pablo nos está recordando aquí que la muerte no domina, no dicta, no establece las regulaciones sobre Cristo por la razón obvia, Cristo resucitó. Sí, él estuvo bajo el dominio de la muerte, pero la muerte tuvo que dejarle ir libre y no pudo retenerlo como esclavo de ella por una razón simple: en Cristo NUNCA hubo pecado. Y como en Cristo no hubo pecado, la muerte no pudo retenerlo como esclavo.

Pasamos a decir entonces, que la muerte tuvo dominio sobre Cristo pero éste fue momentáneo y temporal. O como dijera Panning, "Estar muerto significa que no tiene ninguna impresión sobre nosotros; que no tiene control o influencia sobre nosotros. Esa es la situación entre Cristo y el pecado".[101]

6.10 Porque en cuanto murió, al pecado murió una vez por todas

Esta traducción es prácticamente literal del griego en esta parte. Y el punto del apóstol es uno sólo: Cristo murió "una vez por todas" (EFAPAS). Y este concepto cristiano en su origen, nos indica lo poderoso que puede ser el cristianismo, por la razón sencilla de que el Autor del cristianismo (Cristo) estuvo como

[100] Barth, K.. (1959). *A Shorter Commentary On Romans*. (John Knox Press: Richmond); p. 70.

[101] Panning, A.J. (2001). *The People's Bible: Romans*. (Northwestern Publishing House: Milwaukee); p. 100.

esclavo de esta carne humana corrompida; mas no solamente eso, estuvo como como esclavo de la muerte y derrotó a la muerte en su propio terreno. Aunque no estoy seguro si concuerdo con Barth en su aserción de que "...la muerte debe constituir el significado de la vida de Cristo".[102] Pues al aseverar dicho concepto, le estamos dando a la muerte más significado del que tiene, y como veremos más adelante, es la vida contínua de Cristo lo que garantiza la eliminación del pecado y por consiguiente de la muerte.

Por lo tanto, la expresión es rica en significado, porque nos dice que la muerte nunca más ha de tocarle; la muerte nunca más podrá alcanzarle. Cristo nunca más será esclavo de la muerte, y las implicaciones de eso, es que no importa cuántos cálculos haga el hombre para indicar la probabilidad de que el pecado se levante otra vez en el universo, el pecado NO se levantará otra vez, por la sencilla razón de que tenemos la seguridad de que Cristo nunca más estará bajo las garras de la muerte. Nunca más Cristo morirá otra vez.

6.10 Mas en cuanto vive, para Dios vive

La vida que vivimos y la muerte que morimos de alguna manera afecta a alguien (Rom. 14:7). De la misma manera, la muerte de Cristo ha afectado para bien al planeta entero y a todas las gentes de todas las épocas. Pero también su vida nos ha afectado y nos afecta para bien en todo el sentido de la palabra.

El texto paulino: "*Porque nadie vive para sí, y nadie muere para sí*" (Rom. 14:7) es una gran realidad tangible en lo que se refiere a Cristo. Cuando Pablo dice que Cristo "para Dios vive" (HOE TO DEO), quiere decir que regresó de nuevo al origen de la vida. Indica que una vez estuvo separado de Dios, y obviamente esto ocurrió en la cruz del Calvario, pero por su victoria sobre el pecado pudo regresar a la fuente de la vida misma, Dios.

Mas no solamente eso, sino que la expresión conlleva la idea de que Jesús vive ahora la vida de Dios, pero con un cuerpo humano vencedor del pecado. Cuando el cristiano muere al pecado y es resucitado por Cristo a una nueva vida, esa vida no la vive

---

[102] Barth, K. (1963). *The Epistle to the Romans.* (Oxford University Press: London); p. 205.

para él, sino para Dios. Dios pasa a ser el motivo, la razón, la causa causante de nuestra existencia, y todos nuestros anhelos y deseos estarán supeditados a su voluntad expresa porque ya no pertenecemos al imperio de la muerte, sino al imperio de la vida.

6.11 Así también vosotros consideraos muertos al pecado

Pablo nos anima y nos desafía al mismo tiempo a "considerarnos" (LOGIZESDE EINAI) "muertos" (NEKROS) al pecado. Si aceptamos a Cristo, si fuimos resucitados por Cristo, si Dios nos dió vida juntamente con Cristo por sus misericordias (Efe. 2: 5-6), es necesario que nosotros nos consideremos a nosotros mismos como muertos al pecado.

¿Cuál es la implicación de esta declaración? Que es muy posible que todavía en nuestra mente, en nuestras actitudes y en nuestra conducta, nosotros todavía nos consideramos como esclavos de la muerte en lugar de considerarnos esclavos de la vida. El desafío del apóstol invita a la reflexión, a un mirar interno donde nos miramos a nosotros mismos tal y como somos; donde miramos nuestras intenciones y motivaciones, pero al mismo tiempo las comparamos con el sacrificio vicario de Cristo en la cruz. Se hace imperante entonces que haya un esfuerzo de nuestra parte por reconocer y/o considerar este aspecto de los beneficios de la muerte y la resurrección de Cristo en nuestra vida; entonces esto pasa a ser en gran medida una invitación a caminar en las pisadas de la obediencia a Dios.

Si es así, al ser humano le corresponde hacer algo en el proceso de la salvación; no para ganarla porque Cristo la ganó, y el ser humano no podría pagar por la redención de él mismo; sino para mantenerla. No porque nosotros seamos capaces de mantenerla por nosotros mismos, no. Lo que ocurre es que debe haber una conciencia clara de lo que realmente ocurrió en la cruz. Nosotros no somos robots que no piensan, somos seres pensantes, y hoy podemos tener una idea y mañana cambiar de opinión, es por eso que necesitamos hacer un esfuerzo inteligente por seguir en las pisadas del Maestro, y creo que es a esto que el apóstol se está refiriendo aquí, y dicho argumento lo va a probar en los subsiguientes versículos.

6.11 Pero vivos para Dios en Cristo Jesús, Señor nuestro

Esta consideración, este auto-análisis, esta auto-conciencia de que somos propiedad de Dios y que pertenecemos al imperio de la vida y no al imperio de la muerte, es un tremendo motivador para nosotros. La razón es simple, nosotros nacimos muertos, destinados a morir la muerte física como resultado inevitable de la muerte eterna. En otras palabras, nacimos muertos para morirnos otra vez sin poder levantarnos nunca más. Pero Cristo venció al imperio de la muerte y nos ofrece ahora los beneficios de su muerte y su vida que son traspasados a nosotros.

Una vez que eso ocurre y reconocemos dicha transacción, no podemos dar la espalda a esta realidad. Ahora nuestro nuevo Amo es Cristo. De hecho, la expresión "Señor nuestro" no existe en el original, sino que fue suplida por el traductor, porque él entendió el fenómeno que está ocurriendo en el pasaje, por lo menos en éste. Pero literalmente la expresión es: "Pero vivos para Dios en Cristo Jesús".

6.12 No reine, pues, el pecado en vuestro cuerpo mortal

Una vez que se establece la victoria de Cristo sobre el pecado, y los beneficios extendidos que esta victoria nos trae, Pablo pasa de inmediato a lidiar con lo que más le interesa, la practicalidad de su explicación teológica. La implicación es que todo lo que ocurre entre el pecado, Cristo, la muerte, la resurrección, de alguna manera nos afecta a nosotros directamente, y Pablo está interesado en que nosotros sepamos cómo nos afecta a nosotros. Para ello dice: No "reine" (BAZILEUETO), pues, el pecado en vuestro "cuerpo" (ZOMATI) "mortal" (THNETOS). Analicemos estas expresiones por un momento y tratemos de ver cuál es el significado que estas expresiones tienen para nosotros.

Primeramente, el verbo "reine" está en imperativo y en presente. Eso quiere decir que Pablo reconoce que aunque Cristo murió y vive por y para nosotros, el pecado de alguna manera trata de ganarnos de vuelta para su lado. También significa que es un mandato, una orden divinamente inspirada, y dicha orden tiene que ser acatada por el cristiano.

Por otro lado, ya hablamos de este verbo y su uso tan común en el Antiguo Testamento, pero nos gustaría añadir algunos conceptos a los ya vertidos. En los libros de los Reyes, y las Crónicas, encontramos este verbo vez trás vez. El mismo se halla en su mayor parte cuando se habla del rey que muere y en su lugar le sucede su hijo. Es decir, el hijo no se sienta en el trono hasta que la muerte del padre no es una realidad tangible.

Bueno, de la misma manera, Pablo parece estar pensando en este uso del verbo 'reinar' cuando escribió estas palabras. El imperativo es que el pecado (el rey) debe morir de alguna forma para que Cristo entonces pueda ser entronizado en la vida y en el corazón del cristiano.

Además, el hecho de que lo limita al "cuerpo" (ZOMA), indica que al pecado le gusta complacerse en el cuerpo de los seres humanos. Por lo tanto, esto indica que el pecado no solamente es una condición o mejor dicho, separación de Dios, sino también es acción. El pecado tiene que ver también con nuestros actos pecaminosos. De hecho, no somos pecadores porque cometemos actos pecaminosos, sino que cometememos actos pecaminosos porque somos pecadores innatos.

Pero una vez que Cristo nos ha liberado significa que hemos nacido de nuevo, y al nacer de nuevo no nacemos bajo el imperio de la muerte, sino bajo el imperio de la vida. La implicación de todo esto es que no podemos querer morir a la vida para regresar al mundo de la muerte. Y esto es dicho de la manera paulina, "No reine, pues, el pecado en vuestro cuerpo mortal".

Por último, el hecho de que el apóstol señala que nuestro cuerpo es "mortal" (THNETOS) significa que hemos perdido la inmortalidad. Implica que este cuerpo ha de morir y que la redención no se ha efectuado en su totalidad. Pero también indica que esa redención está supeditada a nuestra respuesta auto-consciente hacia al Autor de la vida.

> Debe haber un esfuerzo inteligente de parte nuestra por vencer el pecado

Si después de haber nacido de nuevo, nosotros volvemos hacia atrás tratando de vivir como lo hacíamos cuando estábamos bajo el dominio del pecado y la muerte, entonces es muy posible, sino muy seguro de que esa redención no ha de efectuarse en nuestros cuerpos. Y la promesa de la inmortalidad prometida a todos aquellos que aguardan la venida de Cristo, no podrá ser una realidad a menos que se siga el consejo del apóstol de no permitir que el pecado ejerza su dominio sobre nosotros.

6.12 De modo que lo obedezcáis en sus concupiscencias

El pecado no debe ejercer autoridad sobre nosotros bajo ninguna forma, porque ya tenemos un nuevo Amo que es Cristo. El verbo "obedezcáis" (HUPAKOUEIN) dá la idea de escuchar los dictámenes de alguien. Es como si no se pudiera cerrar el oído a las sugerencias del pecado. El pecado siempre está dictando órdenes, nunca pide por favor. El pecado es un tirano que nos esclaviza hasta el punto de la muerte. Por otro lado, el hecho de que el verbo esté en forma infinitiva, parece indicar que este escuchar es constante, contínuo, que no para.

La otra palabra que debemos analizar en esta parte del versículo es "concupiscencia" (EPIDUMIAIS), la cual la encontramos en varias ocasiones en el Nuevo Testamento. La misma tiene el significado de deseos desenfrenados y lujuriosos de carácter sexual. Aunque esta última delimitación no es necesariamente el caso aquí, es interesante que el apóstol usa esta palabra para indicar el tipo de obediencia que el pecado demanda. Pero la expresión implica que el ser es el asiento de las pasiones, y que las mismas hayan su cabida y máxima expresión en y a través del cuerpo y de la mente. En esto no concuerdo con O'Neill quien asevera que es el cuerpo el asiento de estas pasiones,[103] dándole una prerogativa al cuerpo sobre la mente, cuando en realidad Pablo está hablando de la totalidad del ser que obedece al pecado.

El pecado va llevando a la persona poco a poco hasta que la persona termina en un desenfreno sexual que no tiene acabadero. Y eso es lo que ocurre con las personas que rechazan la revelación de Dios como en el capítulo 1; los mismos terminan en un completo desenfreno y liberación de los instintos animales que traemos por

[103] O'Neill, J.C. (1975). *Paul's Letter to the Romans*. (Penguin Books: Middlesex); p. 115.

naturaleza como producto de nuestra separación de Dios cuando Adán pecó y se hizo uno con el demonio.[104]

No debemos obedecer al pecado; no debemos prestar oídos a sus sugestiones, ni a sus palabras, ni a sus insinuaciones. El pecado debe ser rechazado y expulsado conscientemente de la psiqué humana. Debe haber un esfuerzo inteligente de parte nuestra por vencer el pecado. El poder de Cristo está disponible, pero nosotros debemos querer usarlo y aplicar los beneficios de la cruz y de la vida de Cristo en y a nuestra vida diaria.

6.13 Ni tampoco presentéis vuestros miembros al pecado como instrumentos de iniquidad

El "ni tampoco" (MEDE) indica una continuación de la idea primera iniciada en el versículo anterior, lo cual significa que ni el cuerpo ni los miembros del cuerpo deben estar disponibles al pecado en ninguna manera.

El verbo "presentéis" (PARIZTANETE) es un verbo imperativo al igual que el verbo "reine". Este tiene que ver con una sujección voluntaria, mientras que el imperativo del v. 12 tiene que ver con un rechazo inteligente al pecado. Es interesante notar la interacción de las dos cosas, porque en realidad el cuerpo se compone de miembros, pero el hecho de que el apóstol está repitiendo la idea usando verbos imperativos diferentes y aplicándolos a asuntos específicos (cuerpo, miembros), parece indicar que en el v. 12 hay un tipo de rechazo mental, emocional y espiritual al pecado; mientras que en el v. 13, hay una auto-sumisión voluntaria a Cristo que impide que los miembros del cuerpo obedezcan al pecado. También pareciera que uno es consecuencia del otro; es decir, no se pueden poner los miembros bajo la sujección de Cristo, a menos que haya un rechazo inteligente de carácter mental, emocional y espiritual en el corazón y en la mente del creyente. De hecho, mi posición es diametralmente opuesta a la de Morris en este respecto.[105]

---

[104] White, E.

[105] Favor ver Morris, L. (1988). *The Epistle to the Romans*. (Wm. B. Eerdmans Publishing Co.: Grand Rapids); p. 258.

Ahora bien, el acto de presentar los "miembros" (MELE) es de por sí un acto voluntario. No solamente es voluntario, sino que también tiene una connotación levítica. En ninguna parte de la Biblia se habla de que las personas presentan sus miembros a Dios. Sí, se habla de sacrificios humanos presentándose ellos mismos, pero nunca en el contexto de presentar miembro por miembro. ¿Qué quiere decir el apóstol? ¿De dónde sacó él esta idea de presentar los miembros?

La respuesta la encontramos en la Ley levítica. Por ejemplo, en la ley levítica había varios tipos de ofrenda: a) ofrendas por el pecado; b) ofrendas de paz; c) ofrendas expiatorias; d) ofrendas conmemorativas; e) ofrendas de primicias; f) ofrendas llamadas "holocaustos". Cada una de estas ofrendas tenía un propósito definido. Por ejemplo, la ofrenda por el pecado era ofrecida cuando alguna persona había cometido un pecado y necesitaba ser perdonado, usualmente esta ofrenda era hecha con derramamiento de sangre (Lev. 1-4).

La ofrenda de paz era un poco diferente en su naturaleza, la misma era ofrecida cuando una persona quería establecer paz con Dios. En esta ofrenda usualmente se ofrecían las grosuras del animal, es decir, las partes internas del animal y se quemaban sobre el altar. Lo interesante de esta ofrenda es que el énfasis es sobre las visceras del animal que eran quemadas, y todo esto tiene su simbología, pero no hablaremos de esto aquí por razones de espacio.

Las ofrendas expiatorias eran muy similares a las ofrendas por el pecado, la diferencia entre una y otra, es que este tipo de ofrenda (expiatoria) era ofrecida cuando la persona pecaba IGNORANTEMENTE (Lev. 5: 14-19). Es decir, la persona no sabía que estaba cometiendo un pecado, y para ello Dios estableció la manera de que ese pecado cometido en ignorancia fuera perdonado.

También existían las ofrendas recordativas o memoriales como se les llamaba (Lev. 2: 1-11), las cuales eran ofrecidas como recordativos por algún acto poderoso que Dios había hecho; eran un conmemorativo de la misericordia de Dios con ellos.

Habían ofrendas de primicias (Lev. 2: 12-16), las mismas eran ofrecidas cuando la persona quería dedicar lo primero y lo mejor de su fruto (cosecha o hijo) a Jehová. En estas dos últimas ofrendas no existía un sacrificio de sangre, sino que se usaba harina, aceite y otros elementos que encuentran su tipificación en la naturaleza misma de la ofrenda. Por ejemplo, la harina era símbolo del pan. Al ofrecer una ofrenda de harina el pueblo recordaba que Dios era el Sustentador de ellos.

Por último (aunque está de primero), estaban las ofrendas de holocaustos (Lev. 1), la cuales eran ofrecidas únicamente cuando la persona lo deseaba, es decir, tenían que ser de "su voluntad" (Lev. 1: 3). Estas ofrendas no eran requeridas, sino que salían de un corazón agradecido. Estas ofrendas eran ofrecidas cuando la persona se sentía agradecida a Dios por alguna cosa, y la persona venía y ofrecía su ofrenda de holocausto a Jehová de su corazón, Dios no la exigía, sino que tenía que salir del corazón.

¿Cuál es la simbología de ésto si esta ofrenda era voluntaria y salía del corazón?

¿En qué consistía la ofrenda? La ofrenda consistía en que el animal era llevado al altar de sacrificio y era degollado y cada MIEMBRO del animal era puesto sobre el altar del sacrificio para ser presentado a Dios en el fuego. ¿Cuál es la simbología de ésto si esta ofrenda era voluntaria y salía del corazón?

Bueno, la simbología de esto es que el individuo estaba tan agradecido a Dios por sus bondades y su cuidado que simbólicamente (en el animal) <u>él se presentaba asimismo miembro por miembro ante Dios</u>. Era como si estuviera haciendo un voto de consagración a Dios pero de manera voluntaria.

Creo firmemente que a esta figura es que Pablo se está refiriendo en este pasaje cuando nos dice que no debemos presentar nuestros miembros a la "injusticia" (ADIKIAS), porque al hacerlo lo que estamos diciendo es que estamos agradecidos de corazón al pecado por lo que ha hecho por nosotros y esto no puede ser una vez que hemos nacido a la vida nueva en Cristo.

Nos queda analizar la expresión "instrumentos de iniquidad" (HOPLA ADIKIAS). La palabra "instrumentos" (HOPLA) literalmente significa 'arma', casi nunca en literatura griega se usa de manera singular, casi siempre está en plural. Nuestros miembros pueden ser armas en manos del pecado para servir a la "iniquidad" (HAMARTIA) o mejor dicho, pecado.

Sin embargo, una vez que hemos nacido de nuevo en Cristo, es necesario que nuestros miembros (nuestras armas) estén bajo la sujección del nuevo amo y no bajo la dirección y autoridad del reinado del pecado. Tiene que haber un acto voluntario, un esfuerzo auto-consciente, un ejercicio de la voluntad para que esto no ocurra. Es por eso que decimos que si bien es cierto que Cristo nos salvó, no es menos cierto que nos corresponde a nosotros velar para que no perdamos de vista tan grandiosa salvación que Dios nos ha dado en Cristo.

6.13 Sino presentaos vosotros mismos a Dios como vivos de entre los muertos

La expresión es contrastante con la primera parte del versículo, es como si el apóstol dijera: 'Al contrario'. En realidad, eso es lo que quiere decir "sino" (KAI TA), aunque literalmente sería: "sino que". Otra vez el verbo principal es "presentaos" (PARAZTEZATE) que tiene varias connotaciones y el contexto ha de indicar cuál de ellas usar. Por ejemplo, se usaba cuando una persona que era culpable se entregaba a las autoridades para que ellas dispusieran de él, pero este no es el caso aquí.

Este verbo se usaba también de manera técnica para referirse al acto de ir y ayudar a alguien que lo necesitaba; ponerse a la orden de otro. Obviamente este no es el caso tampoco. También era usado para indicar el acto de traer la ofrenda al santuario y presentarla sobre el altar de sacrificio (Rom. 12: 1), lo cual va muy acorde con el contexto de lo que hemos estado mencionando.

Por otro lado, el hecho de que enfatize "vosotros mismos" indica que debe ser una acción voluntaria. Dios no fuerza a la gente a que venga y se presente y se sacrifique por él. No, Dios lo acepta únicamente si es voluntario, si viene "por nosotros mismos". Pero este presentar no es asunto de traerle el bagazo a Dios todo maltrecho y acabado. Este acto de presentarse es un acto viviente de la voluntad humana que de corazón se somete a la voluntad divina.

Este texto va muy acorde con el 12:1 que mencionamos brevemente un poco antes. El sacrificio que Dios acepta es un sacrificio viviente porque él ya nos liberó de los muertos; ya no vivimos más bajo la maldición del imperio de la muerte, sino que caminamos bajo el imperio de la vida.

Una vez que nos presentamos como sacrificios vivientes ante Dios, y lo hacemos miembro por miembro, porque en nuestra mente tomamos la decisión de presentarnos por completo ante Dios, no queda más remedio que usar esos miembros como "armas" o instrumentos de la justicia. Mis sentidos pasan ahora a pelear en el lado del ejército de Cristo. Por lo tanto, si antes usaba mis ojos para ver imágenes que no debía, al encontrarme con Cristo los voy a deleitar recorriendo las páginas del libro sagrado. Si antes usaba mi olfato para oler olores desagradables y me complacía en ellos, ahora que conozco a Cristo me complaceré en oler las fragancias del Santo Espíritu. Si antes disponía de mis oídos para escuchar conversaciones, chistes o música de carácter dudosos, ahora que Cristo me ha encontrado y nos hemos aceptado mutuamente, mis oídos estarán para escuchar la voz de Dios y escuchar palabras ennoblecedoras y altruistas. Si antes usaba mis manos para robar y matar y mis pies para huir de la justicia, ahora que Cristo me hizo nacer de nuevo, los he de usar para bendecir, dar vida y correr a llevar el evangelio de salvación a otros. Y si antes usaba mi lengua para maldecir y quejarme, ahora que Cristo vive en mí, la usaré para elevar, bendecir y ennoblecer a mis congéneres y hablar siempre la verdad.

De esto es que Pablo está hablando aquí en términos prácticos. Él quiere que entendamos que nuestros sentidos son nuestros miembros, y los mismos deben ser "armas" de combate para ser usadas por el Rey del imperio del amor para ganar a otros que necesitan también salir del imperio de la muerte.

6.14 Porque el pecado no se enseñoreará de vosotros

La explicación paulina es tajante: "Porque el pecado no se enseñoreará (KURIEUZEI) de vosotros"; o mejor dicho, "sobre" vosotros. ¿Razón? Ya morimos al pecado y resucitamos a una nueva vida en Cristo, el pecado dejó de ser nuestro amo; dejó de tener autoridad sobre nuestros pensamientos, sentimientos, acciones y motivaciones. Ahora es el Rey de la Vida quien reina. Él es quien manda; él es quien establece las reglas de juego. Nosotros no somos más que marionetas voluntarias (que elegimos la persona que hala las cuerdas) en el teatro de la vida en las manos del bien o del mal.

6.14 Pues no estáis bajo la ley

Aquí hay una expresión que ha sido tan mal entendida y tan mal aplicada, que no sé si mis esfuerzos por traer una balanceada y correcta aplicación de la misma serán suficientes en el poco espacio que tengo disponible para escribir sobre esto. Muchas personas piensan, incluyendo teólogos, que esta expresión es una licencia para pecar.

Algunos argumentan que una vez que se ha resucitado a una nueva vida, la Ley no tiene ninguna validez porque la persona está en Cristo, y como el cumplimiento de la Ley es amor, entonces lo único que debemos hacer es amar a los demás. Los Diez Mandamientos no son relevantes para nosotros, porque estamos bajo la gracia. Morris, por ejemplo, señala que la Ley fue dada con la intención única y exclusiva de hacernos responsables ante Dios trayéndonos el conocimiento del pecado.[106] No estoy seguro si comparto dicha idea de este uso exclusivo de la Ley. Pero analicemos más de cerca dichos reclamos.

La expresión "bajo la ley" (HUPO NOMOS) aparece más de una docena de veces en el Nuevo Testamento, y todas las veces es en los escritos paulinos. Es Pablo quien usa este término exclusivamente para referirse a un aspecto particular de la vida humana como veremos más adelante. Veamos los ejemplos con su equivalente en el idioma original.

- Bajo la Ley (EN TO NOMOS) Rom. 3:19
- Bajo la Ley (HUPO NOMOS) Rom. 6:14.
- Bajo la Ley (HUPO NOMOS) Rom. 6:15.
- Bajo la Ley (HUPO NOMOS) 1 Cor. 9:20 aparece cuatro veces en este versículo.
- Bajo la Ley (EN NOMOS) 1 Cor. 9:21.
- Bajo la Ley (HUPO NOMOS) Gal. 3:23.

---

[106] Ibid., p. 259.

- Bajo la Ley (HUPO NOMOS) Gal. 4:4.
- Bajo la Ley (HUPO NOMOS) Gal. 4:5.
- Bajo la Ley (HUPO NOMOS) Gal. 4:21.
- Bajo la Ley (HUPO NOMOS) Gal. 5:18.

Vemos pues que la expresión "bajo la ley" tiene tres formas distintas en como Pablo la escribió; primero aparece EN TO NOMOS que aparece en Rom. 3:19, pero la misma quiere significar EN LA LEY, y no necesariamente "bajo la ley".

La otra que aparece y que es muy similar es EN NOMOS, en referencia a aquellos que están SUJETOS a la Ley de Cristo, no necesariamente "bajo la ley". Y ya que este es el caso, entonces nos queda analizar HUPO NOMOS (bajo la Ley), la cual es la que se encuentra en el texto en cuestión que estamos analizando. Además, ésta es muy mal entendida por la mayoría, y necesitamos invertir más tiempo en ella. Analicemos cada uno de estos versículos en su contexto para darnos una idea más abarcante de lo que queremos señalar.

El primer ejemplo lo encontramos en 1 Cor. 9:20 donde Pablo dice: "*Me he hecho a los Judíos como Judío, para ganar a los Judíos; a los que están sujetos a la ley* [bajo la ley] *(aunque yo no esté sujeto a la ley* [bajo la ley]*) como sujeto a la ley* [bajo la ley], *para ganar a los que están sujetos a la ley* [bajo la ley]".

Observe bien que Pablo habla de los Judíos y luego se enfoca en otro grupo que él llama "sujetos a la ley" (bajo la ley). Obviamente no está hablando del mismo grupo, porque si Pablo estuviera hablando de la Ley ceremonial, no tendría que repetir lo mismo. Esto parece indicar que Pablo está hablando de dos grupos distintos:

a) los judíos;

b) los que están sujetos a la Ley.

Luego en el verso 21 añade el tercer grupo: "*A los que están sin ley, como si yo estuviera sin ley (no estando yo sin ley de Dios, sino <u>bajo la ley de Cristo</u>), para ganar a los que están sin ley*". Y luego el cuarto grupo es el de los "*débiles*" (v. 22). Entonces tenemos una sumativa de grupos de los cuales Pablo está hablando, y esto comienza a eliminar de por sí la posibilidad de que esté hablando de la ley ceremonial y/o moral. Debe haber algo más profundo que eso que el apóstol quiere dejarnos dicho y debemos analizar a fondo qué quizo él decir.

El segundo ejemplo se encuentra en Gálatas 3:23, y dice: "*Pero antes que viniese la fe, estábamos confinados bajo la ley, encerrados para aquella fe que iba a ser revelada*". Bueno, alguien podría decir: "¿Lo ve? El apóstol está hablando muy negativamente de la Ley de Dios… Para él significa estar preso".

Si se quiere mirar así se puede, pero no hay apoyo contextual para dicha aserción, porque el tema allí es la revelación de la fe, y es la Ley de Dios la que toma el papel de guiarnos a Cristo (v. 24). Si la Ley no nos hubiese guiado, entonces la fe no sería una realidad hoy día (v. 24). Por lo tanto, la Ley tiene su lugar y es necesaria. Pero como en este texto la Ley tiene una connotación en realidad positiva, no podemos aplicar este significado a Rom. 6:14 porque el mismo no cabría.

Tercero, miremos el texto en Gálatas 4:4, y reza así: "*Pero cuando vino el cumplimiento del tiempo, Dios envió a su Hijo, nacido de mujer y nacido bajo la ley*". Si Jesús nació bajo la Ley, ¿significa que el pecado se enseñoreaba (KURIEUZEI) sobre Cristo? Recuerde que el texto en análisis (Rom. 6:14) es que el pecado no reina sobre nosotros porque no estamos BAJO LA LEY, sino bajo la gracia.

Cuando Pablo afirma que Cristo nació "bajo la Ley" (HUPO NOMOS) no significa en lo absoluto que el pecado tenía autoridad alguna sobre él. Y observe usted que es la misma frase griega en ambos casos. Alguno podría decir que tienen significados diferentes, pero la realidad es que no hay mucho espacio para darle un significado distinto cuando en todos los casos significa lo mismo como seguiremos analizando más adelante y veremos el desenlace de esta paradoja.

Cuarto, en Gal. 4:5 encontramos la misma frase dicha en el mismo contexto y reza de la siguiente manera: "*Para que redimiese a los que estaban bajo la ley, a fin de que recibiésemos la adopción de hijos*". De acuerdo con este texto, los que están bajo la Ley no son hijos de Dios. Y si la expresión "bajo la Ley" se

> Cristo nació destinado a morir porque él vino a eso

refiere a la Ley ceremonial o a los Diez Mandamientos, entonces Dios mintió al hacer el pueblo de Israel su pueblo. En realidad, de acuerdo con esta interpretación, los Israelitas NUNCA fueron hijos de Dios ni lo serán mientras sigan guardando la Ley.

Por otro lado, si "bajo la Ley" aquí se refiere a que el pecado se enseñorea y gobierna sobre los que están bajo la maldición de la Ley, entonces tiene sentido que Dios quiera redimirnos y adoptarnos como sus Hijos, porque el significado de la expresión "bajo la Ley" en realidad es "BAJO LA MALDICION DE LA LEY". En otras palabras, cada vez que Pablo usa esta frase con HUPO NOMOS, lo que quiere decir es que nosotros nacimos destinados a morir porque nacimos en pecado y consecuentemente llegamos a cometer actos pecaminoso, y como tales, merecemos la muerte.

De hecho, este es el contexto del cual Pablo habla al comentar sobre Jesús que nació de mujer y "bajo la Ley". Cristo nació destinado a morir porque él vino a eso. Aunque en él no hubo pecado, y de él la Biblia dice que es el único ser que desde el vientre es llamado "santo" (Luc. 1:35), no es menos cierto que él nació también bajo la maldición del pecado que es la muerte. ¿Y saben? La maldición le alcanzó a él también; no porque hubiera pecado ni que el pecado se haya enseñoreado de él, sino porque él tomó tu lugar y el mío para que nosotros pudiésemos ser adoptados y liberados del imperio de la muerte.

Quinto, Gálatas 4:21 corrobora lo que estoy afirmando: "*Decidme, los que queréis estar bajo la ley: ¿No habéis oído la ley?*"; y justo a continuación el apóstol presenta su explicación del evento de Agar y Sara; Ismael e Isaac como una alegoría y concluye hablando de la libertad y de que somos hijos de la libre que era Sara. Entonces lo que Pablo pregunta en este verso, lo pregunta a aquellos que no desean salir del territorio del imperio de la muerte y aceptar a Cristo como el Rey de la vida. La pregunta es dirigida a aquellos que quieren continuar en sus pecados y no prestar atención a los llamados a salir del imperio de la muerte.

Sexto y último texto que analizaremos está en Gálatas 5:18, y dice: "*Pero si sois guiados por el Espíritu, no estáis bajo la ley*". Obviamente que no vamos a estar bajo el dominio del imperio de la muerte porque ahora somos guiados a una nueva vida por el

Espíritu Santo. La expresión es totalmente enfática, si hemos salido del territorio del pecado donde domina la muerte, no podemos ser guiados por el pecado, sino por el Espíritu de Dios. Y esto es lo maravilloso de la gracia divina manifestada en Cristo, que una vez estuvimos en la cárcel del pecado bajo el dominio de la muerte y del mal, y ahora hemos sido liberados por Jesucristo, sacados de la cárcel y andamos libremente, sin temor a ser tomados presos de nuevo, sencillamente porque el Espíritu Santo es quien nos guía.

En conclusión, cuando miramos el texto de Romanos 6:14 que reza: "*Porque el pecado no se enseñoreará de vosotros; pues no estáis bajo la ley, sino bajo la gracia*", realmente lo que nos está diciendo es que el pecado no puede dominar sobre nuestras vidas, emociones, intelecto y corazón, porque hemos salido del territorio donde el pecado reina porque Cristo nos sacó. Y no solamente eso, sino que ya la muerte perdió el derecho a reclamarnos como propiedad suya, porque ahora pertenecemos al reino eterno de la vida eterna en Cristo.

Esto quiere decir que en este texto que estamos analizando la expresión "bajo la Ley" (HUPO NOMOS) no se refiere en lo absoluto a la Ley de Dios *per se*, ni tampoco a la Ley Ceremonial, sino que la expresión más bien significa: DESTINADOS A MORIR, de lo contrario tendríamos serias dificultades para interpretar el texto que dice que la Ley es santa, justa y buena (Rom. 7:12).

¿Por qué decimos que HUPO NOMOS significa "destinados a morir" cuando en realidad lee "bajo la ley"? Sencillamente porque la paga del pecado es la muerte (Rom. 6:23); y el pecado es transgresión de la Ley (1 Juan 3:4). Si pecado es transgredir, quebrantar, romper la Ley, y dicho quebrantamiento trae como resultado muerte, entonces es propio decir que el resultado de romper la Ley de Dios es la muerte. Por tal razón, "bajo la ley"

> "Tus negocios ahora como deudor no son con el enemigo quien pidió tu muerte, sino con el Amigo que te liberó de su poder"

debe significar "destinado a morir" y no otra cosa, de acuerdo al análisis que hicimos del uso de la frase por el apóstol.

6.14 Sino bajo la gracia

Estar "bajo la gracia" (HUPO XARIS) significa sencillamente estar bajo la BENDICION DE LA VIDA. El pecado en cambio nos oprime y nos esclaviza, pero Cristo con su sangre expiatoria nos sacó de esta cárcel, por lo tanto ya no tenemos la maldición de la muerte eterna pendiendo sobre nosotros como una espada oscilante sobre nuestras cabezas, sino que ahora aunque muramos hemos de vivir porque Cristo lo ha prometido; él fue quien murió mi muerte eterna, por lo tanto, ya no tengo que preocuparme por eso, sino que tengo que preocuparme por hacer mi parte como miembro adquirido del imperio de la vida. Moule lo presenta de una forma un tanto poética cuando señala: "Tus negocios ahora como deudor no son con el enemigo quien pidió tu muerte, sino con el Amigo que te liberó de su poder".[107]

Una paráfrasis basada en el significado de la expresión podría ayudarnos a visualizar el punto que traigo a colación: "Porque el pecado no tendrá dominio sobre nosotros; pues no estamos destinados a morir (bajo la Ley), sino a vivir (bajo la gracia)". Es así como debería leer el texto después de encontrar lo que significa.

Entonces encontramos un principio exegético aquí, y es que no necesariamente lo que se lee literalmente es ese el significado. Se hace necesario ver todo el contexto y cada uno de los textos donde una susodicha frase es usada o con fraseología similar para que entonces podamos sacar una conclusión más acertada de cualquier expresión en cuestión.

6.15 ¿Qué, pues? ¿Pecaremos porque no estamos bajo la ley, sino bajo la gracia?

La pregunta misma confirma lo que hemos estado diciendo. El "¿Qué, pues?" (TIS OUN;) tiene que ver con una pregunta interjectiva que indica que la respuesta es obvia. Pablo hace la

---

[107] Moule. H.C.G. (1992). *Yhe Classic New Testament Commentary: Romans.* (Marshall Pickering: London); p. 117.

pregunta: "¿Pecaremos" (HAMARTEZOMEN) porque no estamos "bajo la ley" (HUPO NOMON).

Obviamente que no, porque si fuimos sacados del imperio de la muerte de una forma violenta y sangrienta (a través de la muerte de Cristo), entonces no tenemos licencia para quebrantar la Ley de Dios otra vez, porque la realidad es que andamos guiados por el Espíritu Santo, y hemos pasado de muerte a vida.

Si fuéramos a parafrasear la pregunta para que nos dé más sentido basado en lo que hemos analizado de HUPO NOMON, tendríamos que decir: *"¿Pecaremos porque no estamos destinados a morir (bajo la Ley), sino* [destinados a vivir] *bajo la gracia (HUPO XARIS)?*". ¡Claro que no! Si hemos sido destinados a vivir por la muerte y la resurrección de Cristo, el Rey del imperio de la vida, pecar sería devolvernos a nosotros mismos automáticamente al imperio de la muerte, y la verdad es que ninguno de nosotros que hemos gustado un poco de la grandeza de lo que nos aguarda en el día de la redención, queremos ir de nuevo a dicha cárcel. En otras palabras, el haber sido sacado de la cárcel no es una licencia para cometer actos que puedan ponernos de vuelta en la misma. Al contrario, debería ser una herramienta aleccionadora para que nunca más querramos volver al mundo del cual vinimos, el mundo de la muerte.

Por otro lado, hay quienes quieren deshacerse de la Ley como norma de justicia, bajo el pretexto de que la Ley y la gracia no pueden co-existir. El problema primario con esta idea es que hace ver la eliminación de la Ley como una necesidad para instaurar la gracia. Y no creo que éste sea el caso, pues aquellos que judíos que obedecían la Ley como los discípulos y muchos otros, entonces no pudieron haber vivido bajo la gracia porque todavía eran obedientes a la Ley de Dios. Por esta razón no concuerdo con Leenhardt en su idea de que la muerte de Cristo nos ha liberado del poder de la Ley.[108] En realidad la muerte de Cristo nos liberó del poder del pecado; y si decimos que nos ha liberado del poder de la Ley, entonces tenemos que equiparar Ley con pecado, lo cual es totalmente imposible.

---

[108] Leenhardt, F.J. (1957). *The Epistle to the Romans: A Commentary*. (The World Publishing Company: Cleveland and New York); p. 171.

6.15 En ninguna manera

Ya hemos hablado de esta expresión antes, y hemos dicho que la misma es muy usada por el apóstol en sus escritos para indicar una negación rotunda; un "no" enfático y categórico. La expresión misma es casi una prohibición. Pablo quiere que entendamos que una vez estamos en Cristo, no hay forma, no hay manera de servir al pecado, caer bajo la maldición de la muerte otra vez, a menos que nosotros elijamos de nuestra propia voluntad hacerlo. Y de hecho, la siguiente sección tiene que ver con este concepto, el uso de la voluntad.

6.16 ¿No sabéis que si os sometéis a alguien como esclavos para obedecerle, sois esclavos de aquél a quien obedecéis?

Tenemos cuatro (4) verbos claves en esta declaración, los mismos son: "sabéis" (HOIDATE); "sometéis" (PARIZTANETE); "obedecerle" (HUPAKOEN); "sois" (EIMI). Analicemos estos verbos en el contexto en el cual están y en su construcción gramatical.

> El verbo PARIZTANETE significa "ponerse a la orden de"; indica que existe un ejercicio intrinseco y extrinseco de la voluntad.

Primeramente hablemos del verbo "sabéis" (HOIDATE). Ya habíamos visto que este verbo tiene que ver con la capacidad de percibir, de ver algo con nuestros ojos oculares, pero también con el ojo del entendimiento. Este percibir o ver es mental en su naturaleza. Este verbo no está en presente subjuntivo como aparece traducido, sino que en su forma original dice: "¿No han sabido?".

El hecho de que esta sea la construcción gramatical, es decir, en tiempo perfecto y en el modo indicativo activo, nos indica varias cosas: a) la acción "no han sabido" se refiere a un evento del pasado; b) al estar en voz activa intima que es responsabilidad del individuo saber estas cosas; c) el hecho de que esté en perfecto de indicativo indicando que la acción comenzó en el pasado, pero continúa a través del tiempo.

Esto quiere decir que básicamente la pregunta es dirigida a aquellos que por negligencia o ignorancia han caído en la desgracia del desconocimiento de estas verdades tan elementales acerca del uso de nuestra voluntad con respecto al bien y al mal.

El segundo verbo es "sometéis" (PARIZTANETE). El mismo se encuentra en presente indicativo activo. Lo que ocurre ahora es una acción del presente. A diferencia de "han sabido", este verbo está en presente, pero indica que la acción puede continuar en el futuro. Una traducción más objetiva sería "someten". Ahora bien, este verbo tiene la idea de presentarse ante alguien con el objetivo y la finalidad de ponerse a la disposición o a la orden, y diría: "¿No han sabido que si se someten a...?". En otras palabras, Pablo nos cuestiona sobre lo que nosotros conocemos sobre esta verdad un tanto axiomática.

Pero también, el hecho de que el verbo PARIZTANETE significa "ponerse a la orden de"; indica que existe un ejercicio intrinseco y extrinseco de la voluntad. Es por voluntad propia que el individuo que anda buscando trabajo, por ejemplo, él mismo va y se presenta y se pone a la orden del patrón para hacer cualquier cosa que este le pida. Pablo usa esa figura del lenguaje para indicar la misma acción de los seres humanos y el libre ejercicio de la voluntad. De hecho, esto elimina la posibilidad de una esclavitud compulsoria con respecto a Cristo. Y hablaremos de esto más en detalle en los subsiguientes párrafos.

El tercer verbo es "obedecerle" (HUPAKOEN). La realidad es que en el original esto NO es un verbo, sino un sustantivo femenino en su forma acusativa y en singular; por tal razón debería decir: "obediencia" en lugar de obedecerle. Pero este sustantivo nominalizado en su forma griega conlleva la idea verbal de "poner atención"` "prestar oidos a"; "escuchar atentamente".

El cuarto verbo y último es "sois" (EZTE). El mismo es la forma del verbo ser o estar, y al estar en presente indicativo indica que es la condición del momento, del ahora.

Con todo esto en mente, reconstruyamos la frase: "*¿No han sabido que si* [se] *someten ustedes mismos a alguien como esclavos para obediencia...?*". Aquí y en los demás escritos paulinos que tratan sobre nuestra presente o pasada condición que tiene que ver con nuestra posición al mal o al bien, Pablo usa el término "esclavos" (DOULOS). Alguien que es un siervo, una persona que sencillamente obedece sin preguntar y/o cuestionar la voz de quien le manda.

Esta declaración paulina es difícil de aceptar para muchas personas, sencillamente porque es extremadamente impactante reconocer el hecho de que en realidad no hay personas "desobedientes". Todos los seres humanos son obedientes. "La gracia no significa libertad para pecar. De hecho, ninguno es completamente libre. Cada uno es un esclavo, sea del pecado o de la obediencia. Servir al pecado conduce a la muerte, pero servir a la obediencia resulta en justicia".[109] Esto es lo que Pablo está diciendo. En la mente del apóstol, los impíos o malos son obedientes al pecado, al mal, a la injusticia, a Satanás. En cambio, los buenos o justos son obedientes a la gracia, al bien, a la justicia, a Cristo.

La diferencia entre uno y otro es sencillamente que los esclavos del mal obedecen al mal porque nacieron siendo esclavos con una naturaleza pecaminosa. Los esclavos del bien, deciden ellos mismos escuchar la invitación de Cristo a salir del imperio de la muerte y se someten voluntariamente al nuevo Amo para obedecerle. La expresión "sois esclavos de aquél a quien obedecéis" indica lo que hemos estado diciendo. No existe un punto medio donde el individuo pueda decir que no está siendo "obediente" (HUPAKOE), es decir, escuchando, poniendo atención, poniéndose a la orden de…

Por otro lado "sois esclavos" (EZTE DOULOS) está en el tiempo presente activo como indicamos anteriormente e implica que el individuo de alguna forma, en cada acto de la vida, está obedeciendo al mal o al bien. Kasemann ve en este obedecer el resultado de escuchar el mensaje, sea para el bien o para el mal.[110]

6.16 Sea del pecado para muerte

El esclavo sencillamente obedece. Trabaja y trabaja de manera obediente, pero lo hace por un salario; siempre hay una

---

[109] Mosher, S. (1996). *God's Power, Jesus' Faith and World Mission: A Study in Romans*. (Herald Press: Scottdale); p. 138.

[110] Kasemann, E. (1980). *Commentary On Romans*. (Williams B. Eerdmans Publishing Company: Grand Rapids); pp. 180-181.

forma de pago envuelto en el salario de aquél que trabaja, aún sea éste un esclavo. Es por eso que la expresión "para muerte" (EIS THANATOS) está en su forma acusativa, la cual intima que es resultado de… Todo aquél que es esclavo del mal o del pecado, recibe como salario la muerte. Al final de la jornada, el pago que el pecado ofrece es la muerte, y de hecho, no solo la muerte física, sino la muerte eterna.

6.16 O sea de la obediencia para justicia

El que es obediente al bien, recibe como salario la justicia/salvación/perdón de Cristo de morir la muerte que el pecado ofrece. La sangre de Cristo nos ha comprado en la plaza del mercado (AGORA) de los esclavos. Ahora hemos cambiado de amo; nuestro Amo es Jesucristo una vez que hemos sido comprados con su sangre.

Pero la expresión es muy similar en fraseología a la primera, porque cuando dice "O sea de la obediencia para justicia" (HE HUPAKOE EIS DIKAIOZUNEN), está queriendo decir que el salario que ofrece servir al bien es la justicia. Sin embargo, para ser coherentes con el paralelismo la frase tendría que decir: "O sea de la gracia para justicia". Pero la realidad es que el texto no lee así, sino que el verbo "obedecer" (HUPAKOUETE) está afectando a las dos frases, entonces pasa a ser un verbo copulativo, y el "aquél" (HO) es un pronombre adjetivado en su forma dativa, es decir que puede ser asignado al pecado o a la obediencia o, como en este caso, a ambos.

Por lo tanto, la expresión completa debería decir: """*¿No han sabido que si* [se] *someten ustedes mismos a alguien como esclavos para obediencia, son esclavos de aquél a quien obedecen, sea del pecado para muerte o de la obediencia para justicia?*

6.17 Pero gracias a Dios, que aunque érais esclavos del pecado

El apóstol ofrece un agradecimiento a Dios por esta acción divina de libertarnos del pecado. La expresión "gracias a Dios" (XARIS DE TO DEO) aparece de esta forma únicamente aquí en Rom. 6:17. En otros lugares aparece una frase similar "Mas gracias sean dadas a Dios" (TO DE DEO XARIS –1 Cor. 15:57); "Pero gracias a Dios" (XARIS DE TO DEO –2 Cor. 8:16). Es decir, esta fraseología es común para Pablo, especialmente cuando él habla de lo que Cristo ha hecho, hace y hará por nosotros. En el caso último de 2 Cor. 8:16, la frase está aplicada por lo que Dios hizo en el corazón de Tito, un colaborador suyo en el evangelio.

Ahora bien, la expresión "que aunque érais esclavos del pecado" tiene un verbo central, y el mismo es el verbo "ser". A diferencia del verso 16 donde este verbo está en presente (EZTE), aquí el verbo se encuentra en pasado indicativo imperfecto "eráis" (ETE), lo cual señala algunos detalles:

a) La esclavitud fue un asunto del pasado y no continúa en el presente.
b) La esclavitud es una acción que de alguna manera llegó a ser contínua en el pasado, pero ya no lo es.
c) Indica que algo ocurrió relevante en la vida de la persona que cambió de amo.

6.17 Habéis obedecido de corazón a aquella forma de doctrina a la cual fuisteis entregados

De nuevo aparece el concepto del uso de la voluntad de parte del creyente, porque dice: "habéis obedecido de corazón" (HUPEKOUZATE DE EK KARDIAS). La frase misma indica varios detalles importantes sobre este fenómeno:

- El verbo está en pasado activo, lo cual indica que hubo una acción voluntaria que salió del individuo como respuesta a un estímulo.
- Al mencionar corazón indica que no solamente es una obediencia de carácter intelectual, sino también de carácter emocional.
- El uso de la preposición EK indica que esta respuesta del ahora creyente tuvo su raíz en lo más profundo de su ser y de alguna manera esta respuesta salió a flote.

Ahora tenemos que lidiar con la expresión "aquella forma de doctrina" (TUPON DIDACHES). El vocablo TUPON significa más bien "modelo", "ejemplo", "patrón". Sin embargo, lo que ha sido traducido como "doctrina" (DIDACHES), podría también traducirse como "enseñanza". Entonces la expresión diría: "aquél modelo de enseñanza/doctrina".

Si es así, esto indica que la enseñanza del evangelio es un modelo que todas las generaciones de todos los tiempos pueden seguir y obedecer. La implicación de dicha aserción es que el aspecto cultural es irrelevante ante la presencia del Evangelio; éste es capaz de transformar no solo la sociedad, sino también el corazón de los individuos que la componen.

Y por último, nos falta analizar la expresión "a la cual fuisteis entregados" (EIS HON PAREDODETE), la cual está literalmente traducida, porque este verbo "entregados", es un verbo de carácter judicial; es cuando un fugitivo de la justicia, decide detenerse en su huída y regresa para entregarse por su propia voluntad a la justicia. Nadie le fuerza, nadie le obliga, nace del corazón, es por eso que seguimos enfatizando que Pablo está hablando aquí del ejercicio de la voluntad en lo que se refiere a nosotros al aceptar la invitación de Cristo a pertenecer a su imperio de la vida.

6.18 Y libertados del pecado

Ser libertados del pecado indica que una acción fue hecha por alguien más y no por nosotros mismos. El ser humano no puede libertarse por sí mismo, se necesita de una fuerza o de una persona o de ambas cosas para poder liberarse del problema del pecado. Si nosotros pudiésemos librarnos a nosotros mismos, entonces Cristo no necesitaba morir; su muerte es entonces irrelevante en todos los sentidos.

En esta expresión el verbo principal es "libertados" (ELEUTHERODENTES), el cual literalmente significa "hacer libre a una persona"; y este hacer libre a alguien puede ser de carácter físico, emocional, moral o espiritual e incluso sacar a alguien de algún tipo de corrupción moral. Lo que está ocurriendo aquí es sencillamente que Cristo nos está libertando, haciéndonos libres del pecado en su más profundo significado.

Por otro lado, este verbo está en su forma pasiva, lo cual es un claro indicador de que el ser humano no hizo nada para lograr esta liberación. También está en su forma participia, es decir, fue una acción irrepetible, un evento de una vez que fue completado, acabó y no habrá otro de esa naturaleza y magnitud. También está el verbo en el pasado, indicando que esta liberación es una realidad completada, es responsabilidad del creyente creer que Cristo ya le liberó del problema del pecado. Pero al mismo tiempo me identifico con la idea de Hughes que dice: "En la esclavitud de Dios hay libertad; en la obediencia a Dios hay liberación".[111]

6.18 Vinisteis a ser siervos de la justicia

El "vinisteis a ser siervos" (EDOULOTHETE) que hallamos aquí, significa "llegar a ser esclavo de". Aquí hay algo interesante en este verbo, primero, el verbo está en pasado, lo cual indica que el recipiente primario eran los hermanos creyentes en Roma, de alguna manera ellos habían aceptado esa liberación de Cristo. Segundo, el verbo está en pasivo, lo cual indica claramente que la misma persona o fuerza o vector que influyó en la liberación del pecado, es la misma persona, fuerza o vector que nos hace esclavos o siervos de la justicia.

¿Cuál es la diferencia entre uno y otro? Cuando la persona es esclava del pecado, su salario final es la muerte. En cambio, cuando la persona es esclavo o siervo de la justicia, el resultado final es la vida. Entonces nos encontramos aquí sencillamente con un trueque, con un cambio de amo, un cambio de condición y un cambio de actitud con respecto a la vida y a la muerte. En el primero, somos esclavos de la muerte, nacimos siendo esclavos. En el segundo, se nos liberta del poder de la muerte, pero llegamos a ser esclavos voluntarios de la vida para y por la misma persona que nos liberó de la muerte.

> Una gran parte de los conversos de la iglesia de Roma eran esclavos o habían sido esclavos en algún tiempo

Ahora bien, al decir que somos esclavos de la "justicia" (DIKAIOZUNE), está intimando que esta servidumbre es de un tono moral que sobrepasa nuestra capacidad cognitiva en el sentido

[111] Hughes, R.K. (1991). *Romans: Righteousness From Heaven.* (Crosway Books: Wheaton); p. 134.

de que nosotros no estamos acostumbrados a hacer cosas buenas ni a pensar en cosas buenas, sino que estamos acostumbrados a siempre hacer y pensar en lo malo. Cambiar de amo hace una gran diferencia en nuestra actitud hacia nosotros mismos, nuestros congéneres y hacia Dios.

6.19 Hablo como humano, por vuestra humana debilidad

¿Qué quiere decir el apóstol cuando señala en este contexto "hablo como humano" (ANDROPINON LEGO)? La respuesta es simple, la frase misma lo indica, Pablo quiere hablar ahora en términos conocidos o comunes para los hermanos, es por eso que usa esta expresión. En ninguna forma este texto indica que él está dando su parecer al respecto, sino que Pablo lo que está haciendo es sencillamente usando fraseología y analogía, comparaciones y símiles conceptuales conocidos para explicar este concepto que a primera vista pareciera contradictorio.

Además, debemos pensar en lo que apunta Johnson: "...La metáfora de la esclavitud no es adecuada para describir la relación de la que habla, pero él [el apóstol] necesita un lenguaje suficientemente poderosos para ayudarles a entender el cambio fundamental que se ha llevado a cabo en su condición, y por lo tanto, en su obediencia".[112] Ironside establece similitud con la idea de Johnson de que Pablo está hablando figuradamente, pero que al hacerlo, Pablo "personifica al pecado y a la justicia para que nuestras mentes débiles pudieran entenderlo".[113]

De hecho, él explica porqué, "por vuestra humana debilidad". Esta expresión puede ser traducida también así: "A causa de (DIA TEN) vuestra (HUMON) debilidad (AZTHENEIAN) carnal (TES ZARKOS)". Es decir, por causa de nuestra debilidad en la carne, Pablo tiene que usar un lenguaje simple y entendible que todos pudieran comprender la riqueza de la profundidad de su razonamiento. Y tiene sentido, porque la mayoría de los nombres encontrados en la lista de personas mencionadas en el texto en el capítulo 16, son nombres de

[112] Johnson, L.T. (2001). *Reading Romans: A Literary and Theological Commentary*. (Smyth & Helwys Publishing, Inc.: Macon); p. 109.
[113] Ironside, H.A. (1998). *Romans*. (Loizeaux: Neptune); p. 73.

esclavos, lo cual indica que una gran parte de los conversos de la iglesia de Roma eran esclavos o habían sido esclavos en algún tiempo.

6.19 Que así como para iniquidad presentásteis vuestros miembros para servir a la inmundicia y a la iniquidad

Pablo llega al punto de hablar más directamente y de manera más clara, eso explica su explicación en la primera parte del versículo. Su interés es que nosotros también presentemos nuestros miembros sobre el altar del sacrificio de Dios, de la misma manera en que presentábamos nuestros miembros para servir al pecado. La imagen es muy poderosa para pasarla por alto; la misma apela a los sentidos y a la imaginación, pero también se nota que hay una súplica en el tono de la voz del apóstol.

"Que así como" (HOZPER GAR) podría ser traducido también como: "De la misma manera que". Esto indica una comparación no entre el pecado y la justicia, sino entre quien sirve al pecado y quien sirve a la justicia.

Tenemos que analizar el vocablo "iniquidad" (AKATHARZIA). El mismo tiene que ver con actos de inmoralidad condenados aún por los paganos. Demóstenes, por ejemplo, la usó para referirse a los "motivos impuros" de las personas. Hipócrates el famoso médico griego la usó para referirse a la suciedad física de la persona. Sin embargo, Pablo la usa para hablar de la suciedad moral del pecado que mancha el corazón humano de manera permanente hasta que la sangre de Cristo le lave y le limpie.

El verbo "presentasteis" (PAREZTEZATE) tiene un sinnúmero de usos, pero todos con el mismo sentido: "dedicarse a", o "ponerse a la disposición de". Encontramos que Herodoto la usaba para referirse al acto de 'rendir la voluntad o someterse bajo el dominio de otro'.

Ahora nos queda analizar los vocablos "inmundicia" (ANOMIA) e "iniquidad" (ANOMIAN). Usted notará que para dos vocablos traducidos distintamente, hallamos la misma palabra en casos diferentes. En el caso de ANOMIA, que quiere decir "sin ley", el modo usado es dativo, implicando que existe un estado de anarquía a la cual el individuo ha estado sometido voluntaria o involuntariamente.

La segunda vez que lo encontramos, lo hallamos como ANOMIAN que es traducido como "iniquidad", nos damos cuenta que está en su caso acusativo, indicando que existe una práctica voluntaria del pecado y de la iniquidad por parte del individuo.

Entonces podemos resumir que lo que Pablo está diciendo es que de la misma forma como nosotros una vez nos dedicamos a obedecer al pecado porque tenemos una naturaleza pecaminosa involuntariamente (ANOMIA), es decir, nacimos sin ley, y por ende cometemos actos pecaminosos voluntariamente (ANOMIAN), mejor dicho, quebrantamos la ley, así ahora tenemos que presentar nuestros miembros a la justicia, y de esto hablaremos en breve.

6.19 Así ahora para santificación presentad vuestros miembros para servir a la justicia

El verbo principal en todo el versículo sigue siendo el mismo "presentar" (PARIZTEMI), la diferencia entre el primer uso y el uso que se le dá aquí son dos. En términos de grafía, la diferencia es una vocal. En términos de concepto y de tiempo, la diferencia es del cielo a la tierra.

Por ejemplo, en la primera parte donde el individuo "presenta" (PAR**E**ZTEZATE) sus miembros para servir a la iniquidad, el verbo está en modo indicativo, el cual expresa que la acción se está llevando a cabo por el individuo mismo. En este caso el verbo dice "presentad" (PAR**A**ZTEZATE), que está en modo imperativo, es una orden, aunque la diferencia entre los dos es una vocal.

Entonces, al Pablo poner este verbo en imperativo y no en indicativo cuando nos habla de presentar los miembros a la justicia, lo hace con el claro asentimiento de que ya hemos cambiado de amo. De hecho, esa es la idea primaria, porque los recipientes eran profesos creyentes en Jesucristo en la iglesia de Roma; por lo tanto, el apóstol se siente en la confianza de ordenar a aquellos hermanos a que hagan lo mismo que hicieron con sus miembros (presentarlos) en relación al pecado, ahora hacerlo en relación con la justicia.

Otro vocablo que debemos analizar aquí es "para santidad" (EIS HAGIAZMON). El mismo tiene que ver con el acto de "consagrar, dedicar y apartar para un uso santo y definido". Los linguistas creen que la mejor traducción para esta palabra es "consagración y/o purificación".

Cualquiera que sea el caso, el asunto es que Pablo está ordenando a los hermanos a que presenten sus miembros para la consagración de sus cuerpo, alma y espíritu. De esta manera, nosotros tenemos una responsabilidad que acatar porque la misma es dada a manera de orden. El acto de presentar nuestros miembros es un imperativo "de orden", valga el pleonasmo conceptual, en el cual tenemos que acatarlo porque ahora somos esclavos/siervos de la justicia; por ende, el esclavo sencillamente obedece la voz del amo, pero en este caso el salario nuestro será diferente al salario que la muerte nos ofrece.

6.20 Porque cuando érais esclavos del pecado

Pablo admite y enfatiza que hubo un tiempo cuando el creyente en Cristo fue esclavo del pecado, y lo dice para explicar y abundar más su concepto de este trueque comercial que ocurrió en la cruz del Calvario y que se hace efectivo únicamente cuando el penitente cree en Jesucristo. El verbo "érais' (ETE) nos señala que esta esclavitud fue una realidad del pasado, pero que terminó, acabó y no continúa más.

6.20 Érais libres acerca de la justicia

Es decir, nosotros no teníamos nada que hacer con la justicia. La justicia no podía ordenarnos nada porque nosotros no estábamos bajo su dominio, y de hecho, este es el significado implícito en el adjetivo nominalizado "libres" (ELEUTHEROS). Al estar bajo el dominio del pecado, teníamos libertad con respecto a la justicia. La implicación de esto es la misma que se ha estado hablando, una vez que aceptamos a Cristo y su liberación, tenemos el deber de servirle, **aunque él no nos obliga**. En realidad, "libertad total es una imposibilidad...",[114] pues aunque somos

[114] Bowen, R. (1996). *A Guide to Romans*. (Society for Promoting Christian Knowledge: London); p. 96.

hechos libres del pecado, no podemos comportarnos como queramos porque ahora pertenecemos a un nuevo Amo en un nuevo régimen.

Es importantísimo entender bien este concepto, porque podemos caer en el error de sobre enfatizar una cosa u otra, y la realidad es que Cristo NUNCA nos obliga a servirles, pero una vez que estamos bajo su dominio se nos manda, se nos ordena que debemos obedecer aunque nunca nos obliguen.

Una vez que nos hemos encotrado con Cristo Jesús sentimos verguenza de nuestros actos pecaminosos

6.21 ¿Pero qué fruto teníais de aquellas cosas de las cuales ahora os avergonzáis?

La pregunta es hecha para traer a reflexión el concepto de salario del pecado y el concepto de salario de la muerte que él presentó antes. El vocablo traducido como “fruto” (KARPON) literalmente era usado par referirse al acto de la mujer cuando salía embarazada y nacía la criatura; el resultado de ese embarazo se le llamaba ‘fruto’. De hecho, todavía lo usamos en ese sentido, queriendo significar que el mismo es resultado final de todo un proceso. El mismo NO indica que una vez que la mujer tiene a su bebé nunca más tendrá hijo, sino que KARPON es usado para indicar el resultado del momento y no otra cosa.

Lo que ha sido traducido como “aquellas cosas” sencillamente no aparece en el original hasta aquí. Una traducción más literal del texto sería: “¿Cuál fue el resultado recibido (EIXETE) de lo que ahora (NUN) se averguenzan (EPAIZCHUNEZTHE)?”. Es decir, Pablo hace una pregunta que él sabe la respuesta y la va a dar de inmediato.

Por otro lado, parece que Pablo sabía de varios problemas o pecados que los hermanos cometían antes de haberse entregado a Jesucristo, y no es para menos, porque una vez que nos hemos encotrado con Cristo Jesús sentimos verguenza de nuestros actos pecaminosos del pasado, y nos preguntamos: ‘¿Cómo yo pude haber hecho eso?’.

6.21 Porque el fin de ellas es muerte

Aquí ocurre algo interesante, y es que Pablo no usa KARPON (fruto) para referirse al final último de servir al pecado, sino que usa "fin" (TELOS), el cual tiene el significado singular y único de "consumación". Entonces Pablo nos dice que la consumación final de servir al pecado es la muerte.

Por otro lado, tenemos que analizar la expresión "de ellas" (EKEINON). El traductor de la Reina Valera la extrapoló a la primera parte del versículo en la forma de "aquellas cosas", y lo hizo correctamente, pero estas cosas son en referencia a los actos pecaminosos que analizamos en el verso 19 traducido como "iniquidad" (ANOMIAN) en el caso acusativo. En otras palabras, ANOMIA (sin ley) en el caso dativo se refería en contexto al estado o condición del penitente. Un estado depravado, perdido y de pecado. En el caso acusativo ANOMIAN, se refiere a los actos pecaminosos que las personas en el estado de depravación (ANOMIA) cometen.

Bueno, EKEINON (de ellas) se refiere a esos actos pecaminosos del verso 19, y no necesariamente a la primera parte del verso 21, porque sencillamente no existe en la primera parte del versículo, aunque el traductor lo hubiera hecho correctamente. Hacemos la inferencia porque es necesario que entendamos que si se habla de "actos pecaminosos", entonces EKEINON debería traducirse como: "de ellos", en referencia a los "actos" (masculino). Y de hecho, EKEINON está en su forma masculina, no femenina, lo cual apoya lo que he estado diciendo.

Entonces el resultado final y último, la consumación de nuestro trabajo y servicio al pecado, es la muerte. Entonces eso significa que aquél que no acepta a Cristo se pasará la vida trabajando y sirviendo al pecado, y la recompensa final será morirse sin ninguna esperanza para levantarse otra vez. Ese es un cuadro lúgubre, tétrico y patético de la realidad del pecado, es por eso que Cristo vino a ofrecernos una esperanza de vida. Por lo tanto, el imperativo "presentad vuestros miembros", debe ser obedecido y acatado al pie de la letra, porque al final, el resultado será lo más grandioso que nos haya pasado alguna vez, obtener la inmortalidad, pues ninguno de nosotros, con excepción de Adán y

Eva, hemos gustado de esa parte de la vida, y de hecho, la desconocemos totalmente.

6.22 Mas ahora que habéis sido libertados del pecado

El hecho de iniciar el versículo diciendo "Mas ahora" (NUNI DE), apunta a las opciones que los seres humanos poseemos en Cristo. El uso de dos adverbios (en Español) juntos, como es este caso (de cantidad y de tiempo), indica la importancia de lo estipulado. Y aunque en el original lo que tenemos es un adverbio adjetivado (NUNI) seguido por una conjunción subordinada (DE), los mismos conllevan esa idea en Español.

De nuevo encontramos otra frase participial en este capítulo, y la misma es "habéis sido libertados" (ELEUTHEROTHENTES). La fraseología es casi igual a la del verso 18. En ambos casos se usa el mismo verbo en participio, y en ambos casos el verbo aparece en voz pasiva, indicando que nosotros NO somos los agentes de dicha liberación, sino que somos los recipientes de la misma. Es Dios quien efectuó nuestra liberación en Cristo Jesús.

6.22 Y hechos siervos de Dios

Encontramos nueva vez otro verbo en participio, y el mismo es "hechos siervos" (DOULOTHENTES). Literalmente sería "hechos esclavos", aunque "siervo" es apropiado también y no enfatiza tanto la compulsividad y lo grotesco que puede ser la esclavitud, por eso todos los traductores prefieren usar "siervo" en lugar de esclavo.

Al estar el verbo en pasivo, indica que no fuimos nosotros quienes nos hicimos siervos de Cristo por nuestra propia cuenta, sino que el agente de esta servidumbre a Dios es el mismo que nos liberó del pecado. Enfatizamos otra vez que lo que está ocurriendo aquí es sencillamente un cambio de amo.

Lo interesante de este texto es que ahora el contraste no es entre pecado y justicia, o pecado y gracia, sino entre pecado y Dios; de esta manera, el pecado pasa a tener una condición metafórica, donde para no mencionar a Satanás, Pablo parece tener preferencia por el uso de la frase "el pecado"; pero lo hace de una manera artística poniéndolo de contraste con Dios mismo. Satanás es el pecado personificado.

6.22 Tenéis por vuestro fruto la santificación

Los verbos cambian de pasado participio pasivo a presente indicativo activo. ¿Qué está ocurriendo? Sencillamente que una vez hemos sido recipientes de la liberación del pecado y hechos siervos de Dios, es un resultado natural del creyente obtener la santidad, por eso el apóstol usa KARPON de nuevo para referirse al fruto, y no usa TELOS que significa "fin".

La santidad del creyente es el producto temporal de un proceso que fue iniciado por Dios en Cristo, pero nos corresponde a nosotros ir a través del proceso y dar a luz, parir (si se quiere metafóricamente) la santificación. Dios es quien forma la criatura en el vientre de todas las madres del mundo; es por la intervención divina que se forman todos sus huesos y se delinean todas las facciones que han de identificar al nuevo ser genética y físicamente; sin embargo, Dios no va a parir por la mujer que está encinta, es la mujer misma que tiene que ir a través de todo el proceso, hasta que engendra, dá a luz el fruto de esa concepción.

6.22 Y como fin, la vida eterna

Para indicar el fin, la consumación final de la vida del creyente en Cristo, Pablo usa TELOS en lugar de KARPON. Insisto en que este uso es deliberado. La santificación es un fruto (KARPON) temporal mientras vamos por esta vida, pero la "vida eterna" (HOEN AIONION) es para el cristiano la consumación final (TELOS) de todas las cosas. Schreiner dice que quienes han sido liberados del poder del pecado, deben ser santos para experimentar la vida eterna.[115] Es el resultado final de la santificación del creyente en Cristo. Esto nos lleva a señalar varios detalles implícitos en esta diferenciación entre uno y otro hecha por Pablo:

- Cuando el creyente ha sido liberado del pecado, pasa a ser propiedad de quien le compró.
- El pecado no libera a sus criaturas.

[115] Schreiner, T.R. (1998). *Romans*. (Baker Books: Grand Rapids); p. 341.

- El resultado temporal del pecado son actos pecaminosos (ANOMIAN).
- El resultado final de esos actos pecaminosos es la muerte (THANATOS).
- Al ser hechos esclavos/siervos de Dios, nuestro fruto (KARPON) temporal es la santificación (HAGIAZMON).
- La consumación final (TELOS) de esa santificación es la vida eterna (HOEN AIONION).
- El salario/pago final y definitivo del pecado es la muerte.
- El salario/pago final y definitivo de la justicia es la vida eterna.

Si esto es así, entonces el paralelismo a través de todo el capítulo está basado <u>en el resultado</u> de ambos patrones que reclaman obediencia. En el pecado, es la muerte, y en Dios es la vida eterna. La vida inmortal, la devolución de lo perdido por el hombre en el Jardín del Edén. Nos toca a nosotros decidir a quién queremos servir, y es aquí donde el ejercicio de la voluntad se hace imperante. Es necesario ejercer nuestra capacidad volitiva al máximo, y yo espero que sea en favor de la Justicia y no del pecado.

6.23 Porque la paga del pecado es muerte

La conclusión es inevitable, uno (la muerte) y otro (la vida eterna) son resultados finales y definitivos que son dados a los seres humanos basados en su elección. Dios no puede elegir por nosotros, nos corresponde a nosotros de manera soberana ejercer esta capacidad volitiva en su máxima expresión, ¿porqué digo en su máxima expresión? Porque en ambos casos hay que presentar los miembros, es decir, el todo para servir a uno o al otro.

Ahora bien, al decir "paga" (OPSONIA), Pablo introduce un término que no ha usado, pero que está implícito en toda la argumentación del capítulo 6. Este sustantivo nominativo neutro está en plural en el original. Traducirlo en su forma pluralizada al Español sería un problema, pienso, porque "paga", "salario", "recompensa", son todos términos cuyo valor neto puede ser plural, pero se expresa de forma singular. Sin embargo, la idea sigue siendo la misma, se recibe una paga, un salario o una recompensa en la consumación de todas las cosas por servir al pecado o a Dios.

Es interesante notar que este término es puesto en neutro, y al estar en su forma neutra, se puede aplicar a "muerte" que está en masculino, o a "vida" que está en femenino, ó como en este caso, A AMBOS, pues tanto "muerte" (THANATOS) como "vida" (HOEN), están en caso nominativo, por tal razón se puede aplicar a ambos y no hay ningún problema.

6.23 Mas la dádiva de Dios es vida eterna en Cristo Jesús Señor nuestro

El "mas" (TO DE) aquí puede ser traducido como "sin embargo", "no obstante". Al mencionar "dádiva" (CHARISMA), está hablando de un don inmerecido, de un favor no pedido, de una manifestación de bondad no solicitada, es un regalo Divino. Eso es lo que Dios ha hecho con nosotros, Dios nos ha dado su CHARISMA a través de Jesucrito.

Jesús ofrece como salario temporal la santificación de nuestras vidas, es decir, el ennoblecimiento y el desarrollo armonioso de las virtudes que Dios nos ha conferido, y la restauración de la imagen de Dios en el hombre

Por otro lado, al decir "es vida eterna" (HOE AIONIOS), está cambiando ligeramente la fraseología usada en el verso anterior. La traducción más literal sería "vida eternal", por ser un adjetivo nominalizado, que en el caso del versículo anterior es un adjetivo, pero no está nominalizado. También, el verbo "es" no existe en el original; entonces una traducción más apropiada del texto sería "No obstante, el regalo de Dios vida eternal…"

Ahora bien, al señalar específicamente que ese regalo Divino es la vida eternal "en Cristo Jesús" (EN CHRISTO IEZOU), el apóstol usa una fórmula pactual legal. Primero presenta el título del Dador (Cristo), y luego presenta el nombre (Jesús). Esto obedece a su interés en enfatizar que lo que Dios ha hecho por nosotros a través de su Hijo, él lo hizo en virtud de su autoridad conferida y en virtud de su carácter. De hecho, el título siempre manifiesta la autoridad del individuo, mientras que el nombre (en la Biblia), ejemplifica el carácter de quien posee dicho título.

Luego, al mencionar específicamente "en" (EN), lo hace explícitamente con esta preposición que es usada un sinnúmero de ocasiones en la Biblia, y la misma significa sencillamente que fuera de él no es posible obtener el regalo de Dios y por ende, la vida eterna.

Una última consideración nos falta por hacer con respecto a esta fórmula pactual usada por el apóstol, y es la expresión "Señor nuestro" (TO KURIO HEMON). Esta expresión puesta exactamente al final de toda la argumentación hecha con asunto de esclavitud y amos o patrones, y colocada dentro de la fórmula pactual es altamente significativa.

La razón es sencilla, y es la que hemos estado analizando: la transacción comercial que ocurrió en la cruz del Calvario, donde los poderes del mal perdieron autoridad sobre sus esclavos, los humanos, porque Cristo nos compró con su sangre, halla su cumplimiento en que nosotros pasamos a ser propiedad exclusiva de este nuevo Amo, Cristo Jesús.

La diferencia entre Satanás y Jesús con respecto a nosotros es totalmente marcada, y podríamos escribir todo un libro solamente para hablar de sus diferencias de carácter, pero en lo que respecta a este contexto, Satanás solamente nos ofrece como salario temporal la denigración del carácter y del cuerpo, y en la consumación de todas las cosas la destrucción final a través de la muerte eterna. Mientras que en cambio, Jesús ofrece como salario temporal la santificación de nuestras vidas, es decir, el ennoblecimiento y el desarrollo armonioso de las virtudes que Dios nos ha conferido, y la restauración de la imagen de Dios en el hombre; y en la consumación de todas las cosas nos ofrece lo que una vez perdimos, la inmortalidad. Nos permite vivir su vida y disfrutar de todo lo que él posee eternamente. Ese es el Amo del imperio de la vida.

COMENTARIO DEL CAPITULO SIETE

1 ¿Acaso ignoráis, hermanos (pues hablo con los que conocen la ley), que la ley se enseñorea del hombre entre tanto que éste vive?
2 Porque la mujer casada está sujeta por la ley al marido mientras éste vive; pero si el marido muere, ella queda libre de la ley del marido.
3 Así que, si en vida del marido se uniere a otro varón, será llamada adúltera; pero si su marido muriere, es libre de esa ley, de tal manera que si se uniere a otro marido, no será adúltera.
4 Así también vosotros, hermanos míos, habéis muerto a la ley mediante el cuerpo de Cristo, para que seáis de otro, del que resucitó de los muertos, a fin de que llevemos fruto para Dios.
5 Porque mientras estábamos en la carne, las pasiones pecaminosas que eran por la ley obraban en nuestros miembros llevando fruto para muerte.
6 Pero ahora estamos libres de la ley, por haber muerto para aquella en que estábamos sujetos, de modo que sirvamos bajo el régimen nuevo del Espíritu y no bajo el régimen viejo de la letra.
7 ¿Qué diremos, pues? ¿La ley es pecado? En ninguna manera. Pero yo no conocí el pecado sino por la ley; porque tampoco conociera la codicia, si la ley no dijera: No codiciarás.
8 Mas el pecado, tomando ocasión por el mandamiento, produjo en mí toda codicia; porque sin la ley el pecado está muerto.
9 Y yo sin la ley vivía en un tiempo; pero venido el mandamiento, el pecado revivió y yo morí.
10 Y hallé que el mismo mandamiento que era para vida, a mí me resultó para muerte;
11 porque el pecado, tomando ocasión por el mandamiento, me engañó, y por él me mató.
12 De manera que la ley a la verdad es santa, y el mandamiento santo, justo y bueno.

13 ¿Luego lo que es bueno, vino a ser muerte para mí? En ninguna manera; sino que el pecado, para mostrarse pecado, produjo en mí la muerte por medio de lo que es bueno, a fin de que por el mandamiento el pecado llegase a ser sobremanera pecaminoso.

14 Porque sabemos que la ley es espiritual; mas yo soy carnal, vendido al pecado.

15 Porque lo que hago, no lo entiendo; pues no hago lo que quiero, sino lo que aborrezco, eso hago.

16 Y si lo que no quiero, esto hago, apruebo que la ley es buena.

17 De manera que ya no soy yo quien hace aquello, sino el pecado que mora en mí.

18 Y yo sé que en mí, esto es, en mi carne, no mora el bien; porque el querer el bien está en mí, pero no el hacerlo.

19 Porque no hago el bien que quiero, sino el mal que no quiero, eso hago.

20 Y si hago lo que no quiero, ya no lo hago yo, sino el pecado que mora en mí.

21 Así que, queriendo yo hacer el bien, hallo esta ley: que el mal está en mí.

22 Porque según el hombre interior, me deleito en la ley de Dios;

23 pero veo otra ley en mis miembros, que se rebela contra la ley de mi mente, y que me lleva cautivo a la ley del pecado que está en mis miembros.

24 ¡Miserable de mí! ¿quién me librará de este cuerpo de muerte?

25 Gracias doy a Dios, por Jesucristo Señor nuestro. Así que, yo mismo con la mente sirvo a la ley de Dios, mas con la carne a la ley del pecado.

Introducción

A menudo hemos teologizado mucho sobre la Ley, sencillamente porque no queremos aceptar lo que ella prescribe, o porque carecemos del poder para vivirla. Entonces el problema es más bien en la psiqué humana que se rebela en contra de lo que es bueno, puro y santo. Por otro lado, hay quienes ven en la Ley el medio de salvación o el pasaporte de entrada al cielo (tal como ocurrió con el pueblo Judío), cuando en realidad se están engañando asimismos. Otros ven la salvación divina en dos dimensiones:

1. Salvación a través de la Ley, exclusiva para los Judíos.
2. Salvación a través de la gracia para toda la humanidad.[116*]

De esta manera, ponen a Dios en una posición arbitraria y caprichosa que presenta dos medios de salvación distintos. La implicación de dichas aserciones es que Cristo no murió por todo el mundo, y que en su muerte excluyó a los Judíos, lo cual a mi entender, no tiene ningún sentido ni validez bíblica.

La Ley es también un instrumento usado por Dios para mostrar al universo cuán pecaminoso es el pecado, y no solamente eso, para que sirviera como una guía de referencia para justificar o condenar al hombre en el juicio. Badenas lo dice de esta manera: "Es evidente que la ley no se dictó para condenar, pero si la convertimos en nuestro único criterio de referencia, nos sentiremos siempre bajo su condenación, porque jamás la cumpliremos perfectamente por nosotros mismos".[117]

La Ley de Dios cumple así ciertas funciones primigenias y válidas que deben ser analizadas en su contexto:

- ✓ Expresa la voluntad divina.
- ✓ Muestra la nobleza del ideal de Dios para con nosotros.
- ✓ Hace ver al pecado en toda su crudeza.

---

[116] Richardson, A. –Ed- (1969). *A Dictionary of Christian Theology*. (Westminster: Philadelphia); p. 97.

[*] Las notas bibliográficas de este capítulo comienzan en la página 390.

[117] Badenas, R. (1998). *Más Allá de la Ley*. (Editorial Safeliz: España); p. 247.

✓ Produce frustración Psicológica.[118]

Visto de esta manera, la Ley de Dios encaja perfectamente dentro de un marco referencial de relación. Es la relación entre Dios y su pueblo lo que se rompe cuando quebrantamos su Ley. De hecho, la teología de ese tiempo enseñaba que el pecado es "transgresión de la ley"; pero la realidad es que el pecado es mucho más que transgredir un código, es violar una relación de fidelidad, respeto mutuo, amor y amistad. Badenas añade: "La ley, por un lado, ilumina la conciencia y, por otro, es incapaz de purificarla".[119] Cuando se rompe esta relación se produce una contaminación de la conciencia y la misma necesitaría purificación, mas no corresponde a la Ley tal función, sino al inmaculado Jesucristo.

Como la función de la Ley es más bien iluminar, enseñar, tutorear, entonces la Ley de Dios debe ser vista en este capítulo en tres dimensiones:

a) La experiencia misma de Pablo previa a su conversión.
b) La acción liberadora de la Ley cuando se vive en el Espíritu.
c) La acción esclavizante de la Ley cuando no tenemos poder para obedecerla.

> Este acto divino de promulgar un código constitucional y a la vez espiritual para regir no solamente la nación de Israel, sino a toda la humanidad, es un acto de amor

Hay que recordar también, que la Ley es soberana porque, como dijimos, expresa la voluntad de Dios.[120] Es por eso que me alineo con Noth cuando declara que la razón de ser de la Ley dada a Israel, no se apoya en la constitución y origen

[118] Ibid., pp. 245-246. No estoy seguro si concuerdo con Badenas en este punto, pero obviamente tiene algo de verdad.

[119] Ibid., p. 241.

[120] Ibid., p. 243.

de un pueblo, sino en la voluntad misma de quien fue el Inspirador y Promulgador de dicha Ley, en este caso, Dios.[121] No obstante, al mismo tiempo la Ley es socia de la gracia, y ambas deben andar de mutuo acuerdo para poder complementarse y salvar al hombre;[122] "La misericordia y la paz se encontraron, la justicia y la paz se besaron…", obviamente que hay una relación íntima entre ambas, tanto que el salmista lo expresa de esta manera tan romántica y a la vez poética.

Este acto divino de promulgar un código constitucional y a la vez espiritual para regir no solamente la nación de Israel, sino a toda la humanidad, es un acto de amor. Un amor que se interesa en proteger a los súbditos. Mendenhall dice que la Torah se presenta como un pacto y tratado al estilo Hitita, donde el Dios soberano establece una relación pactual con su pueblo.[123]

Por otro lado, revisando los diferentes comentaristas para escribir este capítulo, he encontrado que algunos de ellos creen que Pablo se contradice asimismo en sus alocuciones, además de que existe la idea de que las leyes farónicas (Egipcias) tuvieron una gran influencia en los principios formulados en la ley Mosáica.[124] Por tal razón, el resultado es que terminan descartando la inspiración divina y la teología paulina como bíblica y balanceada.[125] Cuando en realidad la Ley lo que hace es invitar y seducir a los súbditos para que practiquen la santidad a través de un proceso ético moral.[126] La Ley nunca invita a sus vasallos a que vengan y encuentren purificación en su observancia. Es Cristo

---

[121] Noth, M. (1981). *A History of Pentateuch Tradition.* (Scholar Press: Chico, CA). Citado por Badenas en su libro "Más Allá de la Ley, p. 34.

[122] En este respecto no estoy de acuerdo con Badenas, pues él dice que la Ley es "sierva" de la gracia, lo cual a mi entender no es posible, basado en la figura usada por el salmista.

[123] Mendenhall, G.E. (1954). *Law And Covenant In Israel and the Ancient Near East.* Biblical Arqueologist 17; pp. 26-50.

[124] Pflugër, K. Journal of Near Eastern Studies. *Edicto del Visir*, Octubre, 1946; pp. 260-276.

[125] Favor ver a Raisanen, . (1986). *Paul and the Law.* (Fortress: Philadelphia). Casi todo el libro es una apología para mostrar las contradicciones paulinas.

[126] Vera Dufour, X.L. (1977). *Diccionario del Nuevo Testamento.* (Cristiandad: Madrid); p. 395.

Jesús quien personalmente hace esta invitación en Mateo 11: 28-30.

Por esta y otras razones que expondremos más adelante es que este capítulo no debe ser usado para debatir la validez de la Ley, ni tampoco para indicar que es imposible obedecer la Ley que Dios nos ha dado, porque si Pablo mismo dice que no podía hacerlo, entonces ¿qué nos queda a nosotros?

Sin embargo, notamos que en realidad, la muerte de Cristo es la garantía del cristiano de que es posible obedecer la Ley únicamente estando en Cristo. Si la muerte de Cristo no tiene poder para hacernos obedientes, especialmente si deseamos servirle de corazón y si hemos cambiado de amo, entonces por demás murió Cristo.

En este capítulo veremos la importancia de encontrar un balance entre la Ley y la voluntad. El capítulo está destinado a poner la Ley de Dios bajo la perspectiva correcta, pero al mismo tiempo ejemplificarnos cómo la voluntad del individuo trabaja en armonía o en desarmonía con la Ley de Dios.

De hecho, en todo el capítulo no se menciona la palabra "justicia" ni una sóla vez. En todo el libro la palabra "justicia" es mencionada en cada capítulo, excepto en este. ¿Por qué? Veremos también que la razón de este cambio específicamente aquí, es para que el lector u oyente nisiquiera se imagine que la función de la Ley de Dios es ofrecer algún tipo de justicia al perdido corazón humano. La función de la Ley será analizada por Pablo y llevada hasta su más consumada expresión, pero nunca con la finalidad de indicar que puede brindarnos justicia. El capítulo siete puede ser subdividido de esta manera:

- ✓ La pregunta que abre el argumento (v. 1).
- ✓ Analogía de matrimonio (vv. 2-3).
- ✓ Explicación y aplicación de dicha analogía (vv. 4-6).
- ✓ Implicaciones teológicas del uso o misuso de la ley (vv. 7-12).
- ✓ Reflexiones personales sobre la Ley (vv. 13-14).
- ✓ Presentación de la solución del problema (v. 25).

7.1 ¿Acaso ignoráis hermanos (pues hablo con los que conocen la ley)

La pregunta no es de carácter retórico, sino de carácter inquisitivo, y si se quiere, irónica. Pablo quiere traer a los hermanos la perspectiva correcta del uso de la Ley. Y para ello pregunta si los hermanos ignoran que la Ley gobierna sobre el hombre mientras éste está vivo..

El verbo "ignoráis" (AGNOEITE) significar 'no tener conocimiento sobre alguna cosa', 'estar en el error a causa de la ignorancia'; el mismo viene de GNOSIS, que significa tener conocimiento, saber alguna cosa. Luego, el apóstol les llama "hermanos" (ADELFOI), queriendo intimar no la relación consanguínea, sino la relación racial y o espiritual. Y es como menciona Beet, que el principio involucrado en esta aseveración es que se aplica a cualquier tipo de conducta autoritativa o en autoridad; por lo tanto, no podemos inferir de este versículo que los lectores u oyentes de Pablo eran exclusivamente Judíos.[127]

Por otro lado, él especifica que su próxima alocución está dirigida específicamente a los que "conocen la ley" (GINOZKOUZIN GAR NOMON), queriendo dar a entender que es a este grupo específico que Pablo se está dirigiendo primariamente. Entonces esto nos lleva a concluir que Pablo dirige sus misiles hacia aquellos que se ufanaban en saber la Ley, que eran entrenados en teología, aquellos que la interpretaban y la enseñaban al pueblo. Sin embargo, esto no quita en lo absoluto el pueblo común, pues la mayoría de las personas sabían lo que la Ley requería aunque no eran entrenados teológicamente.

De hecho, para poder distinguir una clase de lectores u oyentes de otros, se requiere que el artículo esté en su forma dativa, lo cual no ocurre aquí. Por lo tanto, una mejor traducción sería: "Hablo con aquellos entre ustedes que conocen la ley".[128]

También, al decir "hablo" (LALO), y colocar el verbo en presente indicativo, parece señalar que su interpretación de la Ley es nueva, atractiva y única. Me dá la impresión que Pablo va a

---

[127] Beet, J.A. (1995). *Beet;s Notes on Romans Through Colossians & Philemon*, Vols. 1-4. (The Ages digital Library Commentary: Albany); p. 174.

[128] Hodge, C. (1995). *Commentary on Romans*. (The Ages digital Library Commentary: Albany); p. 331.

introducir elementos interpretativos no conocidos por los teologos de su tiempo, y con ellos va a colocar la Ley bajo la perspectiva correcta con respecto a la salvación.

7.1 ¿Que la ley se enseñorea del hombre en tanto que este vive?

Pablo está partiendo de su conclusión del capítulo seis, donde el que sirve al pecado recibe como paga la muerte; y el que sirve a Dios, recibe como salario la vida eterna. La implicación de tal arreglo y contraste conceptual, es que mientras se está bajo la mano de un amo, sea el pecado o sea la justicia, se está muerto para el otro amo.

Entonces, no podemos tomar este texto de manera metafórica en el sentido primario, sino que la muerte (el tema implícito en el texto mismo) de la cual habla aquí es de carácter físico. Cuando la persona muere literalmente, no tiene ningún compromiso ni con el pecado ni con la justicia. Allí mismo terminaron todas las responsabilidades que uno y otro exigen.

Si en cambio, se toma la muerte como algo espiritual, entonces los que han pasado del imperio de la muerte hacia el imperio de la vida a través del sacrificio expiatorio de Cristo confrontan el dilema de que están bajo el dominio de la Ley de Dios, pues la Ley de Dios es la norma por la cual el imperio de la vida se rije.

Es muy interesante ver que cuando el apóstol enfatiza este hecho con respecto al imperio de la vida, nunca dice "bajo la ley" (HUPO NOMON), es decir, "bajo la maldición de la Ley", sino que usa el verbo "enseñorea" (KURIEUEI), que literalmente es gobernar, ejercer autoridad sobre... En el caso de "bajo la ley", la Ley no gobierna, sino que establece qué tipo de pecado es el que se ha cometido y la penalidad por el mismo. En el caso de "enseñorear" establece cómo sus súbditos han de comportarse en su conducta interna y externa.

Mientras el hombre vive, sea física o espiritualmente, la Ley de Dios gobierna sobre el hombre. Si en el caso de la vida físican (pero sin Cristo), la Ley gobierna desde la perspectiva de indicar la transgresión cometida y exigir la penalidad por dicho pecado; entonces en el caso de la vida espiritual, la Ley gobierna desde la perspectiva de indicar no la transgresión, sino el estilo de vida que el nuevo miembro del imperio de la vida tiene que llevar.

Pablo quiere traernos de vuelta a que entendamos claramente cuál es el rol de la Ley en ambos casos. Esto parece indicar que el papel de la Ley es tripolar: a) muestra el pecado como un espejo; b) exige penalidad por la transgresión; c) dicta el estilo de vida del creyente.

7.2 Porque la mujer casada está sujeta por la ley al marido mientras este vive

No sabemos porque Pablo cambia de sujeto, es decir, de "hombre" (ANTHROPOS) a "mujer" (GUNE). Quizás porque este contrato, este compromiso hecho ante Dios para toda la vida es el que mejor refleja la relación del cristiano con Jesucristo. La idea es clara y contundente: la "mujer casada" (HUPANDROS) está "sujeta" (DEDETAI) por la ley al "marido" (ANDRI) mientras este "vive" (HONTI).

¿Estaría la mujer sujeta al marido mientras este vive? ¿Pareciera que Pablo está promoviendo aquí la poligamia?

Una cosa es segura en esta primera parte del pasaje, y es que el entendimiento del apóstol sobre el matrimonio es que una vez el hombre se une en matrimonio a la mujer, solamente la muerte debe separarlos. De acuerdo con este pasaje que Pablo usa para establecer una verdad mística y trascendental, no debe haber ningún tipo de separación, a menos que no sea por causa de muerte.

En este caso en particular atribuye a la mujer el hecho de que ella es la que está sujeta al marido mientras este vive. Esto crea ciertos problemas si se toma fuera de su contexto y del entendimiento de las Escrituras y de la re-intepretación de este asunto hecha por Cristo. ¿Qué si el hombre decide buscar a otra mujer? ¿Estaría la mujer sujeta al marido mientras este vive? ¿Pareciera que Pablo está promoviendo aquí la poligamia? A simple vista dá esa impresión, porque en tiempos antiguos (no en el tiempo apostólico) esto era un asunto de primera categoría.

Creo firmemente que la razón por la que Pablo usa la analogía de la mujer "sometida" a su marido, es por lo que menciona Finger, que las muchachas se casaban bien jóvenes (entre 15-18 años), mientras que los varones eran más o menos 10 ó 15 años más viejos; por tal razón, la relación era más de padre-hija que de esposo-esposa.[129]

Además, ¿está Pablo partiendo de la asunción de que la relación es únicamente entre un hombre y una mujer que se aman y que no existe ningún vestigio de una tercera persona envuelta en la ecuación? Estas son preguntas que no sabemos si tenemos las respuestas más apropiadas, pero siguiendo la lógica de la argumentación seguramente encontraremos una manera balanceada y bíblica de mirar esta problemática. Quiero pensar que Pablo se está refiriendo a la pareja que se ama y que no hay una tercera persona envuelta en su círculo de amor.

7.2 Pero si el marido muere, ella queda libre de la ley del marido

Existe un condicional "pero si" (EAN DE) que también puede ser traducido como "aunque". El uso del verbo morir es el mismo "muere" (APOTHANE), que quiere decir el cese de la vida y la existencia en el mundo de los vivientes. Luego señala que la mujer queda "libre" (KATERGETAI), es decir 'sin empleo', así se traduciría literalmente este verbo. Pero aquí significa "libre", "suelta", "en libertad" de ir a buscar a otro empleador o empleo.

Esto lleva a pensar que Pablo está hablando aquí específicamente de una pareja normal que se ama, en donde el marido es un fiel representante de Cristo, y donde la mujer visualiza fielmente el rol de la iglesia como la esposa de Cristo. No creo personalmente que Pablo tiene en mente ninguna situación marital anómala, sino una situación marital normal, saludable y dentro de los parámetros edénicos.

7.3 Así que, si en vida del marido se uniere a otro varón, será

[129] Finger, R.H. (1993). *A Simulation: Paul And the Roman House Churches*. (Herlad Press: Scottdale); p. 113.

llamada adúltera

No hay vueltas en la situación, si el marido está vivo, es decir, con "vida" (HONTOS), y ella se "uniere" (GENETAI) a otro hombre, obviamente la mujer "será llamada" (CHREMATIZEI) "adúltera" (MOICHALIS). Esta expresión paulina es contrastante con las prácticas antiguas que penalizaban a la mujer por tan solo ser *sospechosa* de adulterio. De hecho, en Babilonia y Asiria a la mujer sospechosa de adulterio se le tiraba al río, y si lograba salir sana y salva, entonces era considerada inocente.[130] De todas maneras, no creo que ése sea el caso aquí.

El verbo "será llamada" (CHREMATIZEI) también puede ser entendido como 'será contada como'. El mismo está en futuro indicativo activo, queriendo intimar que la mujer no es llamada o no es contada como adúltera hasta que se úne a otro varón teniendo su marido vivo (que suponemos está siendo fiel a la relación).

Ahora bien, la palabra usada para "adúltera" (MOICHALIS) literalmente significa "infiel", pero este tipo de infidelidad no es común, sino es el tipo de infidelidad de carácter netamente sexual. Pablo es prístino con la idea, y no presenta ningún margen para interpretaciones personales, la mujer no debe ser infiel a su marido mientras este vive.

7.3 Pero si su marido muriere, es libre de esa ley

La conclusión es inevitable, Pablo está haciendo una analogía y está usando esta situación del matrimonio para ejemplificar lo que a continuación él va a argumentar. De nuevo encontramos el condicional "pero si" (EAN DE), lo cual indica claramente que hay cierto margen para separarse dentro de lo que la Ley prescribe, es decir, la muerte.

Por eso dice si su "marido muriere" (APOTHANE HO ANER), lo cual intima que es posible para el marido morir, entonces ella quedará libre de esa ley; no hay maneras de interpretar lo contrario. Achtemeier preguntaba: "Mi muerte, ¿me pondrá fuera del alcance de la ley?". Y él mismo responde: "Por supuesto que sí…".[131]

---

[130] Código de Hammurabi, 2:132; Código Asirio, 17.

[131] Achtemeier, P.J. (1985). *Romans*. (John Knox Press: Atlanta); p. 114.

Por otro lado, las feministas tendrían problemas con este texto, porque los condicionales son unidireccionales 'si el marido muriere'; ¿pero qué de la mujer? ¿Puede el marido casarse si la mujer se muere? ¿Por qué Pablo parece no dar ningún tratamiento a una situación de dos vías o bipolar? El contexto dirá más adelante porqué.

7.3 De tal manera que si se uniere a otro marido no será adúltera

Literalmente debería decir: "de modo tal que que si se une a otro hombre no será adúltera". Si dejamos la traducción "marido", puede dar la impresión de que la mujer se está uniendo a otro hombre que está casado, y el original no dá margen para dicha conclusión, por eso estoy proponiendo que "marido" sea sustituído por "hombre" para que sea coherente con el idioma original y con el contexto.

La mujer no es culpable de adulterio si se úne a otro hombre únicamente después que su marido actual muere. Es la muerte el único que puede y debe separarlos, claro, asumiendo que es una relación saludable, y que el marido no es practicante de ningún tipo de aberración o abuso sexual como poligamia, incesto, etc…

7.4 Así también vosotros, hermanos míos

De nuevo Pablo hace un cambio de "mujer" a "vosotros, hermanos míos". Entonces, la mujer representa a la iglesia. Es por eso que la expresión "así también vosotros" es conclusiva e indica una proyección identificable de los sujetos involucrados en los versículos previos. Al decir "hermanos" (ADELFOI) se puede estar refiriendo a sus hermanos paisanos, y/o a sus hermanos en la fe o en el mejor de los casos a ambos. En cualquiera de los dos casos hace sentido. En la mente de Pablo los Judíos y los otros creyentes cristianos eran sus "hermanos".

7.4 Habéis muerto a la ley mediante el cuerpo de Cristo

El verbo "habéis muerto" (ETHANATOTHETE) está en pasado indicativo pasivo, lo cual significa que no fue que los hermanos nos hemos matado, sino que una causa exterior más poderosa fue la causante de dicha muerte. Sin embargo, esta muerte es circunscrita a la Ley. Por lo tanto, no está hablando de una muerte física, sino de una muerte mística porque la misma fue hecha "mediante" (DIA), es decir, "a través de" el "cuerpo de Cristo" (ZOMATOS TOU CHRISTOU).

Es en el cuerpo de Cristo que el creyente muere a la Ley. No comparto en lo absoluto la posición de Briscoe y otros que creen que es la Ley la que muere, cuando el texto explícitamente está diciendo que es el creyente quien muere.[132] Lenski por el contrario entiende que quien muere en realidad es la persona al pecado, no la Ley. Y él añade que el aoristo infinitivo hallado en la expresión, pertenece a otro que no puede ser equiparado con la Ley.[133] Bruce, comentando sobre esto dice: "Ya que él [Cristo] fue levantado de los muertos, no morirá otra vez… Por lo tanto, esta nueva relación no será rota por la muerte como ocurrió con la antigua relación".[134]

Pablo expresa una teología única, que hasta estos días has sido el sujeto de profundo estudio por muchas mente iluminadas de este mundo

Y un aspecto muy interesante de este pasaje como lo comenta Dunn es que "Aunque en la ilustración la esposa no muere, en la realidad descrita en el verso 4, los creyentes han muerto".[135]

Pero nos preguntamos, ¿de qué Ley está Pablo hablando

[132] Briscoe, D.S. (1982). *The Communicators Commentary: Romans.* (Word Books Publisher: Waco); p. 143. De hecho este mismo autor se contradice unas páginas más adelante cuando declara: "Quizás una de las necesidades más grandes de la humanidad es recononcer que el pecado es 'extremadamente pecaminoso'". A lo que yo pregunto, ¿cómo se puede ver lo pecaminoso del pecado si la Ley ha dejado de existir?

[133] Lenski, R.C.H. (1960). *The Interpretation of St. Paul's Epistle to the Romans*. (Wartburg Press: Columbus); p. 449.

[134] Bruce, F.F. (1963). *The Epistle of Paul to the Romans*. (The Tyndale Press: Grand Rapids); p. 146.

[135] Dunn, J.D.G. (1988). *Romans 1-8*, Word Biblical Commentary, Vol 38a. (Dallas: Word Books); p. 369.

aquí? ¿Será de la ley ceremonial o de la ley moral? ¿Hay margen para pensar que hasta aquí está hablando de la ley del pecado? Hasta ahora no sabemos todas las respuestas, y nos corresponde seguir hurgando y mirar más el contexto para enterarnos de qué está Pablo hablando. Pues con esta analogía, Pablo establece la base sobre la cual se van a concatenar una serie de argumentos cuidadosamente articulados en términos de 'esclavitud', 'muerte', rescate', 'libertad' y 'vida'. Y estas palabras aplicadas a "ley", "Cristo", "pecado" y otras, Pablo expresa una teología única, que hasta estos días has sido el sujeto de profundo estudio por muchas mente iluminadas de este mundo.

Por otro lado, el cuerpo de Cristo es la evidencia de que se ha pagado la penalidad que la Ley exige, es decir, muerte. Por lo tanto, la analogía está bien hecha y su aplicación también, porque no existe ni existirá nadie en el universo que haya pagado dicha penalidad como lo hizo Cristo.

7.4 Para que seáis de otro

Literalmente sería "para que pertenezcáis a otro". La clara intención de la muerte de Cristo es que nosotros ya no pertenezcamos a la Ley en su sentido de que nacimos bajo la maldición de la misma, sino que ahora pertenezcamos a otro, que hasta este momento no sabemos quién es ese "otro" (HETERO), mas a continuación Pablo va a aclarar más la cosa.

7.4 Del que resucitó de los muertos

Entonces ese "otro" es aquél que "resucitó" (EGERTHENTI) "de" (EK), o mejor dicho "de entre" los "muertos" (NEKRON). Cristo ha sido el único ser que ha resucitado de la muerte segunda o la muerte eterna por su propio poder. Ya hablamos de eso en el capítulo seis, pero aquí el apóstol está más interesado en presentar la pertenencia nuestra.

El problema que este versículo representa para muchos, es que el mismo parece decir que en el cuerpo de Cristo la Ley de Dios murió, y por lo tanto no tiene ninguna validez, pero un análisis cuidadoso nos muestra que no, que lo que ha muerto es nuestra maldición de estar destinados a morir prescrita por la Ley como veremos más adelante.

El hecho de que Cristo resucitó de entre los muertos, es la garantía mayor de que ahora podemos pertenecerle. Es la resurrección lo que le confiere la autoridad a Cristo de librarnos de la maldición de estar bajo la Ley en el imperio de la muerte, y su resurrección nos coloca de inmediato bajo las reglas del imperio de la vida si creemos en él.

7.4 A fin de que llevemos fruto para Dios

Uno de los propósitos primarios de la resurrección de Cristo es que "llevemos fruto" (KARPOFOREZOMEN). Este verbo está en subjuntivo aoristo, lo cual parece indicar que es un propósito de otro, y el mismo no es un resultado automático que viene por la muerte de Cristo, sino que es un resultado del ejercicio de la fe en ese sacrificio expiatorio, lo cual no necesariamente indica que nosotros "llevamos" fruto, sino que el Cielo espera que "llevemos" fruto para Dios.

7.5 Porque mientras estábamos en la carne

El apóstol nos explica porqué es tan importante que llevemos fruto para Dios. El dice: "mientras" (HOTE), indicando una situación temporal que ocurrió en el pasado en este caso. Al decir "estábamos" (HEMEN) limita el "mientras" al pasado, a un evento que trascendió, pero no trasciende más. Y al limitarlo geográficamente, si se quiere, "en la carne" (EN TE ZARKI), Pablo apunta al dominio que el pecado tenía sobre nosotros, nuestros cuerpos, nuestra mente.

7.5 Las pasiones pecaminosas que eran por la ley

Obviamente que esta Ley de la cual Pablo está hablando aquí hasta ahora es la ley del pecado, y no necesariamente la Ley de Dios. De hecho, es muy posible de que nadie más esté de acuerdo conmigo en este punto, pero, no creo que la Ley de Dios sea capaz de producir acciones pecaminosas en el ser humano. De ser así, entonces la Ley de Dios pierde su función que es MOSTRAR como un ESPEJO la deformidad de nuestro carácter.

Las "pasiones pecaminosas" (PATHEMATA TON HAMARTION) son resultado directo, irreductible e inevitable del pecado. La Ley de Dios no es resultado directo del pecado, por tal razón no puede estar refiriéndose a la Ley de Dios *per se*, sino a la ley del pecado.

Cuando perdemos de vista la función principal de la Ley de Dios, entonces podemos atribuirle a la Ley cosas que no hace. Por esa razón Pablo invirtió todo un capítulo para ejemplificarnos cómo se muere al pecado (cap. 6), no a la Ley de Dios. En el contexto, la muerte o divorcio del cual está hablando aquí es de la ley que ríge a ese pecado al cual morimos en el capítulo seis (6), y no de la Ley de Dios.

De hecho, si decimos que esta ley es la Ley de Dios, entonces tenemos problemas con Génesis 3. Tendríamos problemas para explicar en qué consistió el pecado en sí, porque si esta ley es la Ley de Dios, tendríamos que concluir que la misma Ley de Dios obró en Adán pasiones pecaminosas, y la evidencia indica lo contrario. Adán no fue engañado, Eva fue la engañada. Adán decidió voluntariamente desobedecer la Ley de Dios, y en un estado de perfección, obviamente que no lo hizo porque la Ley de Dios le producía "pasiones pecaminosas"; no, no lo creo. Sino que lo hizo porque él decidió hacerlo sin ningún tipo de presión de parte de la Ley de Dios o de alguna fuerza que la Ley de Dios estuviera produciendo que lo llevara a la toma de dicha decisión.

7.5 Obraban en nuestros miembros llevando fruto para muerte

Al decir que esas pasiones pecaminosas "obraban" (ENERGEITO), indica que fue un asunto temporal, pasajero. Una mejor traducción sería "obró", lo cual indicaría una acción pasada que no se repite más en el presente.

Si atribuimos esto a la Ley de Dios, tendríamos problemas para explicar la continuidad de la Ley de Dios y su eternidad en la vida venidera. Habría problemas para explicar la muerte de Cristo y la obediencia del mismo a dicha Ley. Es por eso que cada día más me convenzo que no está hablando de la Ley de Dios, sino de la ley del pecado de la cual habla en el v. 23. Y hay que recordar que incluso el capítulo está escrito en forma quiástica, aunque deliberadamente he obviado hablar de la estructura literaria de cada capítulo y del libro, por razones de brevedad.

Por otro lado, dice que las pasiones pecaminosas que la ley del pecado produce, obraban en nuestros "miembros" (MELEZIN).

La palabra para miembro es la misma usada en el capítulo seis (6), lo único que aquí está en su forma dativa neutra, mientras que en el 6 está mayormente en su forma acusativa (MELE –v. 19). Sin embargo, al decir que obraban en nuestros miembros "llevando fruto" (KARPOFOREZAI), lo dice en su forma infinitiva. Es decir, literalmente debería decir: "...Obró para [EIS TO] llevar fruto a la [TO] muerte".

Esto indica que la acción concluyó, que no se repite más, que es un evento del pasado, el cual no tiene trascendencia en el presente. Obviamente que está hablando de la ley del pecado, porque la Ley de Dios nunca lleva fruto a la muerte, sino a Dios. Si aplicamos estos pasajes a la Ley de Dios, tendríamos que concluir que a fin de cuentas la obediencia a Dios no cuenta, porque entonces la misma, que es conformidad con su Ley, sería entonces estarle llevando fruto a la muerte, en lugar de estar agradando a Dios. El asunto se complicaría en relación con Jesús mismo, porque en realidad la vida perfecta y obediente de Cristo fue un sacrificio o una entrega de los miembros de Cristo (su cuerpo) a la muerte. Entonces obediencia a Dios sería la presentación de nuestro sacrificio vivo a la muerte y no a Dios, esto contradeciría literalmente la misma enseñanza paulina en Romanos 12: 1.

7.6 Pero ahora estamos libres de la ley

El adjetivo adverbial "pero ahora" (NUNI DE) apunta a un evento del pasado que ha afectado el presente de manera irreversible. Por eso el verbo "estamos" está en presente. Esto indica que lo que Cristo hizo en el pasado tiene sus repercusiones en el presente actual. Lo que ocurrió en la cruz del Calvario, y luego en la tumba de José de Arimatea, tiene repercusiones que van más allá del momento histórico y las mismas hallan eco en el cotidiano vivir de esta vida. En el contexto inmediato, Pablo está diciendo lo que Cristo hizo me hace ahora libre de la ley del pecado.

7.6 Por haber muerto para aquélla en que estábamos sujetos

Es decir, cuando Cristo resucitó, él nos compró de la maldición que exige la Ley que es la muerte, pero al mismo tiempo, nos libró de la ley del pecado que tiene el poder de obrar en nosotros produciendo pasiones pecaminosas. Sin embargo, al "haber muerto" (APOTHANONTES) en Cristo a la ley del pecado, ya no estamos sujetos o atados a esa ley.

Una vez estuvimos "sujetos" (KATEICHOMETHA) a la ley del pecado, pero en Cristo el pecado muere y no domina más sobre nosotros. Y lo que la ley del pecado exige, que es obediencia hasta que morimos, ya no es una realidad tangible, porque ahora servimos a otro Amo, que es Cristo.

7.6 De modo que sirvamos bajo el regimen nuevo del Espíritu y no bajo el regimen viejo de la letra

Hay varias consideraciones que hacer en este texto, primeramente el verbo principal es "sirvamos" (DOULEUEIN), el cual está en infinitivo. Esto nos lleva a pensar que la frase inicial debería decir así: "Con el propósito de SERVIR...". El verbo en su forma infinitiva afecta a ambos objetos de los cuales se está hablando: a) el regimen nuevo del Espíritu; b) viejo regimen de la letra.

En ambos casos se usa la palabra "regimen", la misma no aparece en el original. Otra palabra que no aparece en el original es "bajo". Luego tenemos dos contrastes "nuevo Espíritu" (KAINOTETI PNEUMATOS) contrastado con "vieja letra" (PALAIOTETI GRAMATOS). Es decir, el nuevo es puesto en contraste o en aposición al viejo.

El "nuevo Espíritu" tiene que ver con el Espíritu que resucitó a Cristo de los muertos

El "nuevo Espíritu" tiene que ver con el Espíritu que resucitó a Cristo de los muertos, la última vez que Pablo habló del Espíritu en relación con la resurrección, fue al inicio del libro (Rom. 1: 4). Pero también tiene que ver con lo que es insuflado dentro de nuestra naturaleza cuando aceptamos a Cristo como nuestro Salvador. Él nos imparte de su Espíritu de vida como veremos en el análisis del capítulo 8.

Por otro lado, la "vieja letra" tiene que ver más bien con lo establecido por la ley del pecado, obediencia al pecado hasta que uno muere. Muchos usan este texto para justificar la abolición de la Ley de Dios en Cristo, pero la vieja letra se refiere no necesariamente a la Ley de Dios, sino a las ceremonias que apuntaban a Cristo como el Cordero que un día quitaría los pecados del mundo. La vieja letra tenía que ver con ordenanzas de cómo recibir el perdón a través del sacrificio de un animal que servía como SUSTITUTO por nuestros pecados, pre-figurando esto a Cristo.

Entonces, si fuéramos a re-construir el texto de acuerdo con el original, tendríamos que decir: "Con el fin de servir en [EN] el nuevo Espíritu y no a la vieja letra". Entonces el texto adquiere mejor sentido, porque indica que servir a Dios en un nuevo espíritu con el Espíritu Santo no es un regimen, sino una delicia. Pero también señala que esto ocurre únicamente cuando hemos muerto al pecado y a la ley que gobierna y que dicta el pecado en nosotros que es obediencia al mismo.

Al final de cuentas, es la muerte y la resurrección de Cristo los que han hecho posible la liberación del imperio del pecado y de la ley que lo ríge que es la obediencia al mismo hasta la muerte. ¡Gracias a Dios por tamaña bondad!

7.7 ¿Qué pues diremos?

El apóstol quiere llevarnos a una conclusión lógica, coherente y enfática, es por eso que hace una de sus preguntas favoritas. La misma apunta a que existe una parte argumentativa que ha de ser expandida y explicada en virtud de lo dicho anteriormente; ya que el punto es que nosotros estamos "libres de la ley del pecado" porque hemos aceptado a Cristo de corazón como nuestro Amo; y si este es el caso, ahora le servimos con un espíritu nuevo que se nos dá cuando ocurre el nuevo nacimiento. De modo que servimos, trabajamos para Dios con un nuevo espíritu.

7.7 ¿La ley es pecado?

Millones de personas que se dicen ser creyentes hoy en día predican desde los púlpitos de una manera que pareciera como si aquél que quiere guardar la Ley de Dios es un pecador porque intenta obedecer a Dios. No hay un absurdo tan grande como esto.

La conclusión inevitable del apóstol es que la Ley de Dios no puede ser pecaminosa, ni tampoco guardarla debe ser un pecado.

¿De qué está hablando entonces? Bueno, cuando pregunta si la "ley es pecado" (HO NOMOS HAMARTIA;) lo hace intencionalmente para llevarnos a la realización de que podemos caer en el tremendo error de llegar a creer que la Ley de Dios en sí misma es pecaminosa, o que obedecer a Dios constituye un pecado. Pero ya él aclaró en los versículos anteriores que no es posible. Por lo tanto, está contrastando dos leyes: a) la ley de Dios; b) la ley del pecado.

7.7 En ninguna manera

Su frase favorita cuando el NO es enfático. Ya hablamos de la misma en capítulos anteriores, pero cabe decir que muy interesante es que se supone que alguien que ha conocido a Cristo de la forma tan dramática como Pablo, especialmente después de haber sido un fiel observador de la Ley, debería más bien hablar negativamente de la Ley de Dios. De hecho, él dice que en cuanto a la justicia que es en la Ley era "irreprensible" (Filip. 3: 6).

7.7 Pero yo no conocí el pecado sino por la ley

Pablo introduce una interpretación novedosa de la Ley de Dios, pero la misma es la correcta. Los Judíos habían llegado al punto de venerar a la Ley misma, y ésta había sido puesta a realizar una función que nada tiene que ver con la Ley. La Ley de Dios no es un fin en sí misma, sino que en esta nueva y atractiva interpretación, tiene la verdadera función que siempre ha tenido: señalar al pecado.

Ahora bien, aquí hay un cambio del pronombre personal. El apóstol cambia drásticamente del "nosotros" al "yo". Los verbos de aquí en adelante estarán dados de manera personal. Y por esta razón muchos han llegado a la conclusión de que Pablo está hablando aquí de su propia experiencia DESPUES DE SU CONVERSION a Jesucristo.

Personalmente no creo que haya razones para creer así, especialmente después de haber dicho en los primeros versículos del capítulo que NOSOTROS (incluyéndose él) hemos MUERTO a la ley del pecado. Si el apóstol estuviera hablando aquí de su propia experiencia después de la conversión, tendríamos que llegar a la conclusión de que la cruz no tuvo el poder suficiente de cambiar y transformar la vida inicua de este hombre.

Por otro lado, creo que el apóstol está narrando a partir de aquí su experiencia ANTES DE SU CONVERSION; en aquél momento cuando él decía ser "irreprensible" en cuanto a la justicia de la Ley (Filip. 3: 6). A este tipo de argumentación lógica y coherente que intenta plasmar como si estuviera en el presente algo que ocurrió en el pasado, se le llama PRESENTE HISTORICO. Esta forma literaria es muy única; de hecho, muchos de nosotros la usamos a menudo cuando estamos narrando eventos de nuestra vida pasada; sin embargo, usamos los verbos en el presente para darle más vividez y más énfasis a la narrativa. Pablo está usando aquí el mismo subterfugio literario.

Por eso la expresión "Pero yo no conocí (EGNON) pecado (HAMARTIA) sino por (DIA) la ley", usa los verbos en el pasado, pero los usa en una forma que no tienen trascendencia en el presente. Está hablando de un evento del pasado que no tiene repercusiones en la vida actual personal y privada del apóstol.

Entonces vemos que la Ley de Dios tiene la función exclusiva de señalar al pecado. La implicación de esto es que nadie sabría lo que fuera el pecado, y nadie sabría si es pecador o no, a menos que la Ley de Dios lo señale. Entonces la función de la Ley es apuntar específicamente el pecado como tal.

7.7 Porque tampoco conociera la codicia

El verbo principal en este versículo es "conocer", la cosa es que en la primera parte del versículo lo que está traducido al Español como "conociera", en realidad en el griego se refiere a un conocimiento de carácter intelectual, cognitivo y conceptual. En cambio, cuando dijo que él no "conoció pecado", el verbo usado fue EGNON que es la forma pasada de GUINOZCO, y este verbo tiene la particularidad de ser un verbo usado para hablar del carácter experiencial o experimental del individuo con alguna cosa. En este caso está hablando de un conocimiento íntimo entre el pecador y el pecado, de tal forma, que el pecado mismo llega a ser parte de la naturaleza humana o mejor dicho de su condición.

En cambio, aquí usa el verbo EDEIN que no necesariamente es de carácter experimental. Y de hecho, el verbo está en su forma pluscuamperfecta, lo cual indica que este conocimiento o percepción del pasado acerca de la codicia, tiene repercusiones en el presente, es decir, ese conocimiento continúa con nosotros hoy. Y aunque está traducido como "conociera", en realidad debió haber sido traducido como "hubiera conocido", por la misma forma verbal.

Otro aspecto de la forma verbal es que la misma indica cierto grado de posibilidad. es decir, habría un desconocimiento completo de lo que es pecado, a menos que exista algo que lo señale como tal. En este caso el apóstol mencionó la "codicia" (EPITHUMIAN) para referirse a pasiones desenfrenadas por querer tener lo que otro posee. No sabríamos que codiciar es malo a menos que la Ley de Dios no lo indicara.

En fin, si fuésemos a traducir literalmente esta frase, tendríamos que decir así: "Tampoco hubiera conocido la codicia...", y la misma indica de esta manera que la acción del pasado tiene trascendencias cognitivas en el presente y como codiciar es pecado, entonces pasa a ser de carácter experimental también.

7.7 Si la ley no dijera: No codiciarás

En otras palabras, es la Ley la que nos permite conocer cognitivamente qué es pecado. En este sentido, Adán conocía el pecado antes de comer de la fruta, pero no experimentalmente, sencillamente porque Dios estableció una Ley que indicaba las consecuencias del pecado. Dicho de otra manera, esto nos lleva a la conclusión de que nosotros no tenemos que hablar tanto del mal para representarle. Muchas veces se comete el craso error de exaltar tanto el mal en nuestro afán de exterminarlo, cuando en realidad lo único que tenemos que hacer es observar y mirar a la Ley de Dios y como ésta fue cumplida intachablemente en la persona de Jesucristo durante su ministerio en esta vida.

Por otro lado, cuando la Ley dice al ser humano que no codicie, está asumiendo que existe algo prohibido que el hombre no debe hacer y que es malo. Dios no se espació en hablar de las consecuencias explícitas y detalladas que trae el codiciar, sino que sencillamente enfatizó la parte positiva de cómo lidiar con el problema del pecado, con el fin particular y único de enseñarnos a nosotros que hay cosas que Dios espera que nosotros hagamos, y de no hacerlas, sencillamente es considerado pecado, y el pecado es separación de Dios.

Aquí literariamente la Ley es personificada como si hablara, por eso la expresión dice: "si la ley no dijera (ELEGEN)". Pero no solamente se personifica como si hablara, sino también como si estuviera dando una orden: "No codiciarás" (EPITHUMEZEIS). Entonces esto nos lleva a la idea de que la Ley de Dios es representada como lo que realmente es: 'las diez palabras' (Deut. 10: 4), que ha sido traducido al Castellano como los "Diez Mandamientos". Por esto el apóstol personifica a la Ley, y le dá atributos humanos y/o divinos literariamente hablando.

7.8 Mas el pecado, tomando ocasión por el mandamiento

El pecado, al igual que la Ley, es personificado. Aquí lo observamos como un agente o medium que usa algo bueno, como lo es la Ley de Dios, y se magnifica de manera grotezca. Cuando dice que el pecado "tomó ocasión" (APHORMEN LABOUZA), está usando un verbo muy interesante (LAMBANO) que literalmente significa "tomar de la mano". Por otro lado APHORMEN tiene que ver estrictamente con la idea de tener una base de operaciones militar desde donde se lanza un ataque. Este sustantivo puede ser traducido también como "excusa", "pretexto", etc…

> El pecado ha sido tan diabólico, que ha usado la Ley de Dios como pretexto o excusa para producir en los seres humanos todo tipo de males

Dicho en otras palabras, tendríamos que decir: "Mas el pecado tomando [como] pretexto el mandamiento". Si lo tradujéramos de esta forma, entonces vemos lo grotezco y malévolo del pecado, pues toma algo "santo, justo y bueno" y lo usa en nuestra contra para su propio beneficio. El único problema con esta interpretación en particular, es que en la frase griega encontramos una preposición DIA TEN, que significa "a través de". Sin embargo, pienso que aún así podríamos ceñirnos a la interpretación que sugiero aquí, y no cambiaría el sentido primario de lo que quiero decir por lo que el apóstol va a decir a continuación.

7.8 Produjo en mí toda toda codicia

El verbo principal es "produjo" (KATEIRGAZATO), y está literalmente traducido. Sin embargo, lo que el apóstol señala aquí, es que el pecado ha sido tan diabólico, que ha usado la Ley de Dios como pretexto o excusa para producir en los seres humanos todo tipo de males, en este caso en particular es la "codicia" (EPITHUMIAN).

Lo que nos quedamos preguntando es porqué el apóstol dice "toda codicia" (PAZAN EPITHUMIAN). Nos preguntamos porqué usa un adjetivo acusativo en su grado absoluto como lo es PAZAN (toda). Pareciera que el apóstol entendió claramente que el problema primario del hombre desde el Edén ha sido poseer algo que él aparentemente no tiene (ser igual a Dios). Y de hecho, a este aspecto fue que Satanás apeló directamente en el Edén.

Sin embargo, aquí pareciera que Pablo quiere que entendamos que la raíz de todos los males en principio es la CODICIA. Tener ese deso desenfrenado de poseer algo que otro tiene. El mismo principio es encontrado en otro lugar cuando dice: "*...Porque la raíz de todos los males, es el amor al dinero...*" (1Tim. 6:10). Aunque aquí en este texto en particular está vestido con el ropaje del dinero, el principio sigue siendo el mismo, querer poseer lo que otro tiene o que no tenemos.

Resumiendo, diríamos que el pecado ha producido "toda codicia" en el ser humano. Y que la razón por la cual el pecado usa la Ley de Dios en su favor, es sencillamente porque ésta nos prohíbe codiciar. Si la Ley no dijera nada de la codicia, posiblemente el pecado estuviera limitado a ciertas esferas dentro del ser humano, pero la realidad es otra, pues el pecado ha invadido y cambiado completamente la naturaleza humana que Dios creó originalmente.

7.8 Porque sin la ley el pecado está muerto

La frase es completamente axiomática, pues la misma no deja margen para ningún tipo de interpretación. Al decir "Porque sin (XORIS) la Ley el pecado está muerto (NEKRA)", está queriendo significar que el pecado no sería pecado propiamente dicho, a menos que exista algo que lo prohíba o defina.

7.9 Y yo sin la ley vivía en un tiempo

Pablo introduce aquí el concepto principal de lo que todo el capítulo está hablando, que esta experiencia con la Ley fue ANTES de la conversión y no después, pues el mismo lo expresa literal y dogmáticamente, "Y yo sin (XORIS) la Ley vivía (EXON) en un tiempo (POTE)". No hay forma de introducir una interpretación que permita la idea de que el capítulo siete era la presente condición del apóstol al momento de escribirlo, sino que la forma griega es enfática y tajante.

7.9 Pero venido el mandamiento

¿A qué se está refiriendo? ¿Cuándo fue que "vino" el mandamiento? Ahora bien, el verbo usado aquí es "venido" (ELTHOUZES). De hecho, el verbo podría confundir aún al lector cuidadoso, pues ciertamente dá la impresión de que esta "venida" de la Ley ocurrió en el Sinaí, entonces encontramos dificultades para explicar el problema de la codicia aún en el jardín del Edén. Sin embargo, nos encontramos que este verbo puede también significar "aparición de"; "dar a conocer a" (en una traducción más libre). Este verbo puede tener varios significados y el contexto es el que determina cuál es su significado más exacto.

Alguien podría argumentar que si Pablo quería exactamente decir "aparición", el podía haber usado FANEROS, que literalmente significa "aparición". A esto respondería que FANEROS tiene que ver con una manifestación visible y tangible de personas no de cosas. Es decir, la Ley no podía aparecerse por sí sola, sino que necesitaba ser introducida por alguien, en este caso su Dador, Dios.

7.9 El pecado revivió y yo morí

Me parece que Pablo está yendo mucho más allá de la situación histórica en el Sinaí. Creo ciertamente que el apóstol está hablando del momento de la conversión del individuo. En otras palabras, para el pecador, el pecado no es pecado propiamente dicho, porque vive "sin" (XORIS) la Ley de Dios. Mas una vez que el individuo experimenta la conversión en y a Cristo, la Ley de Dios es re-implantada en el corazón en su nueva función: señalar lo grotezco del pecado.

Por eso, cuando señala que vivía sin Ley en un tiempo y que luego vino el mandamiento, obviamente está hablando de la conversión y no del evento histórico del Sinaí. De hecho, el verbo mismo nos induce a verlo de esta manera, pues dice "Yo VIVIA sin Ley". Está limitando este evento al individuo pecador en un estado de depravación.

Entonces tiene sentido esta frase final "el pecado revivió (ANEXEZEN) y yo morí (APETHANON)". Pues la misma indica que una vez que el pecador se encuentra de frente con la Ley de Dios y llega a tener conocimiento de la misma, entonces el pecador tiene que morir, pues la transgresión de la Ley de Dios exige que el pecador muera. Si no hubiese Ley, el pecador no tendría que morir por su pecado, pero como existe una Ley que Dios estableció en su soberanía, y esta exige que se obedezca y de no hacerlo la muerte, entonces todos los que han pecado necesitan morir.

Ahora bien, el verbo "revivió" (ANEXEZEN), indica lo que el mismo verbo intima, "volver a vivir"; "resucitar". Quiere decir entonces que la introducción de la Ley en el corazón del pecador le obliga a sujetarse a la penalidad que la Ley exige que es la muerte. De esta manera, el pecado REVIVE, es decir, se observa en su verdadera magnitud, y como resultado, le proporciona la muerte al pecador.

La mayor prueba de que tenemos una naturaleza pecaminosa y de que somos pecadores, es que morimos y/o estamos destinados a morir tarde o temprano, pues esto es el resultado irreductible del pecado. Y no tendríamos que pagar con la penalidad de la muerte si el quebrantamiento de la Ley de Dios no lo exigiera.

Dada esta argumentación, muchos entonces han llegado a la conclusión que necesitan deshacerse de la Ley de Dios para que la penalidad de la muerte no se lleve a cabo. Pero la realidad es que si nos deshacemos de la Ley de Dios seguimos muriendo de todas maneras y entonces nos damos cuenta que el problema no está con la Ley misma, sino con el pecado, pues el pecado produce muerte fisica como "fruto" (KARPON) y muerte eterna como "fin último" (TELOS). Por lo tanto, sería un absurdo pretender que eliminando la Ley de Dios eximiría al pecador de su penalidad.

Por otro lado, para eliminar la Ley de Dios, tendríamos que eliminar a Dios mismo y eliminar a Dios no se puede por dos razones: a) él es la Fuente de toda vida en el universo; b) nadie puede eliminar algo que ha existido por siempre.

> Lo que debería ser una bendición, ahora resulta una carga y un problema para el irregenerado

Entonces, la pretensión de Satanás en el cielo era primeramente eliminar a Dios (y por ende su Ley), para luego establecer su reinado eternamente, pues sin Ley no existe penalidad por la muerte, y ahora Satanás con todos sus seguidores tendrán también que morir por su propio pecado. De nuevo observamos en todo esto que el problema no es la Ley de Dios, no es nisiquiera Dios, sino el pecado.

7.10 Y hallé que el mismo mandamiento que era para vida

Literalmente diría: "Y el mandamiento que era para vida" (HE ENTOLE HE EIS HOEN). Pablo está claro en su mente de que el problema no es la Ley de Dios, sino el pecado, pues por nuestra naturaleza pecaminosa lo que debería ser una bendición, ahora resulta una carga y un problema para el irregenerado.

7.10 A mí me resultó para muerte

En la mente del apóstol está bien clara la idea de que una bendición divina en las manos de un depravado moral como lo es la persona que no ha nacido de nuevo, es la peor maldición que le pueda ocurrir a una persona. Luego, al decir que la Ley de Dios que estaba destinada para la vida (HOEN), ahora le resultaba para muerte (THANATON). De hecho, el verbo "resultó" no existe en el original; por lo tanto, la expresión completa literalmente diría: "Y el mandamiento que [era] para vida, [fue] para muerte".

Y justamente ese es el problema del ser humano con la Ley de Dios, aquél que no ha nacido de nuevo necesita hacerlo a través de la sangre preciosa del Cordero inmolado. Es únicamente a través del nuevo nacimiento que el penitente adquiere la verdadera firmeza y fortaleza de propósitos que le habilitan a obedecer la Ley de Dios. Es el Cordero mismo a través del Espíritu Santo quien implanta un deseo vehemente de ponerse en armonía con su Ley.

5.11 Porque el pecado tomando ocasión por el mandamiento

El problema sigue siendo el pecado, pues éste usa algo bueno, justo y santo como lo es la Ley de Dios, como pretexto para llevar a cabo una obra malévola en el corazón del creyente y del no creyente.

La expresión "tomando ocasión" (AFORMEN LABOUZA) es bien interesante, pues no está puesta de más allí por el apóstol. Por ejemplo, al decir que el pecado "toma" (LABOUZA), está intimando que: a) el pecado tiene poder de absorber el bien –dentro de la esfera de la creación; b) el pecado tiene la habilidad de guiar a la persona; c) el pecado no se limita a su propia esfera de influencia, sino que siempre busca expandirla y contaminar a todos los que pueda.

Por otro lado, AFORMEN que ha sido traducido como "ocasión", literalmente quiere decir: "oportunidad". Sin embargo, de manera estricta, AFORMEN se usaba para referirse al lugar desde donde un ejército lanzaba una campaña militar. En otras palabras, era la base de operaciones para atacar al enemigo.

Bueno, lo que el pecado ha hecho, es tomar la misma Ley de Dios como su base de operaciones para atacar al cristiano, de modo tal que el cristiano comienze a ver la Ley de Dios como una norma mala, injusta e inmunda. De esta manera, el apóstol nos advierte de lo pecaminoso del pecado y la suciedad en la que opera el mismo.

5.11 Me engaño, y por él me mató

El verbo principal aquí es “engañó” (EXEPATEZEN). Entonces el pecado es por naturaleza engañador, mentiroso, pues usa algo bueno para su propio beneficio y eso bueno lo hace parecer malo. De hecho, el verbo está en aoristo activo, lo cual indica que la acción es hecha por el pecado mismo.

Luego, el segundo verbo que encontramos es “mató” (APEKTEINEN), que literalmente es quitarle la vida a otra persona; y la expresión puede ser usada de manera metafórica o en sentido literal.

El pecado no solamente engaña al individuo haciéndole creer que el problema lo tiene la Ley de Dios, sino que el pecado mismo opera sobre la base del engaño para dar muerte a sus víctimas. La razón del engaño es dar muerte a las personas. Si el pecado no quisiera dar muerte a sus víctimas, quizás sería más fácil lidiar con ese problema, pero el fin último del pecado es matar a todos aquellos que caen bajo sus redes. Y como matarlos es el fin último, y de hecho, es un fruto natural del pecado, lo menos que el pecado puede hacer es engañar al ser humano para que éste crea que todo el problema lo tiene Dios y su Ley que él ha impuesto, que de acuerdo con el pecado es “injusta”.

7.12 De manera que la ley a la verdad es santa

La conclusión inevitable y contrastante es que si el pecado es ‘engañador’ y ‘matador’, entonces la Ley de Dios tiene que ser lo opuesto al pecado. El contraste aquí es entre la Ley de Dios y el pecado.

La expresión “De manera que” (HOZTE) indica conclusión, final de un argumento, en este caso, en favor de la Ley de Dios. Por otro lado, atribuir santidad a la Ley de Dios es algo sin parangón, pues Pablo usa la palabra HAGIOS para referirse a lo sagrado de la Ley. Y nos preguntamos, ¿cómo es posible que la Ley de Dios que es incapaz de hacer santo a nadie, pueda ser santa en sí misma?

Usualmente podemos sacar y atribuir atributos a otros basados en la naturaleza misma del donante. Por ejemplo, Dios dice: “*Sed santos, porque yo soy santo*”; Dios puede impartir santidad porque él es la santidad personificada; no así con la Ley de Dios.

Con la Ley de Dios pasa algo similar a lo que ocurre con ciertos elementos de la tierra que sin ellos no habría vida, pero ellos en sí mismos no tienen vida. Por ejemplo, el agua, el aire, el fuego, la tierra, son aspectos necesarios para el sostenimiento de la vida, pero en sí mismos ellos no poseen vida.

Algo similar ocurre con la Ley de Dios por contraste, pues aunque la Ley de Dios es santa, justa y buena en sí misma, ella no puede traspasar esos atributos a nadie, pues esa no es la función de la Ley de Dios, y de hecho, no puede, pues si pudiera, por demás murió Cristo.

7.12 Y el mandamiento santo, justo y bueno

Aquí los eruditos se debaten en el uso indistinto de "mandamiento" y "ley". Algunos dicen que está hablando de lo mismo e igualan la Ley de Dios con el Mandamiento. A la verdad es que no sabemos, pero un simple análisis gramatical nos ayuda a ver que las dos frases con sus explicaciones están enlazadas por una partícula que en muchas instancias tiene carácter sumativo, como lo es la conjunción KAI.

Esa conjunción parece indicar que está hablando de dos cosas indisolubles, pero distintas. Esta distinción es hecha aún en el Génesis cuando se habla de Abrahám el Hebreo quien guardaba el "precepto", los "mandamientos, estatutos y leyes" (Gen. 26: 5). David hace la misma distinción cuando menciona la "Ley", el "mandamiento", el "testimonio", etc. (Salmos 19). Incluso en el pensamiento judío, los estatutos eran normas cuyo significado no

> En esto consiste lo grotezco del pecado, en que toma una bendición, algo que es bueno y que está diseñado para la vida, y lo hace aparecer como una maldición

ha sido revelado a los hombres y que han sido ordenados por Dios sin ninguna explicación, como son la dieta alimentaria y los ritos[136]

Hay otros que han tratado de repartir o distribuir la ley en diversos códigos y/o acápites, basados en los temas comunes o fórmulas introductorias.[137] El problema con esto es que complica mucho el entendimiento y además soslaya la realidad de que en la Biblia muchas veces estos vocablos son usados indistintamente. Pero una cosa es cierta sobre todo esto, y es que el hecho de que hayan relatos y preceptos entrelazados, indica el ideal del estilo de vida que Dios espera y que ha propuesto a los hombres.[138]

Por lo tanto, pareciera que en la mente del apóstol existe cierta diferencia entre la Ley de Dios y el mandamiento. Seguramente la Ley de Dios se refería a toda la Torah, es decir, los primero cinco (5) libros de la Biblia, mientras que el mandamiento puede referirse a las Diez Palabras de Exodo 20, conocidas como Los Diez Mandamientos. A ciencia cierta no sabemos qué incluía uno o lo otro, lo que sí sabemos es que existe una notable diferencia entre ambos.

Por último, vemos que en contraste con la Ley, el mandamiento recibe tres atributos en lugar de uno: "santo, justo y bueno". El vocablo para santo, es el mismo usado para la Ley (HAGIA); la palabra para "justo" es DIKAIA, y la palabra para "bueno" es AGATHE. Mucho podríamos decir de cada uno de estos vocablos, sin embargo, nos limitaremos a decir simplemente que el hecho de que el mandamiento recibe tres atributos en lugar de uno, indica que se está refiriendo a los Diez Mandamientos, o que en realidad son cuatro atributos aplicados indistintamente a los dos vocablos: Ley y Mandamientos.

7.13 ¿Luego lo que es bueno, vino a ser muerte para mí?

Podría traducirse también: "*Luego lo que es bueno para mí, llegó a ser mortal?*". Obviamente en la mente del apóstol continúa

[136] Makkot 3:16; Yoma 67b.

[137] Feuiller, R.A. (1970). *Introducción a la Biblia*, Vol. 1. (Herder: Barcelona); pp. 288-303.

[138] Favor ver la obra de Lehmann, P.L. (1994). *The Decalogue and the Human Future*. (Eardmans: Grand Rapids).

la idea de que la Ley de Dios es BUENA, que la Ley de Dios no tiene nada de malo intrinsicamente; es más, nisiquiera es la Ley la que produce la muerte en el pecador, sino el pecado mismo es quien lo hace.

Por otro lado, en esto consiste lo grotezco del pecado, en que toma una bendición, algo que es bueno y que está diseñado para la vida, y lo hace aparecer como una maldición, como una cosa mala; así de malévolo es el pecado, pues no tiene ningún respeto por las cosas divinas, pues el pecado contamina todo lo que toca.

7.13 En ninguna manera

De nuevo la negación enfática del apóstol que vemos a lo largo del libro. La frase misma es muy contundente (ME GENOITO), pues refleja la seguridad de lo que Pablo está diciendo, y admite categóricamente de forma implícita la imposibilidad de que el problema reside en la Ley de Dios.

7.13 Sino que el pecado, para mostrarse pecado produjo en mí la muerte

Esta expresión explica qué es lo que realmente está ocurriendo entre el pecado y la Ley de Dios. La preposición adversativa "sino que" (ALLA) puede ser traducida también como: "al contrario". Por otro lado, el verbo "mostrarse" (FANE), está en modo subjuntivo en su forma pasiva, lo cual parece indicar que el pecado hace esta obra de difamación a escondidas, es decir, como el chismoso que vive hablando de los demás a sus espaldas.

El verbo "produjo" (KATERGAXOMENE) está en su voz media deponente en su forma pasiva, lo cual parece indicar que la acción recae directamente sobre el objeto, en lugar del sujeto. En otras palabras, allí el sujeto es el apóstol mismo, quien se pone como ejemplo, pero la acción de mostrarse pecaminoso no recae sobre Pablo, sino sobre el pecado mismo. Por lo tanto, el pecado (el objeto) se muestra como lo que realmente es, pecado, al producir la muerte del y en el sujeto (el pecador). ¿Cuál es la implicación de todo esto? Las implicaciones son varias:

- El pecado no sería tan extremadamente pecaminoso si no produjera la muerte en el pecador.

- Es el pecado y no la Ley de Dios la que produce la muerte de quien peca.
- La muerte es la prueba indubitable e irreductible de que el problema está en el pecado y no en la Ley de Dios.
- Los que han sido fieles a la observancia de la Ley de Dios no han muerto (ejemplo, los ángeles del Cielo).

7.13 Por medio de lo que es bueno

Si ustedes notaron, yo conscientemente separé esta parte de la oración para explicarla sóla. La razón es muy simple, quiero mencionar un poco sobre las palabras usadas aquí, empezando con "por medio de" (HINA). Si realmente fuera a decir "por medio de", debería usar la preposición DIA, pero aquí está usando otra.

¿Por qué los traductores tradujeron HINA con otro significado que cambia el sentido total de la frase? ¿Por qué lo digo? Lo menciono porque si mantenemos la presente traducción de la Reina Valera, tenemos que llegar a la conclusión inevitable de que el pecado produce la muerte en el pecador a través de la Ley, y esto en sí mismo es una contradicción a todo el argumento que el apóstol está tratando de presentar. De hecho, HINA fue traducido en la oración anterior como "para", ¿porqué ahora se traduce "por medio", cambiándole el sentido a todo el argumento?

La expresión "de lo que es bueno" está reduplicada en la traducción pero realmente aparece una sóla vez y ya se usó en donde aparece, que es en la primera parte del versículo. Esto significa que esta expresión debería decir solamente: "de modo que" y nada más.

> Al decir que la Ley de Dios es de carácter estrictamente moral, elimina por completo el origen divino y espiritual que la misma posee

7.13 A fin de que por el mandamiento el pecado llegase a ser sobremanera pecaminoso

Una traducción literal de la frase anterior y ésta nos llevaría a verlo de la siguiente manera: "*de modo que llegase a ser sobremanera pecaminoso el pecado a través del mandamiento*". Sin embargo, hay una palabra que debemos analizar, y la misma es "sobremanera" (HUPERBOLEN).

De esta palabra se desprende el vocablo 'hipérbole', que en realidad es una figura literaria del lenguaje que constituye en la exageración o aumento de algo. Bueno, aquí Pablo usa el mismo principio para aplicarlo al pecado, diciendo que la exageración del pecado y su pecaminosidad es posible verla a través del mandamiento o la Ley. ¿Por qué este contraste? Sencillo, porque él acaba de señalar que la Ley de Dios es "santa, justa y buena". Y acaba de decir también que el mandamiento no produce la muerte sino el pecado, entonces el pecado mismo es exagerado cuando es puesto frente a frente con la Ley de Dios y se logra ver el contraste entre ambos: a) la Ley de Dios; b) el pecado.

Es únicamente a través de este contraste que el apóstol intenta hacer aquí y lo logra de una manera espectacular, es como nos ayuda a nosotros a ver lo extremadamente pecaminoso del pecado, pues la pecaminosidad del mismo es revelada cuando se pone de frente con el ESPEJO de la Ley de Dios. Entonces y sólo entonces, podemos percibir lo sucio, bajo y denigrante del pecado.

Por otro lado, si el apóstol está usando el pecado para ejemplificar a Satanás, y la Ley de Dios para ejemplificar a Jesucristo, entonces podría decirse que el carácter de Satanás es puesto en aposición al carácter de Cristo, entonces todo el universo puede percibir la diferencia entre ambos personajes.

7.14 Porque sabemos que la ley es espiritual

Hay mucho que decir sobre esta expresión, porque el apóstol introduce un nuevo atributo de la Ley de Dios al decir que la misma es "espiritual" (PNEUMATIKOS). De hecho, lo hace de manera enfática al declarar "porque sabemos" (OIDAMEN GAR). Este "sabemos" se refiere a los que él mencionó en el versículo uno: "*...hablo con los que conocen la Ley...*" Entonces este saber se refiere explícitamente a aquellos que tienen algún tipo de conocimiento sobre la Ley de Dios de una forma u otra.

Ahora bien, con respecto a la idea de la espiritualidad de la Ley de Dios, nos quedamos inquietos, porque desde que tengo uso de razón, estoy escuchando que la Ley de Dios es de carácter estrictamente MORAL, y la realidad es que en ninguna parte de la Biblia se habla de que la Ley es de carácter moral, al contrario, este texto explica de que la Ley es de carácter espiritual.

¿Qué quiero decir? Primeramente que aunque la Ley de Dios legisla sobre moralidad, y tiene que ver con la ética de los actos de los individuos, no es menos cierto que en su naturaleza misma la Ley de Dios no es de carácter moral, sino espiritual. ¿Qué diferencia habría entre uno y otro? ¿Qué implicaciones tendría dicha aserción? Bueno, si decimos que la Ley de Dios es esencialmente de carácter moral, entonces podemos caer en uno o varios de los siguientes errores:

1. La moralidad es algo muy personal y subjetivo y nada ni nadie tiene la capacidad de juzgarlo o condenarlo.
2. Lo moral tiene que ver estrictamente con el ser humano y Dios es espíritu (Juan 4: 12), por lo tanto, la Ley de Dios no es aplicable a seres espirituales, sino a seres estrictamente morales, y según algunos, Dios es un ser NO inmoral, sino AMORAL (sin moral).
3. La moral es un quehacer humano, y la misma está relegada a los filtros culturales. Es muy posible que lo que sea inmoral para una persona de occidente, sea perfectamente normal y altamente moral para alguien de Oriente o alguna otra parte del globo terráqueo.
4. Al decir que la Ley de Dios es de carácter estrictamente moral, elimina por completo el origen divino y espiritual que la misma posee; por lo tanto, se puede prescindir de ella y seguir siendo moral, porque la moralidad es personal y subjetiva, y no colectiva y objetiva.
5. Limitar la Ley de Dios a lo moral es paralizar los efectos espirituales que la misma tiene sobre el pecador, porque entonces podríamos encontrar individuos perfectamente moralistas (como lo hay muchos) sin nada de espiritualidad.

En conclusión, mi propuesta a este impase entre lo moral y lo espiritual de la Ley de Dios lo voy a resumir en la siguiente sentencia: **No todo lo moral es necesariamente espiritual, pero todo lo espiritual es esencialmente moral**.

En otras palabras, lo moral no puede trascender a lo espiritual, porque se queda en el plano humanístico. Sin embargo, lo espiritual no se limita, sino que va más allá y toca lo moral, porque ese es el poder del Espíritu. Dios es un ser espiritual, y como tal, busca que se le adore en espíritu y en verdad, por lo tanto, es él mismo quien ofrece una medida de obediencia de naturaleza intrínsicamente espiritual, pues la misma trasciende hasta el plano de lo moral, porque lo espiritual es de origen divino, mientras que lo moral no necesariamente.

Cuando el apóstol señala que la Ley de Dios es espiritual, está queriendo decir que tiene su origen en Dios, que lo divino trasciende las esferas celestes y toca a lo humano en la esfera terrestre. La espiritualidad de la Ley es atestiguada por la validez eterna de la misma. Si fuera estrictamente de carácter moral, como afirman algunos, entonces tendríamos que concluir que la Ley de Dios podría tener un fin. De hecho, podríamos concluir que antes de la muerte de Cristo, y aún después, como afirman muchos; cuando el hombre estaba completamente perdido, la Ley de Dios ya había perdido su validez eterna.

¿Razón? Si lo moral es aplicable únicamente al hombre, y la humanidad estaba perdida sin ninguna esperanza, entonces, hasta los momentos antes de la muerte de nuestro Salvador, la Ley de Dios no tenía ninguna validez. De ser así, entonces Cristo, con su muerte, sepultura y resurrección estableció para siempre la inmutabilidad e inviolabilidad de la Ley de Dios. Entonces, lejos de abolir la Ley de Dios con su muerte, Cristo la confirma y la re-establece para siempre, pues asegura la salvación de los seres humanos que crean y confíen en él como su Salvador.

7.14 Mas yo soy carnal, vendido al pecado

Es saludable recordarle al lector que Pablo sigue hablando en PRESENTE HISTORICO, por tal razón, en el contexto inmediato es entendible que él use los verbos y los pronombres personales en presente simple como lo es en esta oración.

La razón de ser carnal es que el ser humano ha sido vendido al pecado y no lo contrario. Hay algunos que han llegado a pensar que el ser humano pecó porque la obra que Dios hizo era imperfecta y Adán y Eva eran seres completamente carnales, lo cual en si mismo es un adefesio. La expresión "Mas yo soy carnal"

(EIMI EGO DE ZARKINOS), 'carnal' se refiere a las pasiones adquiridas que fueron transformadas al mal cuando el hombre pecó; pero también es una referencia a pertenecer a este mundo y NO estar controlado por el Espíritu de Dios.

Por otro lado, la expresión "vendido al pecado" (EIMI PREPAMENOS HUPO TEN HAMARTIA) es interesante por el verbo principal que usa en su construcción. PREPAMENOS tiene que ver con la idea de ser vendido pero no una buena venta, sino una venta de "vaca muerta". Los estudiosos señalan que se refiere a la venta de alguien como esclavo. El esclavo de por sí no tenía mucho valor monetario, por eso era fácil venderlo. Otro aspecto es que este verbo está en su forma pasiva, indicando la posibilidad de que otro llevo a cabo el acto de "venta", lo cual fue un engaño en si mismo.

Entonces, lo que permitió la venta del ser humano al pecado, no fue la naturaleza humana del hombre carnal al principio, sino su desobediencia. Por tal razón, atribuir a Dios imperfección en su creación, es básicamente culpar a Dios del pecado, lo cual en última instancia es imposible.

7.15 Porque lo que hago, no lo entiendo

El apóstol se refiere aquí a lo irracional del pecado. El pecado al tomar posesión de la naturaleza humana y llegar a ser el nuevo dueño, no ofrece racionalidad y explicaciones coherentes para la conducta de rebeldía mostrada. Por eso, cuando Pablo dice que no "entiende" (GINOZKO), se refiere a un entendimiento de carácter experiencial íntimo.

A Pablo le hubiera gustado como a cada uno de nosotros entender la razón lógica detrás de cada acto malo, pero la realidad es que el pecado no ofrece razones de cómo algo bueno él lo transforma en algo malo. Un carácter "bueno" a la vista de los seres humanos, lo degenera hasta el punto de ser casi irreconocible, y al final no hay ninguna explicación coherente de tan tamaño cambio.

7.15 Pues no hago lo que quiero

De nuevo el concepto de esclavitud y venta al pecado está claramente delineado en esta expresión, pues indica que una vez vendido como esclavo, no tiene la libertad que el pecado supuestamente ofrece. ¿Razón? El pecado exige obediencia, y el esclavo está para eso, para obedecer, el mismo no puede liberarse por sí sólo del amo del pecado.

El verbo "hago" (PRAXO), es un verbo que literalmente puede ser traducido como "practicar". Y el verbo "quiero" (THELO) puede ser traducido como "deseo". Entonces en una traducción más estricta del texto griego diría: "porque no practico lo que deseo".

Por último, esta expresión indica que dentro del ser humano también existe la tendencia a hacer el bien, pero el pecado no se lo permite. La idea de que nuestros corazones son únicamente de contínuo al mal, parece no hallar cabida en esta expresión, porque la misma implica que existe una lucha dentro del corazón humano entre el bien y el mal, pero que al final, como hemos sido vendidos al pecado y pertenecemos al amo del pecado, el mismo se impone sobre nosotros.

No vayamos a pensar como Pedro Lombardo, quien creía que la carne en sí misma es pecaminosa,[139] eliminando así toda posibilidad de asumir responsabilidad por nuestras acciones. Como decía Waggoner, "El pecado es un asunto personal. Está en el corazón humano... El pecado está en cada fibra de nuestro ser por naturaleza..."[140] Y Calvino, comentando sobre Efesios 4:17-18 dice que Pablo no deja espacio para creer que alguna parte de nuestro cuerpo es pecaminosa y la otra no; el problema está en la mente de la persona que es pecaminosa por naturaleza.[141]

7.15 Sino lo que aborrezco, eso hago

El aborrecimiento es el grado superlativo del odio. Esta expresión enfatiza lo que hemos estado diciendo sobre la lucha entre el bien y el mal. El verbo "aborrezco" (MIZO) tiene que ver con la idea de "detestar", "ser indiferente" a algo o alguien. Entonces Pablo nos quiere enfatizar que el problema es que el

---

[139] Lomb., lib. 2 Dist. 3:1

[140] Waggoner, E.J. (1988 –re-print). *The Glad Tidings*. (Pacific Press Publishing Association: California); p. 44.

[141] Calvin, J. (1995). *Institutes of the Christian Religion*, vols. 1-4. (The Ages Digital Library Reference: Albany); p. 271.

pecado nos obliga a hacer el mal, pero que al final es la decisión personal la que cuenta como veremos más adelante. El pecado es una fuerza que empuja al hombre hasta el punto mismo de la decisión, y aunque la misma parece voluntaria, no necesariamente lo es, nosotros obedecemos al pecado porque hemos sido vendidos al mismo.

Otro aspecto interesante es que Pablo cambia el verbo "hago" en el original de PRAXO a POIEO. Este último tiene que ver con el acto de ejercitarse en algún deporte. Entonces la expresión podría decir: 'sino que me ejercito en lo que detesto', y la misma encaja perfectamente en el contexto.

7.16 Y si lo que no quiero, esto hago

Aquí existe un condicional "si" (EI') indicando nueva vez que el problema es que el amo del pecado obliga al ser humano a ejercitarse en conductas que él no desea. Al hacer lo que no deseamos es una prueba indubitable de la inmutabilidad y la inviolabilidad de la Ley de Dios.

El pecado habita permanentemente en nosotros, pero no solamente habita, sino que por usurpación ha tomado control

7.16 Apruebo que la ley es buena

¿Cómo es posible aprobar la Ley como buena cuando desobedecemos compulsoriamente? La razón es una sóla, la Ley de Dios no obliga a nadie a pecar ni a actuar en contra de su propia voluntad, es el pecado quien lo hace. Entonces el problema sigue estando con el pecado que no solamente nos engaña usando la Ley en su favor para hacerla parecer mala, sino que también nos obliga a hacer cosas que no queremos hacer.

El verbo "apruebo" (ZUNFEMI) tiene la clara indicación de "consentir con". En otras palabras, al hacer lo que no nos gusta porque el pecado nos obliga, es una prueba irreductible de que 'consentimos con' la bondad de la Ley de Dios. Nuestra misma desobediencia es una prueba fehaciente de lo inherentemente bueno que la Ley posee.

7.17 De manera que ya no soy yo quien hace aquello

Pablo 'echa la culpa' al pecado. Sí, es cierto, es el ser humano quien en realidad es responsable por sus pecados, pero al estar vendido al pecado no se pertenece y tiene que obedecer a este amo, en este contexto, entonces se puede decir que el ser humano NO desea pecar, pero el pecado le obliga a trabajar en su favor.

Ha habido mucho debate sobre este asunto, porque algunos han llegado al punto de pensar que el pecado es una fuerza etérea que existe en el universo y que mora también en la carne que OBLIGA al ser humano a pecar. No se puede negar que el pecado obliga a sus súbditos a obedecerle, pero tampoco podemos afirmar que el pecado es una fuerza etérea, porque en realidad el pecado es no solamente un estado o condición (esclavitud, servidumbre), sino que también es una ACCION.

Nuestros pecados son diferentes al de Adán (fíjese que no dije "nuestro pecado"), como explicamos en el análisis del capítulo cinco, pues la ACCION de Adán fue lo que lo llevó a la condición de esclavitud. Con nosotros ocurre lo contrario, nosotros nacimos bajo la condición pecaminosa de esclavitud, y cometemos actos pecaminosos debido a nuestro ESTADO o CONDICION.

En este contexto, Pablo libremente dice que como nacimos en un estado de esclavitud, el pecado es quien nos obliga a pecar, pues nosotros no pecamos a la manera de Adán. Y este pecar o servidumbre al pecado NO es voluntario, sino que es producto de mi condición o estado en el cual nací. Entonces el apóstol está hablando no de las ACCIONES, sino de la CONDICION o ESTADO del ser humano. Y todas las expresiones que indiquen en este capítulo que el pecado nos obliga a pecar, deben ser vistas a la luz de este contexto.

7.17 Sino el pecado que mora en mí

Entonces como nacimos en una situación deplorable de servidumbre, Pablo atribuye todos nuestros actos pecaminosos a la acción tirana e injusta del pecado sobre nosotros. El verbo "mora" (OIKOUZA) está en presente participio, lo cual indica que la acción continúa en el presente. Este verbo también tiene que ver con la permanencia y morada permanente de un individuo en una casa. Y esta es la idea que el apóstol quiere transmitirnos, que el pecado habita permanentemente en nosotros, pero no solamente habita, sino que por usurpación ha tomado control de la morada de nuestros corazones y de nuestros cuerpos. Es por esto que necesitamos al Libertador Jesucristo para que re-establezca el orden en nuestra morada.

7.18 Y yo sé que en mí, esto es en mi carne

Aquí el apóstol define y describe lo que él llama "la carne", lo cual no es nada más y nada menos que el ser. Así que las diferentes opiniones que andan circulando por ahí acerca de lo que es la carne, son sin fundamento, porque aquí explícitamente Pablo equipara la carne con el ser. Una traducción literal diría: "*Y yo sé que no mora en mí, esto es en mi carne, el bien*". Lenski entiende que la expresión "en la carne" significa realmente "en nuestro estado natural de pecado".[142]

De nuevo el verbo principal es "sé" (OIDA) que tiene la idea principal de ser un conocimiento de carácter cognitivo y no necesariamente experiencial. El está seguro de que en su ser (carne), existe una fuerza que lo empuja a hacer lo malo, aunque él está hablando de su momento antes de la conversión.

7.18 No mora el bien

Esta declaración parece contradecir lo que hemos estado analizando, pero la realidad del caso es que el verbo "mora" (OIKEI) tiene que ver con la residencia permanente de alguien. En este caso, como fuimos vendidos al pecado, estamos bajo su dominio, el bien no tiene cabida en el corazón humano, pero necesitamos seguir analizando la siguiente expresión para formarnos una idea más completa de esta paradoja.

7.18 Porque el querer el bien está en mí, pero no el hacerlo

Es decir, hay dos verbos que Pablo usa para hablar del efecto del bien en el corazón humano mientras éste se encuentra

[142] Lenski, p. 452.

bajo el dominio del pecado: a) mora; b) querer. Al hablar de la residencia permanente del bien, el apóstol dice que el bien no reside en el corazón humano. Sin embargo, al hablar del deseo o anhelo "querer" (THELEIN) de hacer el bien, Pablo señala que el deseo de hacer lo bueno está PRESENTE dentro del ser.

Para hablar de esta presencia del deseo de hacer lo bueno dentro de nosotros, el apóstol usa la palabra PARAKEITAI, que literalmente significa "estar presente", "estar disponible". Entonces tenemos una tremenda paradoja, el bien *per se* pareciera que no reside en el corazón humano, pero el deseo de hacer lo bueno está presente y disponible dentro del corazón.

Visto desde esta perspectiva, no hay ningún problema si el apóstol dice que dentro de nosotros NO mora el bien, pero el deseo de hacer lo bueno está PRESENTE. ¿Quién puso ese deseo de hacer lo bueno dentro de nosotros? ¿Quién sino Dios? Es entonces este deseo el que lucha en contra del mal dentro de nosotros, porque en realidad, queremos y deseamos hacer lo bueno, pero como es el mal quien reside y tiene morada permanente en nuestros corazones, entonces no podemos obedecer a ese deseo que Dios puso en nuestros corazones.

7.19 Porque no hago el bien que quiero

Desear hacer el bien está inherentemente presente en el corazón humano, pero no el poder para obedecer al bien porque estamos bajo otro amo llamado pecado. Y esa es la gran dicotomía que viven millones de personas que no han entregado sus vidas a Cristo y que no han experimentado el poder de la resurrección en sus corazones, pues sencillamente no tienen poder para hacer el bien, aunque deseos no les faltan.

7.19 Sino el mal que no quiero, eso hago

Obedecemos al mal aunque no querramos porque el mal nos obliga a obedecerle. Sin embargo, Dios implantó dentro del corazón humano el deseo de hacer lo bueno, y es por eso que cada vez que vamos a cometer un acto pecaminoso, existe una lucha dentro de nosotros y después de cometido viene ese sentido de culpabilidad, porque sabemos que hicimos mal, queríamos hacer el bien, pero no pudimos porque nuestro amo era el pecado y él nos obligaba a obedecerle.

7.20 Y si hago lo que no quiero

En conclusión, si termino haciendo lo que en realidad no quiero hacer, significa que tengo un grave problema, porque simplemente estoy siendo obligado en contra de mi voluntad debido a que la semilla del bien está presente en mi corazón, pero no el poder de hacer el bien.

7.20 Ya no lo hago yo, sino el pecado que mora en mí

De nuevo, Pablo repite la idea anterior del v. 17, donde él parece que le echa la culpa al pecado. ¿Cómo es esto posible? ¿Será entonces que nosotros no somos responsables por nuestros actos pecaminosos? ¡Claro que somos responsables por nuestros pecados, pero no somos responsables por nuestra condición o estado de esclavitud, pues nacimos en pecado, y a menos que aceptemos al Libertador Cristo Jesús, moriremos en el pecado!

Sin embargo, cuando viene a acciones pecaminosas, en la mente del apóstol, el solo hecho de que existe la presencia del bien, y de que nuestros corazones DESEAN hacer lo bueno, pero son obligados por el pecado a hacer lo malo, es un claro indicador de que entonces el autor "intelectual" de nuestros actos pecaminosos es el pecado.

> El bien también RESIDE dentro del corazón humano, no solamente el querer, sino también la semilla misma del bien está dentro de nosotros

Por eso, los verbos principales en toda esta ecuación son: a) hacer; b) morar; c) querer. Cada uno tiene su función:

- El verbo "morar" indica que si Cristo no ha entrado a residir en el corazón, dentro del ser humano RESIDE el mal.
- El verbo "hacer" señala que nosotros trabajamos para quien nos obliga a hacerlo, en este caso, el mal.

- El verbo "querer" en cambio, presenta la presencia del bien que existe en el corazón humano y el deseo vehemente que Dios ha puesto dentro de nuestros corazones por buscar la excelencia, lo mejor, hacer el bien.

7.21 Así que, queriendo yo hacer el bien

Pablo comienza a concluir su argumentación, y lo hace diciendo: "*Encuentro* [EURIZKO] *entonces esta ley, que deseando*[THELONTI] *yo practicar* [POIEIN] *el bien que el mal está presente* [PARAKEITAI]*"*. Esta sería una traducción muy literal del texto.

Ahora bien, hay algunas consideraciones que debemos tener en cuenta. En primer lugar, el verbo EURIZKO se refiere al acto de hallar algo que se ha buscado a través de la reflexión y el estudio concienzudo. No se refiere a un encuentro casual, sino uno de carácter metodológico.

Por otro lado, tenemos que el mismo verbo que es usado para hablar de la PRESENCIA del bien en el corazón humano, ahora es usado para hablar de la presencia del mal en el mismo corazón, lo cual nos lleva a la inevitable conclusión de que el bien también RESIDE dentro del corazón humano, no solamente el querer, sino también la semilla misma del bien está dentro de nosotros. De otra manera, Pablo hubiera continuado diciendo que el mal "mora" (OIKEI) en nosotros, pero él decidió ayudarnos a entender el asunto del bien dentro de nosotros, y lo que hizo fue que equiparó uno y otro usando la misma fraseología para que no quedaran dudas dentro de nosotros sobre lo uno y lo otro.

En conclusión, el bien y el mal RESIDEN dentro del mismo corazón, pero a menos que el individuo invite a Cristo a través de su Santo Espíritu, el mal tendrá el poder de subyugar al bien y obligarnos a nosotros a cometer actos pecaminosos, lo cual es el resultado inevitable de una vida alejada del Redentor y Libertador de la esclavitud del pecado, Cristo Jesús.

7.22 Porque según el hombre interior, me deleito en la ley de Dios

La ley de Dios no es otra cosa que el "amor". Es el amor y la capacidad de amar lo que la Biblia realmente llama "la ey de

Dios". El hombre carnal no puede sjetarse al amor de Dios por sí sólo, a menos que Dios mismo con su aor le atraiga. Esto es una gran paradoja, pero es la realidad.

Esta frase es como un corolario a toda la argumentación presentada anteriormente, y la misma despeja cualquier duda que pueda existir. El apóstol señala que de acuerdo al "hombre interior" (EZO ANDROPON), existe un regocijo o felicidad en la Ley de Dios. ese hombre interior no es otra cosa que la parte de nosotros donde la semilla del bien fue implantada en nuestros corazones para pelear en contra del mal. El verbo principal en consideración es "deleito" (ZUNEDOMAI), que específicamente tiene que ver con la felicidad que un individuo siente cuando sabe que ha hecho algo bueno. Entonces vemos que en realidad hay una parte del ser que no solamente desea hacer lo bueno, sino que también se regocija en la Ley de Dios.

7.23 Pero veo otra ley en mis miembros

Aquí encontramos un detalle que es necesario que lo analicemos, y es el uso del adverbio "otra" (ETERON). Si esta ley que está en nuestros miembros fuera de la misma naturaleza que la Ley de Dios, entonces el apóstol debió haber usado ALLA', que significa "otra" pero de la misma naturaleza; como Cristo lo usa hablando de la venida del Consolador (Juan 14:16).

Ahora bien, esta expresión indica que existen dos leyes dentro de nosotros que difieren en naturaleza, propósitos y metodología de trabajo. Ambas están en nuestros miembros, de otra manera, Pablo no usara el adverbio "otra", sino que sencillamente usara "esta". El uso de "otra" ETERON, indica la presencia de otra ley (de naturaleza distinta) dentro de nosotros.

Por otro lado, el apóstol acaba de hacer un descubrimiento de algo que él no sabía, y esto lo sabemos por el uso del verbo "veo" (BLEPO), cuyo significado es ése, descubrir, adquirir conciencia de algo que antes no se conocía. Luego encontramos el sustantivo "miembros" (MELEZIN), el cual es el mismo usado en todo el capítulo seis para hablar de presentar nuestro miembros a Dios como instrumentos de justicia, en lugar de presentarlos al mal como instrumentos de iniquidad.

Esto quiere decir que la ley del pecado opera en nuestros sentidos, en nuestro ser, pero que al mismo tiempo, la Ley de Dios opera en la misma proporción que la ley del pecado (como él le va a llamar más adelante en el mismo versículo), y la única diferencia entre una ley y otra, es la presencia de Cristo en el corazón. Incluso, se puede estar obedeciendo y deleitándose en la Ley de Dios sin Cristo, y en este caso sería inútil, porque en realidad sería servir a la ley del pecado. Esta es la triste paradoja de la presencia del pecado en el corazón.

7.23 Que se rebela contra la ley de mi mente

El acto de rebelión es propio de la naturaleza del pecado, por eso Pablo dice que es la ley del pecado la que se rebela y no la Ley de Dios. El verbo "rebela" (ANTIZTRATEUOMENON)

estrictamente quiere decir "llevar la contraria"; "hacer guerra en contra de". El pecado está en guerra en contra del bien, el pecado desde el principio se ha rebelado contra el gobierno de Dios y su Ley que ha sido implantada en el corazón de cada criatura del universo.

Otro aspecto de esta frase es lo que tiene que ver con la "mente" (NOOS), la mente es el asiento de las emociones, intelecto y voluntad. Lo que el apóstol está indicándonos es que el pecado pelea por tener control de las emociones, del intelecto y de la voluntad de cada ser inteligente que Dios ha creado.

7.23 Y que me lleva cautivo a la ley del pecado que está en mis miembros

Entonces descubrimos al igual que el apóstol, que en realidad parece que dentro de nosotros operan cuatro (4) leyes: a) la Ley de Dios; b) la ley de mi mente (voluntad?); c) la ley del pecado; c) la ley que me lleva prisionero a la ley del pecado.

La expresión "lleva cautivo" (AIXMALOTICHONTA) literalmente se refiere al acto de tomar a alguien como prisionero de guerra. Por otro lado, esta declaración enfáticamente dice que la "ley del pecado" (NOMO TES HAMARTIA) ya "está" (ONTI), es decir, RESIDE en el corazón humano.

En conclusión, podemos decir que la "la ley del pecado" es la que nos obliga a hacer lo malo. Pero también hay otra ley que está en nuestros miembros que es la que nos hala y al mismo tiempo empuja hacia la ley del pecado para que nosotros estemos bajo su dominio. Mientras que por el otro lado, está la Ley de Dios, en la cual nuestro hombre interior se regocija, se goza, se deleita en ella. Esto nos lleva a la irreductible conclusión que hay una lucha interminable por el control de las emociones, el intelecto y la voluntad dentro de cada ser humano.

7.24 Miserable de mí

Este vocablo traducido como "miserable" (TALAIPOROS) en literatura extra-bíblica fue usado para referirse a las luchas, tribulaciones y conflictos que un individuo pasaba a lo largo de su vida. Pablo en realidad siente pena por sí mismo, y no es para menos, pues mientras el amo sea el pecado, no hay manera de obedecer a la Ley de Dios, ni de tampoco hacer el bien. Este vocablo aparece dos veces en el Nuevo Testamento, la otra vez es en Apoc. 3:17. Y en ambos casos indica la situación triste y desesperanzada de un individuo. Pablo siente que su situación no tiene remedio humano, que necesita una ayuda divina que permita que la imposibilidad humana sea eliminada y Cristo pueda ser entronizado en el corazón de una vez y por todas.

Comentando sobre este capítulo, Clarke dice que las características y designación de un hombre irregenerado, como aparece aquí, no puede ser aplicada a Pablo después de su conversión, y mucho menos a ningún que ha sido convertido por el poder de la sangre de Cristo.[143] Lo que ocurres es lo que dice Wesley, que a menudo cuando Pablo quiere ejemplificar vívidamente su argumento coloca los pronombres en primera persona, como lo es en el caso de Romanos 3:5; 1 Corintios 4:6; 10:30.[144]

7.24 ¿Quién me librará de este cuerpo de muerte?

La pregunta es patética y triste. El apóstol nos ha llevado al climax, al entendimiento de que el ser humano no tiene ninguna esperanza y que necesita la ayuda divina para poder funcionar

[143] Clarke, A. (1995). *Clarke's Commentary: Romans Through Colossians,* vol. 7. (The Ages Digital Library Commentary: Albany); p. 209.

[144] Wesley, J. (1995). *John's Wesley Notes On the Whole Bible the New Testament.* (The Digital Christian Library Reference: Albany); p. 453.

propiamente y con libertad, pues el pecado es un tirano que exige obediencia ciega y absoluta.

El verbo "librará" (RUZETAI) está en su forma indicativa futura deponente, lo cual indica claramente que una acción específica necesita ser llevada a cabo por alguien fuera de nosotros que tenga el poder suficiente de libertarnos, en este caso, el va a dar la respuesta en el verso siguiente, mientras tanto, tenemos que analizar la expresión "*cuerpo de muerte*" (ZOMATOS TOU THANATOU TOUTOU).

Todos los comentaristas sobre el tema están de acuerdo en que Pablo se está refiriendo al castigo común que los Romanos desarrollaron como tortura para los prisioneros indeseables, y era que amarraban un cadáver al cuerpo del prisionero, de modo tal que el prisionero iba pudriéndose en vida junto con el cadáver, hasta que los gusanos del cadáver comían literalmente el cuerpo del prisionero. Era una muerte lenta, pero muy dolorosa, la misma podía tomar semanas y quizás meses. Era una forma muy cruel de morir.

La muerte habrá de tocar nuestras puertas sin que tengamos ningún tipo de esperanza o posibilidad de que salgamos de esa situación a menos que alguien nos desencadene

La figura que el apóstol usa es muy fuerte para pasar desapercibida, pues lo que Pablo está tratando de decirnos es que el pecado está tan ligado (atado) a nosotros que nunca podremos escapar de él por nosotros mismos, y al final hemos de morir con el pecado a cuestas; lentamente, pero seguro, la muerte habrá de tocar nuestras puertas sin que tengamos ningún tipo de esperanza o posibilidad de que salgamos de esa situación a menos que alguien nos desencadene del cuerpo del pecado y nos dé tratamiento adecuado para poder volver a convivir en el mundo de los vivos de manera normal.

7.25 Gracias doy a Dios

En más de una ocasión el apóstol nos insta a siempre dar las "gracias" (XARIS) a Dios. Dar las gracias a Dios por todo es un deber y una responsabilidad del cristiano. Por ejemplo, él menciona que por todas las cosas que nos ocurren debemos dar las gracias (Efes. 5:20; 1 Tes. 5:18). Hay un sinnúmero de textos donde esta expresión paulina aparece en diferentes formas, pero en todo lugar expresando lo mismo, alabando al Padre por darnos a su Hijo Jesucristo (2 Cor. 2:14; 8:16; 9:15; Efes. 1:16; 5:4, 20; Col. 1:3, 12; 3:17; 1 Tes. 1:2; 3:9; 5:18; 2 Tes. 2:13; 1 Tim. 2:1; Heb. 13:15).

7.25 Por Jesucristo Señor nuestro

La preposición "por" no está correctamente traducida en este texto en mi opinión, pues básicamente en el original lo que está diciendo es "Gracias doy a Dios *a través de* [DIA] de Jesucristo Señor nuestro". En otras palabras, las gracias parece que no son dadas a Jesucristo sino más bien al Padre a través de Cristo mismo.

El apóstol usa ahora el nombre y el título de Cristo combinados para indicar su abolengo real. Usa "Jesús" para significar que él es el Salvador del mundo de nuestros pecados y Cristo, para intimar su mesianidad y carácter de la realeza.

El otro aspecto es que él llama a Jesús "Señor nuestro", indicando claramente que el pecado no es el Señor del corazón. El pecado no es quien gobierna ni nos obliga a pecar, sino que ahora Cristo como el nuevo Amo, no le permite al pecado reinar y residir dentro del corazón humano obligándonos a cometer actos pecaminosos que no deseamos. Más bien, Cristo nos dá el poder a través de su Santo Espíritu de obedecer y vencer al pecado.

7.25 Así que yo mismo con la mente sirvo a la ley de Dios

El verbo principal aquí es "sirvo" (DOULEUO), y el mismo tiene la estricta connotación de esclavitud, pero como aprendimos en el análisis del capítulo seis, esta esclavitud no es compulsiva, sino voluntaria. Nosotros por amor nos sometemos a la autoridad de Cristo, y al hacerlo nuestras opciones se abren mucho más, pues ahora podemos en realidad tener libertad.

Sin embargo, cuando estábamos bajo el yugo del pecado, éste nos obligaba a hacer cosas que no queríamos hacer. Mas ahora, con la presencia de Cristo como nuestro Amo, servimos a Dios de manera voluntaria, nadie nos obliga.

7.25 Mas con la carne a la ley del pecado

Obviamente que Pablo está introduciendo el punto focal de todo: la lucha entre la carne y el espíritu. Esa dicotomía dentro del corazón nuestro es lo que impide que desarrollemos ciento por ciento la imagen de Cristo. La mente (el hombre interior) se deleita y se regocija en la Ley de Dios; sin embargo, la carne se explaya en la ley del pecado.

Y este dualismo ontológico que impide nuestra soteriología en su plenitud, nos arrastra a un abismo de dilemas, pues siempre tenemos el deseo, pero no el poder. Necesitamos un poder externo a nosotros que nos permita disfrutar realmente de la vida cristiana no solamente en el espíritu o la mente, sino también en la carne.

Por otro lado, tenemos que reconocer que mientras estos cuerpos mortales no sean transformados, la naturaleza pecaminosa seguirá con nosotros. No obstante, Cristo puede darnos el poder de subyugar el mal de tal forma que nuestras tendencias hacia el bien sean irreversibles, y al final el Señor tendrá que decirnos: "Bástate mi gracia".

COMENTARIO DEL CAPITULO OCHO

1 Ahora, pues, ninguna condenación hay para los que están en Cristo Jesús, los que no andan conforme a la carne, sino conforme al Espíritu.

2 Porque la ley del Espíritu de vida en Cristo Jesús me ha librado de la ley del pecado y de la muerte.

3 Porque lo que era imposible para la ley, por cuanto era débil por la carne, Dios, enviando a su Hijo en semejanza de carne de pecado y a causa del pecado, condenó al pecado en la carne;

4 para que la justicia de la ley se cumpliese en nosotros, que no andamos conforme a la carne, sino conforme al Espíritu.

5 Porque los que son de la carne piensan en las cosas de la carne; pero los que son del Espíritu, en las cosas del Espíritu.

6 Porque el ocuparse de la carne es muerte, pero el ocuparse del Espíritu es vida y paz.

7 Por cuanto los designios de la carne son enemistad contra Dios; porque no se sujetan a la ley de Dios, ni tampoco pueden;

8 y los que viven según la carne no pueden agradar a Dios.

9 Mas vosotros no vivís según la carne, sino según el Espíritu, si es que el Espíritu de Dios mora en vosotros. Y si alguno no tiene el Espíritu de Cristo, no es de él.

10 Pero si Cristo está en vosotros, el cuerpo en verdad está muerto a causa del pecado, mas el espíritu vive a causa de la justicia.

11 Y si el Espíritu de aquel que levantó de los muertos a Jesús mora en vosotros, el que levantó de los muertos a Cristo Jesús vivificará también vuestros cuerpos mortales por su Espíritu que mora en vosotros.

12 Así que, hermanos, deudores somos, no a la carne, para que vivamos conforme a la carne;

13 porque si vivís conforme a la carne, moriréis; mas si por el Espíritu hacéis morir las obras de la carne, viviréis.

14 Porque todos los que son guiados por el Espíritu de Dios, éstos son hijos de Dios.

15 Pues no habéis recibido el espíritu de esclavitud para estar otra vez en temor, sino que habéis recibido el espíritu de adopción, por el cual clamamos: ¡Abba, Padre!
16 El Espíritu mismo da testimonio a nuestro espíritu, de que somos hijos de Dios.
17 Y si hijos, también herederos; herederos de Dios y coherederos con Cristo, si es que padecemos juntamente con él, para que juntamente con él seamos glorificados.
18 Pues tengo por cierto que las aflicciones del tiempo presente no son comparables con la gloria venidera que en nosotros ha de manifestarse.
19 Porque el anhelo ardiente de la creación es el aguardar la manifestación de los hijos de Dios.
20 Porque la creación fue sujetada a vanidad, no por su propia voluntad, sino por causa del que la sujetó en esperanza;
21 porque también la creación misma será libertada de la esclavitud de corrupción, a la libertad gloriosa de los hijos de Dios.
22 Porque sabemos que toda la creación gime a una, y a una está con dolores de parto hasta ahora;
23 y no sólo ella, sino que también nosotros mismos, que tenemos las primicias del Espíritu, nosotros también gemimos dentro de nosotros mismos, esperando la adopción, la redención de nuestro cuerpo.
24 Porque en esperanza fuimos salvos; pero la esperanza que se ve, no es esperanza; porque lo que alguno ve, ¿a qué esperarlo?
25 Pero si esperamos lo que no vemos, con paciencia lo aguardamos.
26 Y de igual manera el Espíritu nos ayuda en nuestra debilidad; pues qué hemos de pedir como conviene, no lo sabemos, pero el Espíritu mismo intercede por nosotros con gemidos indecibles.
27 Mas el que escudriña los corazones sabe cuál es la intención del Espíritu, porque conforme a la voluntad de Dios intercede por los santos.
28 Y sabemos que a los que aman a Dios, todas las cosas les ayudan a bien, esto es, a los que conforme a su propósito son llamados.

29 Porque a los que antes conoció, también los predestinó para que fuesen hechos conformes a la imagen de su Hijo, para que él sea el primogénito entre muchos hermanos.
30 Y a los que predestinó, a éstos también llamó; y a los que llamó, a éstos también justificó; y a los que justificó, a éstos también glorificó.
31 ¿Qué, pues, diremos a esto? Si Dios es por nosotros, ¿quién contra nosotros?
32 El que no escatimó ni a su propio Hijo, sino que lo entregó por todos nosotros, ¿cómo no nos dará también con él todas las cosas?
33 ¿Quién acusará a los escogidos de Dios? Dios es el que justifica.
34 ¿Quién es el que condenará? Cristo es el que murió; más aun, el que también resucitó, el que además está a la diestra de Dios, el que también intercede por nosotros.
35 ¿Quién nos separará del amor de Cristo? ¿Tribulación, o angustia, o persecución, o hambre, o desnudez, o peligro, o espada?
36 Como está escrito: Por causa de ti somos muertos todo el tiempo; Somos contados como ovejas de matadero.
37 Antes, en todas estas cosas somos más que vencedores por medio de aquel que nos amó.
38 Por lo cual estoy seguro de que ni la muerte, ni la vida, ni ángeles, ni principados, ni potestades, ni lo presente, ni lo por venir,
39 ni lo alto, ni lo profundo, ni ninguna otra cosa creada nos podrá separar del amor de Dios, que es en Cristo Jesús Señor nuestro.

Introducción

El capítulo ocho es el climax de toda la argumentación paulina. Como veremos más adelante, una gran cantidad de eruditos serios se ha dado cuenta que la estructura quiástica del libro indica que este capítulo es el corolario y el núcleo de todo el libro. Como usted podrá notar, la intención del apóstol en los primeros capítulos es explicar el razonamiento teológico del plan de salvación, luego en los capítulos 9-16, la intención es claramente ofrecer consejos prácticos al creyente que le permitirán conducirse sabiamente por la vida. No sé si puedo concordar con Guy con el concepto de que toda la humanidad puede salvarse porque Dios sencillamente tiene la intención de salvarlos a todos.[145*] Pienso que aunque Dios ofreció la salvación a todos, y ciertamente tiene la intención de salvarlos a todos, no es menos cierto que tal intención no hallará cumplimiento total por el factor de la voluntad humana en la ecuación soteriológica.

En este capítulo se observa una escalera de progreso que empieza con NO condenación. El no estar bajo condenación trae como resultado la santificación. Finalmente, el vivir una vida santa produce la victoria final. Entonces encontramos tres palabras claves: a) condenación; b) santificación; c) victoria.

La intención explícita del apóstol no es ofrecer solamente una explicación coherente y lógica de la función del Espíritu Santo en todo el quehacer soteriológico, sino también indicar claramente que la vida cristiana es prácticamente imposible sin la presencia del Espíritu de Dios en la vida. Con la muerte de

Pablo atribuye al Espíritu Santo todos los milagros que ocurren en el penitente para que éste pueda ser transformado a la imagen y semejanza de Cristo

---

[145] Pinnock, C.H. –Editor- (1989). *A Case For Arminianism: The Grace of God, the Will of Man* – Fritz Guy, "The Universality of God's Love. (Academie Books: Grand Rapids); pp. 31-49.

[*] Las notas bibliográficas de este capítulo comienzan en la página 449.

Cristo, el hombre recibe el Espíritu que le ayuda a vencer a la carne y alcanzar el ideal establecido por la Ley.[146]

Pablo atribuye al Espíritu Santo todos los milagros que ocurren en el penitente para que éste pueda ser transformado a la imagen y semejanza de Cristo. La vida, la resurrección, el nuevo hombre, la adoración, la santificación, la esperanza y la victoria, son elementos cuyo Autor y Originador es el Espíritu Santo. El Espíritu no es solo quien nos permite tener una nueva energía moral por la cual adquirimos dominio o control sobre los deseos de la carne; es más bien "una nueva relación con Dios, un nuevo y más alto nivel de privilegios".[147]

Por esta razón, Pablo introduce al Espíritu Santo justamente después de explicar las funciones del pecado, gracia divina, la carne y el papel de la Ley; todo siempre con el objetivo de hacer ver al lector u oyente que la vida cristiana es vana si no existe la presencia del Espíritu Santo. Y como dice Sequeira: "El trabajo del Espíritu Santo en la vida del creyente es reproducir el carácter de Jesucristo, el cual es el carácter de Dios".[148] Es el Espíritu Santo quien asegura la victoria diaria en el creyente, y en la consumación de todas las cosas, la victoria final, producto de la permanencia del creyente en Cristo a través del Espíritu Santo.

8.1 Ahora, pues, ninguna condenación hay para los que están en Cristo Jesús

Dunn ve cierta perplejidad entre los comentaristas de Romanos por la aparente contradicción entre la última parte del capítulo 7 y este versículo. Dunn piensa que esta perplejidad es

---

[146] Brown, R.E; Fitzmyer, J.A; Murphy, R.E. (1968). *The Jerome Biblical Commentary, vols. I-II.* (Prentice Hall: Englewood); pp. 314-315.

[147] Laymon, C.M. –Editor- (1971). *The Interpreters One-Volume Commentary On the Bible*. (Abingdon Press: Nashville); p. 783.

[148] Sequeira, J. (1993). *Beyond Belief: The Promise, The Power and the Reality of the Everlasting Gospel.* (Pacific Press Publishing Association: Washington); p. 137. El mismo Sequeira cree que la salvación nos llega en tres etapas: a) conversión, cuando somos salvos de la culpa y el castigo; b) 2da Venida de Cristo, somos salvos de la maldición y presencia del pecado; c) 3ra. Venida, experimentamos la salvación completa; p. 119.

"innecesaria" porque la carta iene la intención de ser escuchada en lugar de ser leída.[149]

Por otro lado, el "ahora" (NUN) como un adjetivo adverbializado en esta frase indica que si el creyente acepta a Cristo en el presente, algo extraordinario y diferente tiene que ocurrir en su vida; no es posible que sea de otra manera.

La palabra "condenación" (KATAKRIMA) es un término estrictamente legal que indica que la persona fue enjuiciada. En este caso, el apóstol quiere indicar que un juicio se está llevando a cabo y que aquellos que permanecen en Cristo salen sin culpabilidad del mismo.

El verbo "hay" no existe en el original, pero necesita ser agregado para dar sentido a la construcción gramatical, pues en el original dice literalmente: "ninguna, pues, ahora condenación quien en Cristo Jesús". Es decir, los verbos "hay" y "están" no son parte de la fórmula original.

Y este es uno de los casos donde los verbos hay que suplirlos, porque la construcción gramatical es con cláusulas adverbiales en lugar del uso de verbos, y cuando esto ocurre, hay que seguir ciertas reglas gramaticales para su correcta interpretación y traducción.

Lo importante es que el apóstol indica en la construcción, el uso de la preposición "en" (EN), la cual hace toda la diferencia del mundo. El texto no dice a los que están "al lado de" Cristo; ni tampoco dice a los que "llevan su nombre". Explícitamente, Pablo señala que solamente aquellos que están EN Cristo Jesús son sin culpa en el juicio.

"Estar en Cristo significa haber sido cortado… de la vieja y pecaminosa existencia de Adán"

Por otro lado, Pablo usa la fórmula mesiánica "Cristo Jesús", indicando que no solamente pertenecemos a él porque él

[149] Dunn, J. (1988). *Word Biblical Commentary, vol. 38a; Romans 1-8*. (Word Books Publisher: Dallas); p. 145.

nos salvó de nuestros pecados (Jesús –Mat. 1:21), sino también en el uso de "Cristo" como título y prerogativa mesiánica antecediendo a Jesús, apunta claramente a su carácter divino como enviado de Dios y a su abolengo real. Por lo tanto, la implicación teológica de esto es que el Rey mismo es quien nos está protegiendo de ser condenados en el juicio.

8.1 Los que no andan conforme a la carne, sino conforme al Espíritu

¿Qué significa andar conforme a la carne? ¿Qué quiere decir el apóstol? ¿De qué forma se puede andar conforme a la carne? La respuesta la proporciona el mismo texto y el uso de los vocablos usados por Pablo en el contexto donde se encuentran. En realidad, aquí se percibe cierto dualismo dinámico entre "pecado y muerte"; "Espíritu y vida". Donde en el primero su influencia no puede ser concebida por separado; y en el segundo está tan estrechamente ligado uno al otro que son indisolubles.[150]

Aquí tenemos un problema de extrapolación en la traducción, es decir, los traductores, expertos en linguística, extrapolaron y reduplicaron la última parte del verso 4 al verso uno. En otras palabras, toda esta expresión no pertenece al verso uno, sino al verso cuatro.

La pregunta que se levanta de una vez es, ¿por qué los traductores hicieron eso? ¿Cuál era el objetivo? Algunas consideraciones especulativas tengo al respecto. Quizás los traductores vieron que la expresión del verso uno no tiene sentido causal sin la explicación que existe en el verso 4. Salir libre del juicio no es únicamente profesar estar o permanecer en Cristo, sino más bien que es la gracia redentora de Cristo la que nos permite "andar conforme al Espíritu". "Estar en Cristo significa haber sido cortado… de la vieja y pecaminosa existencia de Adán".[151]

Visto de esta forma, entonces podría ser que los traductores de alguna manera estaban pensando que estar EN Cristo no es suficiente para salir libre en el juicio, y que el pecador arrepentido necesita ANDAR conforme a ciertas regulaciones. Si este es el

[150] Ibid., p. 418.
[151] Idem.

caso, eso es debatible, pero en realidad, el texto original en el verso uno NO implica que hay que hacer ciertas cosas como "andar" (PERIPATEO) conforme al Espíritu, sino sencillamente estar EN Cristo. Prefiero entonces dejar al lector con la decisión de lo que debe hacer al respecto del uso y la implicación de esta expresión en el verso uno.

8.2 Porque la ley del Espíritu de vida en Cristo Jesús

En contraste con las demás leyes mencionadas en el capítulo siete, aquí Pablo asigna al Espíritu Santo una ley que tiene su jurisdicción únicamente sobre aquellos que están EN Cristo Jesús. Entonces encontramos el uso de seis leyes en el mundo espiritual:

- La ley del pecado (7:25).
- Ley en los miembros (v. 23).
- Ley que conduce al pecado (v. 23).
- Ley de la mente (v. 23).
- Ley de Dios (v. 22).
- Ley del Espíritu de vida (8:2).

8.2 Me ha librado de la ley del pecado y de la muerte

Vemos entonces que las fuerzas del bien y del mal, se rigen por leyes y éstas son extrínsecamente excluyentes y exclusivas del territorio en el cual dominan. ¿Qué quiero decir? Que así como Satanás se mueve dentro de una ley de destrucción, muerte y dolor, Cristo Jesús se mueve dentro de una ley que ofrece vida, amor y paz por siempre.

Y aquí se le asigna a las leyes lo que hacen sus respectivos reyes. Dicho de otra manera, lo que Cristo ha hecho es atribuido a la Ley del Espíritu de vida, en este caso es que nos ha "librado" (PLEUTHEROZEN) del imperio de la muerte. El uso de este verbo es significativo, pues el mismo tiene la connotación única y particular de ofrecer una liberación no solamente física (resurrección), sino también una liberación de carácter moral (nueva vida) y espiritual (perdón de pecados). "La presencia de Cristo no exime al cristiano de la muerte física, lo cual es lo común a causa del pecado; sino que trae a la vida una nueva cualidad, una vida que viene de Dios porque ahora estamos en paz con él".[152]

Entonces esta liberación es doble y bipolar: a) de la ley del pecado; b) de la muerte. Lo cual señala claramente que el pecado y su contraparte, la muerte, han de ser vencidos. Y esto tiene lógica, porque cuando aceptamos a Cristo somos liberados no de la Ley misma, sino de la Ley que es manipulada por el pecado y la muerte, de acuerdo con Dunn.[153]

8.3 Porque lo que era imposible para la ley

La palabra clave aquí es "imposible" (ADUNATOS), el cual es un pronombre adjetivado que se compone de dos palabras con significados distintos: "A" (sin), y "dunatos" (fuerza, poder, dinamita). La Ley está sin fuerza, sin poder; dando a entender la incapacidad de la Ley de Dios. En otras palabras, en la mente del apóstol no había ninguna duda de que aún la Ley de Dios con todo y ser "santa, justa y buena", tenía limitaciones, y la más peculiar sobre todas es la capacidad de salvar al ser humano. No estoy de acuerdo con Dunn en su opinión de que esta Ley en realidad era la Torah.[154] No lo creo porque entonces el efecto del pecado estaría limitado al pueblo judío, pues la Torah fue dada a ellos como una totalidad. Particularmente pienso que Pablo está hablando de la Ley moral.

Ahora bien, el verbo "era" no está en el original, y una traducción más literal debería leer: "*Así que ciertamente la incapacidad/debilidad de la ley*". Aunque el verbo "era" le dá buen sentido en el Español, la realidad es el que el mismo fue suplido por el traductor o traductores.

8. 3 Por cuanto era débil por la carne

Entonces vemos que la Ley de Dios para operar propiamente, debe hacerlo a través del Espíritu, porque nuestra naturaleza pecaminosa es inclinada hacia el mal. De hecho, el verbo indicativo imperfecto "débil" (EZTHENEI) apunta a un

[152] Black, M; Rowley, H.H. (1982). *Peake's Commentary On the Bible*. (Van Nostrand Reinhold: London); p. 946.
[153] Dunn, p. 419.
[154] Ibid., pp. 417-420.

estado o condición presente. No es que la Ley (ZARKOS) "era" débil, sino que "es" débil debido a nuestra pecaminosidad.

8.3 Dios, enviando a su Hijo en semejanza de carne de pecado y a causa del pecado

Hay varias consideraciones que debemos tener en cuenta concerniente a esta frase. Primero, se le atribuye a Dios (la Deidad) el acto de haber "enviado" (PEMSAS) a su Hijo a este mundo. La venida de Cristo a esta tierra, su encarnación, no fue un acto aislado sin la anuencia del Padre y del Espíritu Santo, sino que toda la Deidad estuvo en cooperación para que este plan se llevara a cabo.

También, existe una partícula que no fue traducida la cual es EAUTOU que debiera traducirse como "propio". Morris dice que esta palabrita "propio", tiene profundo significado porque indica la posición y naturaleza del hijo con respecto al Padre.[155]

Segundo, el verbo PEMSAS (enviado) es un participio aoristo pasivo, que sería el equivalente al Español de 'habiendo enviado", o mejor dicho, "habiendo comisionado".

Tercero, esta comisión divina encargada al Hijo (HUION) dice el texto que fue hecha "*en la semejanza* [HOMOIOMATI] *de carne* [ZARKOS] *de pecado* [HAMARTIAS]". La palabra HOMOIOMATI nunca en la Biblia significa IGUAL, sino parecido.

De hecho, la palabra usada para "igual" es IZOS, esto lo vemos en pasajes como Mat. 20:12, donde los jornaleros contratados por el dueño de la viña se quejan al final del día de pago, porque el dueño de la viña dio el mismo pago a los que trabajaron solamente una hora, y ellos dicen: "*Diciendo: Estos postreros han trabajado una sola hora, y los has hecho iguales* [IZOS] *a nosotros...*". Encontramos la misma expresión en Lucas 20:36, cuando Jesús dice que nosotros en la resurrección seremos "iguales" (IZOS) a los ángeles. Lo mismo se puede percibir en Juan 5:18, donde los dirigentes religiosos querían apedrear a Cristo porque se estaba haciendo igual a Dios: "*...Por esto los judíos aún*

---

[155] Morris, L. (1988). *The Epistle to the Romans*. (Wm. B. Eerdmans: Grand Rapids); p. 302.

más procuraban matarle... sino que también decía que Dios era su propio Padre, haciéndose igual [IZOS] *a Dios*".

Un ejemplo bien relevante de este contraste entre IZOS y HOMOIOMAS, es el hallado en Filipenses 2:6-7, y dice: "*el cual, siendo en forma de Dios, no estimó el ser igual* [IZOS] *a Dios como cosa a qué aferrarse. Sino que se despojó a sí mismo, tomando forma de siervo, hecho semejante* [HOMOIOMAS] *a los hombres*". Es decir, la idea de que Cristo vino en la semejanza (HOMOIOMAS) y no exactamente igual (IZOS) en todos los aspectos a nuestra carne de pecado es relevante a la luz de las Escrituras.

Cuarto, el uso del reflexivo EAUTOU (propio), que no está traducido al Español es muy significativo, porque entonces el texto leería más o menos así: "*Dios mismo habiendo enviado a su* [propio] *Hijo...*". Esto indica que no hay manera de atribuir al pecado o a Satanás, nisiquiera al hombre el motivo de la encarnación como muchos quieren hacernos pensar que el pecado obligó a Dios a encarnarse y a salvar a la raza humana. No hay fuerza en el universo que pueda obligar a Dios a hacer nada, cuando Dios decidió encarnarse en la persona de Cristo, lo hizo no por el pecado, no por presiones de Satanás, ni tampoco lo hizo por pedido del hombre. Lo hizo simplemente por AMOR, porque "Dios es Amor" (1Juan 4: 8).

Quinto y último aspecto a considerar, es que el texto dice: "*a causa* [PERI] *del pecado* [HAMARTIAS]". Podemos observar claramente que la palabra traducida como "causa" es PERI, que literalmente significa "alrededor de", y la traducción que aparece en la Reina Valera nada tiene que ver con el contexto linguístico. De hecho, de allí viene la palabra "periferia", "periférico", etc., indicando lo que está alrededor de una cosa o de alguien.

Entonces vemos que aún el traductor o traductores de la Reina Valera creían que el pecado había sido tan poderoso que había logrado mover a Dios a encarnarse y a hacerse semejante a nosotros para salvarnos. La realidad del asunto es que no fue el pecado, sino el AMOR que Dios tiene por sus criaturas lo que movió a Dios a dar el paso de la encarnación.

Entonces, en una traducción más literal del texto tendríamos que decir: "*Dios, habiendo enviado a su* [propio] *Hijo en semejanza de carne de pecado y ALREDEDOR del pecado*". Lo cual obviamente enfatiza que Cristo vino a nacer, vivir y morir en un ambiente donde reinaba el pecado, y todo lo que estaba ALREDEDOR de él era pecaminoso.

8.3 Condenó al pecado en la carne

El verbo usado para decir "condenó es KATAKRIMEN, que literalmente significa también "pasar juicio en contra de". Si esto es así, lo que realmente ocurrió en la cruz del Calvario fue un acto de carácter bipolar o de doble filo. Por un lado, Cristo, en la carne, salvó a la raza humana del problema del pecado; y por el otro, pasó juicio en contra del pecado mismo, quitándole su poderío y reinado sobre los hijos de los hombres.

Ahora bien, la expresión no significa que Dios condenó las operaciones del pecado en la carne y que al mismo tiempo eximió las operaciones del pecado de su condenación. Lo que significa más bien es que "el pecado es concebido por Pablo como un poder que se alimenta parasitariamente de la debilidad humana y cuya efectividad en los asuntos humanos está limitada a la carne".[156]

8.4 Para que la justicia de la ley se cumpliese en nosotros

Un resultado directo de toda esta acrobacia soteriológica de Dios es con el 'propósito' (HINA) de que la "justicia" (DIKAIOMA) de la Ley tenga algún efecto sobre nuestra mente y corazón. Lo interesante de este texto, es que DIKAIOMA tiene que ver con la naturaleza de los actos justos y buenos de los individuos. Por esta razón no concuerdo con Dunn de que DIKAIOMA aquí es más bien un veredicto de condenación cuyo objetivo es la muerte.[157] En realidad, la Ley de Dios posee cierta justicia intrínseca, pero no lo suficiente para cambiarnos a nosotros u ofrecernosla. Para que esa justicia intrínseca de la Ley de Dios pueda ser transferida a nosotros, Cristo tuvo que encarnarse y vivir alrededor del pecado, y morir la muerte más cruel y más

[156] Dunn., p. 422.
[157] Ibid., p. 424.

desagradable que algún mortal pueda imaginar; y todo con el propósito de que la justicia de la Ley sea cumplida EN nosotros.[158]

Luego encontramos el verbo clave "cumpliese" (PLEROTHE), que literalmente proporciona la idea de "llenar" o "rebosar"; y pareciera que el apóstol está queriendo decir: "con el propósito de que la justicia de la Ley se rebose dentro (EN) de nosotros". Dando a entender que poseemos cierto grado de justicia, pero que no es suficiente para suplir la exigencia divina para la salvación.

Digo que poseemos cierto grado de justicia, porque aún la persona más mala que pueda existir o que haya existido en el universo, puede mostrar actos de justicia en su conducta, aún con el objetivo de hacer maldad. Entonces el problema no es tanto tener o no tener justicia, sino la calidad de la misma y la cantidad. La nuestra se queda corta en ambas, pues nuestra justicia es "como trapos de inmundicia", y estamos cortos de la medida que Dios exige.

Nuestra justicia es "como trapos de inmundicia", y estamos cortos de la medida que Dios exige

De hecho, Jesús dijo a sus seguidores: "*Porque os digo que si <u>vuestra justicia</u> no fuere **<u>mayor</u>** que la de los escribas y fariseos, no entraréis en el reino de los cielos*" (Mat. 5:20). Reconociendo públicamente varias cosas: a) sus seguidores tenían cierto grado de justicia; b) los escribas y fariseos (quienes luego le crucificaron) también tenían cierto grado de justicia; c) Jesús estaba invitando a sus seguidores a buscar una justicia que excediera en calidad y en cantidad la de los escribas y fariseos.

8.4 Que no andamos conforme a la carne, sino conforme al Espíritu

El verbo principal en esta cláusula es "andamos" (PERIPATOUZIN), que significa "conducirse", "comportarse". Y

[158] Idem.

tiene el sentido en este contexto particular de actos conductuales. La conducta de la carne ya la sabemos, porque está definida y descrita en Gálatas 5:19-21 en contraste con las del Espíritu: "*Amor, gozo, paz, paciencia, benignidad, bondad, fe, mansedumbre, templanza...*" (Gal 5: 22-23).

También tenemos el vocablo "conforme" (KATA), que está en su forma acusativa y quiere decir: "de acuerdo con". Es decir, el texto podría decir también: "Que no actuamos de acuerdo con la carne, sino de acuerdo con el Espíritu".

Por otro lado, ya hablamos de que toda esta frase fue extrapolada al primer versículo por el traductor, influenciado por su entendimiento de cómo funciona el juicio divino, y no hay necesidad de repetir aquí lo mismo que dijimos algunas páginas anteriores.

8.5 Porque los que son de la carne piensan en las cosas de la carne

Hay dos verbos usados en esta frase, pero vamos a analizar el verbo 'ser' primeramente, que está en su conjugación "son" (OUNTES). Este verbo literalmente puede también significar "pertenecer a"; "ser propiedad de". Lo que el apóstol está tratando de traer a colación es que hay personas que pertenecen a la carne y no son propiedad de Cristo por redención. Para que Cristo Jesús tome propiedad de sus vidas, necesitan entregarse en los brazos del Maestro.

El otro verbo en cuestión es "piensan" (FRONOUZIN), es un verbo curioso y único en su clase, el mismo significa no solamente pensar en alguna cosa o en alguien, sino que este pensar es un pensar inteligente. Para los griegos FRONOUZIN era el asiento de toda actividad espiritual es intelectual.[159] En otras palabras, aquellos que pertenecen a la carne, se sienten satisfechos de pensar inteligentemente en las obras de la carne.

---

[159] Bertram, G. (1964.) *Theological Dictionary of the New Testament – Translation by Geoffrey W. Bromiley, vol IX.* (Grand Rapids: n/a); p. 220.

8.5 Pero los que son del Espíritu en las cosas del Espíritu

Lo mismo ocurre con aquellos que pertenecen al Espíritu, existe cierta satisfacción mental que nos úne al Espíritu de Dios. Y no es para menos, porque para actuar de una forma u otra, hay que estar completamente imbuido de lo bueno o de lo malo.

8.6 Porque el ocuparse de la carne es muerte

El verbo principal es "ocuparse" ((FRONEMA), el cual en realidad no significa 'ocuparse' en el sentido estricto de la palabra. Sino más bien que es el mismo verbo que significa "pensar". Lo cual sería: "Porque pensar inteligentemente en las cosas de la carne es muerte". Esto indica entonces que la orientación de nuestros pensamientos claramente puede determinar el destino final de nuestra vida presente y futura.

8.6 Pero el ocuparse del Espíritu es vida y paz

El mismo verbo de nuevo (FRONEMA) es usado otra vez, pero ahora Pablo lo contrasta con el pensar inteligente acerca del Espíritu. El resultado de disponer nuestra mente a pensar inteligentemente acerca de las cosas espirituales es "vida" (HOE) y "paz" (EIRENE). De hecho esta última se refiere a un estado de armonía interno que nadie puede suplir solamente Cristo. Morris percibe al Espíritu Santo como un ente que está íntegramente relacionado con Cristo y con el Padre.[160]

Por otro lado, Jesús dijo: "*Mi paz os dejo, mi paz os doy; no como el mundo la dá yo la doy...*". Con esto, el Maestro apuntaba al hecho de que él es el objeto de la paz, y es responsabilidad nuestra pensar inteligentemente sobre estas cosas, especialmente el sacrificio expiatorio de Cristo en la cruz.

8.7 Por cuanto los designios de la carne son enemistad contra Dios

El traductor de la Reina Valera creía obviamente que el diseño de la carne era por naturaleza enemistad y rebeldía con Dios, y aunque esto sea cierto, no es lo que el texto original está diciendo. Aquí está usando el mismo verbo que ha usado en los

---

[160] Morris, p. 308.

versos anteriores (FRONEMA), y todo esto es sencillamente un acto voluntario de la mente; es que el hombre ejercita sus pensamientos con la intención explícita de sacar a Dios de ella, pero en realidad no puede, porque Dios ha implantado la semilla del bien dentro del ser humano para que pelee en contra de la semilla del mal como analizamos en el capítulo siete.

La palabra "enemistad" (ECHTHRA) es la misma usada en Rom. 5:10 para hablar de que Cristo murió por nosotros, aún siendo nosotros "enemigos" de él. Y esta enemistad se refiere también a una actitud consciente y voluntaria de hostilidad e inquina en contra de Dios. El pecado dentro del corazón humano crea un estado de rebelión en contra de todo lo que es divino; por consiguiente, el apóstol dice que este pensar inteligente y voluntario de la carne es hostilidad e inquina en contra del Creador.

8.7 Porque no se sujetan a la ley de Dios ni tampoco pueden

Muy interesante es el hecho de que el uso de los sustantivos y los verbos en esta cláusula, parecen indicar una pluralidad, pero no es así en el original. Todos los verbos en esta frase están en SINGULAR, dando a entender claramente que es el pensamiento humano *per se* el que voluntaria e inteligentemente se vuelve hostil hacia Dios a causa del pecado.

El verbo usado para decir "sujetan" (HUPOTAZETAI), indica definidamente que el individuo no somete sus pensamientos a su voluntad. En otras palabras, el verbo significa "traer bajo control"; "someter", esto quiere decir que el problema aquí radica en nuestra falta de voluntad de someter nuestros pensamientos bajo la dirección de Dios.

Por otro lado, el texto dice que tampoco "puede" (DUNATAI), indicando que es una imposibilidad de la mente sujetarse a la Ley de Dios. Sin embargo, el mismo hecho de que el texto use un adverbio precedido por una preposición "ni tampoco" (HOUDE GAR) en la forma como está, indica que existe la posibilidad de que dentro de la mente haya el deseo de obedecer a la Ley de Dios, pero la naturaleza y la sujección de la mente al pecado impide dicho sometimiento; lo cual era exactamente lo que estábamos comentando en el capítulo siete.

8.8 Y los que viven según la carne no pueden agradar a Dios

Obviamente es imposible "agradar" (AREZAI) a Dios porque se está en un estado de rebelión abierta en contra de él. Ahora bien, el verbo AREZAI no solamente significa "agradar", sino que también significa "ser aceptado por"; "ganar el favor de". Aquellos que pertenecen a la carne no pueden ser aceptados por Dios, pues para ello necesitan dejar de ejercitar su mente en pensamientos de rebeldía en contra del Creador. Pablo usa la expresión "carne" para indicar metafóricamente una vida dominada por la rebelión y la idolatría.[161]

Él está hablando a aquellos que han decidido voluntariamente sujetar su mente bajo el yugo de Cristo

Por otro lado, el verbo "viven" es el mismo verbo usado unos versos anteriores que fue traducido como "son". Literalmente el texto diría más o menos así: "*Porque los que son* [pertenecen a] *de la carne, no pueden ser aceptados por Dios*". Esta traducción abre el panorama a otras posibilidades interpretativas, como son: a) el rechazo de la idea de que Dios es tanto amor que TIENE QUE salvar a todos incluyendo a los demonios;[162] b) el rechazo de la idea de que Dios TIENE QUE aceptar a todos porque AMA a todos. Es obvio, basado en el texto, que esto es imposible. Para ser aceptado por Dios, el penitente necesita abandonar voluntariamente ciertas ideas y patrones de pensamiento y ponerlos voluntariamente bajo la sujección de Cristo a través del poder del Espíritu Santo.

8.9 Mas vosotros no vivis según la carne, sino según el Espíritu

Pablo está dirigiendo sus misiles ahora al cristiano creyente que ha aceptado a Cristo como su Señor y Salvador. Él está hablando a aquellos que han decidido voluntariamente sujetar su

---

[161] Kiesler, H. (1990). *God's Solution to Man's Dilemma.* (Review and Herald Publishing Association: Washington); p. 79.

[162] Idea predicada por Orígenes, un teólogo de Alejandría.

mente bajo el yugo de Cristo. Y de nuevo el verbo "vivis" (EZTE) que es otra forma del verbo "ser" y que dijimos significa "pertenecer a" aparece en el panorama. Todo aquél que se llame cristiano y que ha venido bajo la sujección de Cristo y que Cristo es ahora su nuevo Amo y no el pecado, no puede pertenecer a la carne.

Ahora estamos bajo el reinado del Espíritu, por lo tanto, otra Ley debe regir la mente y los miembros de aquellos que pertenecen a ese reino. De hecho, la frase no dice "según", sino "en" (EN). Así que si fuéramos a traducirla literalmente usando esta vez el verbo "vivir", tendríamos que decir: "*Pero vosotros no vivis EN la carne, sino EN el Espíritu*". Indicando claramente que este acto de vivir o de pertenecer no permite un punto medio de referencia, sino absolutos, o se está bajo el poder del mal o bajo el poder del bien.

8.9 Si es que el Espíritu de Dios mora en vosotros

El uso del condicional "si" (EIPER) que literalmente significaría: "si es cierto que". Dicho de otra manera, 'Si es verdad que el Espíritu de Dios mora en vosotros', entonces el resultado irreductible de esa permanencia del Espíritu dentro de nosotros es vivir, pertenecer a él.

El verbo "mora" (OIKEI) en cambio, indica una permanencia estable, duradera. Es el acto de vivir en un lugar permanentemente. Así que si el Espíritu de Dios permanentemente queda EN nosotros, entonces no puede haber otra cosa más que vivir EN él.

8.9 Y si alguno no tiene el Espíritu de Cristo, no es de él

Literalmente diría: "*Por el contrario, si alguno no POSEE el Espíritu de Cristo, no pertenece (es) a él*". No existen puntos medios referentes, Jesús dijo: "*El que no es conmigo, contra mí es; y el que no recoge, desparrama*". No se puede pretender que se está sirviendo a Cristo mientras los pensamientos no están sujetos a él, tiene que haber un acto voluntario de parte del individuo que le permita colocarse bajo el estandarte de uno u otro bando.

Ahora bien, este "tener" no es de carácter posesivo y exclusivo, producto del deseo egoísta humano; sino que este tener es porque el Espíritu voluntariamente también quizo hacer morada EN nosotros. No es algo que podemos comprar o sobornar o adquirir por nuestros propios esfuerzos, es todo obra de él y para él.

8.10 Pero si Cristo está en vosotros

Otra frase muy sencilla pero con profundo significado y veremos porqué. De nuevo encontramos el condicional "si" (EI) indicando la posibilidad. La única manera como Cristo puede VIVIR dentro del creyente y morar y habitar en él es a través del Espíritu Santo. Es por esto que esta frase está en el contexto de que el Espíritu de Dios mora y habita dentro de nosotros. El acto mismo de la morada del Espíritu indica la morada misma de Cristo. Invitar al Espíritu a que tome cabida en nuestros corazones, es invitar también a Cristo; no se puede separar uno del otro.

8.10 El cuerpo en verdad está muerto a causa del pecado

Esta es una de las frases difíciles de traducir, pero sencillamente diremos que en el original no existen verbos, sino que los mismos se infieren a partir de la construcción gramatical. Aquí por ejemplo, se está hablando del "cuerpo" (ZOMA) que está "muerto" (NEKROS) "a causa del" ; o "debido a" (DIA) pecado.

Bueno, literalmente leería así: "Ciertamente el cuerpo muerto debido al pecado". Entonces en el contexto de lo que acaba de decir que Cristo está EN nosotros, entonces la frase tiene que verse bajo esa luz, pues como vimos en el análisis del capítulo 7, que es el pecado quien causa la muerte, no es la Ley, tampoco el Espíritu de Dios, nisiquiera Cristo, sino el pecado mismo el autor de la muerte. De esta manera vemos entonces que "cuerpo" aquí se refiere más bien a los deseos pecaminosos carnales. No es que la persona muere físicamente; no, sino que sus tendencias al mal son sepultadas en Cristo por la presencia de él.

8.10 Mas el Espíritu vive a causa de la justicia

Este acto de vivir no es intrínsicamente debido a la voluntad del hombre. El Espíritu Santo es el Dador de la vida, pero lo que el apóstol quiere significar es que el Espíritu "vive" (HOE) dentro del penitente arrepentido debido a la justicia, que en este caso, como vimos en el análisis del capítulo tres, no es otra cosa que Cristo mismo. Es decir, el Espíritu puede tener morada en el corazón únicamente cuando Cristo está presente, y Cristo no puede estar presente a menos que sea por el Espíritu de Dios.

Por lo tanto, no se pueden desligar el uno del otro. Invitar la presencia de uno a la vida presupone la presencia del otro; ellos no son excluyentes de sí mismos entre sí, sino que ambos están combinados en morar y habitar en corazón humano. Cristo no puede vivir en el corazón humano a menos que sea a través del Espíritu Santo. Además, el Espíritu Santo no puede morar dentro del corazón humano, a menos que éste invite a Cristo a vivir en su mente, vida y corazón.

8.11 Y si el Espíritu de aquél que levantó de los muertos a Jesús mora en vosotros

Otra vez encontramos el condicional "si" (EI), indicando con esto el apóstol que puede existir la fuerte posibilidad de que alguien profese servir a Cristo, pero no tenga el Espíritu de Dios morando dentro de él.

Por otro lado, el verbo "levantó" (EGEIRANTOS) literalmente significar "devolver la vida"; "resucitar". El mismo está en participio aoristo en su forma activa, lo cual apunta específicamente a una acción que ocurrió en el pasado y que es irrepetible.

En otras palabras, la resurrección de Cristo es un evento irrepetible e irreversible; una vez que ocurre, no hay nada ni nadie que pueda detenerlo. Es por eso que cuando Cristo resucitó, lo hizo una vez para nunca más volver a hacerlo. La implicación de esto es que Cristo no ha de morir otra vez.

Aquí se le atribuye al Espíritu Santo la capacidad no solamente de "morar" (OIKEI) en el individuo, sino también de haber podido resucitar a Cristo. Jesús en una ocasión dijo: "*Yo póngo mi vida para volverla a tomar…*". Luego en otro pasaje encontramos que es el Padre quien parece haber resucitado a Cristo (Gal. 1:1); sin embargo, en este texto de Romanos claramente dice que fue una obra del Espíritu Santo. ¿Cómo conciliar estas supuestas diferencias? No hay ningún problema si entendemos que todo el plan fue hecho en conjunto. Que aunque el Padre es quien ordena el momento de la resurrección de Cristo, lo hace a través de los ángeles con el poder del Espíritu Santo. Además, de acuerdo con este texto, se espera que el Espíritu Santo more en el corazón del creyente. No es únicamente haber resucitado a Cristo de entre los muertos, sino que ese milagro él quiere hacerlo extensivo a todos los que creen en él.

8.11 El que levantó de los muertos a Cristo Jesús vivificará también vuestros cuerpos mortales por su Espíritu que mora en vosotros

De nuevo se enfatiza en el mismo verso que fue el Espíritu Santo quien resucitó a Jesús, y ese mismo Espíritu "vivificará" (HOOPOIEZEI) nuestros cuerpos "mortales" (THENETA). Es interesante notar que Pablo usa dos vocablos distintos para hablar de la resurrección. Cuando habla de la resurrección de Cristo realizada por el Espíritu Santo, usa constantemente el verbo EGEIROS en sus diferentes conjugaciones. Sin embargo, cuando habla de la resurrección del ser humano, usa HOOPOIEZEI. ¿Por qué esta diferencia? ¿Qué quiere decirnos el apóstol?

Algunas ideas que podrían recibir consideración; primeramente, este verbo (EGEIRANTOS) es usado solamente dos veces más en el Nuevo Testamento en esta forma verbal. En cada caso se usa para referirse a la resurrección física de Cristo y nunca de los hombres (Gal. 1:1; Col. 2:12); y en ambos casos, se atribuye a Dios (Padre) la resurrección de Cristo.

Segundo, el verbo HOOPOIEZEI en cambio, es usado solamente aquí en el Nuevo Testamento, y se refiere exclusivamente a ese acto de resucitar a los seres humanos como obra del Espíritu Santo. Lo curioso del uso de este verbo, es que nunca se refiere a la resurrección física del cuerpo, sino a la resurreción moral y espiritual del individuo. Por ejemplo: "*Aún estando nosotros muertos en pecados, nos <u>dio vida</u> juntamente con Cristo (por gracia sois salvos*" (Efes. 2:5). Y luego dice en otra parte: "*Y a vosotros, estando muertos en pecados y en la incircuncisión de vuestra carne, os <u>dio vida</u> juntamente con él, perdonándoos todos los pecados*" (Col. 2:13).

Otros textos más que se refieren a este tipo de resurrección moral y espiritual los encontramos en Juan 6:63 cuando dice: "*El*

Espíritu es el que dá vida; la carne para nada aprovecha; las palabras que yo os he hablado son espíritu y son vida". Y así sucesivamente podemos mirar un sinnúmero de textos, donde el uso de HOOPOEZEI es de carácter espiritual y no necesariamente físico.

Por lo tanto, tenemos que concluir que el mismo texto trae embuida esa interpretación, porque el Espíritu de Dios no mora con los muertos, y el texto dice claramente: "*...Si es que el Espíritu de Dios MORA en vosotros*". Obviamente que este acto de dar vida no se refiere a la vida física despúes de morir, sino más bien que se refiere a la resurrección de los valores, los gustos, el apetito, la mente, la voluntad, el intelecto, las emociones. Este "vivificar" es un resucitar interno, hecho en el corazón de aquellos que han aceptado la guía del Espíritu Santo en sus vidas, y por ende, han hecho a Jesucristo su Señor y Salvador.

8.12 Así que, hermanos, deudores somos

El vocablo principal aquí es "deudores" (OFEILETAI), el cual tiene la connotación de que se tiene una obligación con otra persona y se debe cumplir con la misma. Pero en el sentido espiritual, también implica que estamos obligados por el deber a cumplir con ciertos requisitos impuestos por Aquél que nos hizo un favor.

Por otro lado, el verbo "somos" (EZMEN) está en su forma presente del indicativo, lo cual claramente señala de que nuestra obligación con Dios es constante, mientras estemos con vida. La vida nuestra es la garantía y la prueba de que tenemos que cumplir con ciertas responsabilidades y dar cuenta a Dios con lo que hicimos de ella.

8.12 No a la carne, para que vivamos conforme a la carne

Es cierto, a la carne no le debemos nada, pues la carne no ha hecho nada en lo absoluto por nosotros. Lo que Pablo quiere decirnos aquí es que una vez Cristo mora en el corazón del creyente, el Espíritu Santo mora con él y él resucita nuestros sueños y valores; resucita nuestra naturaleza espiritual que el pecado ha puesto a dormir. Entonces, tenemos obligación moral con Cristo, y por lo tanto, no tenemos ningún compromiso con la carne, pues ya no estamos bajo su yugo, sino bajo la autoridad de Cristo Jesús. Es decir, una vez que pertenecemos a Cristo, no podemos vivir en acuerdo con los designios de la carne.

8.13 Porque si vivís conforme a la carne, moriréis

De nuevo el condicional "si" (EI), el cual, como hemos visto, señala la posibilidad de que no se pueda vivir conforme a la carne. Y esto indica que es posible vencer cuando se está sujeto al Espíritu de Dios. Si nosotros voluntariamente nos negamos a colocarnos bajo la autoridad de la carne y nos ponemos bajo la autoridad de Cristo, el resultado es vida, de lo contrario moriremos.

El verbo "moriréis" (APOTHNEZKEIN) en el original está en infinitivo y está precedido por otro verbo que no está traducido, el cual es "destinado a" (MELLETE). Este verbo permite la traducción siguiente: "*Porque si viven conforme a la carne* [están], *destinados a morir*". El destino de todos aquellos que no aceptan la voz de Dios ni el sacrificio expiatorio de Cristo se puede determinar por la seguridad de la palabra, pues el destino de ellos es la muerte eterna.

8.13 Mas si por el Espíritu hacéis morir las obras de la carne, viviréis

El condicional "si" (EI) aparece de nuevo por segunda vez en este versículo, lo cual indica la posibilidad de que el Espíritu de Dios tome control de la mente y del corazón del individuo, y sea el Espíritu quien haga "morir" (THANATOUTE) las obras de la carne. Este aspecto es relevante y trascendente a la luz de las Escrituras, pues revela que no es el ser humano con su fuerza de voluntad que puede hacer morir las obras de la carne en el individuo, sino el Espíritu Santo. Solamente él tiene la capacidad de no solo resucitar

Es el Espíritu Santo quien tiene el poder de eliminar en nosotros el deseo de ejercitarnos y practicar las obras de la carne nuestros valores, sino también de hacer morir nuestras pasiones animales y carnales.

Por otro lado, la palabra usada para decir "obras" debería ser ERGON, pero la que Pablo usó fue PRAXEIS, la cual indica una práctica constante, un ejercicio de desarrollo. Entonces tenemos que es el Espíritu Santo quien tiene el poder de eliminar en nosotros el deseo de ejercitarnos y practicar las obras de la carne. El resultado de esta obra del Espíritu, es que empezamos a vivir.

Otro aspecto interesante es que el apóstol hace un cambio aquí de sustantivos, pues en lugar de usar ZARKA para referirse a "carne", usa ZOMATOS que literalmente quiere decir "cuerpo". Vemos entonces que la intención es decir "la práctica del cuerpo". En otras palabras, si fuéramos a traducirlo literalmente diría más o menos así: "*Mas si por el Espíritu hacéis morir las prácticas del cuerpo, viviréis*". Lo cual abre todo un mundo de posibilidades para aplicaciones espirituales del texto.

8.14 Porque todos los que son guiados por el Espíritu de Dios, éstos son hijos de Dios

El texto sólo señala por implicación que no todo el mundo es Hijo de Dios, pues limita este estatus al hecho de ser guiados por el Espíritu de Dios. Hay dos verbos que interesan, y ellos son: "guiados" (AGONTAI), y "son" (EIZIN). El acto de guiar en el uso de este verbo, es cuando se toma a alguien de la mano y se le conduce a un lugar específico.

Lo que el apóstol está diciendo es que el Espíritu de Dios nos toma de la mano y nos conduce en el camino que nosotros debemos andar. Cuando nosotros nos dejamos conducir por el Espíritu Santo, entonces pasamos a ser hijos de Dios, de otra manera no seríamos hijos de él.

Por otro lado, en Juan 1:12 leemos: "*Mas a todos los que le recibieron, a los que creen en su nombre, les dio potestad de ser hechos hijos de Dios*". La implicación de este texto es que únicamente los que CREEN en el nombre de Cristo y le RECIBEN, éstos reciben la autoridad de ser HECHOS hijos de Dios. Entonces hay básicamente tres requisitos para ser hijo de Dios:

- Creer en el nombre de Cristo.
- Recibir a Cristo en el corazón.
- Ser guiados por el Espíritu Santo.

La implicación de todo esto es que señala que antes de creer y recibir a Cristo, nosotros no éramos considerados hijos; y si no éramos hijos, entonces en realidad éramos criaturas, pero no hijos. Ya no estamos bajo condenación siendo hijos; o como dice Kiesler: "Al pasar a ser hijos de Dios, Dios ya no es nuestro Juez, sino nuestro Padre".[163]

8.15 Pues no habéis recibido el espíritu de esclavitud para estar otra vez en temor

Pareciera que Pablo está haciendo una resemblanza de lo que ocurrió en el Edén después que Adán y Eva pecaron, pues se escondieron de Dios porque tuvieron miedo. Aquí el texto indica que el Espíritu Santo al recibirlo nos libera del miedo. Ahora bien, el verbo "recibido" (ELABETE) es un indicativo aoristo, y cuando este verbo está en su forma activa, como aparece aquí, significa 'traer a alguien bajo el control de' y apunta a una acción del pasado, pero que tiene repercusiones en el presente.

Sin embargo, el apóstol habla de "otra vez" (PALIN), lo cual indica claramente que hubo un momento en el cual estuvimos con ese espíritu de "temor" (FOBON), y ahora no hay necesidad de volver a estar bajo ese sistema. Lo cual señala que es posible después de haber sido liberados por Cristo volver a caer bajo las garras del pecado, y esto sería desastroso. Obviamente entonces que la presencia del pecado trae un espíritu de "esclavitud" (DOULEIAS); en cambio, la presencia del Espíritu de Dios trae liberación.

8.15 Sino que habéis recibido el espíritu de adopción

El "sino" (ALLA) quiere decir: 'al contrario'. Cuando creemos en Cristo, le recibimos y nos dejamos guiar por el Espíritu Santo, pasamos a estar bajo su control.

Por otro lado, la palabra "adopción" (HUIOTHEZIAS) es un término técnico legal que era usado para formalizar la relación

[163] Kiesler, p. 83.

establecida entre un niño huérfano que era puesto en custodia por un padre adoptivo.

La misma idea está ocurriendo aquí, el pecado nos dejó huérfanos, pero Cristo nos redimió y nos dio un Espíritu de adopción. El Padre nos reconoce ahora como hijos de él, y por lo tanto, gozamos de todos los privilegios de la familia celestial. Cuando un niño es adoptado, pasa a tener un nuevo nombre, una nueva escuela, nuevos maestros, nuevas costumbres, etc…

La imagen de adopción es la que explica nuestra relación con Dios. En el imperio romano si un anciano no tenía hijos, él podía adoptar a un joven o niño para que fuese su heredero. Este podía ser su esclavo favorito. Las mujeres no tenía derecho a heredar nada. De hecho, muchos emperadores llegaron al trono reclamando que habían sido adoptados por el emperador saliente. Este fue el caso de Augusto, quien reclamó la adopción que le hizo Julio César; lo mismo se puede decir de Tiberio, quien fue adoptado por Augusto.[164]

8.15 Por el cual clamamos ¡Abba, Padre!

Primeramente, el uso de "Abba" (ABBA) que es un vocativo Arameo, es una forma infantil de llamar al Padre; es el equivalente a decir "Papito". Sin embargo, aquí está usado en una fórmula imprecativa o vocativa con "Padre" (PATER), y juntos parecen indicar la familiaridad del creyente con el Padre, al llamarle "Papito", y al mismo tiempo el respecto que el Padre merece al llamarle "Padre". Esto nos lleva a pensar que al dirigirnos a Dios debemos hacerlo con toda confianza como un hijo que ama y confía en su Padre, pero al mismo tiempo con la debida reverencia y respeto que éste merece.

Por otro lado, el verbo "clamamos" (KRACHOMEN) era usado para indicar cuando alguien hablaba con una fuerte voz para llamar la atención de otro. Además, el hecho de que la expresión dice "por el cual" (EN HO), indicando definidamente de que este llamado a fuerte voz al Padre es iniciativa del Espíritu Santo y no

[164] Finger, R.H. (1993). *A Simulation: Paul and the Roman House Churches.* (Herald Press: Scottdale); p. 119.

del ser humano. Es el Espíritu quien nos impulsa a clamar con todas nuestras fuerzas y energías "Abba, Padre".

8.16 El Espíritu mismo dá testimonio a nuestro espíritu, de que somos hijos de Dios

Aquí pareciera que el apóstol está diciendo que la vida cristiana se limita a una experiencia subjetiva y que la presencia del Espíritu Santo en el corazón del creyente es únicamente percibida por quien lo recibe. Sin embargo, debemos mirar el texto con más cuidado para saber qué está diciéndonos realmente.

Primeramente, dice que el Espíritu "dá testimonio" (ZUMARTUREI). Este verbo puede ser traducido de varias maneras, y una de ellas es 'presentar la evidencia en favor de'; 'demostrar que es cierto'. Nuestro espíritu puede ser engañado e incluso sobornado por las artimañas del enemigo, pero el Espíritu Santo se encarga de certificar la realidad de la obra redentora en nuestra vida.

Es el Espíritu Santo quien CERTIFICA ante el universo de nuestro nuevo estatus delante de Dios, y nos lo deja saber a nuestro espíritu. El Espíritu Santo nos permite reconocer de una forma u otra que ahora somos hijos de Dios. Por lo tanto, si en algún momento pecamos, el Espíritu siempre viene en nuestro auxilio y nos recuerda que no debemos hacerlo porque ahora pertenecemos al Rey de reyes y Señor de señores.

Ahora bien, ¿qué es lo que el Espíritu Santo testifica/demuestra que es cierto/certifica? Hebreos 10:15-17 nos brinda la respuesta: "*Y nos atestigua lo mismo el Espíritu Santo, porque después de haber dicho: Este es el pacto que haré con ellos después de aquellos días, dice el Señor: Pondré mis leyes en sus corazones, y en sus mentes las escribiré. Añade: Y nunca más me acordaré de sus pecados y transgresiones*".

Muy interesantemente es que usa la misma raíz del verbo MARTUREI para indicar en ambos casos lo que el Espíritu hace en el corazón del creyente y ante todo el universo. Esto quiere decir que cuando en Romanos 8:16 dice que el Espíritu testifica a nuestro espíritu, lo que sencillamente está diciendo de acuerdo con Hebreos, es que él PONE sus leyes en el corazón (centro de las emociones), y las ESCRIBE en la mente (centro del intelecto y la voluntad). Encima de eso, él enfatiza y certifica que nunca más se ha de ACORDAR de nuestros pecados y transgresiones.

- El Esp. Santo es nuestro Testigo (Heb. 10:15-17).
- Cristo es también nuestro Testigo (Apoc. 3:14).
- Dios es también nuestro Testigo (2da. Cor. 1:23).
- Los Ángeles son nuestros testigos (1 Cor. 4:9).
- El universo es testigo (Heb. 12:1).

Por lo tanto, la certificación legal que brinda el Espiritu de Dios sobre el nuevo estatus del creyente, le habilita a a éste a obedecer y a vivir una vida de perdón porque ha sido perdonado y ya no siente ese sentido de culpabilidad que el pecado impone sobre sus esclavos. Escribir la ley de Dios en el corazón reduce y puede eliminar la resistencia a Dios.[165]

8.17 Y si hijos, también herederos

En otras palabras, el hecho mismo de ser adoptados bajo la familia de Dios, nos concede todos los privilegios de los hijos naturales. En este caso, Jesús es llamado Hijo de Dios, por lo tanto, él es el único Heredero de todas las cosas (Heb. 1:1-3). Lo que él hace ahora es compartir con nosotros la herencia que le corresponde únicamente a él en virtud de su sacrificio expiatorio.

Pasamos a ser "herederos" (KLERONOMOI), lo cual señala a las promesas de vida eterna que Dios ha hecho en Cristo. Por lo tanto, nosotros pasamos a heredar la vida eterna que Dios prometió. Además, el uso del adverbio "también" (KAI), realmente sería "y", el cual en este caso tendría una función sumativa. Y el texto leería así: "Y si hijos y herederos". Pero en Español hace mejor sentido usar 'también', pues eso es lo que significa en el original. No obstante, la implicación de esto es que el acto mismo de ser adoptados por Dios como hijos, nos coloca en el derecho inmediato de la herencia de la vida eterna que él ha prometido.

8.17 Herederos de Dios y coherederos con Cristo

Así que somos juntamente con Cristo "coherederos" (ZUGKLERONOMOI), es decir, 'alguien que comparte todo lo

[165] Achtemier, P.J. –Editor- (1985). *Harper's Bible Dictionary*. (Harper & Row Publishers: San. Francisco); p. 878.

que tiene con otro'. Así que Dios nos ha hecho partícipes de todas sus cosas en y con Cristo. Pues eso es lo que significa coherederos aquí, un compartimiento de todas las bendiciones, derechos y privilegios de los cuales goza Cristo Jesús con todos sus hijos.

8.17 Si es que padecemos juntamente con él

Pareciera que este es el capítulo de los condicionales, pues en este verso encontramos nueva vez el uso del condicional "si" (EIPER); la única diferencia ahora es que EIPER puede ser traducido literalmente "si es cierto que".

Por otro lado, el verbo "padecemos" (ZUMPAZCHOMEN) significa 'sufrir en compañía de'. Entonces podriamos poner esta traducción alternativa: "Si es cierto que sufrimos junto con él".

8.17 Para que juntamente con él seamos glorificados

La glorificación con Cristo es el resultado inmediato del padecimiento con él y por él. El verbo "glorificados" (ZUNDOXATHOMEN) sencillamente significa 'compartir con otro la gloria'. Pues de eso es que el apóstol está hablando, de la herencia que Dios tiene para nosotros.

8.18 Pues tengo por cierto que las aflicciones del tiempo presente

Literalmente diría: "Pienso ciertamente que las aflicciones (PATHEMATA) del momento". Aflicciones se refiere a la pasión o sufrimiento que una persona atraviesa por causa de otro y a manos de otro.

8.18 No son comparables con la gloria venidera

En la mente del apóstol no había comparación de ningún tipo, pues dice que no son "comparables" (ACHIA), es decir, no hay manera de medir exactamente lo que el cristiano ha de recibir de las manos de Cristo. En este caso, se le llama la "gloria" (DOXA) "venidera" (MELLOUZAN), es decir lo futuro, lo que viene.

8.18 Que en nosotros ha de manifestarse

Pablo se incluye como parte del grupo que ha de ser partícipe de esas bendiciones porque su esperanza y fe estaban vivas en las promesas del Redentor. El señala que ha de "manifestarse" (APOKALUPTHENAI) que literalmente significa "revelar", "dar a conocer algo que era desconocido".

Lo interesante de todo el texto es que la gloria futura que se revelará o se dará a conocer, será hecha EN nosotros. Y el hecho de que esta gloria se manifieste en nosotros, indica que la misma implica la vida eterna que Cristo ha de compartir con los santos, pero también el conocimiento real y palpable de quién es Cristo y quién es Dios.

8.19 Porque el anhelo ardiente de la creación

Pablo parece que está haciendo un cambio brusco en su enfoque, pues pasa de 'nosotros' a la 'creación'. Sin embargo, en realidad ambos son indisolubles, pues el pecado del hombre no solo le afectó a él, sino también a toda la creación. La "creación" (KTIZEOS) se refiere a todo ser creado incluyendo el ser humano.

La palabra para "anhelo" (APOKARADOKIA) se compone de dos palabras: APO, el cual es una preposición que en este caso conlleva <u>la idea de tiempo</u>; y PARADOKIA que significa "deseo ardiente o vehemente". Bueno, el apóstol está queriendo decirnos que este anhelo se refiere a una constante ansiedad o expectación donde quien espera está vigilando el desenvolvimiento de las cosas. En otras palabras, la creación está en la expectativa de la restauración de todas las cosas.

8.19 Es el aguardar la manifestación de los hijos de Dios

El verbo "aguardar" (APEKDECHETAI) se refiere a alguien que espera pacientemente. En el primer caso la creación está a la expectativa, en este caso está a la expectativa, mas espera con paciencia.

Por otro lado, encontramos el uso de "manifestación" (APOKALUPSIN) que simplemente es la revelación de los "hijos de Dios" (HUION TOU DEO). ¿Por qué los hijos de Dios deben ser manifestados? Simplemente porque son presentados como trofeos ante todo el universo como la prueba de que el sacrificio expiatorio de Cristo les dio el privilegio y el derecho de pasar de un estado de muerte a una condición de vida eterna. Esa imputación de la vida eterna físicamente y del conocimiento de Cristo, todavía no ha sido una realidad, sino que está esperando con paciencia el día en que todas las cosas vuelvan a su estado original, pues el pecado trastornó la condición original de todas las cosas.

8.20 Porque la creación fue sujetada a vanidad

Al decirnos el apóstol que la creación fue "sujetada" (HUPETAGE), nos está queriendo decir que fue "puesta bajo control de", en este caso la "vanidad" (MATAIOTETI), es decir, algo 'inútil', 'sin ningún valor o precio'. En otras palabras, cuando el hombre pecó, la creación perdió su valor y su precio al igual que el hombre. "La creación fue sujeta a la vanidad "no voluntariamente". No por un acto de su propia voluntad [la de Dios]... Nuestra restauración es pura gracia, pero la de las criaturas del mundo es simplemente justicia".[166]

8.20 No por su propia voluntad, sino por causa del que la sujetó en esperanza

No fue la creación misma que se sujetó al pecado y rebajó su precio, sino que al introducirse el pecado en el planeta, la misma perdió su valor; por eso señala que esto no viene de su "propia voluntad" (OUX EKOUZA), es decir, no voluntariamente. Y el texto sigue leyendo que hubo alguién que la "sujetó" (HUPOTACHANTA), es decir, la trajo bajo 'la sumisión de', en este caso, de la "esperanza" (ELPITHIS). Esta esperanza se

> La creación no puede libertarse asimisma

[166] Sanday, W. (1896). *A Critical and Exegetical Commentary On the Epistle to the Romans*. (Charles Scribner's Sons: New York); p. 534.

refiere a la esperanza que el hombre debe ejercer en la restauración futura de todas las cosas por Dios.[167]

En conclusión, Pablo parece estar hablando de que era necesario con la intromisión del pecado poner ese sentido de espera y de poco valor en la creación, con el fin de que la misma aguarde con vehemencia la restauración de todas las cosas. Y esto tiene sentido, pues si después del pecado, las cosas hubieran seguido igual en el planeta, entonces, ¿para qué eliminar el pecado del universo? No tendría sentido hacerlo, porque entonces en realidad se hubiera interpretado que el pecado podía co-existir con el bien sin necesariamente afectar las cosas, únicamente a las personas, y esto es un adefesio.

En otras palabras, el pecado afectó a todo lo creado trayendo muerte y destrucción. Si no se hubieran permitido los efectos del pecado de inmediato sobre la creación, entonces podríamos llegar a pensar que el pecado era necesario para la existencia del bien en el universo, y eso no es posible.

8.21 Porque también la creación misma será libertada de la esclavitud de corrupción

El apóstol ahora profetiza lo que ha de ocurrir con la creación. Edwards aclara que la redención de la creación es la más grande de todas las obras de Dios.[168] Él, inspirado por el Espíritu Santo nos deja saber que la creación "será libertada" (ELEUDEROTHEZETAI), y este verbo es un futuro pasivo deponente, lo cual indica que alguién más tendrá que libertarla, es decir, necesita de la presencia de una persona que lo haga, porque la creación no puede libertarse asimisma.

Por otro lado, la palabra "esclavitud" (DOULEIAS) es la misma usada para referirse a la esclavitud del hombre bajo el control del pecado. La implicación de la frase apunta a la esclavitud de la creación en la misma proporción en que el hombre ha sido esclavizado.

---

[167] Brown, p. 316.

[168] Edwards, J. (1953). *Puritan Sage: Collected Writings of Jonathan Edwards.* (Library Publishers: New York); p. 612.

Y por último encontramos "corrupción" (FTHORAS), que no es otra cosa que "descomposición"; "putrefacción". Dios ha de restaurar a través de Cristo todas las cosas que perdieron su forma original y están en su estado de descomposición producto del pecado. La promesa está hecha de que será libertada de esta terrible maldición traída por el pecado.

8.21 A la libertad gloriosa de los hijos de Dios

Esa "libertad" (ELEUTHERIAN) es exactamente lo opuesto a la esclavitud (DOULEIAS); y la construcción gramatical parece indicar que la libertad de la creación tiene su origen en el mismo que ha de libertar a los hijos de Dios. El hecho de que las preposiciones que acompañan a esta frase están en su caso genitivo parece apoyar esta idea. Si realmente quisiera decir que la creación será libertada PARA los hijos de Dios, pienso entonces que deberían estar en su caso dativo. Achtemeier cree que en realidad, Dios es el único que tiene el poder de afectar nuestro destino; y si los otros dioses nos afectan, lo han hecho temporalmente.[169]

8.22 Porque sabemos que toda la creación gime a una

Pablo no es ignorante de la situación deplorable en que se encuentra el planeta, y espera que nosotros tampoco estemos ignorantes sobre el mismo. El hecho de que la creación "gime" (ZUSTENACHEI) indica que el dolor es profundo, y que su cura está fuera de sí misma. Este gemir se puede incluso percibir cuando la brisa golpea las ramas de los árboles; se puede percibir incluso que el tono o tonos musicales que produce el viento al moverse entre las ramas del bosque, son tristes y melancólicos. Como músico que soy, he podido percibir esto.

Ahora bien, el hecho de enfatizar que gime a "una", apunta a que no son partes de la creación la que están quejándose y esperando su restauración, sino "toda" (PAZA) la creación. Este PAZA viene de PANTAS, pero cuando está en su forma absoluta, como aquí, dá la idea que afecta a cada miembro. De modo que

---

[169] Achtemeier, P.J. (1985). *Romans: A Bible Commentary For Teaching and Preaching*. (John Knox Press: Atlanta); p. 150.

cada miembro de la creación gime profundamente por un cambio para bien.

8.22 Y a una está con dolores de parto hasta ahora

La creación pareciera que va a parir, pero no está embarazada, pues el pecado trajo infertilidad. La expresión es más bien retórica que indica que en la misma proporción en que una mujer sufre cuando va a dar a luz, en esa misma proporción la creación está sufriendo.

El vocablo para decir "dolores" (ZUNODINEI) es el mismo para indicar el dolor sufrido al momento de la mujer parir. Y el hecho de que el texto dice "hasta ahora" (ACHRI TOU NUN), nos dá la idea de que este dolor ha venido por largo tiempo, y que el "hasta ahora" es presente, entonces continuará hasta que la presente situación cambie.

8.23 Y no sólo ella, sino que también nosotros mismos

Aquí el apóstol afirma lo que he estado tratando de explicar, que este gemir es junto con cada miembro de la creación. Todo lo que el pecado ha tocado, lo ha contaminado, y sino lo ha hecho, le ha obligado a sufrir las consecuencias del pecado. En el caso de Jesucristo, el pecado no le contaminó, pero le hizo sufrir la muerte eterna. Lo que quiero decir es que el pecado ha contaminado y corrompido cada aspecto de la vida del planeta, pero la promesa y la esperanza son seguras de que Dios ha de restaurar todas las cosas a su forma original sin el germen del pecado.

8.23 Que tenemos las primicias del Espíritu

El apóstol está hablando aquí de forma bipolar. Esta "primicia" (APARCHEN) ¿se refiere únicamente al derramamiento del Espíritu Santo sobre la iglesia apostólica o el apóstol nos está incluyendo a nosotros? Bueno, si en el contexto nosotros también estamos incluidos, no hay razón para pensar que en esta frase en particular está hablando específicamente de la iglesia apostólica.

Si en cambio, nosotros vemos esta presencia parcial del Espíritu Santo como las primicias, es decir, la presencia del

Espíritu en nuestros cuerpos todavía contaminados por el aguijón de la muerte, entonces es correcto decir que tenemos las "primicias" (APARCHEN). Y estas primicias eran los primeros frutos que eran consagrados a Dios al inicio de las cosechas. Pablo está haciendo una alusión directa a las fiestas del Pentecostés del Antiguo Testamento y del Nuevo Testamento.

En el Antiguo Testamento el Pentecostés era símbolo de la dedicación a Dios. En el Nuevo Testamento también, pero con la variante de que allí se manifestó visible y tangiblemente el Espíritu Santo. Así que Pablo está queriéndonos decir que nosotros hemos recibido los primeros chubascos del Espíritu Santo.

8.23 Nosotros también gemimos dentro de nosotros mismos

Este "gemimos" (ZTENAXOMEN) indica un quejido que está fuera de nuestro alcance eliminarlo. Luego al enfatizar el hecho de que es "dentro de", parece indicar que no es producto de una circunstancia del momento o exterior, sino que este gemir interno es producto del látigo del pecado obligándonos a obedecerle aunque no querramos hacerlo debido a nuestra condición.

8.23 Esperando la adopción, la redención de nuestro cuerpo

"Adopción" (HUIOTHEZIAN) es equivalente a "redención" (APOLUTROZIN) en este texto. El mismo apóstol hizo la aclaración, porque antes mencionamos que la adopción ocurre cuando 'creemos y recibimos a Cristo en el corazón, y entonces empezamos a ser guiados por el Espíritu Santo'. Mas aquí, Pablo indica que hay otra dimensión de la adopción, y es la transformación del cuerpo, donde esto mortal se "viste de inmortalidad"; y lo corrupto, se viste de incorruptibilidad (1Cor. 15: 51-56).

Antes de hablar un poco más en detalle de "redención", me gustaría solamente mencionar brevemente acerca del verbo "esperando" (APEKDECHOMENOI). Este verbo, como mencionamos anteriormente, apunta a una espera ansiosa, llena de expectativas. Y no es para menos, pues todos nosotros anhelamos el día en que "no habrá más muerte, ni clamor ni dolor, porque las primeras cosas pasaron" (Apoc. 21:2-5).

Ahora bien, cuando Pablo habla de "redención" (APOLUTROZIN), usa un verbo que literalmente significa "comprar". De hecho, cuando alguien compraba un esclavo en la feria del "mercado" (AGORA), este tenía un "precio" (TIME), pero el acto mismo de comprar a dicho esclavo, era llamado (LUTROTEN).

De modo que tenemos una aparente contradicción de conceptos aquí, pues en sinnúmeras ocasiones se dice que Cristo nos compró con su sangre, indicando que la compra se efectuó en la cruz del Calvario. Sin embargo, Pablo parece aludir que está en el futuro, pues habla de la espera en expectativa. ¿Cómo conciliar dichos conceptos?

Particularmente no tengo ningún problema con la idea de que realmente en la cruz del Calvario la compra se hizo, pero el comprador no ha recibido toda la mercancía que compró. De modo que, en la consumación de todas las cosas, todos los seres humanos que hemos creído y recibido a Cristo en nuestro corazón y nos dejamos guiar por el Espíritu Santo, pasaremos finalmente a las manos de nuestro verdadero dueño. Pareciera que Satanás se resiste a dejar ir la propiedad que no le pertenece, pues eso es lo que él es, un usurpador.

8.24 Porque en esperanza fuimos salvos

Esta frase es difícil de tragar, pues parece indicar que es posible salvarse fuera de la gracia de Cristo si la persona sencillamente espera. ¿Qué hacer? La palabra "esperanza" (ELPIDIS) indica eso, 'espera'. Sin embargo, la frase completa ha sido traducida de dos maneras básicas: a) en esperanza; b) con esperanza. Sanday dice que la expresión "en esperanza" es una forma de expresar 'en fe fuímos salvos'.[170]

En cualquier forma que lo tomemos no cambiaría el sentido, pues en realidad en el contexto inmediato donde se está hablando de la redención de nuestro cuerpo, es natural pensar que únicamente aquellos que esperan en las promesas de Dios han de recibir lo prometido, de otra manera, ¿para qué esperar?

[170] Sanday, pp. 209-210.

8.24 Pero la esperanza que se ve, no es esperanza

Entonces encontramos aquí la imposibilidad de poder ver y al mismo tiempo esperar. En este contexto, la esperanza que se logra "ver" (BLEPOMENE) o mejor traducido "que vemos", deja de ser esperanza para convertirse en seguridad visual. La esperanza está basada únicamente en lo que Dios ha dicho, es nuestra confianza en sus promesas lo que hace que la esperanza sea viva. Con razón dijo San Juan en otro lado, "*Y todo aquél que tiene esta esperanza en él, se purifica asimismo, así como él es puro*" (1Juan 3:3).

En otras palabras, para que esta esperanza sea valedera, activa y verdadera, se necesita un sujeto en quién confiar. La esperanza no tiene ninguna validez si no tiene un sujeto que la respalde, en este caso es Dios mismo que ha empeñado su palabra, y nos insta a creer lo que él ha dicho. El punto focal de esta frase, es que resulta imposible poner nuestra esperanza en Dios si no creemos en él.

8.24 Porque lo que alguno ve, ¿a qué esperarlo?

De modo que si lográramos ver la redención de nuestro cuerpo, entonces no tendríamos que preocuparnos por esperarla, pues entonces perdería el sabor de la expectativa. Y de hecho, llegará un día en que de los tres grandes dones: la Fe, la Esperanza y el Amor, el que nunca dejará de ser es el Amor. Pues la Fe y la Esperanza van ligadas de la mano como la uña y el dedo, pero el que permanecerá para siempre es el Amor (1Cor. 13: 8).

El pecado nos ha hecho completamente débiles, espiritual, moral y físicamente

8.25 Pero si esperamos lo que no vemos, con paciencia lo aguardamos

De modo que tenemos la opción y el privilegio de esperar lo que no podemos ver todavía con el objetivo de que aguardemos con "paciencia" (HUPOMONES). Este esperar paciente no es ilógico, irreal o ciego, sino que es una espera con paciencia inteligente a la expectativa de todas las cosas.

Paciencia es una virtud o don del Espíritu Santo, y la misma es recibida únicamente a través de él. Por eso se hace imperante que nos dejemos guiar por el Espíritu de Dios, para que podamos recibir este maravilloso don de la paciencia (Gal. 5:22).

8.26 Y de igual manera el Espíritu nos ayuda en nuestra debilidad

El texto asume que somos débiles por naturaleza, y obviamente lo somos si nuestra redención corporal no ha ocurrido. Así que necesitamos la ayuda de Espíritu Santo que nos permita sobrevivir en nuestra debilidad mientras esperamos con paciencia la redención final.

El verbo traducido como "nos ayuda" (ZUNANTILAMBANETAI) literalmente significa 'venir en ayuda de alguien'; 'venir al auxilio de'; 'socorrer a'. Y ese acto de socorrer y de auxiliar a quien está necesitado, en este caso, nosotros, lo puede hacer únicamente el Espíritu Santo.

La palabra traducida como "debilidad" (AZTHENEIA) significa 'debilidad total', tanto del cuerpo como del carácter. El pecado nos ha hecho completamente débiles, espiritual, moral y físicamente. Es por ello que necesitamos la redención, pero mientras ésta se efectúa, esperamos inteligentemente, con paciencia; y en ese acto de espera, el Espíritu Santo viene en nuestro auxilio. Y de hecho, lo hace cumpliendo una de sus funciones primarias, ser el Consolador, el Parakletos. Uno que viene única y exclusivamente en AUXILIO de otro.

8.26 Pues qué hemos de pedir como conviene, no lo sabemos

El texto asume que somos ignorantes incluso al hacer nuestras peticiones a Dios. y la razón es simple, el pecado no solo nos ha degenerado en todos los sentidos, sino que también nos ha hecho ignorantes con respecto a nosotros mismos, a lo que nos rodea, a Dios y al universo. El texto asume también que nisiquiera sabemos orar.

El verbo "pedir" (PROZEUXOMETHA) era usado estrictamente para indicar la petición de ayuda de un penitente a una deidad. En este caso, nosotros somos quienes pedimos la ayuda a Dios, pero no sabemos cómo hacerlo, ni tampoco sabemos pedir lo que nos conviene.

Además, el vocablo "conviene" (DEI) en realidad es un verbo en su forma imperfecta, y tiene una variedad de usos, pero en este contexto podría significar: 'debería tener'; 'lo que necesitaría'. Este mismo verbo está antecedido por la preposición subordinada "como" (KATHOS). Bueno, el traductor de la Reina Valera hizo un excelente trabajo al traducir la frase en este caso, pues en realidad el sentido es que nosotros no tenemos la menor idea de lo que necesitamos pedir o de lo que deberíamos pedir, es por eso que el Espíritu Santo es quien nos ayuda en nuestras súplicas.

Luego, al declarar que "no sabemos" (OUK OIDAMEN) el apóstol está haciendo una tremenda declaración de la realidad del creyente, pues OIDAMEN es usado para indicar el acto mismo de conocer a través del ojo de la mente. Es un conocimiento de carácter espiritual en este caso en particular.

8.26 Pero el Espíritu mismo intercede por nosotros con gemidos indecibles

La traducción literal diría: "Al contrario, el mismo Espíritu intercede con gemidos indescriptibles". Hay tres palabras que necesitamos analizar en este texto, la primera es "intercede" (HUPERENTUCHANEI), la cual significa 'mediar en favor de otro'. Eso es lo que hace el Espíritu, mediar en favor de los seres humanos. Ahora bien, esta mediación es de carácter dualista o bipolar:

- Intercede por nosotros ante Dios.
- Intercede por Cristo ante nosotros.

¿Qué quiero decir? Sencillamente que es el Espíritu Santo quien aboga por nosotros ante el universo para que podamos ser reconocidos como Hijos habilitándonos a vivir una vida cristiana, una vida de obediencia. Pero al mismo tiempo, es el Espíritu quien presenta los méritos incomparables del sacrificio expiatorio de Cristo delante del ser humano para que este vea que la única solución a sus problemas es aceptar a Cristo. Por esto decimos que la mediación del Espíritu Santo es doble.

El segundo vocablo que debemos analizar es "gemidos" (ZTENAGMOIS). Este sustantivo pluralizado es el mismo que es usado para decir de los gemidos de la creación en el v. 22, y de los gemidos de los hijos de Dios redimidos en el v. 23. Es interesante notar que en la mente del apóstol no hay diferencia entre el gemido de uno y otro, en lo que se refiere a que este proviene de un dolor agudo y profundo que el pecado ha producido.

Entonces, en el caso del Espíritu Santo, el gemido de éste es uno que va mucho más allá de la comprensión humana. El dolor que siente el Espíritu Santo viene como producto de una súplica por ver al penitente salvado. Y aunque el gemido en los tres casos: la creación, los hijos de Dios y el Espíritu, proviene de un dolor profundo, no es menos cierto que en el caso de la creación y los hijos de Dios, este dolor proviene de los efectos del pecado sobre ellos mismos. Y ellos a su vez esperan un cambio de naturaleza, esperan la renovación de todas las cosas. En lo que se refiere al Espíritu de Dios, este gemir no es producto de que el pecado ha afectado la naturaleza misma del Espíritu, sino que a él le gustaría ver al hombre pecador libre de una vez y por todas de las garras del pecado; y de seguro le gustaría ver el carácter de Cristo plenamente reflejado en sus hijos para entonces efectuar la tan esperada transformación de la creación y de los hijos de Dios.

El tercer vocablo que necesitamos mirar es "indecibles" (ALALETOIS). Esta palabra que está bien traducida en la Reina Valera, es un adjetivo dativo, que en realidad significaría que el mismo está modificando la naturaleza o los atributos del sustantivo "gemidos". Lo interesante de este vocablo es que aparece única vez en este texto y en esta forma en todo el Nuevo Testamento. El mismo se refiere a un gemir que las palabras no alcanzarían a describir; es un gemir que es imposible expresarlo, pues viene como producto de una experiencia, un dolor o una emoción tan fuerte, que las palabras no bastan para describir el sentimiento dentro del corazón. En realidad, esto es lo que Pablo está tratando de decirnos, que el Espíritu Santo clama, gime por nosotros con gemidos o quejidos indecibles/incesantes/indescriptibles.

8.27 Mas el que escudriña los corazones sabe cuál es la intención del Espíritu

Aquí el apóstol introduce a una nueva persona en la ecuación intercesora, pues habla de alguien que tiene el poder o la habilidad de poder mirar en el corazón humano como cualquiera de nosotros podría ver a través de un cristal. El verbo "escudriña" (ERAUNON) implica un acto de 'investigación exhaustiva', y ese es el sentido que tiene el verbo. De hecho, el verbo mismo es un participio presente en su modo indicativo, lo cual apunta a una búsqueda constante.

El salmista decía "*Pruébame oh Dios, y pesa tú mis pensamientos hoy. Y ve si se encuentra debilidad en mí. Y guía tú mis pasos por siempre*" (Salmos 139:23). Es por eso que Pablo está haciendo una referencia directa a las palabras del Salmista, donde a Dios se le atribuye el poder de conocer lo que está dentro de lo más profundo del corazón.

Entonces, el hecho de que el Espíritu Santo gime, clama, escudriña las intenciones del corazón, son pruebas indubitables de que el Espíritu Santo es una persona con atributos propios. Las cosas, las fuerzas no poseen este tipo de atributos, por tal razón pienso que las ideas que andan permeando por allí sobre la impersonalidad del Espíritu son adefesios y sandeces imperfectas en los labios y plumas de ignorantes y orgullosos que no han entendido bien al apóstol.

Por otro lado, el hecho de que el Espíritu posee o tiene "intención" (FRONEMA) es relevante y significativo. De hecho, FRONEMA realmente significa "pensamiento; o "pensar inteligentemente", y puede referirse a las emociones más profundas en el corazón. Así que el apóstol está tratando de decirnos que Dios aún conoce cuál es el pensamiento, las emociones más profundas del Espíritu Santo. Y el Espíritu santo a su vez conoce lo más profundo de Dios, pues así lo declara el texto en 1Cor. 3:10-12 cuando dice: "*Pero Dios nos las reveló a nosotros por el Espíritu; porque el Espíritu todo lo escudriña* [ERAUNA], *aún lo profundo de Dios. Porque ¿quién de los hombres sabe las cosas del hombre, sino el espíritu del hombre que está en él? Así tampoco nadie conoció las cosas de Dios, sino el Espíritu de Dios. Y nosotros no hemos recibido el espíritu del mundo, sino el Espíritu que proviene de Dios, para que sepamos lo que Dios nos ha concedido".*

8.27 Porque conforme a la voluntad de Dios intercede por los santos

El hecho de que esta intercesión del Espíritu se hace "conforme a la voluntad de Dios" (KATA THEON) indica que ambos están trabajando en perfecto acuerdo y armonía, y que no existen secretos entre ellos.

El verbo "intercede" (ENTUGCHANEI) es el mismo que fue usado en el v. 26 para indicar la intercesión del Espíritu POR nosotros. Lo interesante es que la preposición genitiva HUPER, está colocada en el v. 27 modificando a "santos" (HAGION) y no antes del verbo "intercede" como aparece en el v. 26. Es decir, en el v. 26 aparece como HUPERENTUGCHANEI, mientras que en el 27 aparece ENTUGCHANEI HUPER HAGION.

Mi respuesta a este cambio es que HUPER aquí significa EN FAVOR DE, mientras que en el v. 26 significa EN LUGAR DE. Si mi hipótesis es correcta (y creo que lo es), entonces tenemos una función interesante del Espíritu en virtud de la calidad intercesora, pues nos está diciendo que el Espíritu Santo se presenta ante Dios en mi lugar, y no solamente en mi lugar, sino también en mi favor.

Esto hace una gran diferencia entre la intercesión o mediación de los representantes tanto del bien como del mal. Por ejemplo, en Job 1 y 2 encontramos a Satanás en un concilio divino representando a los seres humanos EN LUGAR DE ellos. Sin embargo, en ningún momento le encontramos dialogando con Dios EN FAVOR DE los seres humanos, y creo que esto es muy significativo de la intercesión del Espíritu en nuestro lugar y en nuestro favor.

8.28 Y sabemos que a los que aman a Dios

La traducción de esta primera parte es casi literal, pues Pablo introduce de nuevo el verbo "sabemos" (OIDAMEN) que significa y lo enfoca sobre aquellos que "aman" (HAGAPOZIN) a Dios. Este amar es un amar de naturaleza divina, este amor es implantando en el corazón por Cristo a través del Espíritu Santo.

Pues el ser humano es incapaz de generar este tipo o clase de amor llamado AGAPE.

8.28 Todas las cosas les ayudan a bien

Mi traducción literal del texto diría: "Todo este trabajo conjunto es bueno". Yo traduciría así por varias razones:

- "Todas" (PANTAS) está sin el artículo, lo cual indica absoluto, pero no necesariamente "cada uno" como lo es en el caso de PAZA.
- "Cosas" (ZUNERGEI) es un verbo en presente indicativo de la tercera persona del singular y se refiere a un trabajo en equipo, hecho en conjunto, por lo tanto deja de ser impersonal y se convierte en algo personal.
- "Bien" (AGATHON) se refiere a algo útil, necesario y beneficioso.
- En algunos manuscritos, la expresión se encuentra como PANTA TO DEOUS, significando que Dios es el sujeto que trabaja en cooperación con el hombre, pero en el contexto, el Espíritu Santo pasaría a ser el otro sujeto que también es parte del equipo de trabajo.

Hay una consistencia gloriosa entre los eternos propósitos de Dios y el agente libre humano. Lo que el apóstol tenía en mente era el "carácter expiatorio" de la muerte de Cristo.[171] La idea primigenia es hacernos ver que cuando estamos en Cristo, los propósitos divinos se combinan con la voluntad humana para formar a un ente a la imagen de Dios. En el evangelio de Pablo, Dios ofrece a los hombres recursos de sobra y por encima de su sentido de obligación moral.[172]

En conclusión, todo el plan de salvación es producto de un equipo de trabajo entre el Padre, el Hijo, el Espíritu Santo y lo ángeles. Y Pablo añade de que "todo este trabajo en conjunto es bueno", es saludable, es útil, trae beneficios el trabajo en equipo que la divinidad ha hecho y está haciendo para salvar al ser humano.

---

[171] Brown, D; Fausset, A.R. (n/a). *A Commentary Critical and Explanatory On the Old and New Testaments, vol. II.* (The S.S. Scranton Company: Hartford); p. 244.

[172] Laymon, p. 782.

8.28 Esto es, los que conforme a su propósito son llamados

Literalmente diría: "Esto es, de acuerdo al propósito/plan conque sois llamados". Ahora bien, esta palabra traducida como "propósito" (PROTHEZIN) realmente es un vocablo de connotación cúltica, pues era el vocablo usado para referirse a la consagración de los panes de la preposición que eran puestos sobre la mesa de los panes de la preposición en el santuario. Obviamente, Pablo está tratando de decirnos que nosotros al ser "llamados" (KLETOIS), pasamos a ocupar un lugar de consagración y responsabilidad en el servicio contínuo a Dios.

Por lo tanto, esta cooperación conjunta que la Deidad tiene para salvarnos, es con el propósito de que nosotros al ser llamados, seamos consagrados (así como lo era el pan santo) para el servicio del santuario, es decir de la iglesia de Dios en esta tierra. Esto quiere decir que aceptar el llamado de Dios trae como consecuencia responsabilidades y capacitación inherentes en el llamado mismo de Dios para servirle a él y a su iglesia.

8.29 Porque a los que antes conoció, también los predestinó

Aquí empieza una concatenación de conceptos que uno depende del otro. En primer lugar encontramos a un Dios que nos conoce, nos predestina, nos forma a la imagen de su Hijo, nos llama, nos justifica y finalmente nos glorifica. Y si miramos cuidadosamente, podemos ver siete etapas en la vida del cristiano que acepta a Cristo como su Salvador.

En segundo lugar, la idea del apóstol es crear un climax que permite ver que Dios es el Originador de todo lo bueno que existe, pero especialmente de la salvación de sus hijos. Podemos ver que la salvación es una iniciativa divina y al mismo tiempo una consumación de la misma por Dios mismo.

El verbo "conoció" (PROEGNO) se refiere específicamente a un 'conocimiento previo'. Dios nos conoce desde mucho antes que nosotros le aceptáramos como nuestro Padre. El verbo "predestinó" (PROORIZEN) en cambio, se refiere a una determinación hecha en avance, una selección pre-determinada. Ahora bien, tenemos que ser cuidadosos al momento de interpretar el texto.

Si analizamos cuidadosamente el contexto, se está hablando de aquellos que han aceptado a Cristo como su Salvador y son "guiados" por el Espíritu Santo. Se está hablando del plan de salvación que fue diseñado y llevado en conjunto por toda la Deidad como un plan de ayuda para socorrer y salvar a la raza humana.

Si este es el contexto, ¿por qué hay muchos que piensan que Dios ha pre-determinado quiénes han de ser salvos? Como lo es en el caso de los calvinistas, quienes pretenden hacernos creer que la salvación es un proceso de elección divina por la soberanía que Dios ejerce en el universo.

El problema con esta teoría calvinista, es que elimina la necesidad de un Salvador, porque Dios ha determinado quiénes habrán de salvarse no importa quién acepte y quién no. Otro problema que existe con esta teoría es que no hay ningún sentido de respuesta moral a lo que Dios ha hecho y hace por el ser humano, pues en realidad, está queriendo decir que no importa cómo vivo, como, pienso, actúo, si Dios decidió salvarme, si él me predestinó para salvación, entonces yo he de salvarme. Y esto es sencillamente un absurdo, entonces por demás murió Cristo.

El problema con esta teoría Calvinista, es que elimina la necesidad de un Salvador, porque Dios ha determinado quiénes habrán de salvarse no importa quién acepte y quién no

Por lo tanto, la predestinación de la cual habla el apóstol aquí, es basada en el conocimiento que Dios tiene de toda la raza humana. El sabe que el ser humano estaba perdido en pecados, por lo tanto, su plan fue predestinado (diseñado mucho antes de que la raza humana cayera) para SALVARNOS a todos. Y esa predestinación está claramente delineada en Juan 3:16 que dice: "*Porque de tal manera amó Dios al mundo que ha dado a su Hijo unigénito para que todo aquél que en él crea, no se pierda, más tenga vida eterna*".

8.29 Para que fuesen hechos conforme a la imagen de su Hijo

El texto implica que hubo un tiempo en que los pecadores NO eran a la imagen de Cristo. También implica que es posible ser diseñados de tal manera (después del nuevo nacimiento) para llegar a ser como Cristo es.

Por otro lado, el verbo "fuesen hechos" no existe en el original. en realidad lo que hay es un adjetivo en su forma acusativa y está en plural (ZUMMORFOUS TES EIKONOS) seguido por un artículo definido y luego un sustantivo genitivo en singular. ¿Qué está ocurriendo aquí? Algo interesante, el traductor de la Reina Valera lo tradujo como "hechos conforme a" para darle una idea más clara al pasaje. El problema es que esta traducción presupone que ser hechos conforme a la imagen de Cristo es producto de la soberanía divina y la predestinación de Dios. En otras palabras, solamente aquellos que fueron predestinados para salvación pueden ser semejantes a Cristo.

Y la realidad es que si fuéramos a traducir la frase tendríamos que decir: "Para que al tener la misma imagen de su Hijo…", indicando la posibilidad de tenerla o no tenerla. Además, si fuera Dios quien eligiera por su soberanía quiénes han de salvarse y quiénes habrían de perderse, entonces no hubiera habido ninguna necesidad de que Cristo muriera nisiquiera de tener su imagen, pues en realidad, al final de cuentas, podríamos tener la imagen de Dios mismo, pero esto es un adefesio.

La palabra traducida para "imagen" (EIKONOS) significa también "copia", "resemblanza". Y el uso del vocablo aquí es exactamente lo opuesto al uso que le dan los que rechazan la gloria de Dios en Rom. 1:23.[173] Vemos claramente que el objetivo de Dios es que todos los seres humanos puedan llegar al punto de reflejar prístinamente la imagen de Cristo, el Hijo.

8.29 Para que él sea el primogénito entre muchos hermanos

Dios quiere que Jesucristo, a quien él decretó como su Hijo (Rom. 1:4), pueda tener hermanos a quienes él pueda servir de modelo. Usualmente era el hermano mayor quien servía de modelo

[173] Luna, J. (2002). *Jesús: Nombres, Títulos y Atributos, vol. 2.* (L. Brown & Sons Printing: Barre); pp. 107-117.

para los demás hermanos menores. Por ello, el hermano mayor era respetado, porque él trazaba las pautas de la conducta.

Por otro lado, Dios quiere que Jesús sea el "primogénito" (PROTOTOKON), es decir, el principal, el mayor, quien está por encima. Muchos bien intencionados teólogos y maestros de Biblia interpretan esta primogenitura con un sentido de nacimiento u origen, pero la realidad es que el sentido es de pre-eminencia. ¿Razón? En más de una ocasión encontramos en la Biblia que el hermano mayor, el primogénito por nacimiento pierde su derecho de primogenitura y el mismo es dado a algún hermano menor, como lo fue en el caso de Jacob y Esaú; José y Ruben; Efraín y Manasés.

También hay que recordar que aunque la intención de Dios es salvar a TODA la humanidad, no es menos cierto que lamentablemente tendrá que quedarse con los "muchos", pues no todos han de aceptar la salvación ofrecida en Cristo Jesús. Además, Jesús quiere llamarnos "hermanos" (ADELFOI), es decir, ser identificado con todas nuestras luchas, pruebas, sinsabores e incluso nuestra naturaleza.

8.30 Y a los que predestinó, a éstos también llamó

Otro factor que incide en la predestinación divina (la salvación de toda la raza humana), es el hecho que está supeditada al llamamiento de Dios. Por eso el apóstol habla de que a éstos "también" (KAI) Dios "llamó" (EKALEZEN) indica una INVITACION divina a escuchar su voz y entrar en el plan de salvación. El hecho de que Pablo dice: "también", indica además una acción sumativa y metódica.

Cuando señala que él nos "llamó", está implicando que Dios toma la iniciativa de llamar al ser humano. Cuando Adán y Eva pecan, es Dios quien sale en su búsqueda llamándoles por su nombre. Es Dios quien hace el llamado, es Dios quien nos habilita para aceptar su llamado. Entonces el hombre no tiene nada que poner en la ecuación, más que aceptar el llamado o la invitación de su Hacedor.

8.30 Y a los que llamó, a éstos también justificó

De la misma manera que la predestinación está supeditada al llamado, de la misma forma el llamado está supeditado a la justificación. Cuando Cristo pendía entre el Cielo y la tierra por la raza humana, lo hizo para poder justificar (salvar) a un planeta perdido en el pecado. La justificación no es otra cosa que la salvación de Dios como aprendimos en el estudio de los primeros capítulos. De hecho, Cristo nos justificó al perdonarnos "todos los pecados" (Col. 2:13).

El verbo "justificó" (EDIKAIOZEN) no es otra cosa que colocarnos en una situación donde con plena libertad podemos servir al Señor. Esa justificación no es de carácter forénsico, sino que es real y tangible. Es una obra salvadora la que Dios obra para salvar al pecador de su vicio de su pecado que le atrapa y no le deja salir.

8.30 Y a los que justificó, a éstos también glorificó

El paso final es la glorificación. El verbo "glorificó" (EDOCHAZEN) no es otra cosa que recibir un estatus que antes no teníamos al lado de alguien que sí lo merece. En este caso, nosotros hemos de ser exaltados juntamente con Cristo, únicamente por los méritos incomparables de él.

La glorificación no es otra cosa también que la transformación física de nuestros cuerpos mortales y corruptos en cuerpos inmortales e incorruptibles. La glorificación es el paso final en la escalera cristiana, y no es otra cosa que lo tan ansiadamente esperado por toda la creación y los hijos de Dios que habla en los versículos anteriores (vv. 19, 21-23).

8.31 ¿Qué, pues, diremos a esto?

La pregunta es retórica y no espera respuesta porque la respuesta es tan obvia y además ya sido dada; sin embargo, el apóstol pregunta con el objetivo específico de ponernos en una posición donde tenemos que reconocer que el plan de salvación diseñado en conjunto por la Deidad es perfecto y lo único que debemos hacer es entrar en el plan. De no hacerlo, la pregunta implica estupidez, desdeño y desprecio por lo que Dios ha hecho.

8.31 Si Dios es por nosotros, ¿quién contra nosotros?

Otra pregunta retórica cuya respuesta está en la misma pregunta. La misma puede ser traducida así: "Si Dios está en favor nuestro, quién está en nuestra contra?". Obviamente que no hay manera de perder, porque Dios pone toda la protección que necesitamos para vivir una vida cristiana victoriosa. De hecho, este texto ha sido tomado fuera de su contexto muchas veces para justificar el uso y abuso de poder religioso sobre los congéneres. Sin embargo, visto en el contexto, es imposible aplicarlo a otro grupo que no sean aquellos que Dios conoció, predestinó, hizo tener la imagen de Cristo, llamó, justificó y glorificó. Es por eso que la pregunta, aunque es retórica, tiene su respuesta contextual y debe ser vista y aplicada en su contexto.

8.32 El que no escatimó ni a su propio Hijo

El verbo principal en esta frase es "escatimó" (EFEIZATO), el cual literalmente significa "refrenar", "prevenir de", pero en el sentido de la guerra era usado cuando alguien PERDONABA la vida de sus víctimas, se decía EFEIZATO. En otras palabras, Dios pudo haber prevenido, él pudo haber refrenado que su propio Hijo muriera de la forma en que lo hizo. Pero como Dios dice que nos ama, el amor tenía que demostrarlo con hechos tangibles y fehacientes. De ahora en adelante no habrá ninguna duda en la mente de los seres celestiales del amor que Dios tiene por cada una de sus criaturas.

Por otro lado, el vocablo "propio" (IDIOU) se refiere a la pertenencia que alguien tiene con otro de su misma familia o pariente. Así que Pablo está tratando de dejarnos saber que Jesús, al ser miembro de la divinidad, era y es parte de la familia divina, si es que podemos usar estos vocablos imperfectos sin dar una impresión incorrecta.

8.32 Sino que lo entregó por todos nosotros

El verbo "entregó" (PAREDOKEN) tiene que ver con el acto de entregar a un delicuente en las manos de las autoridades, como mencionamos en el análisis del 1.24, de que este verbo tiene connotación de carácter legal. En este caso, ocurrió lo contrario, Dios entregó a su Hijo Jesucristo, el Justo, en las manos de pecadores y del pecado. Y la única razón fue "por" (HUPER) amor a "todos" (PANTON) nosotros. Aquí por ejemplo, PANTON está en su forma absoluta que significa TODOS sin excepción, justos e injustos; santos y pecadores; malos y buenos.

La muerte de Cristo es producto del amor de Dios por nosotros los seres humanos, no es producto del pecado. Sí, el pecado fue el autor intangible de su muerte o mejor dicho, el detonante; pero la decisión de Dios de ENTREGAR a Cristo en manos de pecadores fue única y exclusivamente por amor a nosotros.

¿Cómo no nos dará con él también todas las cosas?

La respuesta a la pregunta está por demás darla, pues es imposible que si Dios se entregó asimismo en la persona de Jesucristo por amor a nosotros, es obvio que él quiera darnos todas las cosas. De hecho, el mismo Lutero así pensaba. Cierto autor lo expresa así cuando aclara: "El corazón de la teología de Lutero era que en Cristo, Dios se había dado asimismo, totalmente y sin reservas por nosotros".[174] Sin embargo, aunque el verbo "dará" (XARIZETAI) no significa dar en el sentido común, sino en el sentido más alto y más generoso que existe, pues XARIZETAI es un don dado de gracia a alguien que no lo merece, no es menos cierto que en Cristo sí lo merecemos porque es por él y en nombre de él.

Este dar del cual habla el apóstol Pablo es un dar sin esperar nada a cambio. Es un dar que no ha sido influido por lo que el recipiente haya hecho para merecerlo, sino que es producto de la naturaleza misma del Dador, en este caso, Dios. Este dar, es un dar de gracia, amplia y generosamente para alguien que es enemigo y pecador (Rom. 5).

Este dar, es un dar de gracia, amplia y generosamente para alguien que es enemigo y pecador

[174] George, T. (1988). *Theology Of the Reformers*. (Broadman Press: Nashville); p. 59.

Así que, cualquier otra cosa que Dios ha ofrecido él la dará porque la mayor prueba de su carácter bondadoso y dadivoso es que se entregó así mismo.

8.33 ¿Quién acusará a los escogidos de Dios?

Todas estas preguntas que el apóstol formula aquí, son de carácter retórico. Las mismas no tienen la intención de darnos a conocer una respuesta, sino que la respuesta es obvia por la naturaleza de las preguntas en el contexto de la lógica argumentativa que Pablo ha seguido para probar su punto.

El verbo "acusará" (EGKALEZEI) es un término legal para designar cuando alguien trae 'cargos en contra de otra persona'. En este caso, no es Dios quien acusa a los "escogidos" (EKLEKTON), sino Satanás (Apoc. 12:10). Es el enemigo de las almas quien se presta para presentar cargos en contra nuestra en los concilios divinos (Job 1-2). Sin embargo, vemos que sus intentos son fallidos, porque en los Evangelios, el término EKLEKTON es usado para designar a aquellos que responden positivamente a los privilegios de la Gracia de Dios (Mat. 22:14). No obstante, el término fue usado para designar a Cristo como el "elegido", "escogido de Dios" (Luc. 23:35).

Por lo tanto, en la misma proporción en que Cristo fue acusado, a pesar de que era el Escogido de Dios, en esa misma proporción nosotros somos acusados con el fin único y primigenio de darnos muerte y eliminarnos para siempre de la presencia divina. Por esto la pregunta del apóstol no puede ser enfocada en Dios, ni en nada referente a él como el motivo u objeto acusador, sino que la pregunta debe ser enfocada en el archi-enemigo de las almas que quiere nuestra destrucción total.

8.33 Dios es el que justifica

La expresión o respuesta es enfática: "Dios es el que justifica (DIKAION)". Por lo tanto, si Dios en Cristo fue quien murió por nosotros, y ahora nos dice que también nos justifica, no podemos tener el coraje o las agallas de decir que Dios es quien condena al pecador. En realidad, es imposible para Dios condenar a sus criaturas. Éstas se condenan asimismas por su rechazo contínuo a la Gracia divina, pero aún es Dios quien continúa justificando a aquellos que le aceptan con todo su corazón.

Otro aspecto de esta frase, es que DIKAION aquí es un verbo participio presente activo que dá la idea de que la acción comenzó en el pasado y continúa hasta el presente. De ser así, entonces podemos concluir que la justificación o salvación de Dios hecha a la raza humana, es un acto continuo de parte de la divinidad. Dios se convierte en el objeto de la salvación, en el eje o núcleo a través de quien la salvación o justificación se lleva a cabo en el perdido.

8.34 ¿Quién es el que condenará?

El acto de condenar no puede residir en Dios ni en Cristo, es por eso que las preguntas están formuladas de tal manera que la supuesta respuesta es dada por contraste y no por inferencia. El verbo "condenará" (KATAKRINON) puede significar también 'pasar juicio'. No obstante, Pablo formula pregunta trás pregunta con el objetivo de hacernos ver que hay un juicio inminente en la vida de cada uno de nosotros, pero que en el mismo Dios juega el papel de Justificador, Salvador y Redentor. Por esta razón, las respuestas reflejan exactamente lo contrario a la intención de la pregunta.

8.34 Cristo es el que murió; más aún, el que también resucitó

Obviamente que no puede ser Jesucristo quien nos acusa ni quien nos condena, sino Satanás. Porque no tiene sentido que Aquél que "murió" (APOTHANON) por mis pecados con la intención explícita de salvarme, y luego "resucitó" (EGERTHEIS) con el fin primario de interceder por mis pecados para habilitarme a vivir una vida victoriosa en el Espíritu, vaya ahora a acusarme y a condenarme. Este cuadro del carácter de Dios es pertubador en el sentido de que no hay correspondencia alguna entre lo que Cristo ha demostrado (muriendo y resucitando por mí) y el acto de acusar y condenar.

8.34 El que además está a la diestra de Dios

Si Cristo murió, resucitó y por encima de eso está a la "diestra" (DECHIA) de Dios indicando su derecho a gobernar juntamente con el Padre los asuntos del universo, ¿cómo voy yo a pensar que él se va a rebajar tanto a tirar por la borda exactamente lo que él vino a hacer (nuestra salvación) y que le costó tanto sacrificio?

Por otro lado, el hecho de que el apóstol apunta a la posición en la cual Cristo se encuentra ahora mismo, pues el verbo "está" (EZTIN) en presente de indicativo señalando una posición de lugar, no significa que literalmente Cristo está allí circunscrito al lugar. La expresión no tiene la intención de darnos a conocer la ubicación de dónde está Cristo en este momento, sino cuál es su posición ante el universo. De hecho, en la antiguedad el sentarse a la mano derecha del rey era el más alto honor, y denotaba participación de la gloria y del poder de la realeza (1 Sam. 20:25; 1 Rey. 2:19; Salm. 45:9).

8.34 El que también intercede por nosotros

No solamente murió, resucitó, gobierna el universo, sino que también "intercede" (ENTUGXANEI) por nosotros. Y aprendimos anteriormente que ENTUGXANEI se refiere al acto de hacer peticiones, de orar, de apelar a dos partes que están enemigas para que haya una "reconciliación" (APOKATALLAGE) entre ambas.

La intención del apóstol es hacernos ver que todo este plan conjunto es un plan diseñado para ayudar al ser humano a salir de su hecatombe espiritual y vivir una vida victoriosa y en paz con los demás y con Dios. Por esta razón, él se esmera en presentar cada aspecto esencial del plan de salvación y nos deja saber que Cristo hace todo lo que es necesario hacer para salvarnos; pensar lo opuesto es prácticamente una blasfemia y una abominación, y sería una aberración conceptual pensar de otra manera.

8.35 ¿Quién nos separará del amor de Cristo?

El verbo principal es "separará" (XORIZEI) que literalmente significa 'cortar', 'divorciar'. Obviamente que si Cristo hizo todo lo que hizo para unirnos, casarnos de nuevo con Dios, él no va a venir ahora a querer separarnos de él. No es parte del plan divino separar a aquellos por quienes Cristo Jesús ha hecho tanto.

Pero observe bien que la frase implica la posibilidad de que el cristiano sea separado del amor de Cristo. Digo esto porque si el apóstol está formulando la pregunta, es porque en su mente, él creía que era posible para el acusador el condenador y separador, Satanás, hacernos divorciar del "amor de Cristo" (AGAPES TOU CHRISTOS).

De hecho, este tipo de amor AGAPE, es el amor más sublime y que por naturaleza reside en Dios. El mismo no reside en el corazón humano a menos que sea implantando por él a través del Santo Espíritu. Este tipo de amor es precisamente el amor demostrado por Dios en la cruz del Calvario donde Cristo fue entregado en manos de pecadores y murió a causa de nuestros pecados, aún sabiendo de que nosotros éramos enemigos y pecadores (Rom. 5) y destituídos de la gloria de Dios (Rom. 3). Jesús mismo lo dijo: "No hay mayor amor que éste, que alguno pónga su vida por sus amigos".

8.35 ¿Tribulación, o angustia, o persecusión, o hambre, o desnudez, o peligro, o espada?

Aquí el apóstol hace una lista de siete cosas que el acusador, condenador y separador Satanás puede usar para hacernos divorciar de Dios y separarnos completamente de él. Estas siete cosas son las mismas que el enemigo siempre ha usado para destruir y minar la fe de los escogidos de Dios; veamos cada una de ellas:

"Tribulación" (THLIPSIS) literalmente significa 'poner presión', 'oprimir'. Así que Satanás usa la opresión y la presión para poner a los hijos de Dios bajo ciertas circumstancias con el fin de obligarlos a conceder y dejar su amor por Cristo. De hecho, esta es la palabra usada por Cristo cuando se refirió a la Gran Tribulación en Mat. 24:21, y es el mismo vocablo usado para referirse a la gran multitud que ha de salir victoriosa de la Gran Tribulación (Apoc. 7:14).

El segundo vocablo invocado por Pablo como una forma usada para separarnos de Dios es "angustia" (ZTENOCHORIA) que literalmente significa "estrechez" causada por causas internas o externas que pueden incluso ser ajenas a quien la tiene. Satanás trata de poner a los escogidos de Dios en una posición de estrechez, de dificultades, calamidades con el fin de que el hombre se olvide de Dios y le maldiga.

El tercer vocablo usado es "persecusión" (DIOGMOS), el cual significa literalmente ir trás alguien con el fin de hacerle daño. Es la misma palabra usada para indicar la persecusión de los cristianos a manos de Saulo y sus secuaces (Hech. 8:1); la misma palabra es usada en Hechos 13:50 para hablar de la persecusión de los judíos en contra de Pablo y Bernabé por intermedio de mujeres "piadosas y distinguidas" y sacarle de los límites de Antioquía de Pisidia.

La cuarta palabra usada para hablar de la metodología satánica para separarnos del amor de Cristo es "hambre" (LIMOS). Es decir, colocar al ser humano en una situación que no tenga los alimentos básicos para su subsistencia. Esta palabra es la misma usada por Jesús en Mat. 24:7 cuando mencionó que en los postreros días habrían hambres sobre la tierra como una señal del fin del tiempo. Pero también puede referirse al hambre de carácter espiritual.

La quinta palabra es "denudez" (GUMNOTES) que no es otra cosa más que estar destituídos de ropa, especialmente en tiempos de frío (2 Cor. 11:27). En sentido espiritual, esta desnudez es de la cual habla en Apoc. 3:17 a la iglesia de Laodicea. Dios está tratando de decirnos a través del apóstol Pablo que Satanás usa esta estrategia como un arma en contra nuestra con la intención de separarnos del amor de Cristo.

> ...Este tipo de amor AGAPE, es el amor más sublime y que por naturaleza reside en Dios. El mismo no reside en el corazón humano a menos que sea implantando...

El sexto vocablo usado es "peligro" (KINDUNOS), que sencillamente significa estar en una situación arriesgada donde todo puede estar en juego, incluso la vida. En 2 Cor. 11:26, es usada en el contexto de las diferentes circunstancias por las cuales el apóstol Pablo tuvo que atravesar. En este caso, los peligros pueden ser de causas naturales como fuegos, inundaciones, tormentas, etc. En otros casos, los peligros pueden ser de carácter humano, donde hay persecusiones, protestas, intentos por quitar la vida por perjudicar a otro. Pablo nos dice que Satanás usa y seguirá usando estos métodos para separarnos del amor de Cristo.

El séptimo y último vocablo de la lista es "espada" (MAXAIRA), esto no se refiere al instrumento mismo *per se*, sino a un tipo de muerte violenta. Satanás y sus agentes tratarán, sino pueden por los otros seis medios anteriores, de quitarnos del mundo de los vivientes de una manera violenta. Y aunque la LXX usa esta palabra en sinnúmeras ocasiones para referirse al instrumento mismo de la espada, no es menos cierto que en el 99% de los casos, no significa otra cosa más que dar muerte. Además, aunque se habla de MAXAIRA para referirse a la espada del Espíritu de Dios a traves de su palabra en Heb. 4:12, no es menos cierto que la intención del verso es dejarnos saber que solamente a través de la muerte del pecado en la vida del penitente es como Cristo puede reinar como el único y Soberano Rey (Rom. 6).

En conclusión, podemos ver que estos métodos usados por el enemigo pueden adquirir un carácter real, tangible y físico, y percibimos que el texto permite la viabilidad de hacer aplicaciones secundarias de carácter espiritual. Por ejemplo, ¿cuántos de nosotros no nos hemos sentido atribulados u oprimidos dentro de la misma iglesia por aquellos que se llaman ser los líderes?

> ¿Quién no ha enfrentado el aguijón de la espada de la lengua y de la crítica a manos de los hermanos o amigos que han hablado mal de nosotros en algún momento y han arruinado nuestra reputación?

O por ejemplo, ¿cuantos de nosotros no hemos sentido la angustia producida por algún impase con algún hermano? O a lo mejor hemos experimentado la persecusión a manos de nuestros colegas creyentes, sencillamente porque hemos expresado ideas diferentes (no necesariamente heréticas) al grueso de los creyentes?

Quizás usted se ha encontrado en una congregación donde el hambre espiritual está a la orden del día, simplemente porque quienes predican se la pasan haciendo chistes o contando historias jocosas y nada de predicar la Palabra de Dios. Esto es sumamente deplorable, pues quiere decir que es muy posible que exista inanición espiritual en todos los niveles de la iglesia.

También me gustaría preguntar, ¿quién no ha sentido la desnudez de la verguenza que otros le han traído como producto de haber revelado alguna cosa que se les dijo en confidencialidad? Estoy seguro que más de uno ha experimentado la amargura de sentirse desprotegido de su familia espiritual, desnudo, sin ningún tipo de amparo y consolación moral.

O a lo mejor enfrenta peligros dentro de la misma iglesia, donde hay decisiones radicales que tomar que podrían afectar a miembros influyentes y por temor a represalias, a los peligros a enfrentar las disputas y argumentos que hay que derrumbar y en realidad, nadie quiere hacerlo.

Por último, ¿quién no ha enfrentado el aguijón de la espada de la lengua y de la crítica a manos de los hermanos o amigos que han hablado mal de nosotros en algún momento y han arruinado nuestra reputación? La Biblia es clara cuando dice: "*No andarás chismeando entre tu pueblo. No quitarás la vida de tu prójimo, Yo Jehová*" (Lev. 19:16).

Es posible que nosotros hayamos tenido que enfrentar esta serie de metodologías usadas por el diablo y sus agentes sin necesidad de llegar a la parte física de la misma y sin nisiquiera tener que ser un mártir por la causa del Evangelio. El enemigo es muy astuto, pero Pablo pregunta: "¿Quién nos separará del amor de Cristo?", la respuesta es obvia, ninguna de estas cosas que Satanás use podrá separarnos del amor de Dios.

8.36 Como está escrito: Por causa de ti somos muertos todo el tiempo

El apóstol entonces usa el mayor y más grande argumento que él usa a través de todo el libro: citar el Antiguo Testamento para probar su punto y darle validez a la calidad de su argumentación. De esta manera, Pablo cita a Salmos 44:22, el cual es una réplica exacta del texto, la única diferencia es el orden en que está citado. Es decir, en Salmos esta frase viene después de la expresión "somos contados como ovejas de [para el] matadero".

Ahora bien, el hecho que él apela a las Escrituras "Como está escrito" (KATHOS GEGRAPTAI) y específicamente la LXX, indica el uso en boga en que estaba esta versión. Pero no solamente eso, sino que también señala el conocimiento teológico que el apóstol tenía del Antiguo Testamento.

La expresión "por causa de ti" (HOTI ENEKEN ZOU) implica que existe alguien por quien el sufrimiento ocurre, una causa que no necesariamente es quien lo causa, sino el motivo. En otras palabras, sufrimos por Cristo, por defender y vivir para su nombre, pero esto no significa que Cristo es el originador de este sufrimiento, sino el pecado.

"Somos muertos todo el tiempo" (THANATOUMETHA HOLEN TEN HEMERAN). La expresión "todo el tiempo" (HOLEN TEN HEMERAN) puede ser traducida en mi opinión de dos maneras: a) como aparece "todo el tiempo", indicando que el seguidor de Cristo no tiene ningún momento de paz porque la espada del pecado siempre le dá muerte y en el contexto cultural de persecusiones en el cual Pablo vivió este pudo haber sido el caso; b) podría traducirse también "completa y diariamente", donde el sentido sería que nuestra muerte es completa, no a medias, todos los días. En ambos casos, la traducción haría sentido en mi opinión, porque en referencia al inciso b, nosotros tenemos que morir al pecado diariamente para poder vivir para Cristo.

8.36 Somos contados como ovejas para el matadero

Al decir "contados" (ELOGIZTHEMEN) en presente de indicativo, dá la impresión que hay un juicio donde se pesan las acciones de las personas, en este caso, somos comparados con "ovejas" (PROBATA) que son llevadas al "matadero" (ZFAGES). El juicio sobre el cristiano es inmimnente y la sentencia parece recaer diariamente de acuerdo con este texto. El pecado no perdona nisiquiera un día, el pecado no tolera la existencia del cristiano genuino, sencillamente trata de exterminarlo todos los días hasta que el mismo es completamente quitado de sobre la faz de la tierra. La palabra "matadero" (ZFAGES) indica figurativamente un día de juicio, en este caso, ocurre diariamente, por esta razón, el uso de ZFAGES en este sentido dá fuerza a la idea que mencioné anteriormente, de que el juicio se lleva a cabo diariamente en este caso. Aunque esto no elimina la idea del gran día final del juicio.

8.37 Antes, en todas estas cosas somos más que vencedores

"Antes" (ALLA) quiere decir, 'al contrario'. Y luego cuando declara "en todas estas cosas" (EN TOUTOIS PAZIN) apunta a los contratiempos, persecusiones y problemas que los cristianos enfrentan por causa del pecado por ser fieles a Jesucristo.

No obstante, el texto sigue diciendo "somos más que vencedores" (HUPERNIKOMEN). En esta expresión el verbo está compuesto de dos palabras: HUPER y NIKOS. Cuando HUPER es usado como una frase preposicional significa "por". Sin embargo, cuando está colocado antes de un verbo, como en este caso, el significado preposicional de HUPER es "más que".

NIKOS en cambio se refiere al acto de ser completamente victorioso. El nombre NICODEMO significa literalmente "victorioso en el pueblo". Es por eso que la frase está bien traducida aquí, sin embargo, esta victoria está supeditada a la presencia y poder de Jesucristo como veremos más adelante.

8.37 Por medio de aquél que nos amó

Al decir "por medio de aquél que" (DIA TOU), literalmente debería decir: "a través de quien". La victoria diaria, pues diariamente somos muertos y llevados al matadero como ovejas y somos juzgados sobre nuestra conducta diaria, es una seguridad únicamente en Cristo. La victoria diaria está prometida cuando es Cristo quien vive EN nosotros, y esa es la bendita promesa.

En este caso, Pablo dá la razón específica porqué somos vencedores a través de Cristo, sencillamente porque él "nos amó" (AGAPEZANTOS HEMAS). Y este amor viene directamente de AGAPE, es el amor divino, genuino, que ningún humano puede reproducir a menos que tenga el Espíritu de Dios morando permanentemente dentro de él. Este es el amor que al Cielo le gustaría nosotros podamos ser partícipes para poder llevar estas luchas diarias y salir victoriosos en Cristo Jesús.

8.38 Por lo cual estoy seguro de que ni la muerte

Pablo apela a la seguridad del cristiano que está en Cristo, porque esta seguridad es dada sencillamente por el amor que Jesucristo ha manifestado a sus hijos. Entonces el apóstol declara enfáticamente "por lo cual estoy seguro" (PEPEIZMAI GAR HOTI). Esta palabra "seguro" aparece en el Español como un adverbio, sin embargo, en el original es un verbo indicativo en perfecto pasivo. Esto indica que es una acción más de la mente que del corazón.

Ahora bien, PEPEIZMAI literalmente significa "estar convencido"; "estar persuadido". Entonces podemos decir: "Ciertamente estoy convencido/persuadido". Y creo que esta traducción sería más fiel al texto que la Reina Valera, en el sentido que estar seguro tiene que ver con seguridad, mientras que estar convencido es una actitud de la mente que ha sopesado todos los pro y contras de ser un seguidor de Jesucristo y ha llegado a la conclusión de que vale la pena ser fiel a Dios.

Al decir "ni la muerte" (OUTE THANATOS), la expresión estrictamente se refiere a muerte física, y es una muerte llamada 'pena capital'. Pablo no le teme a que le condenen a la muerte, y el cristiano que está en Cristo tampoco debe temer a la pena capital si le tocara morir por su Maestro. Algo interesante de esta lista, es que Pablo enlista diez (10) cosas más aparte de las siete del verso 35. estas diez cosas son:

1. muerte
2. vida
3. ángeles
4. principados
5. potestades
6. lo presente
7. lo por venir
8. lo alto
9. lo profundo
10. ninguna otra cosa creada

Lo más curioso de esta lista es que en contraste con el verso 35, donde se presentan siete, pareciera que allí Pablo está hablando en forma figurada a los judíos, pues el número siete representaba el todo para ellos. Sin embargo, cuando llega casi al final de su alocución, él no cita ninguna de las otras siete cosas, sino que ahora cita diez nuevas, y es muy interesante, porque en el mundo antiguo, en literatura babilónica, encontramos que el número diez significaba el todo, y tenía la misma equivalencia que el número siete para los judíos.

8.38 Ni la vida

Después de enlistar la muerte como pena capital, también Pablo habla de la "vida" (HOE), esta vida mundana que es pasajera. El apóstol nos advierte que las cosas de este mundo que esta vida ofrece no podrán separarnos del amor de Cristo si es verdad que estamos en él.

8.38 Ni ángeles

Pablo advierte a los hermanos de Galacia lo siguiente: "*Mas si aún nosotros, o un ángel del cielo, os anunciare otro evangelio diferente del que os hemos anunciado, sea anatema* [maldito de Dios]" (Gal. 1:8). Esto exactamente fue lo que ocurrió con Mahoma, pues él reclamó que el Corán fue dictado por el ángel Gabriel, y al ser dictado entonces significa que el Corán es la voluntad expresa de Dios. La realidad del asunto, por ejemplo, es que el Corán se contradice textual, conceptual y literalmente. Por ejemplo, en un lugar el alcohol es prohibido (Sura[175] 5:90-91), mientras que en otro es permitido (Sura 47:15). También encontramos que los Musulmanes son animados a ser amigos de los cristianos porque éstos son gente buena que ama y adora a un solo Dios (Sura 2:62); sin embargo, en otro lugar dice explícitamente que los cristianos deben ser convertidos al Islam, pagar impuestos o morir bajo la espada (Sura 9:29).

Sin embargo, los eruditos musulmanes encuentran solución teológica a estas contradicciones explícitas argumentando que el

---

[175] Sura se refiere a la división de capítulos y versículos en que el Corán está dividido para una mejor lectura.

Corán fue escrito de manera progresiva. De hecho, el libro fue escrito en un período de 22 años, y que por lo tanto, las revelaciones últimas tienen precedencia y eliminan las revelaciones del principio.

En otras palabras, lo que Mahoma dijo al final es lo que cuenta porque eso fue lo último que el ángel Gabriel le reveló a él. Y obviamente si Alá es el inspirador del Corán, no es menos cierto que se contradice asimismo y por lo tanto, está implicando teológicamente que él cambió de planes porque el profeta Mahoma cambió de planes. Esto no es posible de ninguna manera con Dios, por lo tanto, Dios y Alá son dos entes totalmente diferentes.

La discusión aquí no es quién es el verdadero Dios, sino la revelación que podamos recibir de manos de ángeles que pueden contradecir directamente lo que Dios YA ha revelado en su Palabra. Si este es el caso, ya sabemos que "Dios no es hombre para que mienta, ni hijo de hombre para que se ARREPIENTA".

8.38. Ni principados

La palabra usada para decir "principados" (ARCHAI) significa literalmente "origen", "principio"; sin embargo, la misma es usada para indicar poderes sobrenaturales. Este es el mismo vocablo usado por Pablo en Col. 1:16 para referirse a todas las cosas creadas que hay en los cielos visibles e invisibles. De modo tal que el apóstol está claro en la idea de que nisiquiera los poderes sobrenaturales del mal y las tinieblas nos van a apartar del amor de Cristo. De acuerdo con Wink, cada organización o institución tiene un "espíritu" o "ángel" que entre la urdimbre manipula o influencia a seres humanos para lograr sus propios fines, especialmente cuando se trata del mal.[176]

8.38 Ni potestades

"Potestades" (DUNAMEIS) se refiere a "poderes", en este caso, la habilidad extraña y particular de realizar milagros y maravillas. Obviamente que está implícita la idea de las maravillas

---

[176] Wink, W. (1984). *Naming the Powers:The Language of Power In the New Testament.* (Fortress Press: Philadelphia). Aunque no estoy de acuerdo con varias de sus ideas, algunas cosas que dice parecen interesantes.

que Satanás puede hacer para intentar alejarnos del amor de Cristo. Mas Pablo añade de que nisiquiera esto podrá separar esa relación especial de amor.

8.38 Ni lo presente

El apóstol ahora hace un cambio, pues pasa de poderes sobrenaturales (sustantivos) a un verbo participio perfecto activo ENEZTOTA, que apunta a la idea de la situación del medio ambiente que nos rodea. Es posible que las circunstancias del presente puedan ser usadas por el enemigo para tratar de silenciarnos y dañar severamente el amor que pueda existir entre nosotros y Cristo. Pablo, una vez más dice enfáticamente que las circunstancias del momento no han de tener ninguna incidencia en esa relación.

8.38 Ni lo por venir

Este es otro verbo en participio, MELLONTA, la diferencia entre este verbo y el anterior (en términos de tiempo) es que el otro está en su tiempo perfecto y éste está en presente; es decir, se refiere a lo que está inmediatamente por venir. Y es perfecta la manera como el apóstol la usa, pues millones de personas viven esclavas de un futuro que no existe, no sabiendo que las decisiones del presente tienen una alta incidencia en el destino del futuro. Vivir temerosos del futuro no produce ningún buen resultado, es por eso que hay que vivir este presente confiado y haciendo bien.

8.39 Ni lo alto

Luego el apóstol vuelve y hace otro cambio, pues pasó de verbos participios a sustantivos de nuevo. "Ni lo alto" (OUDE HUPSOMA) puede tener varios significados, entre ellos: "lugar alto"; "fortaleza"; "torres"; "poderes sobrenaturales que gobiernan en el aire", pero también "obstáculo de orgullo".

Si esto último es a lo que Pablo está haciendo referencia, sencillamente lo que está ocurriendo aquí, es que el apóstol comenzó con lo de afuera y ahora va directamente al corazón humano donde puede haber una verdadera fortaleza u obstáculo para recibir las bendiciones del cielo debido al orgullo. El énfasis es definido, si existe algún obstáculo alto como lo es el orgullo en nuestro corazón, Pablo nos deja saber que el mismo debiera ser eliminado para que esto no nos separe del amor de Cristo.

8.39 Ni lo profundo

"Ni lo profundo" (OUTE BATHOS) es exactamente lo opuesto a 'lo alto'. Y la palabra puede tener varios significados: "hondo"; "profundidad", como lo es en el caso de 1Cor. 11:33 donde se le atribuye "profundidad" a la sabiduría de Dios, lo mismo que al amor de Cristo (Efe. 1:18). No obstante, también puede significar "pobreza extrema" y puede referirse a los "poderes del infierno". En cualquiera de los casos, la idea es la misma, indicar que no existe nada, absolutamente nada que impida que el amor de Dios implantado a través del Espíritu Santo pueda ser quitado o desarragaido del corazón.

8.39 Ni ninguna otra cosa creada

Así que Pablo es muy claro aquí sobre la naturaleza misma del pecado, pues el pecado ha usado las mismas cosas creadas por Dios y las ha usado en su contra. Incluso, Satanás mismo y sus ángeles se han dedicado de lleno al mal, aún cuando fue Dios mismo que los creó. Es por eso que "ni ninguna cosa creada" (OUTE TIS KTIZIS HETERA) tiene que ver con todo lo que Dios ha hecho sin excepción.

El pecado tiene que detenerse en algún punto, y nosotros deberíamos estar conscientes que la creación de Dios ha sido hecha para nuestro beneficio, para que nosotros le amemos más, no que ésta sea usada para separarnos de su amor.

8.39 Nos podrá separar del amor de Dios

El verbo "separar" (DUNEZETAI) es un futuro indicativo deponente, que podría indicar permanencia y durabilidad. Es la misma raíz de este verbo que es usada en Rom. 1:16 para hablar de que el Evangelio es 'dinamita' poder de Dios. En otras palabras, no hay manera de que haya algún poder sobre la tierra que haya sido creado por Dios que permita la separación del cristiano creyente y militante.

La expresión "amor de Dios" (AGAPES TOU THEO) es común en los escritos paulinos, y la misma apunta a dejarnos saber que este tipo de amor, solamente reside en el Originador, Dios. No obstante, él ha compartido ese amor con sus criaturas que le aceptan a través del sacrificio expiatorio de Cristo.

8.39 Que es en Cristo Jesús Señor nuestro

La preposición más importante en este pasaje es "en" (EN) que indica inequívocamente la permanencia, la presencia, el lugar desde donde el cristiano está habilitado a vivir una vida victoriosa. El hecho de estar EN Cristo, permite al cristiano poder gozar de la presencia inmanente del Espíritu Santo en su vida; únicamente estando en Cristo es como esto es posible.

Ahora bien, Pablo usa la fórmula pactual novo-testamentaria para darle peso a todos los argumentos que acaba de presentar, pues dice: "Cristo Jesús Señor nuestro" (CHRISTO IEZOU TO KURION HEMON). Al usar esta fórmula, Pablo está diciendo varias cosas:

- Está reconociendo primeramente al Hijo de Dios como el verdadero Mesías al enmarcarlo bajo el epíteto CRISTO.
- Le está reconociendo como el Salvador del mundo, quien murió por nuestros pecados al decir JESUS; c) acepta la soberanía de este Mesías Salvador al señalar que él es el SEÑOR, indicando con esto quien es el verdadero gobernante de nuestras vidas y del universo;
- Reconoce que esta soberanía mesiánica soteriológica no se limita a las esferas celestiales, sino que incluye a una raza pecadora y perdida que aceptando sus méritos expiatorios puede reconocerle como lo que él es y encima de eso, ser co-partícipe de sus riquezas tanto espirituales, como morales y tangibles.

Conclusión

La vida cristiana es mucho más que un pronunciamiento o confesión de fe; es una vivencia, una experiencia que únicamente puede ser vivida por aquéllos que han aceptado los méritos incomparables del Redentor Jesucristo como están expuestos en el libro de Romanos y en su Palabra en general.

Romanos 8 comienza con NO CONDENACION, pasa a la SANTIFICACION, y termina en una vida de VICTORIA. Esto de por sí indica el proceso de la vida cristiana, para poder ser victoriosos hay que necesariamente vivir vidas de santidad; pero para poder ser santos, necesitamos estar libres, sin ningún tipo de condenación, es por eso que uno es resultado irreductible del otro.

En todos los casos, la liberación fue hecha por Cristo en la cruz del Calvario, mientras que la santificación es hecha a través del Espíritu Santo a aquéllos que están en Cristo, y terminamos con la victoria que es prometida a través del amor de Dios que tenemos EN Cristo Jesús y que fue implantando por el Santo Espíritu. Dicho de otra forma, no hay manera de perder, sirviendo a Dios siempre se gana.

Elena White lo expresa de esta manera: "El nuevo nacimiento es una rara experiencia en esta época del mundo... Muchos que asumen el nombre de Cristo no están santificados y son sin santidad. Han sido bautizados, pero fueron sepultados vivos. El yo no murió, y por lo tanto, no se levantaron a una nueva vida en Cristo".[177]

Al final de cuentas, espero que la lectura de este comentario le haya sido de provecho espiritual y de crecimiento en todos los sentidos. Vivir vidas victoriosas es un privilegio, un don, un deber y una responsabilidad cristianas. Y mientras aguardamos la bienaventurada esperanza que tenemos EN Cristo, espero que te mantengas firme en tus propósitos, en tus sueños e ideales. Dios tiene grandes cosas para tu vida, y de seguro no te dejará en este mundo miserable y vil, pero tú tienes que hacer tu parte, CREER en el Señor Jesucristo; CREER en la presencia inmanente y trascendente del Espíritu Santo; y por último, CREER en el poder sustentador de nuestro Dios y Padre, y llegarás a ser obediente.

[177] Seventh-day Adventist Bible Commentary (1955). *Ellen White Comments*, vol. 6. (Review And Herald Publishing Association: Washington); p. 1075.

BIBLIOGRAFIA

Achtemeier, P.J. (1985). *Romans*. (John Knox Press: Atlanta).

Achtemeier, P.J. (1985). *Romans: A Bible Commentary For Teaching and Preaching*. (John Knox Press: Atlanta).

Achtemier, P.J. –Editor- (1985). *Harper's Bible Dictionary*. (Harper & Row Publishers: San. Francisco).

Anderson, R. (1997). *Forgotten Truths*. (The Ages Digital Library Commentary: Albany).

Anderson, R. (1997). *Redemption Truths*. (The Ages Digital Library Commentary: Albany).

Archer, G.L. (1982). *Encyclopedia of Bible Difficulties*. (Zondervan Publishing House: Grand Rapids).

Arminius, J. (1997). *The Works of James Arminius, Vol. 1*. (The Ages Digital Library Collections: Albany).

Badenas, R. (1998). *Más Allá de la la Ley*. (Editorial Safeliz: Madrid).

Banks, R. (1974). Reconciliation and Hope: New Testament Essays on Atonement and Eschathology. *The Priesthood of Paul in the Gospel of Hope.* Seminario.

Barclay, W. (1963). *Many Witnesses, One Lord.* (S.C.M. Press: London).

Barth, K. (1957). *Church Dogmatics: The Doctrine of* God, *Vol. II.* (T&T Clark: Edinburgh).

Barth, K. (1957). *The Doctrine of God.* (T&T Clarke: Edinburgh).

Barth, K. (1958). *The Doctrine of Reconciliation.* (T&T Clarke: Edinburgh).

Barth, K. (1963). *The Epistle to the Romans.* (Oxford University Press: London).

Barth, K.. (1959). *A Shorter Commentary On Romans.* (John Knox Press: Richmond).

Bartlett, D.L. (1995). *Romans.* (Westminster John Knox Press: Kentucky).

Bassler, J. (1991). *Pauline Theology, Vol. I.* (Fortress Press: Minneapolis).

Beet, A.J. (1997). *Beet's Notes On Romans Through Colossians and Philemon, Vols 1-4.* (The Digital Library Commentary: Albany).

Bence, C.L. (1996). *Romans: A Bible Commentary In the Wesleyan Tradition.* (Wesleyan Publishing House: IN).

Bertram, G. (1964.) *Theological Dictionary of the New Testament – Translation by Geoffrey W. Bromiley, vol IX.* (Grand Rapids: n/a).

Black, M. (1989). *The New Century Bible Commentary: Romans.* (Eerdmans: Grand Rapids).

Black, M; Rowley, H.H. (1982). *Peake's Commentary On the Bible.* (Van Nostrand Reinhold: London).

Boice, J.M. (1992). *Romans.* (Baker Book House: Grand Rapids).

Bonar, H. (1970). *God's Way of Holiness.* (Moody Press: Chicago).

Bornkamm, G. (1963). Australian Biblical Review 11. *The Letter to the Romans as Paul's Last Will and Testament.*

Bowen, R. (1996). *A Guide to Romans*. (Society for Promoting Christian Knowledge: London).

Briscoe, D.S. (1982). *The Communicators Commentary: Romans.* (Word Books Publisher: Waco).

Brown, D; Fausset, A.R. (n/a). *A Commentary Critical and Explanatory On the Old and New Testaments, vol. II.* (The S.S. Scranton Company: Hartford).

Brown, R.E; Fitzmyer, J.A; Murphy, R.E. (1968). *The Jerome Biblical Commentary, vols. I-II.* (Prentice Hall: Englewood).

Bruce, F.F. (1963). *The Epistle of Paul to the Romans.* (The Tyndale Press: London).

Bruce, F.F. (1977). *Paul, Apostle of the Heart.* (W.B. Eerdman Publishing Company: Grand Rapids).

Bruce, F.F. (1985). *The Letter of Paul to the Romans*, 2nd ed. (Eerdmans: Grand Rapids).

Bultmann, R. (1952). *Theology of the New Testament.* (SCM: London).

Bultmann, R. (1955). *Theology of the New Testament, Vols. I-II.* (Charles Scribner's Sons: New York).

Bunyan, J. (1997). *Bunyan's Practical Works, Vol. 5.* (The Ages Digital Library Commentary: Albany).

Calvin, J. (1995). *Institutes of the Christian Religion*, vols. 1-4. (The Ages Digital Library Reference: Albany).

Carson, D.A. (1992). *Right With God.* (The Paternoster Press: London).

Choi, R. (2000). *Apuntes de Clase sobre Romanos.* Enero, 2000; Lecture No. 2.

Clarke, A. (1995). *Clarke's Commentary: Romans Through Colossians,* vol. 7. (The Ages Digital Library Commentary: Albany).

Clarke, A. (1997). *Clarke's Commentary TheOld Testament, Volume 1 Genesis Through Deuteronomy.* (The Ages Digital Library Company: Albany).

Clarke, A. (1997). *Clavis Biblica.* (The Ages Digital Library Theology: Albany).

Coltman, W.G. (1950). *An Exposition of* Romans. (Designed Products: n/a).

Conner, K. J. (1999). *The Epistle To the Romans: A Commentary.* (City Bible Publishing:

Cottrell, J. (1996). *The College Press NIV Commentary: Romans.* (College Press
Publishing House: Joplin).

Cousar, C.B. (1996). *The Letters of Paul.* (Abingdon Press: Nashville).

Cranfield, C.E.B. (1985). *Romans: A Shorter Commentary.* (Eerdmans Publishing: Grand Rapids).

Davis, R. L. (1990). *Becoming A Whole Person in a Broken World.* (Discovery House Publishers: Grand Rapids).

Davis, T.A. (1971). *Romans For the Every Day Man.* (Review and Herald Publising
Association: Maryland)

De Mattos, A. (1995) *Apuntes de Clase* sobre Cristología; Universidad Adventista Dominicana.

Denney, J. (1997). *The Death of Christ.* (The Ages Digital Library Commentary: Albany).

Dufour, X.L. (1977). *Diccionario del Nuevo Testamento.* (Cristiandad: Madrid).

Dunn, J. (1981). *Christology In the Making.* (Westminster Press: Philadelphia).

Dunn, J. (1988). *The Word Biblical Commentary: Romans 1-8, Vol. I.* (Word Publishing House: Grand Rapids).

Dupertuis, A.R. (2001). *El Carpintero Divino.* (NA: Michigan); p.

Easton, G. (1997). *Eastons Bible Dictionary.* (The Ages Digital Library Reference: Albany).

Edwards, J. (1953). *Puritan Sage: Collected Writings of Jonathan Edwards.* (Library Publishers: New York).

Edwards, J. (1997). *The Works of Jonathan Edwards, Vol. 2.* (The Ages Digital Library Commentary: Albany).

Edwards, J.R. (1992). *Romans.* (Hendrickson Publishers Inc.: Peabody).

Feuiller, R.A. (1970). *Introducción a la Biblia*, Vol. 1. (Herder: Barcelona).

Finger, R.H. (1993). *A Simulation: Paul And the Roman House Churches.* (Herlad Press: Scottdale).

Fitch, W. (1967). *God And Evil.* (Williams B. Eerdman: Grand Rapids).

Franzmann, M.H. (1968). *Concordia Commentary: Romans.* (Concordia Publishing House: Saint Louis).

Furnish, V.P. (1968). *Theology and Ethics in Paul.* (Abingdon Press: Nashville).

Gale, H.M. (1964). *The Use of Analogy In the Letters of Paul.* (The Westminster Press: Philadelphia).

George, T. (1988). *Theology Of the Reformers.* (Broadman Press: Nashville).

Gifford, E.H. (1886). *The Epistl of St. Paul to the Romans With Notes and Introduction.* (John Murray: London).

Gill, J. (2002). *An Exposition of the Epistle of Paul the Apostle to the Romans.* (Particular Baptist Press: Missouri).

Godbey, W.B. (1977). *Commentary On the New Testament, vol. 5, Acts-Romans.* (The Ages Digital Library Commentary: Albany).

Godet, F.L. (1956). *Commentary On the Epistle to the Romans.*(Zondervan Publishing House: Grand Rapids).

Gutzke, M.G. (1976). *Plain Talk On Romans.* (The Zondervan Corporation: Grand Rapids).

Hagner, D.A. (1980). *Pauline Studies: Adam and Christ According to Paul.*

Haldane, R. (1997). *Exposition of the Epistle to the Romans.* (The Ages Digital Library
Commentary: Albany).

Halteman, F.R. (1993). *A Simulation: Paul and the Roman House Churches*. (Herald Press: Pennsylvania).

Harrisville, R. A. (1980). *Augsburg Commentary On the New Testament: Romans*. (Augsburg Publishing House: Minneapolis).

Hasel, G. F. (1985). *Biblical Interpretation Today*. (College View Printers: Lincoln).

Hays, R.B. (1989). *Echoes of Scripture In the Letters of Paul.* (Yale University Press: New Haven).

Henry, M. (1997). *Commentary On the Whole Bible, vol. 9 Acts-2Cor.* (The Ages Digital Bible Commentary: Albany).

Hicks, J. (1978). *"Is Theodicy Permissible?": Evil and the God of Love, Revised Edition* (Harper & Row Publishers: New York).
Hodge, C. (1995). *Commentary on Romans*. (The Ages digital Library Commentary: Albany).

Hughes, R. K. (1991). *Preaching the Word: Romans: Righteousness from Heaven*. (Crossway books: Wheaton).

Hume, D. (1888). *Treatise on Human Nature*. (The Clarendon Press: Oxford).
International Standard Bible Encyclopedia, Vol. 1 (The Ages Digital Library Reference: Albany).

Ironside, H.A. (1998). *Romans*. (Loizeaux Brothers: USA).

Jamieson, R.; Fausset, A.R.; Brown, D. (sf). A Commentary Critical And Explanatory On the Old And New Testaments. (The S.S. Scranton Company: Hartford).

Jewett, R. (1987). *Romans*. (Graded Press: Nashville).

Johnson, A.F. (2000). *Everyman's Bible Commentary: Romans*. (Moody Press: Chicago).

Johnson, L.T. (2001). *Reading Romans: A Literary and Theological Commentary.* (Smyth & Helwys Publishing, Inc.: Macon).

Jooharigian, R.B. (1987). *God And Natural Evil.* (Wyndham Hall Press: USA).

Kasemann, E. (1969). *'The Righteousness of God' in Paul.* (Fortress Press: Philadelphia).

Kasemann, E. (1980). *Commentary on Romans.* (William B. Eerdmans Publishing Company: Grand Rapids).

Keck, L.E. (1979). *Paul And His Letters.* (Fortress Press: Philadelphia).

Kiesler, H. (1990). *God's Solution to Man's Dilemma.* (Review and Herald Publishing Association: Washington).

Kirk, K.E. (1937). *The Epistle to the Romans in the Revised Version.* (Clarendon Press: Oxford).

Kirk, K.E. (1937). *The Epistle to the Romans.* (The Clarendon Press: Oxford).

Kümmel, W.G. (1966). *Introduction to the New Testament.* (Abingdon Press: Nashville).

Laymon, C.M. –Editor- (1971). *The Interpreters One-Volume Commentary On the Bible.* (Abingdon Press: Nashville).

Leenhardt, F.J. (1957). *The Epistle to the Romans: A Commentary.* (The World Publishing Company: Cleveland and New York).

Lehmann, P.L. (1994). *The Decalogue and the Human Future.* (Eardmans: Grand Rapids).

Lenski, R.C.H. (1945). *The Interpretation of St. Paul's Epistle to the Romans*. (Wartburg Press: Ohio).

Lightfoot, J.B. (1890). *St. Paul's Epistle to the Galatians* (NA).

Lloyd-Jones, D.M. (1972). *Romans: An Exposition of Chapter 5, Assurance*. (Zondervan Publishing House: Grand Rapids).

Lockyer, H. (1964). *All the Doctrines of the Bible*. (Zondervan Publishing House: Grand Rapids).

Lockyer, H. (1966). *All the Apostles of the Bible*. (Zondervan Publishing House: Grand Rapids).

Lockyer, H. (1966). *All the Books and Chapters of the Bible: Combination of Bible Study and Daily Meditation Plan.* (Zondervan Publishing House: Grand Rapids).

Luna, J. (1995). *Breve Recuento Histórico Sobre la Evolución Histórica de la Iglesia Adventista Como Movimiento Socio-Religioso"*: Trabajo de Tésis, no publicado.
Luna, J. (1999). *Jesús: Nombres, Títulos y Atributos, Vols. 1-II.* (L. Brown & Sons Printing: Barre).

Machem, J.G. (1965). *What Is Faith?* (Wm. B. Eerdman's Publishing Company: Grand Rapids).

Maly, E.H. (1979). *Romans: A Biblical Theological Commentary.* (Michael Glazier, Inc.: Wilmington).

Manson, T.W. (1982). *Peake's Commentary On the Bible*. (Van Nostrand Reinhold: London).

McDonald, H.D. (1962). *Justification By Faith: A Basic Christian Doctrine*. (Rinehart & Winston: New York).

Mendenhall, G.E. (1954). *Law And Covenant In Israel and the Ancient Near East*. Biblical Arqueologist.

Morris, L. (1965). *The Apostolic Preaching of the Cross.* (Eerdmans: Grand Rapids).

Morris, L. (1984). *The Epistle to the Romans.* (Inter-Varsity Press: Leicester).

Morris, L. (1988). *The Epistle to the Romans.* (Wm. B. Eerdmans Publishing Co.: Grand Rapids).

Mosher, S. (1996). *God's Power, Jesus' Faith and World Mission: A Study in Romans*. (Herald Press: Scottdale).

Moule, H.C.G. (1992). *The Classic New Testament Commentary: Romans*. (Marshall Pickering: London).

Moule, H.C.G (n/a). *Idiom Book.* (Marshall Pickering: London).

Mounce, R. H. (1995). *The New American Commentary: Romans*, vol. 27 (Broadman & Holman Publishers: Bend).

Murray, J. (1960). *The Epistle to the Romans, Vol. 1, Chapters 1-8.* (Marshall Morgan & Scott: London).

Newell, W.R. (1948). *Romans Verse by Verse*. (Moody Press: Chicago).

Newman, B.M.; Nida, E.A. (1973). *A Handbook On Paul's Letter to the Romans.* (United Bible Societies: New York).

Noth, M. (1981). *A History of Pentateuch Tradition.* (Scholar Press: Chico).

Nygren, A. (1949). *Commentary on Romans*. (Muhlenberg Press: Philadelphia).

O'Neil, J.C. (1975). *Paul's Letter to the Romans*. (Penguin Books: England).

Oregon).

Owen, J. (1997). *Christologia.* (The Ages Digital Library Commentary: Albany).

Panning, A.J. (2001). *The People's Bible: Romans.* (Northwestern Publishing House: Milwaukee).

Pate, C.M. (1993). *The Glory of Adan and the Afliction of the Righteous: Pauline Suffering in Context.* (Mellen Biblical Press: Lewiston).

Paul H. J. (1987). *Paul's Letters to the Romans: A Reader Response Commentary.* (Paulist Press: Mahwah).

Perkins, T.C. (1997). *A Commentary On the Book of Romans.* (Star Bible: Fort Worth).

Pflugër, K. Journal of Near Eastern Studies. *Edicto del Visir*, Octubre, 1946.

Pink, A.W. (1997). *The Divine Inspiration of the Bible.* (The Ages Digital Library Theology: Albany).

Pinnock, C.H. –Editor- (1989). *A Case For Arminianism: The Grace of God, the Will of Man* – Fritz Guy, "The Universality of God's Love. (Academie Books: Grand Rapids).

Plumer, WM.S. (1971). *Commentary on Romans.* (Kregel Publications: Grand Rapids).

Polhill, J.B. (1999). *Paul and His Letters.* (Broadman & Holman Publishers: Tennessee).

Raisanen, H. (1986). *Paul and the Law.* (Fortress: Philadelphia).

Rapa, R.K. (2001). *The Meaning of "Works of the Law" in Galatians and Romans.* (Peter Lang Publishing: New York).

Reichenbach, B.R. (1972). *The Cosmological Argument: A Re-assessment*. (Charles C. Thomas: Springfield).

Richards, L.O. (1987). *The Teacher's Commentary*. (Victor Books: USA).

Richardson, A. –Ed- (1969). *A Dictionary of Christian Theology*. (Westminster: Philadelphia).

Ridderbos, H. (1975). *Paul: An Outline of His Theology*. (Eerdmans: Grand Rapids).

Roswell H. (1995). *An Interpreting Dictionary of Proper Names*. (The Ages Digital Library Reference: Albany).

Sampley, J.P. (1991). *Walking Between the Times: Paul's Moral Reasoning*. (Fortress Press: Minneapolis).

Sanday, W. (1896). *A Critical And Exegetical Commentary on the Epistle to the Romans*. (Charles Scribner's Sons: New York).

Sanders, E.P. (1991). *Paul*. (Oxford University Press: Oxford).

Schlatter, A. (1995). *Romans: The Righteousness of God.* (Hendrickson Publishers: Peabody).
Schreiner, T.R. (1990). *Interpreting the Pauline Epistles: Guide to the New Testament Exegesis.* (Baker Book House Company: USA).

Schreiner, T.R. (1998). *Romans*. (Baker Books: Grand Rapids).

Sequeira, J. (1993). *Beyond Belief: The Promise, The Power and the Reality of the Everlasting Gospel*. (Pacific Press Publishing Association: Washington).

Seventh-day Adventist Bible Commentary (1955). *Ellen White Comments*, vol. 6. (Review And Herald Publishing Association: Washington).

Shulam, J. (1997). *A Commentary On the Jewish Roots of Romans*. (Messianic Jewish Publishers: Baltimore).

Sinclair, S.G. (2000). *A Study Guide To St. Paul's Letter To the Romans.* (Bibal Press: Texas).

Smeaton, G. (1988). *The Doctrine of the Atonement According to the Apostles.* (Hendrickson Publishers: Peabody).

Smith, W.M. (1945). *Therefore Stand.* (Baker Book House: Grand Rapids).

Stauffer, E. (1955). *New Testament Theology.* (The Macmillan Company: New York).

Stott, J.R.W. (1966). *Men Made New*. (Inter-Varsity Fellowship: London).

Stott, J.R.W. (1994). *The Message of Romans: God's Good News For the World.* (Inter-varsity Press: Leicester).

Stowers, . (1994). *A Rereading of Romans: Justice, Jews and gentiles*. (Yale University Press: New Haven).

Stuart, M. (1832). *A Commentary On the Epistle to the Romans.* (Andover: N.H.).

Stuhlmacher, P. (1994). *Paul's Letter to the Romans: A Commentary.* (John Knox Press: Westminster)

Tenney, M.C. (1975). *The Zondervan Pictorial Encyclopedia of the Bible.* (The Zondervan Corporation: Grand Rapids).

The Interpreter's Bible. (1954). *Romans.* (Abingdon Press: New York).

The Seventh-day Adventist Bible Commentary. (1955). *Acts to Romans*, vol. 6. (Review and Herald Publishing Association: Maryland).

Tobin, T.H. (1987). *The Spirituality of Paul.* (Michael Glazier:Delaware).

Torrey, R.A. (1997). *What The Bible Teaches.* (The Ages Digital Library Commentary: Albany).

Vaughan, C. (1976). *Romans: A Study Guide.* (The Zondervan Publishing House: Grand Rapids).

Vaughan, C.; Corley, B. (1976). *A Study Guide Commentary: Romans.* (Zondervan Publishing House: Grand Rapids);

Vincent, M.R. (1997). *Word Studies In the New Testament, Vols 1-4.* (The Ages Digital Library Reference: Albany).

Waggoner, E.J. (1988 –re-print). *The Glad Tidings.* (Pacific Press Publishing Association: California)

Walvoord, J.F.; Zuck, R. (1983). *The Bible Knowledge Commentary.* (Victor Books: USA).

Wesley, J. (1995). *John's Wesley Notes On the Whole Bible the New Testament.* (The Digital Christian Library Reference: Albany).

White, E. (1953). The Seventh-day Adventist Bible Commentary: Albany, Vol. 1. Citado de la revista "The Youth Instructor"; March 4, 1897.

Wilson, W. (1997). *A Dictionary of Bible Types.* (The Ages Digital Library Commentary: Albany).

Wink, W. (1984). *Naming the Powers:The Language of Power In the New Testament*. (Fortress Press: Philadelphia).

Wuest, K. S. *"Victory Over Indwelling Sin*" In Biblioteca Sacra, A Theological Quarterly, CXVI (January, 1959).

York, G.L.O.R. (1991). *The Church as the Body of Christ in the Pauline Corpus: A Re*-Examination. (University Press of America: Washington.

Ziesler, J. (1989). *Paul's Letter to the Romans*. (Trinity Press International: Philadelphia).

Ziesler, J.A. (1990). *Pauline Christianity*. (Oxford University Press: Oxford).

INDICE POR AUTORES

INDICE TEMATICO

B

C

D

E

F

G

H

I

J

K

L

M

N

O

P

Q

R

S

T

Otros libros del autor:

BETTER
THAN
ANYTHING
JOSE R. LUNA

The Hard
Sayings of
Jesus
JOSE LUNA

HEROES
OF THE
EMPIRE
JOSE R. LUNA

TIMES
Of

MIND
TEASERS!
JOSE LUNA

STUDIES ON THE
PSALMS
JOSE LUNA

DELIVERANCE
JOSE R. LUNA

Christian
Dilemmas!

GOD
Is In
Charge
Study Guide
By
Jose Luna

In The
Word!
Study Guide
By
Jose Luna

GOD
Rules!
Study Guide
On Daniel
7-12
Jose Luna

GIFTS FOR
ALL!
JOSE LUNA

COMING...
AGAIN?
JOSE LUNA

I AM
Jose R. Luna

Love One
Another,
Or...
Jose Luna

El
LLAMADO
de Dios!
Donna Luna

The
CALL
of
God!
Donna Luna

HÉROES
IMPERIO
José R. Luna

Camino
a la
LIBERTAD
José R. Luna

www.ingramcontent.com/pod-product-compliance
Lightning Source LLC
Chambersburg PA
CBHW070336090426
42733CB00009B/1209

9780967262970